Herkes için Oyunlaştırma

Ercan Altuğ YILMAZ

abaküs

abaküs 022

Oyunlaştırma
Ercan Altuğ Yılmaz
1. Baskı: Ekim 2015
2. Baskı: Eylül 2016
3. ve 4. Baskı: Kasım 2017
ISBN: 978-605-9129-26-8

Kapak ve sayfa düzeni: Cem Demirezen
Satış: satis@abakuskitap.com

Baskı: Deniz Ofset Matbaacılık
Gümüşsuyu Cad. Topkapı Center, Odin İş Merkezi
No: 403/2 Topkapı-İstanbul
Tel: 0212 613 30 06 - Faks: 0212 613 51 97
Matbaa sertifika No: 29652

Selda Ustabaş Demiryakan
Abaküs Kitap Yayın Dağıtım Hizmetleri
Yayıncılık sertifika no: 31359
Hobyar Mah. Cemal Nadir Sok. No:24/178 Cağaloğlu-Fatih/İST.
Tel.: (0212) 514 68 61
www.abakuskitap.com - editor@abakuskitap.com

Ercan Altuğ Yılmaz, Yazar
Eğitim Teknolojileri Uzmanı

Altuğ Yılmaz, Yıldız Teknik Üniversitesi Matematik Mühendisliği bölümünden mezun olduktan sonra kısa süre Netron ve BilgeAdam'da Web Tasarım ve Yazılım konularında eğitmenlik ve danışmanlık yaptı. Devamında Turkcell Akademi ve Turkcell Dijital Kanallar bünyesinde 5 seneyi aşkın bir süre dijital eğitim ve iletişim platformları yönetti. Bu süreçte oyun tabanlı ve oyunlaştırılmış birçok ödüllü eğitim projesini hayata geçirdi. Amerikan şirketi olan Yum! Brands (KFC, Pizza Hut, TacoBell..) firmasında Türkiye Dijital Eğitimler sorumlusu olarak 2 yıla yakın danışmanlık verdi.

Altuğ Yılmaz halen Bahçeşehir Üniversitesi'nde Oyun Tasarımı ve Oyunlaştırma dersleri vermektedir. Oyunder - Oyun Tasarımcıları, Geliştiricileri, Yapım ve Yayımcıları Derneği Yönetim Kurulu üyesidir. Startershub, KWorks, Impact Hub, ITU Ginova, Üsküdar Fikir Sanat Merkezi gibi girişimcilik merkezlerinde mentorluk yapmaktadır. Şu anda aktif olarak dijital dönüşüm, dijitalleşme, dijital eğitim ve iletişim sistemleri, yeni nesil motivasyon, oyun tasarımı, oyunlaştırma, sanal gerçeklik ve artırılmış gerçeklik gibi konularda eğitim ve seminerler vermekte ve danışmanlık yapmaktadır.

Abaküs Yayıncılık tarafından 2015 yılında yayınlanmış ilk Türkçe Oyunlaştırma kitabının yazarıdır. Herkes için Oyunlaştırma adlı kitap 2017 yılında 4. baskısını yapmış, Hook-Kanca modeli, SAPS Ödüllendirme teoremi, Octalysis Oyunlaştırma Frameworkü, Marcewski Oyuncu Tipleri gibi birçok konuyu ilk kez Türkçe kaleme aldığından birçok akademik tezde referans olarak kullanılmıştır.

Dünyadan seçkin oyun tasarımcısı ve oyunlaştırma uzmanlarının yer aldığı GamFed Uluslararası Oyunlaştırma Federasyonu Türkiye temsilcisi ve GWC16 Gamification World Congress- Dünya Oyunlaştırma Konferansında sunum yapan ilk ve tek Türk'tür.

Niels van der Linden, Kitap Destekleyicisi
Patica Kurucu Genel Müdürü
Niels, Hollanda Erasmus Üniversitesi Rotterdam İşletme Okulundan İnovasyon Organizasyonu alanında yüksek lisans derecesine sahiptir. İnovasyona duyduğu sevgi, sürdürülebilir bir şekilde bir şeyler yapmamıza yardım etmek için teknolojiyi kullanmanın yollarını aramasına sebep olmuştur. İnovasyon alanındaki tutku ve tecrübesi, oyunlaştırma ilkeleri hakkındaki bilgisiyle mükemmel bir kombinasyon oluşturmuştur. Niels'in oyunlaştırma macerası 2011'de Amerikan oyunlaştırma firması Badgeville ile başlamıştır. 2012 sonunda İstanbul'da, web teknolojileri alanında derin bilgi ve deneyimi olan dijital servis sağlayıcısı Tart New Media ekibi ile bir araya gelerek Türkiye'nin ilk oyunlaştırma şirketinin kurulmasında görev aldı. Niels şimdiki görevini İste Oyun Genel Müdürü olarak sürdürmekte ve Turkcell, NTV Spor ve diğer inovatif oyunculara oyunlaştırma çözümleri sunmaktadır.

Mesra Şendir, Kitap Danışmanı
1986 yılında İstanbul, Nişantaşı'nda doğdu. 2008'de İstanbul Üniversitesi Edebiyat Fakültesi, Bilgi ve Belge Yönetimi Bölümü'nden mezun olduktan sonra 7 yıl kadar Koç Üniversitesi Suna Kıraç Kütüphanesi'nde Sağlık Bilimleri Kütüphanecisi olarak çalıştı. Bu dönemde "Öğrenci Gelişim ve Desteğinde Üstün Başarı" ödülünü aldı. Bahçeşehir Üniversitesi, Eğitim Bilimleri Enstitüsü; Eğitim Teknolojisi Programı'nda yüksek lisans öğrencisidir ve aynı zamanda Çağlayan Eğitim Çözümleri'nde Eğitim Teknolojileri Danışmanı olarak çalışmaktadır.

2016'da Abaküs Kitap'tan yayınlanan "Herkes için Oyunlaştırma / Ercan Altuğ Yılmaz" ve "İllüzyonel Pazarlama / Adnan Veysel Ertemel" kitaplarının editörlüğünü yaptı.

Bu kitap kimler için?

Oyun Tasarımcıları,
Web & Grafik Tasarımcı ve Programcıları,
Oyun Yazılımcıları,
UX Kullanıcı Deneyimi uzmanları,
Mühendislik öğrencileri,
Akademisyenler,
Bilgisayar Öğretmenleri,
Kurumsal Eğitmenler ve Danışmanlar,
Şirket yöneticileri,
ve oyunu seven tüm oyunbazlar.

Beni ben yapan 3 kıymetlim: Rahmetli annem, canım eşim ve bitanecik kızıma.

ÖNSÖZ

Bir gün ofisten çıkarken telefonum çalmıştı ve artık yayınevimden öte bir 'dost' olan Cevahir bey arayıp o heyecanlı ve sıcak sesiyle 'Hocam senin kitap bitmek üzere yeni baskıyı yapacağız, varsa güncellemen bekleriz." dedi. Peki ben üçüncü baskıda kalmıştım hocam dediğimde de "3. baskıyı toplu bir siparişte yapmıştık ondan kalanlar da bitti, ne zaman geliyorsun, peki rakı da ısmarlıyayım." diye yanıt verdi.

Evet aslında kitap yolculuğumda da diğer yolculuklarımdaki gibi bir yayıncı ve iş arkadaşı değil partner ve dost edinmiştim. 4. baskıdan en az benim kadar mutlu oluyor ve kutlamak istiyordu Cevahir bey.

Acaba basılır mı diye yola çıktığım kitabım 2 sene olmadan 4. baskısına ulaşmış, daha önemlisi birçok akademik araştırmada akademik bir kitap olmasa da referans verilmiş. Bazı konferanslarda tüm sayfalarının çizildiği, notlar alındığı, hatta yırtıldığını görüyorum imzalarken, çok çok hoşuma gidiyor. Ayrıca çok önemli firmaların ve startupların kütüphanelerinde başucu kitabı olmuş, hatta bu firmaların yola çıkma nedeni olmuş bu kitapta yazanlar. Evet bazı öğrencilerim kitabı okuyup eğitim aldıktan sonra şirket kurdular ve gamification odaklı işler yapıyorlar.

4. baskıda yine Mesra ile bazı röportajlarda güncellemeler ve çok ufak düzenlemeler yaptık, desteği çok kıymetliydi. Kitabı günlük hayatımda yeni tanıştığım insanlara hediye ettiğimden "kitabı kartvizit gibi kullanıyorsun" diyenler oluyor, haksız da sayılmazlar. Daha iyi bir kartvizit olamaz değil mi?

İçinde birçok hikâyeyi barındıran, Türkiye'de oyunlaştırma oyununu değiştirerek yazılma amacına ulaşmış elinizde tuttuğunuz kitap, umuyorum sizin de hayatınıza dokunacak.

Oyun tadında okumalar.
E. Altuğ YILMAZ
İstanbul, Eylül 2017

Teşekkür

"Kitap yazmak ve yazarlık gerçekten büyülü bir şey", öyle olmadığını düşünüyorsanız lütfen bana ulaşın. Kişisel tecrübelerimi size aktarınca eminim fikriniz değişecek. Kısa vadede randevu almakta zorlanacağınız C-level yöneticiler konu bir kitaba katkı olunca küçük kâğıtlara notlar alıp tüm asistan ekiplerini seferber ettiğini, tanımadığınız kişilerin kitapta yer almak için onlarca sayfa dokümanlarla e-postalar atmaları ve görüşmek istemeleri, yaptıkları danışmanlıklarla her saatleri para demek olan uzmanların "bu seans yetmedi bir seans daha yapalım" demeleri, kitap çıkmadan ders materyali olarak görmeye başlayan ve görüşme talep eden akademik kurumlar gibi daha bir sürüsü. Tüm bunlar ve çok dahası başıma geldi ve bunların hepsi tek nedenle diyebilirim: "kitap". Kitap, tüm kapıları açan sihirli bir kelimedir.

Nesilllerin bir sonraki nesile ulaştırabildikleri, dini kutsal kitaplardan tutun da bilim ve sanata kadar tüm bilgiler bu kâğıt parçalarıyla aktarılmış. Mısır'daki kabartmalar ve papirüsler, Atlantis kayıp kentinden olduğu düşünülen Girit civarında çıkartılan yazıtlar, Peru'daki İnka kalıntı tapınakları ve çizimleri bana hep bir şekilde sesini sonraki nesillere duyurmaya çalışan yüzyıllar öncesinin uygarlıkları gibi gelmiştir. Belki de kitaplar bizim bir sonraki uygarlıklara ulaştırabileceğimiz sesimiz olacak kim bilir?

Elinizde tuttuğunuz kitap da benim sonraki nesillere mesajım olabilir. Bir kaç blog yazısı ile çıktığım yolda en son Abaküs Yayınevi ortaklarından Cevahir ve Barış Bey'in incelemelerinden sonra 'Eser' olarak adlandırmasıyla işin ciddiyetini farketmiştim. Bu eserin oluşmasında birçok kişinin katkısı var ve bu kısım aslında onların kısmı.

Türkçe Oyunlaştırma kitabına ve bana desteği için **Niels van der Linden**'e teşekkür ederim. Niels eşinin Türk olması nedeniyle İstanbul'da yaşayan dünyadaki sayılı oyunlaştırma uzmanlarından biri. Turkcell'de çalışmamız dışında StartUp Kitchen firması sahiplerinden ortak dostumuz Emrah Olgun tarafından da tanıştırılmıştık. Niels yurtdışında da birçok ülkedeki firmalara online olarak danışmanlık vermeye devam ediyor. Onun da Türkiye'de bir oyunlaştırma community'si oluşturmak için bazı girişimleri olmuştu. Bu kitap bu kitlenin giriş kapısı olabilir diye düşündük ve her Salı akşamı buluşarak 3-4 ay boyunca bu kitabı sıfırdan yarattık. Önce diğer kaynakları inceledik, sonra içeriğini oluşturduk. Biz neyi farklı yapabiliriz diyerek benim de uzmanlığım olan ve Niels'in de odaklanmak istediği eğitim konusunu belirledik. Sonra da sırayla konuları yazarak o konuyla ilgili uzmanlarla söyleşilere başladık. Tüm bu süreçte Niels benim mentorluğumu yaptı. Kendi ana dili dışında bir kitaba yaşadığı ülkeye bir katkı olarak bakarak tüm zamanı ve birikimiyle katkı verdi. Kısacası elinizde tuttuğunuz kitap Niels sayesinde var. Hayatım boyunca bana ve bu kitaba verdiği desteği unutmayacağım, çok teşekkürler Niels her şey için.

Son olarak genlerinde eğitim olan bir aileden geldiğimi paylaşmam gerekir. Antalya Aksu Köy Enstitüsü'nden mezun **Hasan Yılmaz** dedem ve Ortaköy Eğitim Enstitüsünde tanışan ve İstanbul'da çeşitli okullarda uzun süre öğretmenlik yapan **annem ve babama** 'eğitim gönüllülüğünü bana da aşıladıkları için' teşekkür ederim. Bu kitap, içimde durmak bilmeyen paylaşım ve eğitmenliğin bir meyvesidir. Aynı şekilde Oracle konusunda Türkiye'deki sayılı uzmanlardan olan ağabeyim **Hasan Tonguç Yılmaz**, Turkcell Akademi bünyesinde yıllardır süre gelen aynı güdülerle eğitmenlik yaptı. Bana yaptığı öncülük ve destek için teşekkür ederim. Son olarak, kitap, kızım Zeynep'in kütüphanesinde hep duracak ve bu benim için çok büyük bir hayaldi. Yıllar sonra da arkadaşlarına "babam böyle bir kitap yazmış, bu kadar kişiyle çalışmış, bunlardan bahsetmiş ve bana ithaf etmiş" diyebilsin motivasyonumu sonuna kadar destekleyen değerli eşim **Gaye Yılmaz'a** teşekkür ediyorum.

Ercan Altuğ YILMAZ
Eylül 2017

QR Kodları Nasıl Çalışıyor?

İnternet bağlantısı ve kamerası olan bir akıllı bir telefon gerekmekte.

Öncelikle telefona QR kod okuyucu bir program yüklüyorsunuz.

İnternette arama motoruna "QR reader" olarak yazıp, gelen ücretsiz programlardan birini indirip açalım.

Programı açınca cihazın kamerası aktif olacaktır. Bu QR kodu telefonun kamerasına okutuyorsunuz.

Kitabın Oyunlaştırılmış Web sitesi Oyunlastirma.Co Hakkında:

Bu kitap aslında Niels ile ilk konuşmaya başladığımız günden bu yana çıkış amacıyla yazılıp bırakılmak üzere planlanmış bir kitap değil, aksine bir kapı ya da köprü olarak gördüğümüz 'oyunlaştırma dünyasına' girişin ilk parçası olarak düşündük ve planladık. Okuyucular bölümleri ve röportajları okudukça bunlarla ilgili bölümlere girerek diğer kaynakları, sunumları ve videoları oradan da takip edebilsin ve o bölümü gerçekten tamamlamış olsun. Kısacası kitabın içeriğini dijitale koymaktan çok dijital ortamla destekleyerek bir de oyunlaştırmak istedik. Oyunlaştırma kitabı yazarken oyunlaştırılmış bir web sitesi yapmadan olmazdı.

Kitap boyunca ilgili alanlardan birçok kez QR kodlarla web sitesindeki ilgili bölüme yönlendirmeler yaptık. Kitabı okurken yanınızdaki mobil bir cihazla internete girerek bizim oyunlaştırılmış web sitemizden o konuyla ilgili anlatımımızı destekleyerek tamamlayacak bir sunumu ya da videoyu izleyebileceksiniz.

Kitabı güncel tutmak ancak bu şekilde mümkün gelmişti. Bu kitabı yazmaktaki en önemli motivasyonlarımdan biri bu oyunlaştırılmış web sitesi ve oradaki oyunlaştırmaya meraklı kitlenin buluşarak birbirleriyle sosyalleşerek, puan kazanarak, seviye atlayarak oyunlaştırmayı da en basitinden deneyimlemesiydi. Dilerseniz şimdi de bir göz atabilir ve kitabı okudukça kitapta bahsi geçen konularla ilgili sunum, video ve konferans kayıtlarına ulaşabilirsiniz.

www.oyunlastirma.co

Yazar Ercan Altuğ Yılmaz ile Giriş:

Elinizde tuttuğunuz kitap aslında sadece geleneksel bir kitap olmaktan öte büyük bir projenin ilk ayağı. O projeye de aslında Türkiye'deki oyunlaştırma farkındalığını artırmak diyebiliriz. Özellikle benim Google üzerinde birkaç senedir yaptığım "oyunlaştırma" aramalarımda -bu kitapta çalışma fırsatı da bulduğum İşte Oyun.com Niels van der Linden ve bu kitaba da katkı veren Webrazzi makaleleriyle Akar Şümşet dışında- derinlemesine bilgi bulamıyordum. Bu işi puan, rozet vermek gibi basite indirgemiş hatta eğitimde oyunlaştırma örneklerinde "oyun oynatarak eğitimi oyunlaştırıyoruz" gibi yaklaşımla karşılaşıyordum. Bu uzun süre beni rahatsız etse de bir türlü harekete geçemiyordum. Yurtdışındaki oyunlaştırma konferanslarında Fogg, Bartle gibi psikoloji konusunda uzman akademik profesörler konuşmacı olarak davet edilip; Skinner'ın kutu deneyleriyle koşullandırılmış davranışlar, Pavlov'un köpeği ile koşullandırılmış tepkileri, Maslow'un ihtiyaç piramidi ile motivasyon gibi konular konuşulurken, bizde en önemli sektörel lider firmaların bile hâlâ puan, rozet, avatar vermeyi oyunlaştırmada uygulanabilecek en üst nokta olarak görmeleri bu kitabın ortaya çıkışını hızlandırdı.

Türkçe kaynakların azlığı ve açıkçası yanlışlığı üzerine büyük bir hayal kırıklığı yaşadığım dönemlerdi. Coursera, Udemy ve Iversity'deki MOOC'ları büyük bir keyifle ve hızlıca tamamlamıştım. Ancak Niels ile konuştuğumuz ve yurtdışındaki örnekler çok daha derin analizlere sahipti. Böylece bu konuştuklarımızı not etme ve daha çok kişiye ulaştırmak için kitap çözümünü düşündüm. Bu fikrimi kime açsam inanılmaz bir destek gördüm. Nisan başlarında başlayan Niels ile buluşma ve söyleşiler maceramız Ramazan Bayramı geldiğinde 300 sayfayı aşkın bir draft kitap olmuştu. Sonraki dönemlerde bu kitabın editöryel düzeltmeleri ve yayınevi aşamalarına geçildi.

Kitabımız oyunlaştırmanın gücünü oyundan aldığını düşünerek oyunun tanımları, tarihsel gelişimi ve tüm insanlık tarihi boyunca insanların nasıl oyun oynadığını anlattığımız kısımla başlıyor. Burada benim de ilgimi çeken oyunlardan örnekler vererek dijital devrim ve bu devrimin içine doğan nesillerden bahsediyoruz. Bu neslin en küçük yaştan itibaren bazı şeyleri dijital ortamda da oyun gibi gördüğünü anlatıyoruz.

Sonra da 2. bölümümüzde bu kişilerin hayatta bazı yapmak istedikleri, çalıştığı şirketlerde varmak istedikleri hedeflere oyun arayüzleri ve oyunsu tasarımlarla çok daha motive ve istekli katıldıklarından bahsediyoruz. Oyun ve oyunlaştırma terimlerini keskin ve net bir şekilde ayırdıktan sonra bir süreci oyunlaştırmak için gerekli psikolojik bilgileri paylaşıyoruz. Derin oyunlaştırma analizlerinin tümünde bu psikolojik teoremler yatmaktadır. Devamında bir oyunlaştırma çatısı olarak D6 ile sizin nasıl bir oyunlaştırma uygulama adımlarıyla başarıya ulaşabileceğinizi paylaşıyoruz. Örnek olarak günümüzden dijital oyunlaştırılmış uygulamalardan tam 20 adet inceledikten sonra oyunlaştırmanın gelecekteki yerine de değiniyoruz.

3. ve son bölümde de oyunlaştırmanın en önemli uygulanabilir alanı eğitime odaklanıyoruz. Oyunlaştırma, eğitimde oyun kullanımıyla çok karıştırıldığından eğitimde oyun kullanımını örnekleri ve avantajlarıyla aktardıktan sonra eğitimde de oyun-

laştırmayı uygulayan firmalarla söyleşiler ve rakamsal örneklerle aktarıyoruz. Son bölümde de oyunlaştırma için takip edilmesi gereken bazı firma ve kişileri paylaşarak kitabımızı noktalayıp, daha detaylı kaynaklar içn oyunlaştırılmış web sitemiz olan "**www.oyunlastirma.co**" adresine yönlendiriyoruz.

Bu kitaba kişisel sosyal sorumluluk projem olarak baktım ve kitaba hem beraber çalışıp bilgi ve tecrübelerine inandığım insanları hem de sektörde bilinen yer etmiş kişileri eklerken bu şekilde ifade ettim. Okuması keyifli sanki bir nefeste okunacak ama bir ders kitabı ağırlığında ve doluluğunda bir kitap olmasını hayal ettim. Eminim siz de bir oyun tadında kitabı okur ve eğlenirsiniz. İyi okumalar, haydi oyun başlasın!

Ercan Altuğ Yılmaz
Eylül 2015

Patica Genel Müdürü Niels van der Linden ile Önsöz:

2015 yılı başlarında Altuğ ile ortak arkadaşımız Startup Kitchen kurucusu Emrah Olgun tarafından tanıştırıldık. Altuğ halen eski şirketi olan ve "İşte Oyun" olarak bizim de çalıştığımız Türkiye'nin en önemli teknoloji şirketlerinden biri olan Turkcell'de hem eğitim hem de oyunlaştırma konuları üzerine çalışmaya devam ediyordu. Altuğ ile bir zirvede yüz yüze konuşma fırsatımız oldu ve özellikle eğitim ve oyunlaştırmanın doğru kullanıldığındaki gücüyle ilgili birçok konuda ortak düşündüğümüzü keşfettik.

Sonraki planlı buluşmamızda kendisi "Oyunlaştırma" hakkındaki Türkçe kaynak eksikliğinden bahsederek bir kitap yazma fikri olduğunu ortaya attı. Bu kitap için de hem içeriği desteklememi hem de uzman olarak görüşlerimi istedi. Ben de olumlu bakınca bizim haftalık buluşmalarımız başladı ve düzenli olarak her hafta bir gün buluşmaya devam ettik.

Oyunlaştırma benim kurumsal hayatıma 2010 yılının sonunda "Badgeville" firmasından birisiyle tanışınca girdi. Devamında oyunlaştırma konsepti bana çok anlamlı geldi ve birçok uygulamaya eklendiğini zaman içinde gördüm. Böylece daha iyi bir oyunlaştırmanın ne olduğunu, neden gerekli olduğunu ve nasıl uygulandığını çok iyi anladım.

Oyunlaştırmanın ne olduğunu anlamanın kendisi başlı başına bir görev. Birisi size bir kaç örnek vererek oyunlaştırmanın ne olduğunu anlatabilir ve siz de anladığınızı sanabilirsiniz. Ancak anladığınız katmandaki uygulamalardan daha derin mekaniklere sahip bir uygulama gördüğünüzde bir katman daha derindeki analizi hissedersiniz. En üstteki görünen oyunlaştırma katmanında çoğunlukla oyun elemanlarından puan, rozet ve liderlik tablosu gözükür. Sadece bu bileşenleri ekleyerek bir şeyi oyunlaştırmış olmazsınız. Sadece zeytinyağı, domates ve patlıcan kullanarak Türk yemekleri yapıyorum denilmez. Onu Türk yemeği yapan birçok detay vardır.

Altuğ'la bu konularda hızlıca çalışmaya başladık. Altuğ ile çalışmak hem çok öğretici hem de eğlenceli. Her hafta önce kitabın içeriği, devamında içerik başlıkların nasıl ve hangi örneklerle anlatılacağı, sonra web sitesinin nasıl entegre olacağı gibi konuları netleştirdik. Türkçe'de oyunlaştırma içinde kullanılan oyunlaştırma kelimesinin kendisi dahil play ve games gibi kelimelerin tek karşılığının oyun olması gibi zorluklarla karşılaştık. Bu zorluklar kabul etmesi ve açıklaması zor ama hayatımızı da ilginçleştiren zorluklar oldu. Altuğ uzun yıllar boyunca eğitim ve özellikle online eğitim tarafında kazandığı deneyimle "oyunlaştırma" ve özellikle "oyun tabanlı eğitim" konularında tecrübeler edinmiş ve bu tecrübeleri aktarmak için bir fırsat ve zemin arıyordu. Bu kitap ona bu fırsatı verebilecekti. Günlük iş hayatının yanında bu işi de aynı ciddiyette ve tempoyla ilerletmeyi başardı ve hem Türkçe'ye hem de internet sektörüne çok önemli ve referans bir kaynak kazandırdı.

Umarım bu kitabı okumaktan, kitapla birlikte oyunlaştırılmış web sitesinden çok şey öğrenir ve dahasını öğrenmek için merak içinde olursunuz. Eğer öyle olursa bize ulaşmak için çekinmeyin, sorularınızı ve önerilerinizi dinlemek bizim için büyük bir keyif olacaktır. Sizler de oyunlaştırdığınız, oyunlaştırmayı düşündüğünüz örnekleri bizlerle paylaşın ve tavsiyelerimizi dinleyin.

Bir kapanış notu olarak, oyunlaştırma dünyasına girmeden önce, oyunlaştırmanın "oyun elementleri" eklemek olmadığını vurgulamak isterim. Oyunlaştırma problemleri çözmek ve engelleri aşmak için geliştirilen bir tasarım metodolojisidir. Oyun mekaniklerini uygulamak belli bir dinamiği sağlar ancak eksik veya yanlış uygulandığında negatif sonuçlar verebilir. Doğru uygulanmayan bir oyunlaştırma, içsel bir motivasyonu dışsal ödüllendirmeyle yıkabilir. Oyunlaştırmada, ödül mekanizmasını sadece içsel motivasyonu geliştirmek icin kullanırız. Bu nedenle, lütfen oyunlaştırma konusuna dikkatle yaklaşın ve konuyla ilgili her sorunuzda bize ulaşın.

Buradan sonra oyunlaştırmanın o müthiş eğlenceli dünyasına gireceğiniz kısım başlıyor. Umarız eğlenir ve birçok şeyi keşfedersiniz.

Niels van der Linden
Managing Director / Patica
Haziran 2015

Hiç solmayacak bir ağaç tanıdım: Kitap.

Robert Herrick

İÇİNDEKİLER

1

Oyun

Dijitalleşen Dünya ve Jenerasyonlar

İnsanoğlu son yıllarda iletişimden eğitime, sağlıktan finansa uzanan çok boyutlu bir ortamda, yaşadığı hiçbir dönemde olmadığı kadar büyük ve hızlı bir değişim içinde. Bunun adı da: Dijitalleşme!

İletişimin tarihi hakkında bir kitap okumuştum. İçindeki bir bölüm beni çok etkilemişti; radyonun icadından önceki dönemlerdeki iletişim şekline dair gerçek bir öykü. Boks türü spor müsabakalarının ardından kapılar açıldıktan sonra kapıda toplanan grup, o maçın skorunu içeriden çıkan seyircilerle birbirlerinin koluna girerek, sorarak öğrenirmiş. Bu şekilde maçın skoru diğer insanlara ulaşırmış. Radyo, bu gibi bilgilerin geniş kitlelere iletilmesi konusunda çok önemli bir aşamayı atlamamıza yardımcı oldu. Radyo bulunduktan sonra, maç sonu oluşan bu kalabalıklar azalır ve hatta maça gidenlerin evinde radyodan haber alınarak eğer galip olunduysa sofralar kurulur olmuş. Ne kadar farklı bir öğrenme deneyimi ve ne ilginç bir hikâye!

Aynı şekilde matbaalar ile gazeteler, televizyonlar ve klasik telefonlar... Klasik diyorum çünkü doğduğundan bu yana akıllı telefonla tanışık olup eski telefonları görmemiş bir nesil de mevcut. Bilgisayar ve daha da önemlisi internetin bulunmasıyla, telefon ve mobil bilgisayarlar yani tabletler sayesinde internetin ve bilginin bizimle birlikte her yerde olabilmesi insanların tüm yaşamını değiştiriyor. Artık biten bir maç için birilerinin koluna girmek yerine bir siteye ya da sosyal medya hesabına bakmamız yeterli oluyor. Dahası var olan nesili de bekleyen "Internet of Things" ile etrafınızdaki tüm cihazların internete bağlı ve birbirleriyle konuşabildiği bir ortama doğru gidiyoruz. Yani boks maçı iyi geçtiyse bunu bilecek bir arabanız ona göre rota belirleyebilecekken, kötü geçtiyse evdeki buzdolabınız sizin erken dönüşünüz için yemeğinizi hazırlayabilecek.

Gelecek bilimci, fütürist Alvin Toffler* elimizdeki tarihi bilgiler ışığında, insanoğlunun yaşam şekillerini, kökten etkileyen 3 dalgadan bahseder. Her dalgada bir önceki tüm kültür ve yaşam tarzları geride bırakılır, bunlar verimsiz ve eski sayılır.

Bu dalganın ilki "Tarım Devrimi"dir. Varoluştan bu yana göçebe olarak ve avcı-toplayıcı kültürle devam eden insanlar, toprağın verimliliğini keşfettiler. Hayvangücü yardımıyla birçok tarım ürününü ekerek yetiştirebildiklerini gördüler. Verimli topraklar üzerinde yerleşik hayatlara yöneldiler ve devamında göç etme hazırlıkları ve yolculuklar yerine topraklarını koruma ve geliştirme üzerine odaklandılar. Bu, dünya genelinde 1400'lü yıllarda yaşanmış olup halen zaman zaman medyada haber konusu da olan Güney Amerika'nın dış dünyadan yalıtılmış bazı köylerinde devam etmekte olan bir dönemdir.

Toffler, ikinci dalganın "Sanayi Devrimi" olduğunu belirtir. Hayvangücü ile birlikte, mikro düzeyde kendisine yetecek kadar besin elde edebilen insanoğlu, 1900'lerin başında kitlesel üretimlere geçebilmiş ve böylece kapitalizm gibi bir üretim-tüketim döngüsüne dayalı bir sistemin temelleri atılmış. Kitlesel üretimden kitlesel tüketime, kitlesel eğitimden kitlesel imha silahlarına kadar artık her şey kitlesel yapılmaktadır. Bir kitabının da adı olan "Üçüncü Dalga" ise internet gibi sistemlerle birbirlerine ve 'bilgi'ye bağlanabilen insanların hayatlarındaki değişimleri, yaşama biçimlerindeki yeni alışkanlık ve ihtiyaçları getirir. Bu dalgaya kendisi "Bilgi Çağı" demektedir. Birçok yaklaşımı olan bu dalga, artık sadece dünya eksenini değil tüm evrenle ilgili düşüncelerin geliştiği, bilginin her an erişilir olduğu yepyeni bir algı uzayını kapsamaktadır.

Bu devrim niteliğindeki 'dalgalar' arasında, yüzyıllardan beri aynı şekilde yaşayan, konuşan, yemek yiyen, uyuyan ve hatta düşünen insanoğlu artık farklı tarzlarda yaşamaya hazırlanıyor, düşünce sistemini alışıldık kalıpların dışına taşımaya başlıyor. Bu dönemlerden bize yakın dönemde yaşayan nesilleri, varoldukları zaman aralığına göre gruplayarak tanıyalım. Onların yaşam alışkanlıkları, yemek, iş hayatı, arkadaşlık ve sosyalleşme gibi konulardaki beklentilerinden bahsedelim. Gelin bu jenerasyonları üzerinde genel olarak el sıkışılmış şekilde inceleyelim.

Silent Generation (Sessiz Jenerasyon, 1925-1945 doğumlular): Özellikle tüm dünyadaki ülkeleri etkisi altında bırakan 2. Dünya Savaşı'nın olduğu yıllarda doğan nesilleri kapsamaktadır. Bu nesil hem işine, hem ailesine çok sadık, düzenli ve risksiz hayatı seven bir nesil olarak yetişti. Her daim bir otoriteye bağlı yaşadı. Çok azla yetinmeyi ve hayatta kalmayı hep odağında bulundurdu.

* Toffler, A. Üçüncü Dalga (The Third Wave) (1980) Bantam Books

Baby Boomers (Bebek Patlaması, 1945-1965 doğumlular): Bu jenerasyon, savaş sonrası globalleşen dünyada radyo, gramafon ve televizyon ile yerleşik ve popülist hayata geçiş yapan nesildir. Bebek patlaması ismi, 1950'den sonra savaş nedeniyle azalan dünya nüfusunun, savaşların bitmesiyle birlikte doğum oranlarının artmasından gelmekte. Bu nesil de yine sadık, eleştirmeyi sevmeyen, azla yetinen ancak rekabeti seven ve bireysel olarak öne çıkmak isteyen öncü bir kuşak. Günümüz iş dünyasındaki CEO'ların çoğu bu jenerasyondandır.

X Jenerasyonu (1965-1980 doğumlular): Tam bir ara kuşak. Teknolojiyle kendi sosyal hayatını dengelemeyi seven, iş hayatında ve özel hayatında uzun süreli ilişkileri tercih eden, yeniliklere kısmen açık ancak risk almayı sevmeyen bir nesil. X kuşağının en önemli özelliği, Y ve Z neslini büyütmesi ve desteklemesi olacaktır.

Y Jenerasyonu (Millennials) (1980 - 2000 doğumlular): Eğitim şartlarının çok daha iyi ve araştırma imkânlarının geniş olmasından kaynaklı olarak, gelişim çizgisi olarak üst seviyelerde olan bir nesildir. Teknolojiye çok kolay adapte olurlar. Sorgulayıcıdırlar, düşüncelerini açıklıkla ifade ederler ve yeniliklere hep açıktırlar. Tüketim alışkanlıkları ve ben merkezcillikleri bu jenerasyonun kötü yanları denilebilir.

Z Jenerasyonu (2000-2010 doğumlular): Bu nesil doğduğu andan itibaren, bilgisayar ve internet hayatlarının doğal bir parçasıydı. Bu yüzden ellerinde oyuncak yerine tabletler oldu ve kukla gösterileri yerine youtube üzerinden viral videoları izlediler. Bu şekilde büyüyen Z jenerasyonu, çok daha yaratıcı, özgüvenli ve iletişimi güçlü nesiller oldu. Ancak eski kuşaklarla çatıştığı konularda kendini üstün görmesi, çabuk karar değiştirmesi ve insan ile markalara bağlılığının az olması gibi özelliklerini olumsuz yönleri olarak sayabiliriz.

Alfa Jenerasyonu (2010 sonrası doğumlular): Bu nesil artık sadece bilgisayarların değil kendisi de dahil her şeyin online olmasını bekliyor. Bu yüzden bu nesle aynı zamanda "Screener Gen" ekrancı jenerasyon da deniyor. Bu nesil şimdilik iş hayatında yok ancak yakında tüm bu beklentileriyle yanıbaşımızda olacaklar.

Oyun Nedir? Oyun Düşüncesi, Oyun Tasarımı ve Oyun Teoremi

Oyun ve insanoğlu yaşıttır diyebiliriz. İnsanoğlunun varoluşu kadar eskidir oyun. Özellikle deneyimleyerek öğrenilmesi gereken konularda, oyun ve oyunla öğrenme çok uzun zamandır başvurulan bir yöntem. Oyuncular oyun esnasında gerçek hayata göre çok daha risksiz bir ortamda olduklarını hisseder. Gerçek hayatta yapmaktan çekinecekleri bir hatayı oyunda çok daha rahat yaparak sonucunu görebilir ya da çok kritik kararlar alarak öğrenme sürecini ilerletebilirler. Oyun içinde elde ettikleri deneyim ve varış noktaları sayesinde öğrenme sürecinde yaşadıklarını değerlendirebilirler ve bu sayede kurdukları sebep–sonuç ilişkilerini yaşamlarına yansıtabilirler.

Oyun ortamları çocuklar kadar yetişkinler için de hem eğlenceli hem de öğretici olmaya devam ediyor. Oyun evreni her geçen gün büyüyüp gelişmekte. Dünyada 2 milyar kişi dijital oyun oynarken Türkiye'de de bu sayı 30 kilyon kişiyi aşmış durumda. Dijital Oyunlar, 100 milyar dolara sahip piyasayla, var olan ve artacağı öngörülen kitlesiyle büyük bir iş sektörü oldu.*

Türkiye, paying gamers oranında, yani ödeme yapan oyuncular yüzdesinde de çok üstlerde. Oyun oynayan kişilerin %60'ı oynadığı oyuna para ödüyor. Ülkemizin gerçeği olan "İnternet Cafe"leri ve oralardaki ücretlerin çoğunu da, aslında oyun oynamak amacıyla yazılım ve donanım kiralama olarak görürsek, oyuncu ve ödeme yapan oyuncu sayıları çok daha yüksek bir orana ulaşır. Birçok sektörde olduğumuz gibi oyun sektöründe de üreticiden çok tüketici konumundayız. Bu pazarın

* Forecast: Video Game Ecosystem, Worldwide, 4Q13." http://www.gartner.com/resId=2606315.

her yıl % 30 gibi muazzam bir rakamla büyümesi, birçok oyun derneği tarafından öngörülüyor.*

Oyun, Türk Dil Kurumu tarafından "Yetenek ve zekâ geliştirici, belli kuralları olan, iyi vakit geçirmeye yarayan eğlence" olarak tanımlanmaktadır.

Ve bu eğlenceli sistem içerisinde; oyuncular, rekabet, kurallar, etkileşim içerisinde geri bildirim alarak ve görünebilir bir ilerleme kaydederler.

- **Sistem (System):** Oyun ortamının, kullanıcılar tarafından sınırlarının ve yapılabilirliklerinin bilindiği platforma denir. Burada kesin olan, tüm oyuncuların eşit bilgi seviyesinde oynadıkları ortama hâkim olmalarıdır. Bir poker oyuncusunun masasında olanlara hâkim olması, bir boksörün ringe olan hâkimiyeti, bir çocuğun Call of Duty oynarken nereye kadar ilerleyebileceğini biliyor olması gibi çeşitli ve çok sayıda örnek verilebilir.
- **Oyuncular (Players):** Oyun ortamında, hem oyun elementleriyle hem de diğer oyuncularla kurallara göre etkileşime geçecek kişidir. Diğer oyuncular rakibi de olabilir ve/veya oyun içinde ekip arkadaşı ya da destekçisi olarak da bulunabilir.
- **Rekabet (Challenge):** Oyun ortamında bulunan oyunculara verilen hedeflerdir. Oyuncuların birbirleriyle belli bir oyun mekaniğiyle, mesela puan diyelim "verilen sürede en çok puanı kim alacak?" şeklinde ulaşmaya çalıştıkları hedeftir.
- **Kurallar (Rules):** Kullanılan oyun elemanlarına göre belirlenen kurallar herkes için eşit ve açık olmalıdır. Böylelikle adil ve sonuçları kabul edilebilir bir oyun kurgusu yapılmış olur.
- **Etkileşim (Engagment):** Oyuncuların, aldıkları görevler doğrultusunda, oyundaki diğer oyuncularla rekabet ya da destek amaçlı iletişim ve etkileşimleridir.
- **Geri Bildirim (Feedback):** Oyuna başladıktan sonra oyunculara, oyun içinde yaptıkları hamlelerle ilgili olarak bilgilendirici, motive edici ya da yapılan hatalara karşı uyarıcı geri bildirimler vermek çok önemlidir.
- **İlerleme Durumu (Progress Bar):** Oyuncu, oynarken atladığı bölümleri, kazandığı yetenekleri ve yendiği kişileri görmek, oyun içinde ne kadar ilerlediğini, kazanmak için daha ne gibi görevlerinin olduğunu bilmek ister. Bu çıktıları her an erişilebilir bir menüye eklemek çok önemlidir. Böylelikle oyuncular diledikleri zaman kendi ilerlemelerini görebilir, durum değerlendirmesi yapabilirler.

---

* Turkish gaming market infografik 2013 http://www.slideshare.net/OYUNDER/turkish-gaming-marketinfo grafikapril3pay?related=1

- **Motivasyon (Motivation):** Tüm dinamikleri doğru ekleseniz de oyuncu gerekli motivasyonu ve isteği göstermezse oyun ilerlemez. Bu nedenle tüm kurgularımızda arka planda duyguları hedefleriz; çünkü oyunlaştırmanın sürekliliğini sağlayan en önemli unsurun motivasyon olduğunu biliyoruz.

Kişi oyun oynarken, eğer gerçekten kendi motivasyonuyla oynuyor ve kendini tümüyle oyuna kaptırıyorsa beyni *"dopamin"* adlı bir hormon salgılıyor. Eminim oyunu çağrıştıran iskambil kâğıtlarının görselleri bile bazı oyun tutkunlarının dopamin salgılaması için yeterli oluyordur. Bu hormon, oyundaki tüm unsurları tam kavramak ve hedefe ulaşıp oyunu kazanma yolunda ne gerekiyorsa yapmak için, beynin tüm gerekli fonksiyonlarını devreye sokuyor. Y ve Z jenerasyonları boş zamanlarında bu tip oyunları birbirleriyle oynayarak, rekabet içinde bu algılarını devamlı açık tutuyor. Hayatlarının farklı alanlarında da -bu okul hayatı olabilir, yarın iş hayatı olabilir, ev yaşamı, beslenme, spor, seyahat gibi alanlar olabilir- oyun ve oyunlaştırma deneyimlerine son derece açıklar.

Oyunun tarihine bakacak olursak, insanoğlu yaşadığı tüm doğal ortamlarda diğer kişilerle sosyalleşmek ve eğlenmek gibi çeşitli amaçlarla oyun oynamış. Oyun için, elindeki malzeme neyse onu kullanmış. Yeri gelmiş bir kemik, bazen değerli takılar, üzerine bir şeyler çizilmiş kâğıtlar ve içinde bulunulan çağa dair çok çeşitli objeler. Bunları günümüzün zar, pul ve iskambil kâğıtlarının ataları olarak anlamlandırabiliriz. Eski zamanlarda taşlarla oynanan oyunlar, halen bazı ülkelerde sokaklarda yaşatılmaya devam ediliyor. Günümüzde birçok oyunda şans faktörü yaratmak amacıyla kullanılan zarların atası aslında "aşık kemiğidir". Büyükbaş hayvanlardan çıkan bu kemiğin bir yüzeyi oyuk, diğer yüzeyi dışa dönüktür. Hangi tarafının üste geleceği üzerine yapılan kurgularla asırlar evvel oyun malzemesi olarak kullanılmıştır. Günümüzde de bu deneyimi yaşamış olan kişler bulunmaktadır. Benim 90'lı yaşlarında olan, Fethiye'de doğup büyüyen ve halen orada yaşayan babaannem, küçüklüğünde bu aşık kemikleriyle oynadıklarını, özellikle dik getirmenin çok zor olduğunu söyler; sanıyorum bizde tavlada düşeş gelmesine denk bir durum olabilir. Eskilerden kalan *"sen kimle aşık atıyorsun"* ya da zar atarken halen söylenen *"hadi oğlum kemik"* sözlerinin referansı işte bu kemiklerdir.

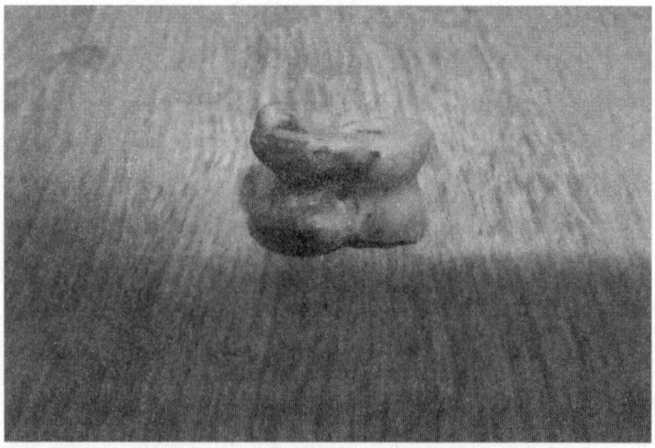

Oyun dendiğinde, uçsuz bucaksız bir dünya geliyor akla. Saklambaç, körebe, taş-kâğıt-makas, uzun eşek gibi sadece oyuncu arkadaşlara ihtiyacınız olacak oyunlardan tutun da birkaç taşınız varsa üçtaş, beştaş, kelle, çelik çomak gibi, kurallarını bir şekilde herkesin bildiği oyunlara; yakartop, istop gibi ortadaki bir topa dayalı oyunlara, yere çizilen çizgiler üzerine kurgulanmış seksek gibi oyunlara kadar eğlence vaat eden sonsuz büyüklükte bir alan. İşin masa başı tarafı da var. Kağıt-kalem devreye girerse isim-şehir-hayvan gibi aslında çok da öğretici bir oyundan, amiral battı, tombala, SOS gibi oyunlara uzanan saymakla bitmeyecek bir liste. Oyun hep bizimle; sokakta, evde, okulda, işte, denizde, parkta, kar yüzeyinde, akla gelen gelmeyen her yerde, kendisini oluşturan yaratıcı unsurlar ve yüksek cazibesiyle bizi içine alan bir evrensel küme.*

Günümüzde artık hem dijital ortamların hayatımızın her anında olmasından hem de yaşam alışkanlıklarımzın değişmesinden kaynaklı olsa gerek yukarıda ilk akla gelen örnekler olarak saydığımız oyunlar, çok daha az oynanıyor. Monopoly, Tabu, Scrabble, Kızma Birader ve JENGA gibi kutu oyunlarıyla, board games dediğimiz oyunlar, fiziksel ortamlar için yaşatılmaya devam ediliyor.

Yılbaşı geceleri her yaştan aile bireylerinin tombala oyununa dair eminim hepimizin çok eğlenceli anıları vardır. Bir yılbaşı geleneği diyebileceğimiz bu oyunda aşılması gereken 1. Çinko, 2. Çinko ve finaldeki tombala seviyeleri şans faktörünün de yönlendirdiği ciddi bir oyun düşüncesi ve tasarımı içeriyor. Böylesi bir oyunun bu kadar gelenekselleşmiş olması bize gösteriyor ki hangi yaşta olursak olalım oyun oynamayı seviyoruz. Oyun aynı zamanda kuşaklar arası ortak bir iletişim aracı.

Bütün bu oyunlar, tarih yolculuğunda insanoğlunun dijitalleşme devriminden kendilerine düşen payı almaya başladı. Tavla, satranç, okey gibi klasik oyunlar dahi diji-

* Magarica-Onedio, 40 Oyunla 90'larda Çocuk Olmak http://onedio.com/haber/40-oyunla-90-larda-cocuk-olmak-513091

tal yaşantımızın eğlence seçenekleri arasına girdi. Sadece oyunlar değil tüm sektörler dijitalleşmeden etkilendi ve bu bitmeyecek sürecin bir parçası olarak yaşamlarına devam ediyorlar. Newsweek gibi yüzyıllardır baskı yapan bir gazete, son basılı sayısını yapıp sadece dijital olarak yayına devam edeceğini söyleyebiliyor. Son kapağında da #thelastprintissue diye bir twitter hashtag'i yayınlayarak mesajını da sosyal medya referanslı veriyor.[*]

Not defterleri yerine telefonumuzdaki ya da tabletimizdeki evernote uygulamasını kullanıyoruz. Elimizdeki kartvizitleri evernote ile okutarak dijital adres defterimize otomatik ekliyoruz. Günlük hayata fotoğraf makinesi ve video kamera kullanmayıp, telefonumuzun kamerası ile çekim yapıp, tüm bunları kolaylıkla arkadaşlarımızla paylaşabiliyoruz. Müzik dinlemek için yine adres mobil telefonumuz. Ev telefonunu ise birçok kişi devre dışı bırakmış durumda. Mobil cihazlarımız vazgeçilmezlerimiz arasında ilk sıralarda.

Sürpriz bir fotoğraf, insanların son yıllardaki dijitalleşme hızını açıkça gözler önüne serdi. 2005 yılındaki papalık töreniyle çok değil 8 sene sonra 2013'te aynı yerde belki de aynı kitleye konuşmasını yapan Papa Franciscus'un konuşması dijitalleşmenin ispatı gibiydi. Tüm cep telefonları kayıttaydı ve tüm dünyaya Papa'nın sözlerini iletiyor hatta canlı yayın yapıyorlardı.

* Daniel, R. and Hagey, K. Turning a Page: Newsweek Ends Print Run. Wall Street Journal http://www.wsj.com/articles/SB10001424127887324660404578201432812202750

Yıllar geçtikçe hem bilgisayarlar hem de konsollar gelişti ve oyun üreten yazılım firmaları çıkmaya başladı. Bilgisayar hâlihazırda oyunlar için tercih edilen cihazlardan olsa da geçen yıllar içinde oyun konsolları, Playstation, Xbox, Nintendo gibi cihazlar çok daha sık tercih edilir ve kullanılır oldu. Buradaki oyunlarda artık gerçek hayata birebir benzeyen oyunlardan tutun da sanal dünyada sanal karakterle yaşama imkânı veren oyunlara kadar çeşitlilik sunan bir sektör oluştu. Bu oyun sektörü ve oyun oynayan ciddi kitle hergün gelişip büyüyerek varolmaya devam ediyor.

Bu süreçte "game design" ve "game thinking" yani "oyun tasarımı" ve "oyun bazlı düşünme" devreye giriyor. Bu terimleri çok kısaca açıklamak gerekirse: Elinizde 2 zar 10 pul olsa, 3 arkadaş bunlarla oyun oynamakta zorlanırsınız; ama bir kurallar seti ile oynasanız durum netleşir ve kolaylaşır. Elinizde 2 zar ve 10 pul var demiştik. Mesela "tüm pulları bir tahta üzerine koyup sırayla zarları atarak; çift attığınızda 1 adet pulu yerden alma, çift gelmediğinde sıranın diğer oyuncuya geçmesi ve daha çok pul alanın kazanması" gibi bir kurallar setiyle çok basit bir oyun kurgusu yapabilirsiniz. Bu düşünce mekanizmasına "game design" ve "game thinking" diyoruz. Bu fikirlere açık olmak, hayatın diğer alanlarına da bunları adapte edebilmek ve kullanmayı istemek, oyunlaştırma için de çok önemli bir bakış açısı olarak öne çıkıyor.

Kitabımızın odak konusu oyunlaştırma olduğundan, oyun, oyun tasarımı ve oyun düşüncesi kısımlarına çok detaylı girmedik. Oyunlaştırmada da birçok unsurun temelini oluşturduklarından, başlangıçta uzun bir özet olarak anlatmak istedim. Kitabın son kısmı olan referanslar bölümünde konuya dair birçok kaynak bulabilirsiniz.

Oyun Tasarımı ve Oyun Düşüncesi Nedir?

(Yrd. Doç. Dr. Yavuz Samur, BÖTE Bahçeşehir Üniversitesi Katkılarıyla)

Sanıyorum oyun tasarımı deyince söze tasarım kelimesi ile başlamak gerekiyor. Bu yüzyılın kelimesi olan "tasarım" (design) tüketimden ziyade üretime, aşırmacılıktan ziyade yaratıcılığa odaklanan bir kelime. Özellikle de Türkiye gibi daha çok tüketmeyi seven bir toplum için aslında zor da bir ifade. Oyun tasarımı ise disiplinler arası bir çalışma ile "oyun" diye tanımladığımız o eğlenceli etkinliği oluştururken kullandığımız oyun elementlerini, anlamlı ve bütünsel bir şekilde bir araya getirme sürecidir diyebiliriz. Dolayısıyla çok kolay gibi görünse de "oyun" tasarlamak özellikle de eğitsel oyun tasarlamak çok da basit bir iş değildir.

Var olan oyunların eğitim öğretim ortamlarında kullanılmasıyla ilgili olarak yapılan birçok çalışma varken, oyun tasarımı ile hedef kitleye belli başlı kazanımları edindirme fikri yeni ve heyecanlı bir araştırma konusu olarak karşımıza çıkmaktadır. Öğrencilere verilebilecek bilgi ve becerileri geleneksel bir yapı içinde öğretmek her zaman mümkün olmazken (van Eck, 2006), dijital oyunlar öğrencinin öğrenme ihtiyacını sağlayarak, dersi ilgi çekici hale getirebilir. Ancak başarılı bir öğretim gerçekleştirebilmek için oyun tasarımının da eğitime entegre edilmesi; her şeyi eğitime entegre ediyoruz da bunu neden etmiyoruz, argümanının bir sonucu değildir. Öğrencinin hayal ettiği bir oyunu tasarlarken, kendi potansiyelini özgür bir biçimde fark edebilir ve aynı zamanda bir eğitsel oyun tasarlarken bu onun deneyimleyerek öğrenmesini sağlayabilir. Bir başka ifadeyle tasarlayarak öğrenme (learning by design), öğrencilerin ister işbirlikçi ortamda, ister bireysel olarak derse aktif katılım sağladıkları bir ortamda olsun, her durumda yaratıcı düşünme becerilerini geliştirebilir (Papert, 1998). Çünkü kişinin bir şeyler tasarlarken eğlenmesini ve kendi hayal dünyası içinde öğrenmesini sağlar (Gee, 2003). Çocukların oyunlara karşı ilgileri ve oyunların öğrenme ortamlarındaki etkileri düşünüldüğünde, oyun tasarımı ile öğrenme ortamlarının yaratılması, yavaş yavaş kaçınılmaz hale gelmektedir (Whelan, 2005).

Eğitsel bir oyun tasarlarken, eğitim ile eğlence unsurları arasındaki dengenin sağlanması ve öğrencilerin oyun tasarlarken gerekli becerileri kazanması için dikkat edilecek birçok unsur vardır (Doğusoy ve İnal, 2006). Oyun tasarlarken, oyunda yer alacak kurallar oyunun sıkıcılıktan kurtulması ve oyuna olan ilgiyi artırması bakımından önemlidir. Bütün bunları "Oyun Mekanikleri ve Oyun Elementleri" başlığı altında inceleyebiliriz (İnal, Çağıltay ve Sancar, 2005). Oyun tasarım sürecinin başlangıç aşamasında oyunun amacının ve hedef kitlesinin belirlenmesi, oyunun hangi türde yapılacağının kararlaştırılması gerekmektedir (Tuğtekin ve Kaleci, 2011). Geçerli bir eğitsel bilgisayar oyunu tasarımında, motivasyon kaynağı olarak "oyunun hikâyesi" etkili ve ilgi çekici olmalıdır (Dondlinger, 2007). Oyunun etkili ve ilginç bir hikâyesinin olması, kullanıcının o karakteri daha çabuk benimsemesini ve hedeflerini gerçekleştirme gayesini tetikleyecektir (Korkusuz ve Karamate, 2013). Oyun platformunun eğlendirici olmasının yanında bir yarış ortamı yaratması, öğrencilere hem zihinsel hem duyuşsal yönden katkı sağlayabilir (Akkoyunlu, 1998). Pelletier (2005) oyundaki seviyelerin de oyun tasarım aşamasında dikkatlice tasarlanması gerektiğine vurgu yapmıştır. Demirel (1999), hazırlanan oyunlara etkin bir katılımın sağlanması için oyunun çok zor olmaması, ilgi çekici olması ve belli bir amacının olması gerektiğine değinmiştir. Özetle oyun tasarlarken planlanacak kurallar; kullanıcının oyunun amaçlarını fark etmesini sağlamalı, hareket sayısını kısıtlandırarak oyuncuyu sürekli strateji geliştirmeye zorlamalıdır (Kula ve Erdem 2005).

Logo programlama ile başlayan, StarLogo ile devam eden ve hedeflediğiniz kitleye oyun tasarlatmak için kullanılan bazı yazılımlar mevcut, bunlardan oyun tasarlamaya en yakın olarak gördüğüm, Pixell Press Floors'un tablet uygulaması. Bunun gibi çok fazla beceri gerektirmeden sadece oyuna odaklanabileceğiniz çok uygulama ya da yazılım yok ancak programlama yaparken ve öğrenirken oyun da tasarlayabileceğiniz yazılımlar mevcut. Bunlardan en çok bilineni ve kullanılanı MIT'nin Scratch; çocuklar için olan versiyonu da Scratch Junior olarak, kullanıcılara ders planlarıyla birlikte sunuldu. Gamestar Mechanic, Minecraft Edu, Game Salad, Game Maker da diğerleri arasında sayabileceklerimizden. Karar vermeden önce hepsini ve daha fazlasını denemekte fayda var.

http://www.stemchallenge.org/stem/#/resources/ adresinden çevrilmiş ve adapte edilmiştir.

Oyun tasarımı ile ilgili yapılan araştırmalara baktığımızda, Robertson&Howells (2007) bir ilköğretim okulunda 8 haftalık nicel bir çalışmayla, 6. sınıfta öğrenim gören öğrencilere Neverwinter Nights programını kullandırarak kendi oyunlarını tasarlatmıştır. Uygulama sonunda hem bağımsız hem grup olarak çalışan öğrencilerin motivasyonlarının arttığı, yapılan bireysel ve grup çalışmalarının öğrencilerin kararlılıklarını pozitif yönde etkilediği tespit edilmiştir.

Long ve Frankie (2010) çalışmalarında dijital oyun tasarım süreci ile öğrencilerin matematik problem çözme becerilerini geliştirmeyi amaçlamışlardır. Matematik öğretiminde öğrencilere geleneksel öğretim tekniği ve oyun tasarımı modeli uygulanmış, çıkan sonuçlara göre oyun tasarım ve geliştirme sürecinin, öğrencilerin karşılaştıkları matematiksel kavramların çözümlenmesi aşamasında onlara yardımcı olduğu görülmüş, aynı zamanda öğrencilerin genel tutum ve motivasyonlarının olumlu derecede artış gösterdiği sonucuna ulaşılmıştır. Baytak ve Land (2010) çocuklara beslenme alışkanlıklarını kazandırmak için, beşinci sınıf öğrencilerinden oluşan 10 kişilik bir gruba, 8 hafta boyunca haftada 45 dakika, ders saati süresinde GameMaker programını kullandırarak kendi oyunlarını tasarlatmıştır. Tasarlanan en iyi üç oyun başka 16 beşinci sınıf öğrencisi üzerinde denenmiştir. Uygulama sonunda öğrencilerin görüşleri almak için bireysel görüşmeler ve röportajlar yapılmış, elde edilen detaylar incelenmiş ve öğrencilerin beslenme alışkanlıklarının olumlu yönde geliştiği ve gözlemlenen öğrencilerin olumlu yönde güdülendikleri tespit edilmiştir.

Son zamanların eğitimle ilgili en popüler yaklaşımlarından biri olan ve herkes tarafından sıkça dile getirilen yapılandırmacı yaklaşım ile ilgili herkesin kafasında soru işaretleri olmasına rağmen, öğrenme açısından oyun tasarımı ile öğrenme kavramının ne kadar uygun olduğunu da bu sayede rahatlıkla görebiliriz. Oyunların eğitimde kullanılması ile daha çok öğretimsel, pratiğe dayalı bir yaklaşımdan bahsederken, oyun tasarımı ile daha çok bilgileri yapılandırma yoluna giderek gerçekleşen bir öğrenmeden bahsedebiliriz. Öğrencilerin içerik tüketiciliğinden (content consumers) içerik üreticiliğine (content creators) geçişinde çok önemli olarak görülen oyun tasarımı, disiplinlerarası bir yaklaşım sunarken, aynı zamanda öğrenciler için eğlenceli ve yaratıcı bir etkinlik olarak da karşımıza çıkıyor. Ancak burada dikkat edilmesi gereken hususlardan biri tasarım gibi, oyun gibi, oyun tasarımı gibi kavramlara henüz hâkim olmadan yapılacak çalışmalardır. Bu anlamda bol bol okuma ve araştırma yapılması, uygulanan çalışmalardan örnek alınması ve bunların kendi hedef kitlenize adaptasyonu çok önemlidir. Aksi halde çocukları oyunlardan soğutmak çok olasıdır. İlk olarak iyi bir tasarım teorisine dolayısıyla oyun tasarımı teorisine ihtiyaç duyarsınız (Salen & Zimmerman, 2003, bu anlamda size yardımcı olabilir). Daha sonra size uygun bir oyun geliştirme aracına ve öğretim stratejileri ile desteklenmiş öğrenme etkinliklerine ihtiyacınız var. Son olarak düzenli ve sürekli bir geliştirme ve geri bildirim süreci başlar; bu noktada ne siz ne de öğrencileriniz yalnız bırakılmamalıdır.

Dünya genelinde oyun tasarımı da bu anlamda gelişen alanlardan biridir. Bazı ülkelerde çocuklar için hazırlanmış oyun tasarım müfredat örnekleri bulunmaktadır. Türkiye'de ise buna yönelik bir çalışma bulunmamaktadır. Oyun Tasarımı Atölyesi kapsamı açısından Türkiye de örnek ve öncü niteliği taşımaktadır. Projenin temel amacı, çocukların yaratıcılıklarını ve oyun deneyimini kullanarak kendi oyunlarını tasarlamalarını sağlamaktır. Projede önemli olan, herkesin kendi oyununu tasarlayabileceği gerçeğini aşılamak ve bilişimsel, analitik, yaratıcı, tasarım odaklı düşünme gibi 21. yüzyıl becerilerini geliştirmek ve bu sayede her alanda üretici konumunda yer alabileceklerini göstermektir (Partnership for 21st Century Skills, 2008). Bu atölye çalışması dijital öğeleri, somut objeleri ve teorik bilgileri aynı proje içerinde barındırması açısından da özgün bir değer taşımaktadır.

Proje 5. ve 6. sınıflar için hazırlanmış olup genel olarak üç aşamadan oluşmaktadır. İlk aşamada çocukların yaratıcılığına bir sınırlama getirmeden kâğıt üzerinde eğitsel oyun tasarlamaları amaçlanmıştır. Okulda daha önce aldıkları derslerden bir konu belirlemiş ve bu konu ile ilgili 14 hafta boyunca aşamalı olarak kendi hayal dünyaları doğrultusunda bir oyun tasarlamışlardır. Bir sonraki aşamada ise Pixel Press Floor isimli iPad uygulaması ile üç seviyeden oluşan bir platform oyunu tasarlamaları hedeflenmiştir. Projenin son aşamasında ise oyun hamuru, lego, zar gibi somut nesneler kullanılarak öğrencilerden oyun prototiplemeleri istenmiştir. Öğrencilerle bu proje esnasında bilimsel bir tez çalışması da yapılmış olup, Bulut (2015) tezinde öğrencilerin şekilsel yaratıcılıkları incelenmiş ve yaratıcılıklarının 4 alt kategorisinde de (akıcılık, orjinallik, esneklik, detaylandırma) anlamlı olarak gelişme gösterdiklerini bulunmuştur. Dolayısıyla "oyun tasarlayan öğrencilerin yaratıcılıkları gelişir" demek bilimsel olarak da doğrulanmış bir tespittir.

Bütün bunlara ek olarak oyun tasarlama çalışmalarının, son zamanların popüler konularından biri olan programlama (algoritmik düşünme) becerilerini de geliştirdiğini söylememiz yanlış olmayacaktır. Programla dediğimizde biraz daha uzak duran kız öğrencilerin, oyun tasarımı ile birlikte algoritmik düşünme becerilerini daha kolay edinebildikleri de yapılan çalışmalarla kanıtlanmıştır (Games, 2009). Özellikle eğitsel bir oyun tasarlarken oyunun konusuna hâkim olma durumu, öğrenciyi bir anlamda öğrenmeye motive etmekle birlikte, öğrencinin bilgiyi yapılandırmasına da olanak sağlamaktadır. Son olarak ise bütün bu oyun elementlerini bir arada kullanabilmesi, kendi hayal gücünü ve yaratıcılığını da işin içine katması tam bir öğrenme şöleni oluşturmaktadır.

Hayatın her bir alanına uygulanan, her an içinde yer alan bu oyun fikirlerine sahip olmak ve başka platformlara da entegre edebilecek disiplinleri hayata geçirmek olan game thinging, oyun fikirliliğin bir çıktısıdır. Oyun tasarımı ve oyun düşüncesiyle ilgili MIT üniversitesinin Edx eğitim sitesindeki ücretsiz eğitimlerini takip etmenizi tavsiye ederim.*

Kitabımızın üçüncü ve son bölümünde de oyunun sınıf içi ve online eğitimlerde kullanımına dair örneklerini ve avantajlarını görebileceksiniz.

Oyun Teoremi

İskoç filozof Adam Smith'in senelerdir geçerli olan ekonomi teorisine göre "Bir grubun en yüksek performansı için, üyelerinin her birinin kendi başarıları için ellerinden gelenin en iyisini yapmaları gerekir". Yıllarca ekonomiden pazarlamaya tüm sek-

*MIT University, edX. Introduction to Game Design https://www.edx.org/course/introduction-game-design-mitx-11-126x

törlerce kabul gören bu yaklaşım Nash'in daha üniversite yıllarında yazdığı bir makalede çürütülüyordu. Nash burada Adam Smith haklı ama eksik "grup üyelerinin her birinin kendi başarıları için ve ayrıca da grubun toplam başarısı için ellerinden gelenin en iyisini yapmaları gerekir" biçiminde ifade ederek, kendisinden sonraki tüm yaklaşımları değiştirecek "oyun teorisi"ni ilk kez ifade ediyordu.

Oyun teoremi, aslında genel olarak bildiğimiz oyun ve oyunlaştırmalarla direk ilişkili değildir. Daha çok, oyun tasarımı yaparken oyuncuların aslında oyundaki kazanım, oyuncu görevleri ve başarı gibi kriterlerde nasıl davrandıkları ile ilgilidir. Burada fazla detaya girmeden, konu hakkında daha derin bilgi almak isteyenler için Coursera sitesinde bulunan, iki üniversitenin çok detaylı ücretsiz eğitimlerini tavsiye edebilirim.*

'Oyun Teoremi' için bu fikrin babası kabul edilen ve 2015 yılında bir trafik kazasında kaybettiğimiz Nobel ödüllü matematikçi John Nash'in hayatını anlatan A Beautiful Mind filmini de mutlaka izlemenizi öneririm.

Kitabın devamında oyun ve oyunlaştırmayı karşılaştırmaya devam ederek oyunlaştırmaya odaklanacağız.

* Coursera Oyunlaştırma eğitimi: https://www.coursera.org/course/gamification
Coursera: Game Theory: https://www.coursera.org/course/gametheory

"Tebrikler bu bölümü bitirdin ve bir röportaj okuma fırsatı kazandın. Hemen bir zar at ve karşısına gelen röportajı kitabın sonundan oku. İyi okumalar ve bol şans!"

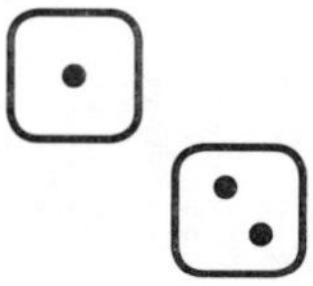

"Önce oyunun tüm kurallarını öğreneceksin, sonra da herkesten iyi oynamayı."
Albert Einstein

2

Oyunlaştırma

Oyun ve Oyunlaştırma kavramlarını en net anlatımlarıyla hatırlayarak başlayalım: Türkçe'de özellikle play ve games kelimelerinin ikisinin de oyun olarak kullanılmasından ötürü biraz karışabilmektedir. Play, sınır ve kural olmayan serbestçe oynanan oyunlara deriz. Sokakta saatlerce kale olmadan, golleri de saymadan oynadığımız futbol oyunları gibi. Game ise kuralları ve oyuncuları olan, hedefleri önceden belirlenmiş olan oyunlardır. Yine futbol örneğinden ilerleyecek olursak, sınırları, kaleleri, süresi olan, golleri sayılan ve takımlar oluşturarak oynarız:

Oyunlaştırma gerçek hayattaki motivasyonel problemleri oyun tasarım teknikleri ile katılımcılarda uzun vadeli davranış değişikliği hedefleyerek çözen yaklaşımdır." ***Niels van der Linden***

Oyunlaştırma (Gamification) kelime babası olan Gabe Zicherman ve Christopher Cunningham tarafından "oyundaki düşünce biçiminin ve oyun kurallarının, kullanıcıların ilgisini çekmek ve problem çözmek amacıyla kullanılması" olarak tanımlanmaktadır.*

En temelde farkları, oyun kendisi bir uygulamayken, oyunlaştırma katılımı artırılmak istenen uygulamaya eklenen bir süreçler topluluğudur. Oyunlaştırılmış uygulama, oyun mekanikleri kullanıldığından oyunu andırır ve böylece oyun oynuyor hissi yaşayan katılımcı o sürece daha iyi entegre olur. Türkçe olarak oyunlaştırma kelimesinde anlam sorunu var; aslında oyunlaştırmıyoruz yani bir süreci alıp oyuna çevirmiyoruz. Süreç için oyun gibiymiş gibi ortam oluşturarak daha kolay, rahat ve etkileşimli

* Gabe Zicherman: http://www.gamification.co/gabe-zichermann/

olunmasını sağlıyoruz. O yüzden Gamification'ın doğru Türkçe çevirisi için oyun kelimesine oyuna yakın anlamını katan -sal eki eklemek ve **oyunsallaştırma** demek daha doğru diye düşünüyorum. Türkçe'de -sal eki örnek olarak duygu-duygusal (duygu ile alakalı); kurum-kurumsal (kuruma yakın, bağlantılı); matematik-matematiksel (matematik sayesinde) gibi tamamlayıcı bir şekilde kullanılıyor. Oyunlaştırma henüz çok bilinen bir kavram değil ve oyunla da karıştırılabiliyor. Bu yüzden ben de daha çok anlam karmaşası olmaması açısından oyunlaştırma olarak kullanacağım.

Oyun ve oyunlaştırmayı en özet şekilde karşılaştırırsak:

Oyun	**Oyunlaştırma**
Objeler ve onları kullanma kuralları olur.	Kurallar daha çok görevleri tamamlamak içindir.
Kazanma ve kaybetme olur.	Kaybetme genelde yoktur, daha çok aksiyon aldırmak için desteklenir.
Bir hikâyesi ve ona göre tasarımı olur.	Asıl uygulandığı süreç neyse onu destekler.
Tümüyle tasarlanmalı ve tek başına çalışmalıdır.	Var olan sürece entegre olur, ayrı çalışır.
Üretimi çok pahalı ve karmaşıktır.	Entegrasyonu basittir.

Neden Oyunlaştırma?

Peki bu "oyun"laştırma yeni bir konu muydu, neden ve nasıl bu kadar popüler oldu? Aslında Google Trends aramalarına baktığımızda, 2010 yılı sonuna doğru başlayan trend 2015'te hâlâ yükselmeye devam ediyor. Hayatımıza son dönemde girmiş gibi bir algı olsa da uzak olduğumuz bir deneyim değil, sadece dijitaldeki olası entegrasyonları ve etkileri yeni keşfedildi.

Aynı şekilde oyunlaştırmanın popülerliği ile ilgili Gartner araştırma şirketinin her yıl yayınladığı meşhur Hypecycle'da, 2012 yılında tam peak yani tavan olacak kısıma yakın gözüken Gamification, 2013'te Big Data, 3D printer ve giyilebilir cihazlarla birlikte tavan yapmış. 2014'te ise uygulamalar yaygınlaşıp kullanıldıkça, uygulanabilir ve ölçümlenebilir kısımlara doğru ilerlemiş. Bu dönemde artık oyunlaştırma bir hype yani toz bulutu olmaktan çıkmış ayağı yere basan, beklentileri gerçekçi olan ve ihtiyaç olan her konuda hemen uygulamaya geçilebilecek bir durumdadır. Kısaca aslında oyunlaştırma şu anda hiç olmadığı kadar kullanılmaya hazırdır.

2014:

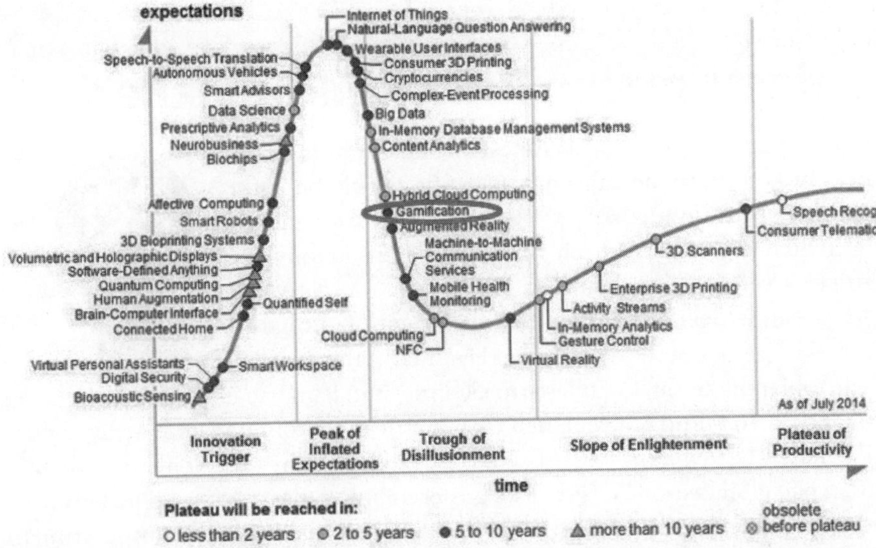

Böylelikle dijitalde de popülerleşen oyunlaştırma artık süreçleriniz için hazır. Oyunlaştırma ile süreçleriniz içindeki katılımcıları motive edebilir, çeşitli oyun mekanikleriyle mesela ödüllerle daha çok ilerlemelerini sağlayabilirsiniz. "Tamam o zaman hadi" derseniz işin o kadar basit olmadığını da söylemek gerekiyor. Mesela ödül için ilerleyen süreçler (spor yapmanız, sağlıklı beslenmeniz, sigarayı bırakmanız, para biriktirmeniz vb.) ödül ortadan kalkınca, yani dışsal motivasyon kalmayınca, oyunlaştırma sayesinde sağlanmış olan o istenen davranış değişikliği devam ediyor mu? Etmiyorsa sadece dışsal motivasyonla yapılmış demektir, ediyorsa ne mutlu; içselleştirerek iç motivasyona geçilmiş ve bir sonraki oyunlaştırma için heyecanla bekleniyordur. İşte burada yine Gartner'ın bir raporuna göre* 2014 yılına kadar her 4 şirketten 3'ü bir sürecini oyunlaştıracak ancak %80'i bu süreçte başarılı olamayacak.

Peki puan eklemek, rozet vermek, avatar göstermek bu kadar basitken neden bu kadar şirket süreçlerini başarılı oyunlaştıramasın? Aslında burada devreye birçok sebep giriyor; oyun mekaniklerinin doğru kullanılmasından, hedef kitlenin profil uygunluğuna, oyun tasarımının eksikliğinden ölçümlemesinin yanlış olmasına birçok neden olabilir. Biz de bu kitabımızda bu detayları paylaşarak daha doğru yönlendirmeler ve entegreasyonlar olmasını hedefliyoruz.

Birçok oyunlaştırma eğitim ve konferansında da söylediğim üzere yakın gelecekte "Oyunlaştırma Uzmanı" diye bir meslek olacak ve o uzman şirketlere belki senin hiçbir sürecin oyunlaştırılamaz demek için danışmanlık ücreti alacaklar. Böyle-

* http://www.gartner.com/newsroom/id/2251015

ce oyunlaştırmaya çalışırken harcanan bütçeler daha mantıklı yönetilebilecek. Bence bu dönemler çok uzak değil.

Oyunlaştırmanın Psikolojik Temelleri

Gamification yani oyunlaştırma kelimesi bu kadar bilinir olmadan önce bu konu üzerine çalışan, aralarında bu kitaba katkı veren Niels van der Linden, Yu-kai Chou, Mario Herger, Roman Rackwitch ve Kevin Werbach gibi uzmanlar, psikolojiyi temelde tutarak ve işin arka planını da düşünerek *"Motivasyonel Tasarım ve Motivasyonla Davranış Değişikliği"* gibi tanımlarda bulunmuşlar. İşin özünü de aslında açıklayan tanımlamalar bu çerçevede toplanmaktadır. Oyunlaştırma kelimesinin isim babası sayılabilecek Gabe Zichermann, 2010 yılında düzenlenen ilk Gamification konferansının açılış konuşmasında, "Oyunlaştırmanın %75'i psikoloji, %25'i ise yeni teknolojilerdir" demişti. Bu oran psikoloji kısmına doğru artış gösteren birçok başarılı örneği de barındırmaktadır. Bu nedenle kullandığınız oyun mekanikleri, tasarımları ve kurgularınızın mutlaka psikolojik, duygusal bir referansı olmalıdır.

Psikolojinin en eski ve önemli yaklaşımlarından biri "Behaviorism" yani "Davranışçılık"dır. Bu teoreme göre en özde insan, sadece tetikleyici unsurlara karşı verdiği davranışlarla vardır ve bu aşamada hiçbir düşünce, akıl veya zekâ devreye giremez. En basiti, gözümüze doğru gelen bir nesne olduğunda istemdışı gözümüzü kapatmamız ya da büyük bir gürültü ya da patlama olduğunda patlamanın tam tersi tarafa doğru kendimizi koruma amaçlı içgüdüsel olarak bilinçsizce yönlenmemiz çok normaldir. Oysa gidilen ters yönde belki daha da kötü sonuçlar bizi bekliyor olabilir; yangından kaçarken uçurumdan düşmek gibi. Depremler sırasında yaşananları da bu duruma örnek gösterebiliriz. Sarsıntı sırasında güvenli bölgelere yönelmek yerine camdan atlayıp merdivenlere yönelerek zarar gören insanlar da gerçekten bu teoremin ispatıdır.

1904 yılında Nobel Tıp Ödülü'nü alan İvan Petroviç Pavlov, aslında insan sindirim sistemleri üzerine çalışmalar yapıyordu. Ancak "Davranışçılık" teoreminin en popüler deneyini rastlantısal bir biçimde yapacağını o dönemler büyük ihtimal kendisi de bilmiyordu. Birgün sindirim sistemleri deneylerinden biri için bir köpeğe et vermeye başlarken, köpeğin eti yerken değil daha diğer odadan eti getirmeye gittiğinde salya akıttığını görür. Bunun üzerine meşhur *"Pavlov'un Köpeği"* deneylerine başlar. Deneyde köpeğe ilk olarak birkaç kez zil çalınır. Fakat köpek tepki vermez. Sonra et verilir. Köpeğin salyaları akar. Sonra et ile birlikte zil çalınır. Daha sonra et verilmediği halde zil çalındığında köpeğin salya salgıladığı görülür. *"Şartlartlandırılmış ya da koşullu refleks"* denen olay da budur. Burada şartlanan denek, psikoloji seviyesinde sadece bu koşulu destekleyen ve çıktısı olan davranışlara yönelecektir.

Pavlov Karikatürü: http://cyrano.blog.lemonde.fr/files/pavlov.thumbnail.jpg

K12 dediğimiz 12 yaş civarı öğrencileri hedefleyen oyun tabanlı eğitim şirketi Brainpop; Pavlov'un deneyini hem deneyebileceğiniz hem de öğreneceğiniz bir oyun yapmış göz atabilirsiniz: https://www.brainpop.com/games/pavlovsdog/

Pavlov'un Nobel ödülü aldığı yıl doğan Burrhus Frederic Skinner, "Behaviorism, Davranışçılık" akımını günümüze taşıyan en önemli temsilcisi olacaktı. Skinner özellikle Edimsel Koşullanma denilen yöntemle insan dahil tüm hayvanların bir öğrenme şekli olduğuna inanır. "Skinner Box" yani Skinner'ın Kutusu denilen deneylerinde bir fareyi kutuya koyar ve bir düğmeye basınca peynir verecek şekilde bir düzenek kurar. Düzeneğin altında da bir elektrik veren ızgara sistemi vardır. Fareler zamanla düğmeyi keşfederler ve hep düzenek başında zaman geçirmeye başlarlar. Keşfetmek için gerekli eforu vermeyen fareleri de elektrikle hareketlendiren Skinner, bu hareketlenmenin sonucu olarak da peynir vermektedir. Skinner ayrıca bu "Skinner Box" deneylerini güvercinlerle de geliştirmiştir. Güvercinleri de yine bir kutuya koyarak bu kez sadece düzenekle değil, belli bir uyaranla karşılaşınca, örneğin bir ampül yanınca vurmaları gereken noktaları gagalamalarını bekleyerek kuş yemine ulaşmalarını sağlamıştır. Güvercin kendi istediği zaman veya sıklıkla değil belli bir pekiştireçle sistemin istediği zaman o düğmeye basar ve ödül kazanır. Böylece güvercin herhangi bir an değil, bellli koşul(lar) oluştuğunda doğru noktaları gagalayarak yemek alabileceğini öğrenmiştir.

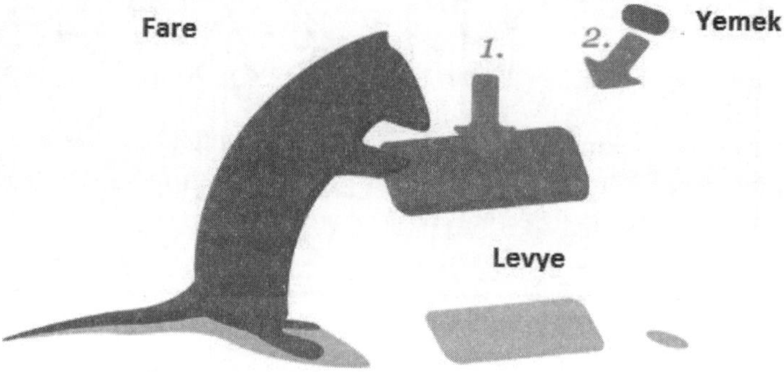

Günümüz bilgisayar oyunlarını oynayan oyuncular yani bizler de aslında Skinner'ın deneyindeki güvercinler gibi, bir düğmeye değil sadece oyundaki kurguya göre mouse'la ya da joystick ile ekranda ilgili yerlere tıklıyoruz ve puan alıyoruz, ödül kazanıyoruz ve rakibimizi yeniyoruz. Birçok oyun firması Skinner modelini ve pekiştireçlerini oyunlarında kullandıklarını söylüyorlar. Oyunlaştırılacak sürecimiz için biz de bu pekiştireçleri kullanabiliriz.

Skinner, davranış değişikliğini ve öğrenmeyi pekiştirmek amaçlı "pekiştireç ilkeleri" olarak 6 farklı yöntem önermiştir. Bu yöntemler öğrenme ve davranış değişikliği için uygun şekilde kullanılabilir.*

1- Küçük adımlar ilkesi: Bilginin aktarılması, her küçük adımda öğrenciyle birlikte olur ve her adım sonunda öğrencinin öğrenmesi kontrol edilerek geri bildirim verilir.

2- Etkin katılım ilkesi: Her bilgi ünitesi bir ilerleme aşaması oluşturmaktadır. Her bir aşamada bir alıştırma veya bir soru bulunmaktadır. Soru, verilen bilginin kazanılıp, kazanılmadığını yoklamadan başka bilgiyi edinmede ve özümlemede de bir araç olmaktadır. Böylece soru bir işlemi, bir eylemi başlatmakta yani öğrenme olayını sağlamaktadır. Öğrenme işi öğrencinin kendisi tarafından yapılmakta böylece öğrencinin etkin katılımı sağlanmaktadır.

* Davranış pekiştireç ilkeleri: http://davraniscilikkurami.blogspot.com.tr

3- Başarı ilkesi: Öğrenciler hep başarmak zorundadır. Sorular da öğrencilerin başarabileceği güçlük düzeyinde olmalıdır. Güçlüğü aşmak bir sonraki öğrenmeler için gerekli olan güdüyü oluşturur.

4- Anında düzeltme ilkesi: Öğrenci soruyu cevapladıktan sonra konrol edip doğru cevapla karşılaştırmakta böylece kendi kendini kontrol etmektedir. Burada düzeltme de hemen yapılmış olmaktadır. Anında kontrol pekiştirmenin temel öğesidir.

5- Dereceli ilerleme ilkesi: İlerleme, aşamalı ve mantıklı olmalıdır. Yapılacak işlemlerin düzeyi basitten-karmaşığa, bilinenden-bilinmeyene, kolaydan-zora doğru olmalıdır.

6- Bireysel hız ilkesi: Öğrenci, zamanı kendine uygun olarak ayarlamaktadır. Başarısızlık veya sınıfta kalma söz konusu değildir. Böylece sınıf ortamında öğrenciler arasında düzey farklılığının yarattığı olumsuzluklar da ortadan kaldırılmak istenmektedir. Sınıf geçmede belirli süre kuralı da geçersiz olmaktadır.

Skinner'ın pekiştireç yöntemleri özellikle oyun mekaniklerinin kullanımı aşamasında hatırlanmalıdır. Oyuncunun kullanması ve içselleştirmesi gereken bir davranışı pekiştirmek için bu 6 pekiştireçten hangisini nasıl kurgulayacağımız, oyunlaştırmanın "onboarding" yani oryantasyon kısmında çok önemlidir. Bu bölümde oyunu ve kuralları anlayan katılımcılar birer oyuncuya döner ve oyun ortamı için gerekli bir engel aşılmış olur.

Stanford Üniversitesi akademisyenlerinden Profesör B. J. Fogg, geçmişten günümüze davranış piskolojisinin en önemli son dönem temsilcilerinden birisidir. "***Fogg Davranış modeli***" olarak adlandırılan yaklaşımı, Skinner'ın yaklaşımını tamamlayan, davranış değişikliğine neyin neden olduğunu açıklayan modeldir. Fogg modeli üç noktaya değinmektedir. Buna göre motivasyon (motivation), aksiyon (ability) ve geri bildirim (feedback), davranış değişikliğinin olabilmesi için bir süreç halinde işlemelidir. Önce oyuncu motive edilmeli, bu motivasyonla birlikte bir tetikleyici desteğiyle aksiyon aldırılan oyuncuya hemen geri bildirim verilerek tekrar motive edilmeli ve bu döngü bir düzen içinde yinelenmelidir.

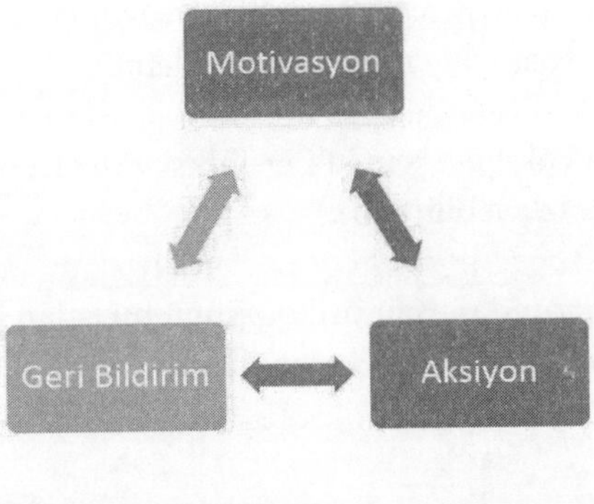

Eğer oyunlaştırma tasarımı çalışmıyorsa bu üç unsur tekrar değerlendirilip hangi unsurun değişikliğe veya geliştirilmeye ihtiyaç duyduğu belirlenmeli ve oyunlaştırma tasarımı bu doğrultuda yeniden düzenlenmelidir. Kısaca eğer oyuncu gerekli motivasyona sahipse bir geri bildirim aldığında aksiyon alması beklenir. Aksiyon sonunda da aldığı geri bildirimle daha çok motive olması gerekir. Burada motive değilse aksiyon almaz, motiveyse ancak doğru geri bildirim ya da pekiştireç olmazsa yine aksiyon alması beklenemez.

Hedef davranış değişikliği için motivasyon ve aksiyon yükselmeli ve pekiştireçlerle bu desteklenmelidir. Aşağıdaki grafikte motivasyonu ve aksiyonu geliştiren unsurları örnekler üzerinden görebilirsiniz. Umut, kabul etme/görme ve zevk alma motivasyonu yükseltirken; ability'yi yani yapabilme isteğini de rutin olmayan döngüler, para, zaman, ödül gibi unsurlar yükseltiyor. Bunlarla beraber davranış değişikliğine doğru bir ilerleme oluyor.

Behavorism yani davranışçılık son dönemlerde özellikle ekonomi üzerinde araştırmalar yapan Dan Ariely ile günümüz koşullarında değerlendirilmektedir. "Akıldışı Ama Öngörülebilir" adlı kitabında insanların her daim öngörülebilen çok temel davranışlar sergilediğini, beyin ve zekânın seçimlerimizi ve davranışlarımızı çok sonradan devreye girerek -bazen de girmeyerek- yönlendirdiğini belirtir. Gözümüzü kırpmamız ya da sıcaktan elimizi çekmemiz, büyük bir patlama sesinin diğer yönüne doğru yönlenmemiz gibi davranışların ekonomide de bizi yönlendirdiğini belirtir.

Örnek olarak, başlangıçta beyaz ve siyah gibi iki seçenekli bir soruda katılımcı emin değilse 3. bir seçenek olarak gri olduğunda çoğunlukla riski de indirmek adına gri renge yönelir. Benzer şekilde bir gazete üyeliği önce 2 seçenek olarak; sadece dijital erişim 20 dolar, kâğıt baskı 40 dolar şeklinde sunulduğunda, okuyucular ihtiyaçlarına göre seçim yaparlar. 3. bir seçenek olarak, 45 dolara hem dijital hem baskı seçeneği eklendiğinde -aslında basılı haline hiç ihtiyacı olmasa da- bazı katılımcılar 3. seçeneğe odaklanacaklardır. Çünkü baskı + dijital 60 dolar yerine 45 dolar ödemek onlara iyi bir alışveriş gibi görünecektir. Dan Ariely burada, yüzyıllardır içimizde olan "öngörülebilir davranışların" devreye girdiğini söyler.

Bu davranışlar eğer doğru pekiştireçlerle ve motivasyonla desteklenip oyunlaştırma kurgularına eklenirse çok başarılı çıktılar elde edilebilir.

Dan Ariely ile ilgili daha çok bilgi için, TED Talks* videolarını izlemenizi öneririm. Türkçe altyazılı olarak da izleyebilirsiniz.

Oyunlaştırmanın arka planında insan psikolojini temel alan bir altyapı bulunur. İnsanın düşünce yapısını ve motivasyon mekaniklerini dikkate almadan ezbere daya-

* Dan Airely - Öngörülebilir davranışlar: https://www.ted.com/talks/dan_ariely_on_our_buggy_moral_code

lı bir şekilde hemen puan ekle, rozet ver gibi yaklaşımların çok başarılı olması beklenemez. Pavlovdan Skinner'a, Fogg'dan Dan Ariely'e bahsedilen, davranış rutinlerini doğru pekiştireçlerle bir sistem içinde döngüye sokabilmenin şifresi bu teoremlerden geçmektedir.

İçsel/Dışsal Motivasyon: Self Determination Theory

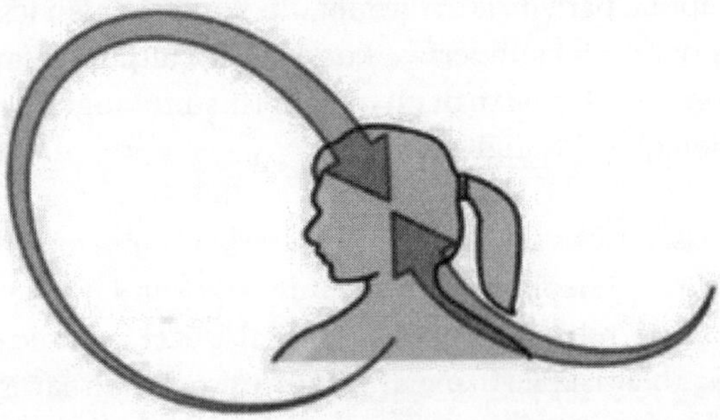

Oyunlaştırma kavramının yerleşmesinden önce bu konuda çalışan birçok uzman bu yaklaşımı motivasyon kelimesi üzerinden kombinasyonlar ile anlatmaya çalışmış: "Motivasyonel Davranış Değişikliği, Motivasyonla Oyun Teknikleri" gibi kombinasyonlar kullanmışlar. Çok yalın bir anlatımla, bir engel yüzünden yapılmayan bir davranışın oyun mekanikleri ile motivasyon yaratarak yapılmasını sağlamaya çalışırken oluşturulacak motivasyonun, nasıl gerçekleştiği ve ne kadar devam edeceği tasarlanan oyunlaştırmanın uygulanabilirliği açısından son derece önemlidir.

Ödül, psikolojik altyapısı da güçlü olan en önemli oyun mekaniğidir ancak bazı durumlarda motivasyonun ve davranış değişikliğinin önüne geçebilir. Mesela toplumsal sosyal sorumluluk anlamında bir "sigarayı bırakma" oyunlaştırması kurgulamanız gerekiyor. En basitini düşünelim: Hemen ilk akla gelen, içmediği her gün başına belli bir puan, sigara içince puanların düşmesi gibi bir kurgu; oyun mekaniği barındıran bir progress bar ve belli süreyi istenen başarıyla tamamlayanlara yeşilay rozeti.

Evet gayet iyi gidiyor ancak ya ödül? Burada vaat edeceğiniz mesela bir para ödülü ya da otomobil gibi materyalist bir ödül, sigarayı bırakmaya içten içe niyetli olmayan ancak ödülü cazip bulan birçok kişiyi de bu oyunlaştırma uygulamasının içine çekecektir. Burada araba gerçek anlamda bir dış motivasyondur. Bu durumda kazanılan puanlar, rozetler oyuncunun çok ilgisini çekmeyebilir, büyük ödüle odaklanıp hatta sigarayı bırakmak nedeniyle yarıştığını bile unutabilir, asıl amaç ikinci planda kalabilir.

Araştırmalar gösteriyor ki eğer ödül tüm sürecin ve süreç içerisindeki diğer oyun mekaniklerinin önüne geçerse bu tamamen dışsal motivasyon için yapılır ve içselleştirilmediğinden ödül kazanıldıktan ya da kaybedildikten sonra davranış değişikliği gözükmez, yani sigara bırakılmamış olur. Ödül için sigara içmeyen kullanıcı yarışın içinden çıktığı anda, içinden gelen "o araba içindi haydi yak bir tane" sesine kulak verir ve asıl oyunu kaybeder. İşte en önemli oyunlaştırma kayıplarından biri bu konudur.

İçsel motivasyon olduğunda ise aslında kişi de gerçekten sözkonusu davranış değişikliğini yapmaya niyetli ancak bir şekilde bunu gerçekleştirememektedir. Daha sağlıklı beslenme, spor yapma, para biriktirme gibi. Bu konuda zaten içsel motivasyonu olan oyuncuya doğru oyun mekanikleri ve kurgusu ile çalışan, yaşayan, gelişen başarılı ve benimseyeceği bir oyunlaştırma uygulaması sunulduğunda davranış değişikliğinin kendiliğinden gerçekleştiği görülür.

İçsel motivasyon ve dışsal motivasyon arasındaki farklar en net şekilde para kazanmak üzerinden anlatılabilir. Hepimiz para kazanmak zorundayız ve bir şekilde mesaili, mesaisiz çalışıyoruz. Üretmek ve para kazanmak güzel ancak sabah erken kalkmak, mesaiye kalmak, anlamsız tartışmalar ve zorunlu toplantılar iş hayatının gerçekleri. Ancak "maaş" ve bunun gibi ek menfaatlerle birlikte bir kazanç uğruna tüm bunlarla birlikte yaşıyoruz. Ancak boş bir zamanımızda bir oyun oynadığımızda mesela Monopoly, orada daha büyük paralar kazanarak daha iyi bir mahallede yaşamayı kendi kendimize istiyoruz ve bunun için ne gerekiyorsa yapmaya çalışıyoruz.

Dışsal Motivasyon	İçsel Motivasyon

Dışsal bir motivasyon odaklı bir oyunlaştırma kısa vadede çalışsa da sigara bırakma örneğindeki gibi uzun vadede genelde başarısızlıkla sonuçlanıyor. Peki bunu nasıl içsel motivasyona çeviririz? Öncelikle ödülünüzün mutlaka sürecinizin tamamlayıcısı ve destekleyicisi olduğundan emin olun. Sigara bırakmanın ödülü araba olmamalı, belki sağlıklı yaşamı destekleyen bir tatil, spor merkezi üyeliği ya da dalış kursu gibi tamamlayıcı bir ödül olmalı. Ödülleri olabildiğince değişken, seviye ilerledikçe artan ya da sürprizlerle dolu bir şekilde kurgulayın ki geçtiği aşamalarda ödül alamayan kullanıcı da yeni motivasyonlarla oyunlaştırmanın içinde kalsın. Böylelikle uygulamayı aktif olarak kullanan, içinde var olan kullanıcı süreç içindeyse zamanla konuyu daha da içselleştirecek, ödül kalksa da o davranış değişikliğini devam ettirme şansı olacaktır. Oyuncu ödülü bilsin, onun için yarışsın ancak ödül davranış değişikliğini devam ettirecek şekilde tamamlayıcı olsun ki ileride bu motivasyon kalkınca oyunucu aynı davranışa tam gönüllü olarak devam edebilsin. Başarılı bir oyunlaştırma uygulamasından beklenen, kazandırılmak istenen davranış değişikliğinin bir yaşam alışkanlığına dönüşmesidir.

Katıldığım yemekli bir toplantıda, açık büfe olan yemeklerden sadece salata alan bir gruba ekip diyette misin diye sorunca, bazıları diyette olduğunu, bazıları ise dikkat ettiğini ancak ödül olarak tercihlerini tatlıdan yana kullanacaklarını, bazıları da salatanın üzerine tavuk aldığını söylediler. Aslında bunu söyleyen tüm grup bir diyet oyununun içindeler ama tümüyle dışsal motivasyonla devam etmekteler. Bir arkadaşımız ise salata aldığını söyleyerek şöyle devam etti: "Aslında diyetteydim ancak artık diyetteyim demek istemiyorum, çünkü diyet bitince et, tavuk yemeye devam edeceğim anlamına gelebiliyor. Gerçek şu ki: Bir süredir beslenme yöntemim bu şekilde, eğer bu sağlıksız yemekleri yersem günün geri kalanında yürürken, spor yaparken ya da merdiven çıkarken rahatsız oluyorum." Bu arkadaş gerçekten ucunda herhangi bir kilo verme ya da tatlı yiyebilme gibi ödüller olmadan da sağlıklı ve konforlu yaşamak gibi bir içsel motivasyonla dikkatli beslenmeye başlamış. İşte bu şekilde, hissedilen motivasyon, dışsal motivasyondan içsel motivasyona dönünce konu da oyun olmaktan çıkarak yaşam tarzı şekline dönüyor. Yaptığımız uygulama ile bu sonucu elde ediyorsak başarılı bir oyunlaştırma kurguladık demektir.

SAPS Ödüllendirme Teoremi

Oyunlaştırma tasarımı bir süreç üzerinde oluşan problemlerin kullanıcılarda motivasyon sağlayarak giderilmesi olarak genellediğimizde kullanıcılarda en başından sonuna kadar motivasyon yaratacak en önemli pekiştireç 'Ödül' olacaktır. Tüm süreç boyunca da ödülleri aynı şekilde vermek yapılan en büyük yanlışlardandır. En başında insanları harekete geçirmek için dışsal motivasyon sağlayacak materyalist ödüller verilebilirken ilerleyen süreçlerde bu aksiyonları oyuncunun içselleştirmesi için ödüllerinde süreçle alakalı ve destekleyici olması gerekir. Yoksa ödül için yapılan aksiyonlar zamanla ödüle de doyunca ya da ortadan kalkınca yapılmayacaktır.

Ünlü oyunlaştırma uzmanı Gabe Zichermann (www.gamification.co) ödül tiplerini oyunlaştırma tasarımı için 4 çeşitte incelemiş ve büyük ölçüde kabul görmüştür. SAPS – Status-Access-Power ve Stuff baş harflerinin oluşturduğu bu 4 çeşit ödül aşağıdan yukarı doğru maddiyatı azalırken içselleştirebileceği ödülleri önermektedir. Gelin detaylı olarak pimaridin en bilineni en altından başlayarak inceleyelim.

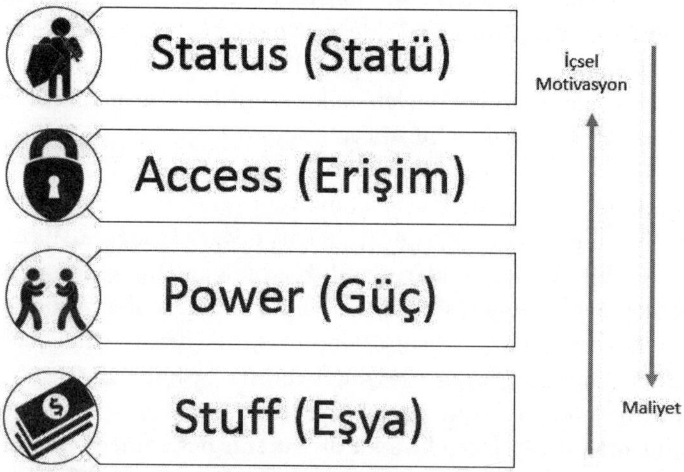

Stuff (Eşya): Kullanıcıya ödül olarak elle tutulabilen, materyalist ve parayla takas edilebilir, ya da edilemese de parayla başka yollarla alabileceği ödüller vermek. Sistem dışında olanlarda dışsal motivasyonla sisteme çekmek için uygun ancak uzun zamanda çok çabuk vazgeçilebilecek bir ödül çeşididir.

Power (Güç): Kullanıcılara oyunun ya da sürecin içerisinde diğer yeni başlayan kullanıcılar üzerinde bazı 'güçler' yani haklar vermeyi ve sistemi sahiplenmeyi hedefler. Foursquare-Swarm'ın eğer mayorsanız o mekanla ilgili fotoğrafları ve yorumları düzenleyebilme hakkı gibi. Forum ve vikipedi tarzı içerik sitelerinde devamlı içerik giren kullanıcılara verilen ekstra haklar gibi.

Access (Erişim): Normal oyuncuların erişimine ve kullanımına kapalı olan daha çok sistemin sahibi ay da statü sahibi kişilerin erişebildiği bilgi, mekân ya da aletler diyebiliriz. Havalimanındaki VIP salonları örneği gibi. İşyeri oyunlaştırmasında bu yöneticilerin yaptığı bir toplantıya katılım, ya da gizli bir projeye dahil olma ya da en basitinden CEO ile bir yemek.

Status (Statü): En uygun ve aslında içsel motivasyonu destekleyen seviye Statü seviyesidir. Sistemdeki rollerden bazılarını kullanıcılara vererek sistemin bazı kısımlarını onların bu sıfatla yönetmelerini ve takibi ve karşısında da ödüllendirilmesini kapsar. Statü sahibi kişilere de yaptıkları bu aksiyonlarla yine Stuff türü ödüller verilerek dengeli oyunlaştırma tasarımları yapılabilir. Twitter'daki verified hesaplar, Linkedin'deki fulllenen içeriklere verilen rozetler, sistemdeki iyi kullanıcılara denilen Uzman title'ı gibi.

Özellikle community-yani bir topluluk yönetiminde davranışları hedefleyerek kurguladığınızda çok güzel bir ödüllendirme yöntemi olabiliyor SAPS. Kişilere seviyelere bölerek bu seviyeler aerası geçişleri SAPS modelindeki içselleştirebilecekleri ödüllerle tasarladığınızda iyi bir oyunlaştırma deneyimi sunabiliyoruz.

Tarihte Klasik Oyun Öğelerinin Kullanımı ve Örnekleri

Peki oyunlaştırma dijital ortamlardan önce popüler değil miydi? Tabii ki popülerdi! Çünkü altında psikoloji ve motivasyon yatan disiplinlere her zaman başvurulmuş ve başarılı sonuçlar alınmıştır. Bir annenin çocuğuna, çok da hoşlanmadığı bir sebze yemeğini yerse vereceğini söylediği lolipop tam bir oyunlaştırma örneğidir ve ödül (award) mekaniği kullanılmıştır. Ödül motive edecek bir ödülse oyunlaştırma her zaman iddialı bir yöntemdir.

Oyunlaştırma, tüm hayatımızda mevcut olan bir tecrübe alanı aslında. Kurumsal hayat komple oyunlaştırma üzerine kurulu. İşe girerek herkesin saygısını kazanmak, işteki bir projede öne çıkarak terfi almak, yönetici olarak daha iyi şartlar, büyük bir oda, araba hatta sekreter sahibi olmak, daha çok satış yapıp prim almak gibi. Burada birçok motivasyon içsel olurken yani kendi kendinizi motive ederken, dışsal motivasyonlu hayat oyunlaştırmasına da en güzel örnek askeriyedir. Rütbesiz askerlerin yatakhanesinde herkes bir arada yatar, rütbelilerin odası olur, subayların arabası ve çok yakışıklı yıldızları vardır (rozetin nirvanası diyebiliriz sanırım). Okul hayatında da özel hayatımızda da bu örnekleri çoğaltmak mümkün. Devamlı bir oyunlaştırma-ödül-motivasyon dengesiyle birileri bizi oyunda tutmaya çalışıyor. Hayatımızdan daha spesifik örneklerden bazılarını seçelim ve detaylı inceleyelim.

Gazetelerin Kupon Toplatarak Hediye Vermesi

Zamanında kim bir Meydan Larousse ansiklopedi seti için kupon toplamamış veya yakın çevresinde buna şahit olmamıştır ki? Zamanında evimizin salonlarında büfelerin, kütüphanelerin en önemli aksesuarı haline gelen ve artık günümüzde bilginin heryerden erişilebilir hale gelmesiyle önemini yitiren ansiklopediler birçok kişi için vazgeçilenler arasında. "Kampanya modeli oyunlaştırma" diyebileceğimiz bu yöntem günümüzde de bazı gazeteler tarafından halen kullanılmaktadır. Sözgelimi siz 30 kupon ücretini verip ilgili bayiden ürünü alamazsınız. Tüm kuponlar elinizde olmalı ve doğru günlerde bayiye gitmeniz gerekmekte. Oyunu kuralına göre oynamalısınız.

Ayın Elemanı

Özellikle Fordist üretim sistemine yatkın fabrikasyon çalışan yerlerde, üretimi daha hızlandırmak için ayın elemanı uygulaması yapılır. Buradaki oyunlaştırma kuralları ödüllendirme (award) ve liderlik tablosudur (leaderboard). Hesaplanması aslında açık olsa da bazen bu hesaplanma çalışanlarla paylaşılmaz ama oyunlaştırmanın genel kuralları gereği paylaşılmalıdır. Örnek verecek olursak en çok satış yapan ekibin yöneticisi, yeni bir uygulama bulan çalışan gibi kriterler belirleyici olabilir.

Özel Kredi Kartları

Bazı bankalar daha çok harcama yapan müşterilerine birtakım özel hizmetler vererek bu segmentteki müşteri memnuniyetini extra yüksek tutmak isterler. Bunun için standart müşterileri ile bu müşterileri ayırarak (profiling) onları hem daha özel hissettirmek hem de onlara avantajlar sunmak için kampanyalar yaparlar. Gold, Platin, Royal gibi materyalist isimlerle, farklı renkler ve kurumsal kimlikle onlar için ayrıcalık sağlayan kartlarını müşterilerine önerirler; hatta harcamalarına göre otomatik olarak sunarlar. Benim de kızım olduktan sonra 1 ay içinde yaptığım doğum masraflarından olsa gerek yıllardır kullandığım banka standart kartım yerine çok havalı, simsiyah bir kart göndermişti;ancak o kartın yıllık aidatları ve faiz yüzdeleri de çok havalıydı.

İşin özünde bu oyunlaştırma modeli de oyuncuları profillere ayırarak, rozet (badges) verme mantığı le işliyor diyebiliriz. Rozetleri yakalarına değil ama cüzdanlarına koyuyor oyuncular. Bana en çok ilginç gelense bu kartların diğer standart kartlara göre maddi avantajı olmamasıdır. Sadece bazı sinemalarda, havalimanlarında eksta bazı uygulamaları indirimli alabilirsiniz ama hesabınızı iyi yapmalısınız. Oyunlaştırma her zaman oyuncunun lehine olmayabilir.

Ücretsiz Kahve Uygulaması

Belli bazı kahvecilerin küçük bir kâğıtla ya da kartlarla size sattıkları içecekleri sayarak, 10 tane aldığınızda 1 sonrakini bedava almanızı sağlayan loyalty (müşteri bağlılığı) amaçlı oyunlaştırmadır. Oyun mekaniği olarak gelişim (progress) ve tabii ki ödül (award) kullanan bu oyunlaştırma, düzenli kahve tüketenler için gerçekten faydalı bir uygulamadır. Bu oyunlaştırmaya giren kullanıcı kahve alacağı zaman mutlaka aklına bu kart gelecek, bu motivasyonla belki hemen yanı başındaki diğer marka yerine yüzlerce metre uzaktaki "kendi kahvecisine" giderek, kazandığı bedava kahvesini alacaktır.

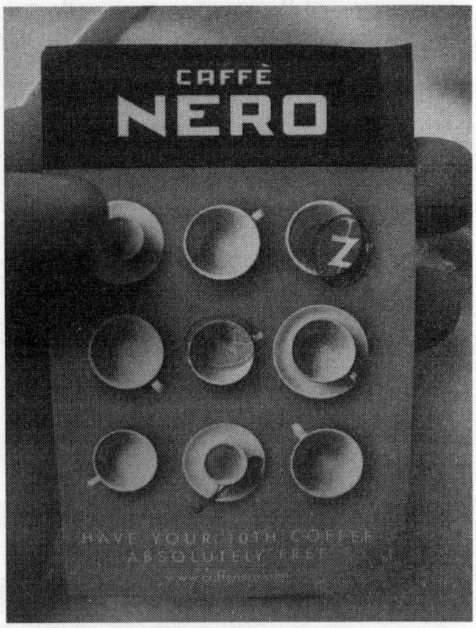

Squat Yapana Ücretsiz Metro Bileti

Moskova'da OlimpicChange kampanya adı altında metro girişinde bilet satışının hemen yanına konan Kiosk'larda, 30 tane Squat (eğil-kalk hareketi) yapanlara ücretsiz bilet dağıtıldı. Böylelikle hem katılımcılara spor yapma fırsatı verildi, hem de dünyadaki en çok kaçak yolcusu olan metrolar için yasal bir giriş alternatifi daha oluşturmuş oldular. Kış olimpiyatlarına hazırlık boyutu ve iletişime katkısı ise işin diğer bir önemli boyutu.

Volkswagen'in Sosyal Sorumluluk Projesi: The Fun Theory Uygulamaları

Alman araba üreticisi Volkswagen oyunlaştırmayı biraz daha marketing yani pazarlama tarafında kullanan uygulamalar yapmakta. Bu uygulamaları da www.thefuntheory.com adlı web sitesinde toplamakta. Burada, oyun öğelerinin günlük hayatta herhangi bir dijital altyapı kullanmadan anlık ve kısa süreli uygulama örnekleri yer alıyor. Genel anlamda bu tür uygulamalar özellikle marketing çalışmalarında kullanılırken bunlar tam bir oyunlaştırma olmasa da "playful design" yani oyunsu tasarımlar olarak adlandırılıyor.

Piano Stairs - Piano Merdivenler

İsveç'in Stockholm kentinde bir metro çıkışındaki yürüyen merdivenlerin yanındaki merdivenlere bir gece yarısı piyano düzeneği ekleniyor. Buradaki her merdiven basamağı bir piyano tuşuna dönüştürülüyor. Sabah olduğunda durumun farkedilmesiyle birlikte birçok insan yürüyen merdiven yerine bu eğlenceli merdiveni tercih ediyor. İnsanların yaklaşık 3'te 2'si müzikli merdiveni kulanıyor ve ayrıca keşfetmek için zaman harcıyor. Hatta kendini oyuna kaptırıp, hazırlanıp gelip kısa konserler verenler dahi oluyor.

Speed Camera Lottery
Hız Kamerası Piyangosu

Amerika'da çok sık kaza yaşanan bir kavşağa bir kamera eklenir. Burada 30 mili geçenlere ceza uygulaması yerine, 30 milden düşük geçenlere bir piyangoya katılma hakkı verilir ve bu bir billboard ile anlık hızları da paylaşılarak gösterilir. Burada kazananlara verilecek ödül de aynı kavşaktaki hatalı sürücülerden kesilen cezalardır. Bu uygulama 2011 yılının "*en iyi uyarlanmış oyunlaştırma uygulaması*" olarak seçildi ve sonuç olarak da gayet başarılı bir örnektir.

Bottle Bank Arcade
Boş Şişe Toplama Oyunu

Hepimiz geri dönüştürme amaçlı çöplerimizi ve boş şişelerimizi geri dönüşüm noktalarına bırakıyoruz. Bu sayede hem doğamız hem de bütçemiz için çok büyük bir katkıda bulunuyoruz. Bu uygulamada da şişeler doğru deliğe atıldığında ödül verme kurgusuyla işleyen boş şişe atma olayı bir mahalle için oyuna çevrilmiş; küçük bir ışık ve ses düzeneğiyle de daha ilgi çekici hale getirilmiş. ... ve evet tüm mahallenin favori oyunu!

Bu gibi örnekleri çoğaltmak mümkün, bir alışveriş dükkanından aldığınız hizmet karşılığı alınan puanlar bile bu oyunun bir parçasıdır. Ancak bunlar tek bir mekaniği, hiçbir analiz ve farklı oyun mekaniğiyle etkileşime sokmadan uygulanan tek seviyeli bir oyunlaştırma sürecidir. Bu da anlık ve kısa vadeli başarılı sonuçlar vermektedir. Ancak uzun vadeli ve gerçek müşteri bağlılığı ve business değeri çıkarabilmek için hedeflere uygun olarak geliştirilmeleri gerekir.

London Monopoly Running Challange

Londra'da gittikçe popülerleşen bir oyunlaştırılmış pazarlama etkinliği var: Monopoly Running Challange*. Evet Monopoly oyunundaki gibi, Londra'daki bazı sokaklara ve her biri için belirlenmiş değerlere bağlı olarak oynanıyor. Liste aşağıdaki gibi herkese açık. Buradaki sokak isimlerinin ve meşhur pub'ların da fotoğrafını çekerek Facebook sayfasına ekliyor ve listenin tümünü tamamladığınızda ödülü kapıyorsunuz.

* Monopoly Running Challange http://www.runnersguidetolondon.co.uk/monopoly-challenge.html

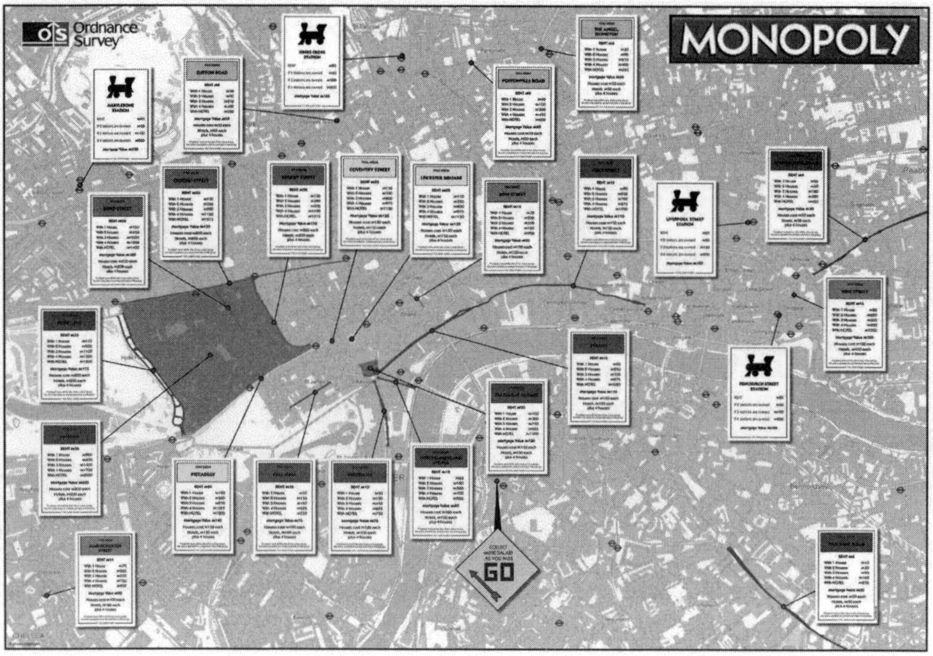

Grush Diş Fırçalama Oyunu:

Sosyal sorumluluk amaçlı, bu sefer çocukları hedef alan bir oyun kurgusundayız. Diş fırçalamayı çocuklar için daha eğlenceli bir hale getirmek için 'Grush' adlı bir uygulama tasarlanmış. Oyunun kurgusu çok basit bir hikâyeye dayanıyor. Dişlerde sanal mikroplar varmış ve fırçaladıkça bunlar yok oluyorlarmış. Sonuç: Diş fırçalamak önce bir oyuna, sonra eğlenceli bir deneyime ve devamında da alışkanlığa dönüşüyor.

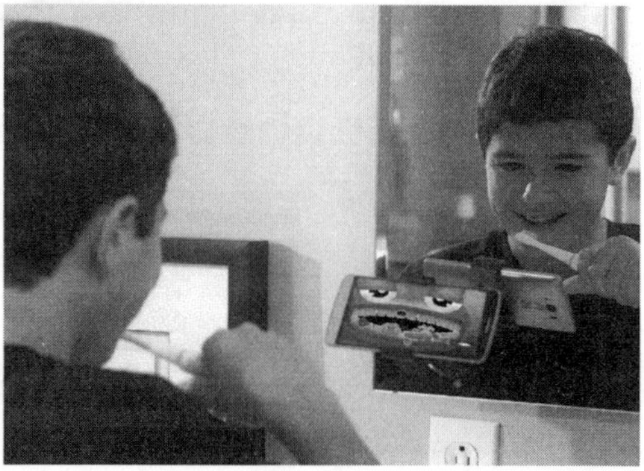

Modern ve Dijital Oyunlaştırma Örnekleri

Uzun yıllardır birçok alanda kullanılan bu oyunlaştırma kurguları artık hayatımızdaki dijitalleşme ile evrim geçirerek mobil cihazlarımızdaki uygulamalarda, bilgisayarlardan girdiğimiz web sitelerinde, akıllı saatimiz üzerinde, kısacası tüm dijital ekranlarda kendisini göstermekte. Dijitalleşen oyunlaştırma aslında birçok fırsatı da beraberinde getiriyor. Nasıl ki bir gazete kampanya yapıp önemli bir ürünü gazetesiyle -30 gün boyunca alıp biriktirene- vermek istediğinde kupon konsepti standart bir uygulama haline geldiyse, dijitalde de böyle standartlaşan oyunlaştırma çözümleri hayatımıza girecek. Gittiğimiz mekânları ve yediğimiz yemekleri bir uygulama üzerinden arkadaşlarımıza bildirme, yorum ekleme ve önerme nasıl bir standart bir davranış olduysa belki de yakın gelecekte finans durumumuz, sağlığımız, alışverişlerimiz kısacası her şey bu şekilde olacak.

Kitabın bu bölümünde 'oyunlaştırma' denilince akla gelen çok popüler birkaç uygulamayı incelemenin yanı sıra çok beğendiğim ve gelecek gördüğüm birkaç örneği anlattım; ayrıca oyunlaştırmış olmak için oyunlaştırılmış bazı 'başarılı olmayan' örnekleri de ekledim. Bu gruplamayı, oyunlaştırma derinliği, oyun unsurlarının tasarımı ve ölçülebilir değişim miktarları gibi değişkenlerle 5 üzerinden yıldızlar verdiğim bir puanlamayla yaptım umarım beğenirsiniz.

Foursquare – Swarm: (★★★★★)

Evet bir oyunlaştırma kitabı olur da Foursquare anlatılmaz mı? Çoğu okurun da kitapta ilk bakacağı kısım burası olacaktır diye tahmin ediyorum. Benim görebildiğim oyunlaştırma anlatılan tüm sınıf içi ve dijital eğitim programlarında örnek senaryo olarak Foursquare verilir. Hatta oyunlaştırma terimi bazı yerlerde daha iyi anlaşılsın diye "Foursquare'in yaptığı şey" olarak bile betimlenebiliyor.

Ancak yakın zamanda gerçekleşen Foursquare-Swarm stratejik geçişi sonrası bu oyunlaştırma eğitimlerinde yapılan analizlerin hepsi geçmişte kaldı. Gelin bu analizden önce Foursquare'in doğuş hikâyesiyle başlayalım. Evet yine bir üniversite ve evet Google, Facebook, Yahoo gibi bir üniversite projesi olarak bu kez Foursquare doğuyor. Dennis Crowley 2000 yılında NewYork Üniversitesi'nden arkadaşı Alex Rainert ile beraber Dodgeball isimli bir portal hazırlıyor. Dodgeball, bizdeki yakartopa benzetebileceğimiz bir oyunun adı bu arada.

Dodgeball o dönemler; mobil uygulamalar, push notificationlar'ın olmadığı zamanda SMS kurgusu üzerinden üye olunan, yakın bir mekâna arkadaşınız gelip SMS ile check-in yaptığında size bunu SMS ile bildiren bir servisti. Alex ve Dennis'in üniversiteden arkadaşlarıyla bağlantıyı koparmamak için yaptığı bu servis o kadar ses getirdi ki 2005 yılında Google servisi satın aldı ve adını Google Latitude olarak değiştirdi.

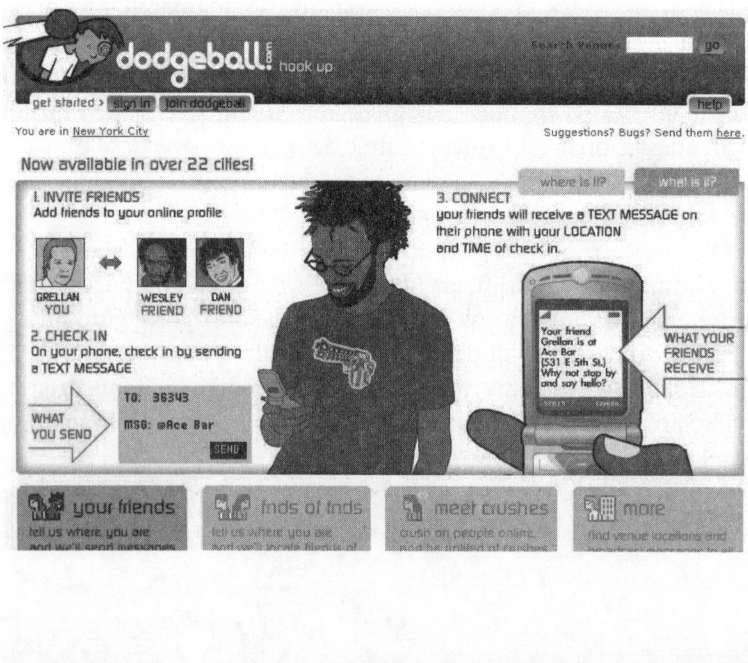

Ancak kısa zamanda Google'la fikirleri örtüşmeyen Alex ve Dennis, Google'dan ayrılarak bu sefer tüm oyunlaştırma kurgularını ve mobil uygulama teknik altyapılarını da kullanarak Foursquare'i baştan yarattılar. Google Latitude 2013 yılında hem yeni teknolojilere aynı heyecanla entegre olamadığından hem de oyunlaştırma kurgusu olmadığından sadece (ben de kullanıyordum) lokasyon bildirme programı haline geldi ve kapanmak zorunda kaldı. Ancak Foursquare tüm mobil desteği ve insanlarda gittikleri mekânlarla ilgili yorum bırakmak, puan ve rozet kazanmak üzerine tasarladığı kurgularıyla bir bağımlılık haline geldi. Özellikle adına 'Mayor' denilen, bir mekânda en çok check-in yapana verilen özel rozet çok başarılı bir kurguydu ve oyuncuların motivasyonunu ve yarışma isteğini çok artırıp; oyunda kalmalarını sağladı.

Foursquare 2008 yılında yazılmaya başlanmış, 2009 yılında hayata geçmişti. Yaklaşık 5 yıl boyunca müthiş bir 'oyunlaştırma' deneyimiyle hizmet verdi. Aşağıdaki gibi lokalizasyonda da çok önemli işlere imza attı. Bir Fenerbahçe maçında check-in olursanız sadece o güne özel rozet kazanarak sonraki check-in'lerde diğer arkadaşlarınıza hava atabilmeyi sağladı.

Birçok markayla dijital pazarlama kampanyaları için özel rozet tasarımları hazırladı ve paylaştı. Bu rozet oyun mekaniği, lokasyonlarla birleşip bir de diğer kişilerle paylaşılınca sosyal oyuncu profilindeki kişilerin çok hoşuna gitti. Sözgelimi yılda bir gün olan Dünya NASA günü olduğunda yaptığınız bir check-in ile sadece o güne özel kazanılabilen bu rozeti alabiliyordunuz. Böyle eğlenceli ve yaratıcı oyunlaştırma kurgularıyla Foursquare, kullanıcı sayısı, kullanım yoğunluğu ve oyunlaştırma kurgusuyla en çok tercih edilen sosyal mecralardan biri oldu. Facebook ve Twitter'dan sonra gençler arasında en çok adı geçen 3. sosyal uygulamaydı.

Ancak Foursquare kimsenin beklemediği bir kararla, tıkır tıkır çalışan bu mobil uygulamayı komple değiştirip yenileme kararı aldı. Tam 5 sene sonra Mayıs 2014'te Foursquare firması 'Swarm' isimli yeni bir uygulama çıkardı ve AppStore ve Google Play'e ekledi. Paralelde de Foursquare çok büyük bir güncelleme gönderdi. Herkes tam Foursquare'e alışmışken neden olmuştu bu? Gelin kısaca inceleyelim:

Foursquare'in Dodgeball döneminden bu yana ilgilendiği 'lokasyonlar' ve onlarla ilgili tavsiye ve önerilerdi. Bir arkadaşınız yakındaki bir restorandaysa oraya bir öneri düşebilir ya da orada olduğundan haberdar olmanızı sağlayabilirdi. Ancak Foursquare gidilen yerlerde sadece check-in yapılan, herhangi bir mekâna ait yorum, tavsiye bırakılmayan sadece mayorluk ya da rozet için, içeriği boş olan checkin'ler yapılan bir uygulama oldu. Aslında Foursquare kullanıcılarına mekân önerileri de yapmak istiyordu. Yakınlardaki en iyi balık restaurantı neredir, gördüğüm bir tarihi eserin hikâyesi nedir ya da gitmek istediğim mekâna en kolay nasıl ulaşılır gibi çok değerli bilgileri toplayarak bunları paylaşması hedefleniyordu. Bu dijital pazarlama ve gelir modeli için de çok önemli bir konuydu.

Böylece kullanıcıların Foursquare kullanma şekline uygun olan Swarm uygulaması geliştirildi. Bu uygulamada kullanıcılar arı gibi çiçekten çiçeğe yani bir mekândan bir mekâna gidecek ve birbirlerine bildirebileceklerdi. Böylelikle fonksiyonalite olarak var olan Foursquare kullanıcıları arkadaş listesini de taşıyarak Swarm'dan devam edebilecekti.

Bu arada Foursquare'de yenilenerek mekânların tag bazlı özellikleri, favori yemekleri, nasıl ulaşılacağı ve yorumlarla dolu bir lokasyon öneri uygulaması haline geldi. Foursquare'de kişilerle etkileşime geçemiyordunuz, Swarm'da ise ziyaret ettiğiniz mekânın adını seçebiliyor ancak bir yorum bırakamıyorsunuz. Kısacası Foursquare mekâna odaklıydı, Swarm ise insana odaklı.

Foursquare artık sadece mekânlarla ilgili fotoğraflar, tavsiyeler ve puanlamalara odaklanmıştı. Tek oyunlaştırma diyebileceğimiz uygulamada, yorum yazan kişiler eğer örnek verecek olursak aşağıdaki gibi Tatlı Restaurant'larına 5'den fazla yorum yazdıysa "Tatlı Dükkanlarında Uzmanlık" olarak bir yıldızla ödüllendirilmekte, kazandığı yıldız kullanıcının yorumlarına eklenmekteydi.

Eski Foursqaure kullanıcıları kişilerle konuşmak ve etkileşime geçmek için Swarm'a geçişte çok zorlanmadılar. Foursquare'in de yönlendirmesiyle artık bambaşka bir uygulama olduğunu görerek Swarm yüklediler. Ancak Swarm'da bir terslik vardı. Yıllardır kazandıkları rozetler ve dahası aylardır elinde tutmak için uğraştığı "mayor"lıklar artık yoktu. Onlar yerine etiketler gelmişti. Gerçekten büyük bir hayal kırıklığı oldu.

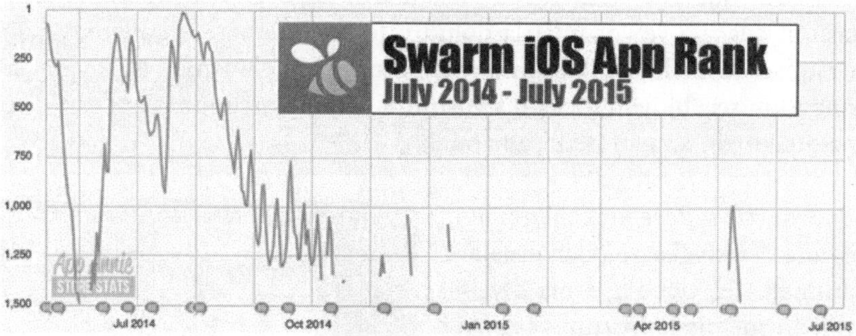

Swarm'daki en önemli yeni özelliklerden biri kullanıcı olarak bir etkinlik-parti hazırlayarak arkadaşlarınızı ya da yakındakileri çağırabilmenizdi. Rozetler yerine de artık etiketler vardı ancak bunların fonksiyonu biraz daha farklıydı. Etiketler aslında check-in yaparkenki ruh halinizi yansıtmak için kurgulanmıştı.

Bir etiketi kazanmak için aynı rozet mantığındaki gibi ilgili mekânlarda check-inler yapılmalıydı. Mesela aşağıda progress bar ile de gösterildiği üzere 'Aşçı Şapkası' etiketini kazanmak için 4 kere İtalyan restaurantlarında check-in yapmam lazım. Ben yolun yarısındayım henüz, 2 kere yapmışım.

Kullanıcılar zamanla rozetler yerine etiketlere alıştılar ve check-inlere ekleyebilme özelliğini sevdiler. Büyük bir çoğunluk etiketsiz check-in yapmamaya başladı. Ancak belli bir kitle hâlâ Foursquare kullanıyordu ve orada da birçok mayor'luğu ve rozetleri vardı. Bu yüzden Foursquare 1 seneye kalmadan bir rozet-etiket sanal çeviricisi yaptı ve eski rozetlerimizi etiket listemize getirdi.*

Eski rozetlere de kavuştuk ancak hâlâ en asil olan oyunlaştırma mekaniği 'mayorluk' eksikti. Hemen hemen her oyuncu uygulamayı "mayor"luk için kullandığını söyleyince çok geçmeden Swarm'a "mayor"lık da geldi.

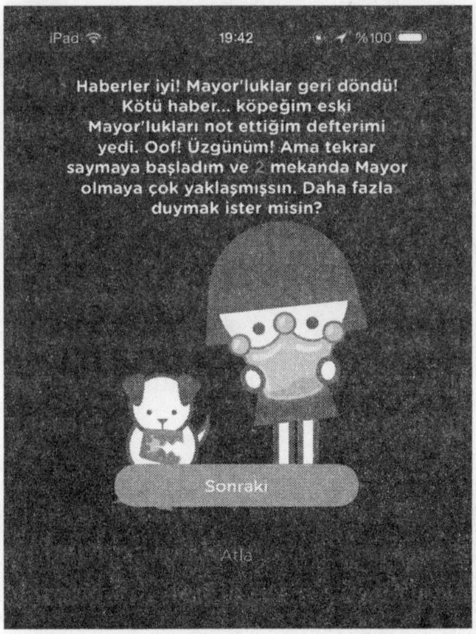

Artık rozetlerimiz ve mayor'lığımıza kavuştuğumuza göre keyifle Swarm kullanabiliriz. Mayor'lık peşindeyseniz 5'i tamamlarsanız çok özel bir rozet var: 'Super Mayor'. Ayrıca mayor olunca da bitmiyor, aşağıdaki gibi bir liderlik tablosu düşünebi-

* Rozet-etiket sanal çeviricisi: http://foursquareturkiye.com/2015/05/05/foursquaredeki-eski-rozetleriniz-artik-swarmda/

lirsiniz. Oyuncular buradan güncel durumunu takip edebiliyor ve Mayor olmaya ne kadar yakın olduğunu görebiliyor.

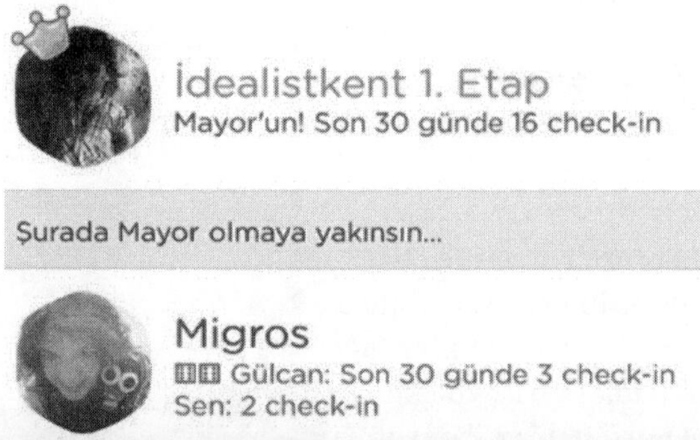

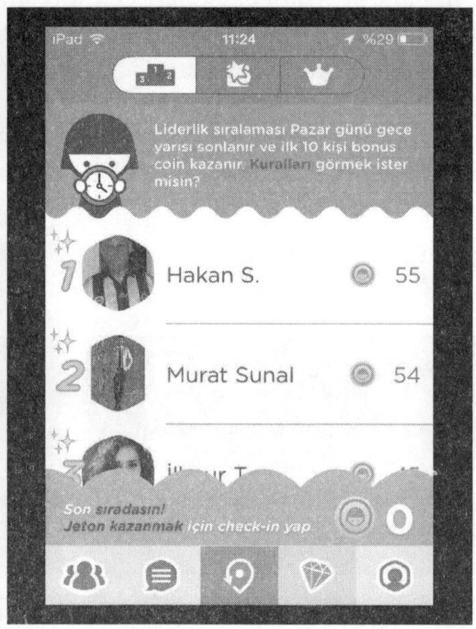

Swarm 2015 Ağustos ayı sonlarında 'Swarm 3.0' versiyonunu yayınladı. Herkesin 'tatlı' bir rekabet içine girebileceği haftalık olarak sıfırlanan bir Liderlik Tablosu yayınladı. Burada yaptığınız check-in'ler, check-in'lerdeki beraber olduğunuz kişi sayısı, aldığınız like'lar gibi değişkenler karşılığında kazandığınız Coins (Altın) sayılarına göre bir listeleme yapılmış. Daha çok check-in ve daha çok sayıda kişiyle birlikte check-in ki bu oyun dinamiği başkalarına da uygulamayı yükletme imkânı verecektir.

Son dönemde ne olursa olsun eski Foursquare ve yeni Swarm, oyunlaştırmayı en iyi kurgulayan ve çıktılarını uzun vadeli olarak değerlendiren birbirine entegre en önemli örneklerden ikisi olmaya devam ediyor.

Nike+: (★★★★★)

Nike firmasının son dönemdeki atağının altında sizce ne yatıyor? Daha iyi kumaşlar mı, daha uygun fiyatlar mı, sadece pazarlama mı? İşin sırrı, dijital devrime ayak uydurması ve dijital kanalları çok iyi kullanmasından geçiyor. Ürünlerini özellikle spor yapan kişilere yönelik dijital çözümlerle sundu, bunları mobil cihazlara ve akıllı saatlere entegre etti. Giyilebilir teknoloji ürünleri ve bu yenilikçi uygulamalar sayesinde rakipleriyle arasında teknolojiyi kullanma konusunda ciddi bir fark yarattı. Nike+ ile koşularınızı kaydedebileceğiniz bir platform yarattı, bazı ayakkabılarının içine küçük bir çip ekleyerek kullanıcıların GPS bilgileriyle ne kadar spor yaptıklarını paylaşmalarına imkân veren bir sistem kurdu. Aşağıdaki gibi bir Meydan Okuma 'Challange' ile 5 gün sonunda kim ne kadar koşmuş görebiliyorsunuz. Solda tipik bir avatar destekli liderlik tablosu mevcut, sağda da koşu yapılan bölge Google Maps üzerinden detaylı lokasyon, süre, saat, adım gibi bilgilerle paylaşılıyor.

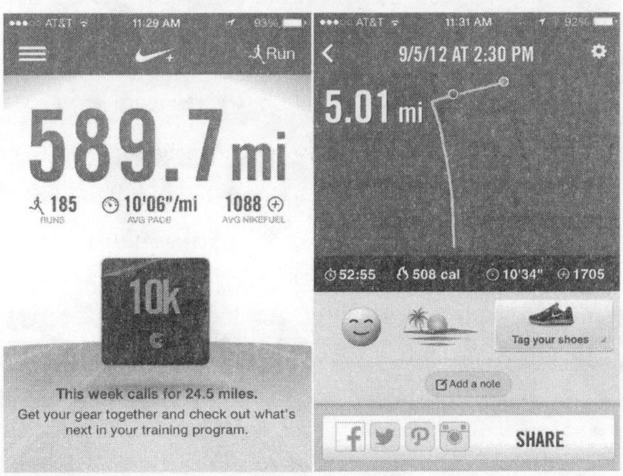

Nike+ Running'i AppStore ve Google Play'den indirebilirsiniz. İster telefonunuz üzerinden ister kullandığınız çipli bir Nike+ ürünüyle (saat, ayakkabı, bileklik vb.) bluethooth teknolojisi yardımıyla eşleştirerek hemen kullanmaya başlayabilirsiniz. Ayrıca Nike+, Apple Watch için de özel bir uygulama geliştirmiş. Koşu esnasında bir bilgi paylaştığınızda diğer takipçiler, cheer yani alkış, tezahürat, tebrik gönderebilecek, siz de tüm bunları anlık olarak saatinizde görebilecek ve daha da motive olabileceksiniz.

Nike+ içindeki oyun mekaniklerinden en önemlisi Levels yani seviyeler. Bu seviyeler tüm kullanıcılar için aynı ve her bir seviye uygulama içinde farklı bir renk ile gösterilmiş. Profil renginizle bu seviyeler arasında direkt bir bağlantı bulunuyor. Hangi seviyede iseniz profiliniz de o renk oluyor.

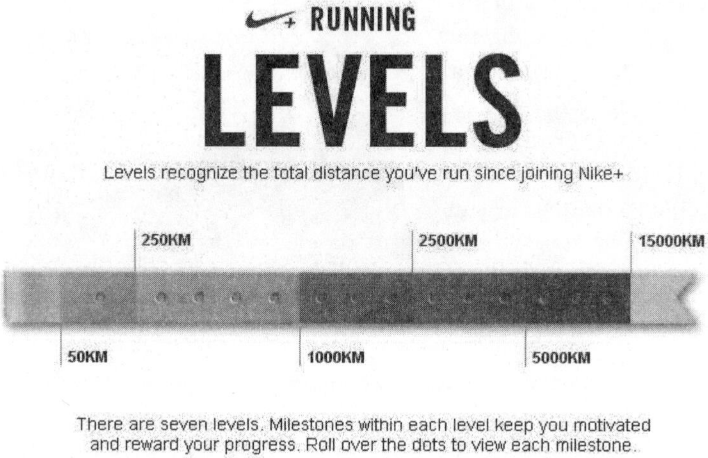

Ayrıca hem koştuğunuz mesafe üzerinden hem de yaptığınız diğer davranışlarla kazanabileceğiniz onlarca rozet tasarımı da uygulamada yer almakta.

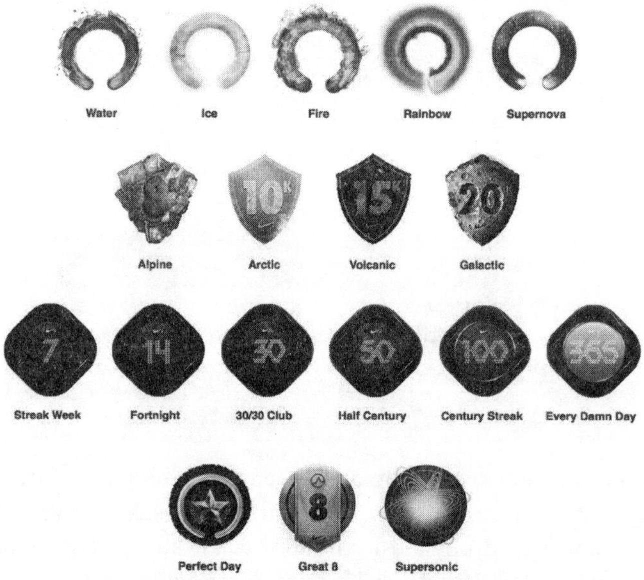

Nike, devam hamlesi olarak akıllı bileklik Nike FuelBand'i piyasaya sürdü. 2012 yılı ortalarında ortaya çıkan ürün akıllı bileklik kavramını oturtan en önemli ürün oldu. Bu bileklik ile hem spor anlamında adım, kalori, süre gibi bilgilerinizi takip edip istediğinizde erişebilirken, kendi LED ekranından da Bluethoot teknolojisiyle telefonunuzla bağlantı kurabiliyordunuz. Yaş, kilo ve cinsiyet bilgilerinizi girerek size uygun olacak şekilde, Fuel cinsinden günlük harcamanız gereken kalori miktarı üzerinde anlaşabiliyordunuz. Hedefe ulaşıldığında ekranda aşağıdaki gibi GOAL yazısı çıkıyordu.

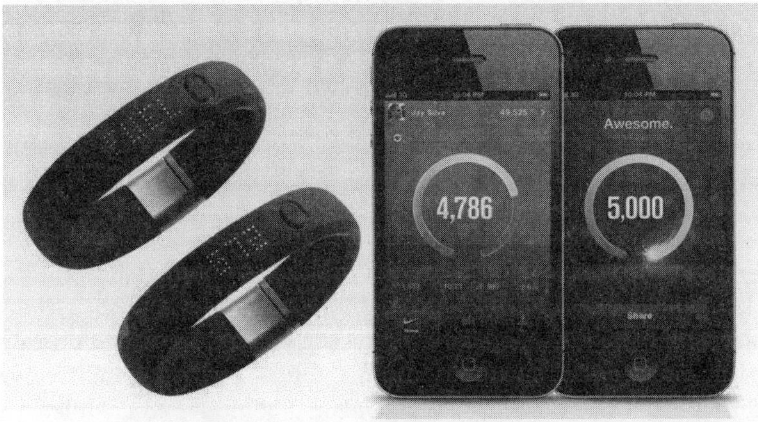

Nike+ Running oyun mekanikleri, daha da geliştirilerek buraya da eklendi. Nike Fuel Band, Fuel adında yepyeni bir değerden harcadığınız günlük kalori miktarını ölçebiliyordu. Bunu her gün tutarak devamında müthiş istatistiklerle saatlik, günlük, haftalık, aylık raporlar ve analizler sunabiliyordu kullanıcılarına.

Liderlik tablosu ve hedefe ulaşıldığı anda bileklikte yazan GOAL yazısının fotoğrafını çekerek sosyal medyada paylaşmak benim de çok hoşuma giden oyunlaştırma mekanikleriydi.

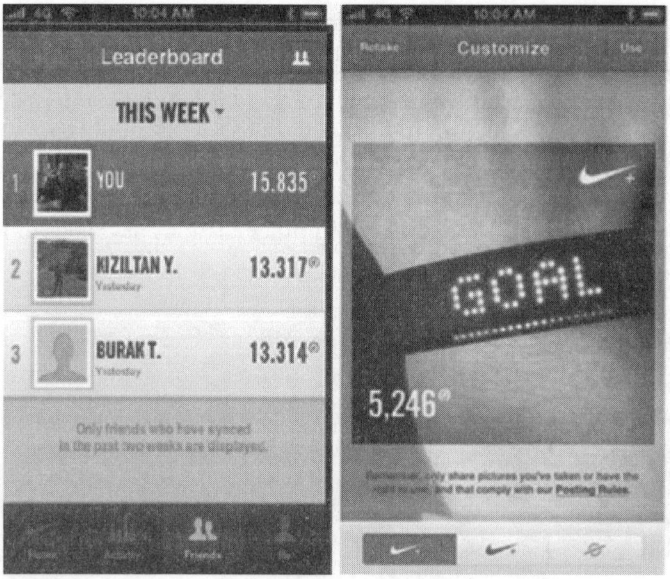

Hedefe ulaşmak için 24:00'de sıfırlandığını bilerek, kendimi gecenin 11 buçuğunda geride kalan 500 Fuel için merdiven inip çıkarken ya da evin içinde mini yürüyüşler yaparken bulduğumu bilirim. Eğer 1 kez hedefi tutturamazsanız tüm streak yani düzenli tutturma rakamınız bozuluyor ve aşağıdaki gibi motive edici kutlama animasyonları ve sosyal medya paylaşım linkleri bir sonraki streak'a kadar çıkmıyor.

2014 yılı başlarında Apple bir saat geliştirdiğini ve 2015 yılı içerisinde bu saati son kullanıcıya ulaştıracağını söyleyince Nike için bir karar zamanı gelmişti. Nike özünde bir teknoloji firması değildi, teknolojiyi ürünleriyle birleşik kullanmaya çalışan bir tekstil firmasıydı. Artık Apple'ın saat çıkarmasıyla bileklik-saat dönüşümü gerçekleşmiş ve saatler telefonlarla olan entegrasyonlarıyla daha popüler hale gelmeye başlamışlardı. Bileklikler eğer saatle entegre olmuyorsa alınmaz olmuştu.

Böylelikle Nike bir karar alarak saat geliştirmeyeceklerini ve akıllı bileklik geliştirmelerini de durdurduğunu belirtti. Aslında tüm ekip Apple Watch projesine dahil olmuştu. Bu başarılı ekip Apple Watch için çalışmaya devam etti.

Nike Fuel Band ile duyurdukları son adımı hayata geçiremeden proje kapanmıştı. Fuel Band sahiplerinin sanal bir avatar'la birbirleriyle yarışabilecekleri sanal bir ortam yaratılmıştı: NikeFuel Missions... Kişisel düşünceme göre bir oyunlaştırmanın varabileceği son nokta, avatarların sanal dünyada yarışmasıdır. Siz koştukça sanal karakteriniz de koşuyor, gelişiyor ve diğer rakiplerini geride bırakıyordu.

-Nike Fuel Band Missions Tanıtım Filmi
https://www.youtube.com/watch?v=I729ggAQ3nU

Birçok spor odaklı uygulamanın fikir babası haline gelen Nike FuelBand'le ilgili çalışmalar devam etmedi, ürünün geliştirilmesi bırakıldı. Ancak toplam sürece önemli katkı sağlayarak, insanların spor konusunda nasıl bir oyunlaştırma kurgusu ile motive olduklarını çok açıkça göstermişti. Sonradan ortaya çıkan Fitbit, Jawbone gibi akıllı bileklikler ve mobil uygulamaları ve akıllı saat uygulamaları için iyi bir rehber oldu.

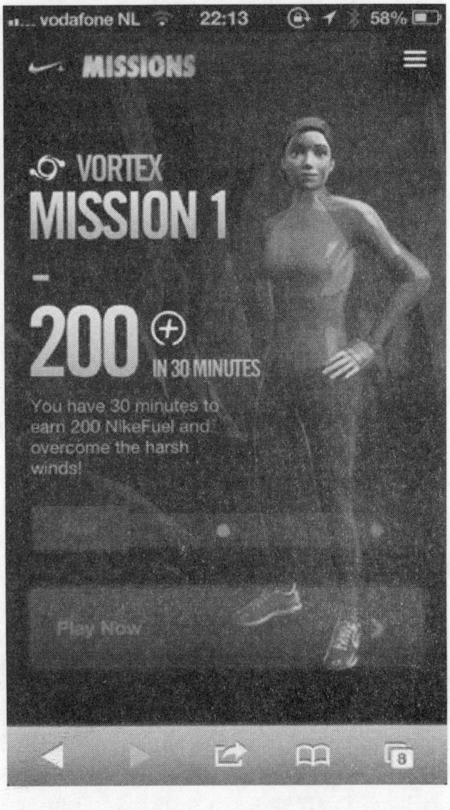

Apple Watch: (★★★★★)

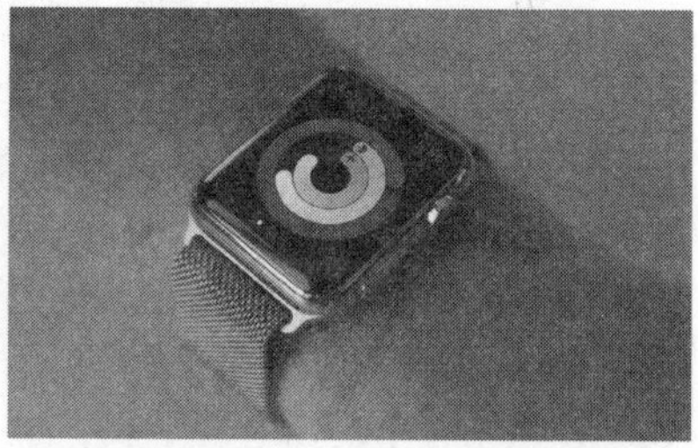

Apple akıllı saat konusunda genel kanı Samsung ve diğer rakiplerinin gerisinde kaldıysa da özellikle WatchOS 2.0 ile birlikte getirdiği yenilikler ve 3th party üretilen uygulamalar rakiplerini çoktan geçtiğini ve kişisel görüşüm ne kadar pahalı olursa olsun kullanılabilecek tek 'akıllı saat' olduğunu ispatlıyor.

Kişisel olarak özellikle Oyunlaştırma'nın efsanevi projesi olan Nike'ın FuelBand ekibinden ciddi sayıda çalışanı Nike'ın Watch ekibine katmasıyla beklentim ve merakım ciddi artmıştı. Apple, şu dönem aynı taktiği Virtual Reality-Sanal gerçeklik ile ilgili Oculus gibi firmalardan ekibe çok önemli çalışanları katarak gösteriyor. Gelelim Apple Watch ve oyunlaştırma konusuna. Apple; saatin adım sayımı, hareket tipleri, kalp atışları gibi çok önemli verileri tek bir app'te toplamak yerine birden çok uygulamaya bölmüş.

Öncelikle Health-Sağlık adına çok çok önemli bir uygulamayı lanse etti. Bu uygulamada Adım, Kalp Atışı, Yemek, Uyku gibi değerleri yönetebiliyorsunuz. Ayrıca eskiden kullandığınız Samsung Gear, Fitbit, Misfit, Jawbone, Fuelband, Move gibi adımsayarlardan datalar aktarabiliyorsunuz. Çok görsel bir dashboard'la bu verileri takip edebiliyorsunuz. Medical ID -Tıbbi Kimlik – burada kan grubunuzu ve alerjinizi, acil durumlarda ulaşılacak kimseyi girdiğiniz kısım. Bu kısım telefon kilitinden de bir kaza durumunda ilk yardım amaçlı görüntülenebilecek. Umarım birçok hayatı kurtarmaya yarar ve tüm telefonlarda standart hale gelir.

Apple Health uygulamasında çok fazla oyunlaştırma ve motivasyon yok. Ancak o kısımlar Activity ve Fitness kısmına bırakılmış. Benim gibi spor yapmaya düzenli fırsat bulamayan ancak yürüme, koşma gibi basit outdoor etkinlikleri yapmaya çalışanlar için Activity birebir. Fitness'a yazılmadıysak kilo da mı vermeyelim değil mi:) Activity uygulamasının Apple tanıtım videosunu izleyebilirsiniz.

Activity'nin özellikle 360 derece dönebilen grafikleri –rings– yüzük olarak adlandırılıyor ve progress bar tasarımlarına çok yenilikçi bir yaklaşım. Burada da Exercise, Move ve Stand olarak hedeflerinizi bu yüzüklerle günlük tamamladıkça küçük yüzükler kazanarak o güne katıyorsunuz. Sonra takvimde aylık/yıllık baktığınız bu yüzükler tamamladığınız günlerde gözüküyor ve paylaşabiliyorsunuz.

Exercise: Günlük ne kadar süre hedefiniz varsa egzersiz için egzersize başlarken buradan sayabiliyorsunuz. Bazı hareketli olduğunuz saatleri egzersize ekliyor. Ayrıca uyanıklık yok, hareket halinde değilken sayılmıyor:)

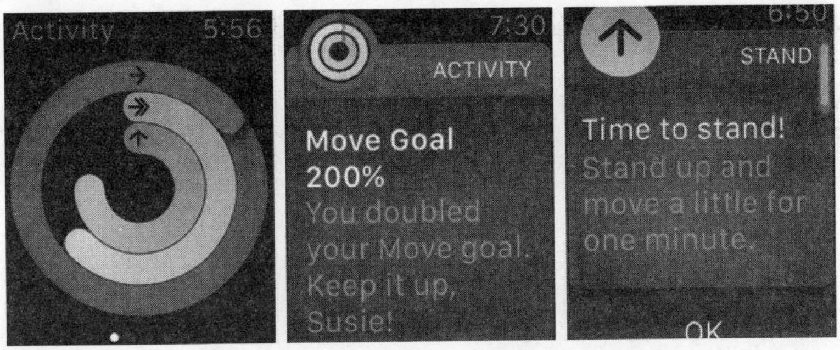

Move: Basit hareketlerle günlük kalori yakma hedefinize yardımcı olmayı amaçlayan hareketleri yapın; yürüyüş gibi.

Stand: Günlük ne kadar ayakta kaldığınızı hesaplıyor. 1 saat boyunca hareketsiz oturunca Watch sizi uyarıp ayağa kalmanızı sağlayacak. En azından ayarlayarak 1 saatte bir ayakta olun.

Achievements –Başarılarım– belki de en çok oyunlaştırma kokan ve FuelBand ekibini hissettiğimiz alan. İlk kalorinizi yakmaya başladığınız andan itibaren tüm hafta, ay ve yıl boyunca motivasyonda kalmanızı sağlayacak hedefler ve rozetleri var. Rozetleri kazanınca yine FuelBand'deki gibi mini bir animasyonla profilinize ekleniyor. Bence çok doğru ve incelenmesi gereken bir oyunlaştırma tasarımı burada da söz konusu.

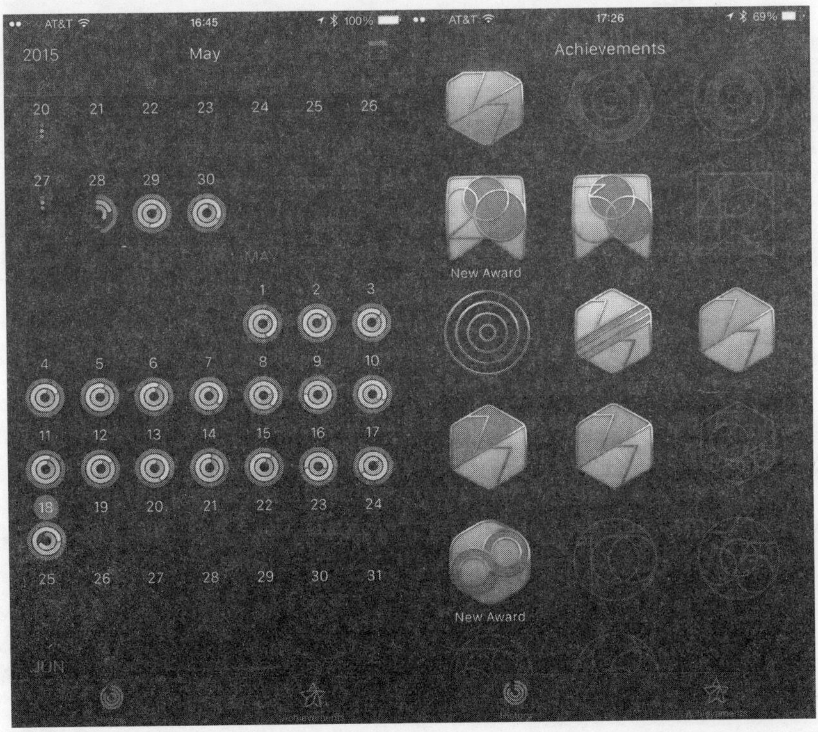

First Running Workout: İlk Fitness uygulamasıyla koştuğunuzda kazanılan ödül.

First Walking Workout: İlk yürüyüşünüzle kazanılan ödül.

Workout Record: 5 kalorilik bir seans sonrası kazanılan ilk ödül.

7-Workout Week: 7 tane workout tamamladığınızda haftalık kazanılan ödül.

New Record: Her gün için (10 günden sonra) kazanılmaya başlanılan yeni rekor ödülü.

New Award: Her gün için (10 günden sonra) yeni bir rekor belirlediğinizde alınan rozet.

Move Goal 200%: Günlük hedefinizi 2 katına çıkınca kazanılan ödül.

Move Goal 300%: Günlük hedefinizi 3 katına çıkınca kazanılan ödül.

Move Goal 400%: Günlük hedefinizi 4 katına çıkınca kazanılan ödül.

New Move Goal: Yeni kalori hedefini çoğalttığında kazanılan ödül.

Perfect Week (Exercise): Haftanın her günü Exercise hedefini tutturduğunda kazanılan ödül.

Perfect Week (Stand): Haftanın her günü Stand hedefini tutturduğunda kazanılan ödül.

Perfect Week (Move): Haftanın her günü Move hedefini tutturduğunda kazanılan ödül.

Perfect Week (All Activity): Haftanın her günü tüm hedefini tutturduğunda kazanılan ödül.

Perfect Month: Ayın tüm günleri hedefini tutturduğunda kazanılan ödül.

Longest Move Streak: En uzun süreli arka arkaya günlük hedefi tutturduğunuzda kazanırsınız.

100 Move Goals: Günlük hedefinize 100 kere ulaşınca kazanırsınız.

365 Move Goals: Günlük hedefinize 365 kere ulaşınca kazanırsınız.

500 Move Goals: Günlük hedefinize 500 kere ulaşınca kazanırsınız..

1000 Move Goals: Günlük hedefinize 1000 kere ulaşınca kazanırsınız.

Fitness meraklılarını tabii ki Activity kesmezdi. Apple Fitness yaptığınız fitness süresini ve hareketlerini tahmin ederek ölçümlüyor. Apple Fitness'ın tanıtım filmini izleyelim.

Fitness gibi birçok firmanın da Runtastic SixPack, Pocket Yoga, Strava Cycling gibi uygulamalar da sizin hareketlerinizi 3D bir avatar generate ederek göstererek yardımcı olacak bazı hareketler de öneriyor.

Apple Watch bütün sağlık ve spor oyunlaştırma tasarımlarıyla sizi daha sağlıklı, hareketli ve oyun dolu bir hayat için motive etmeyi başarıyor. Fiyatı da makul rakamlara düşünce eminim şu anki gibi IPhone ve IPad telefon ve tablet kanalında olduğu gibi akıllı saat kısmında standart bir akıllı saat olacaktır.

Inactivity Tracker: (★★★★★)

Oyunlaştırma özellikle pazarlama sektörünün de dikkatini iyice çekmeye başladı. Aslında oyunlaştırma tanımları da bir sorundan yola çıkarak gerçek hayata oyun motivasyonu eklemek olduğundan hep iyi birşeyler için kurgulanmıştı. Ancak Amerikalı Kmart perakende firması çoğu oyunlaştırılmış spor uygulamasının aksine bir pijamayla birlikte hareketsizliğin oyunlaştırıldığı bir çözüm sundu: Inactivity Tracker!

Çoğumuzun saatlerce masabaşı işlerinde hareketsiz çalışması, bunun yanında spor yapma isteğinin pek fazla olmaması ister istemez olumsuz fiziksel ve duygusal sonuçlar doğuruyor. Bu ihtiyaca cevap olarak üretilen aktivite bileklikleri, bu bileklikler için üretilmiş kaliteli uygulamalar ve uygulamalara yerleştirilmiş başarılı oyunlaştırma mekanikleri ile hızlı bir şekilde ilgi topladı. Fitbit, jawbone, Nike Fuelband, Samsung Gearfit, Turkcell, T-Fit aklıma gelenler.

Peki fiziksel aktivitelerden pek hoşlanmayanlar, üst üste Game of Thrones'un beş bölümünü izleyip bununla övünenler, yerinden kalkmamaya spor yapmaktan daha çok ihtiyaç duyanlar için bir ürün geliştirilmez miydi? Böylece başkalarının adımlarını sayan bileklik ve uygulamalar gibi, ne kadar hareketsiz kalındığını, ne kadar az adım atıldığını takip eden bir bileklik hiç de fena olmazdı değil mi?

Amerikalı mağaza Kmart ve tekstil markası Joe Boxer* uyuşukların da geri bildirimlere ihtiyacı olabileceğini düşündü ve hep hareketlilik mi oyunlaştırılacak bir de hareketsizlik oyunlaştırılsın diyerek "Inactivity Tracker"ı üretmek için kolları sıvadı. Inactivity Tracker, kullanıcıların uygun bir şekilde uyuşukluğunu ölçmesine yarayan akıllı bileklik ve uygulama kombinasyonu. Bu bileklik sayesinde kullanıcılar hareketsizliklerini ölçerek motive olabiliyor, dahası birbirleriyle yarışabiliyorlar, hareket eden geriye düşüyor:)

Kmart'ın pazarlama yöneticisi Diane Vacarro, The Joe Boxer'ın saygısız, gayri ciddi, saçmalık yaratmanın kurallarını yıkan bir marka olduğunu, Inactivity Tracker ile markanın insanları güldürme gibi genel felsefesini ön plana çıkartmalarının yanında, pijama konusundaki yaklaşımlarını da benimsettiklerinden bahsediyor. Hareketsizlik, hareket kadar önemlidir.

Artık diğer fitness bilekliklerindeki gibi puan toplamak, arkadaşlarınızla yarışmak, rozet kazanmak için terlemenize ve yorulmanıza gerek yok. Joe Boxer'in ürettiği pijamayı giydikten sonra uygulamayı indiriyorsunuz ve göreviniz hiçbir şey yapmamak.

Uygulama içerisindeki seviyelerin isimleri de bu aykırı uygulamaya yakılacak şekilde isimlendirilmiş; "Human Sloth" (Üşengeç İnsan), "Genghis Yawn" ("Cengiz Esneyişi" Cengiz Kağan'a gönderme yapılıyor.), "Are You Dead ?" (Ölü müsün ?), "Couch Commander" (Kanepe Komutanı), "You Rock" (Harikasın"). Rozet kazanmak için de beş gün boyunca üstüste 2500'den daha az adım atmak gibi görevleri tamamlamanız gerekmektedir.

Bu proje Joe Boxer'ın satışlarını %64 artırdı ve dijitalin oskarı sayılan Cannes Lions Dijital ödüllerinde Golden aldı.

Linkedin: ()

Linkedin kurumsal odaklı sosyal network platformu; merkezinde profesyonel iş yaşamı var. Çok önemli bir ihtiyacı gidermekte ve geleceği de çok parlak. Online CV diyebileceğimiz şekilde kişiler eğitim bilgilerini, daha önceki iş deneyimlerini ve sertifikalarını ve hatta hobilerini bu portale ekleyerek diğer ilgili kişilerle bağlantıya geçebiliyorlar. Kişisel düşüncem; Linkedin çok yakın gelecekte iş arama portallerinin yerini alacak. Şu anda elinde bulunan, üyelerine ait iş, proje, eğitim durumu, hobi gibi bilgileri değerlendirerek Big Data üzerinde yapabileceği analizlerle çok öne çıkabilecek.

Bu kadar değerli bilgilere sahip olan ve önemli bir ihtiyacı karşılayan Linkedin oyunlaştırmayı nasıl kullanıyor dersiniz? Linkedin de siteye üye olurken sizinle ilgili tüm bilgileri almayı ister, ancak o kadar uzun bir başvuru formunu tahmin edeceğiniz üzere çoğu kişi doldurmak istemez. O yüzden sadece kullanıcı adı olarak seçeceğiniz e-postanız ve belirleyeceğiniz şifre ile hemen üye olabiliyorsunuz. Bu kısım kolay ve hızlı. Ancak Linkedin sizinle ilgileri bilgileri almak konusunda ısrarlı ve bunu da sizi sıkmadan yapmak istiyor. Bir sonraki girişinizde profil bilgilerinizi doldurmanız halinde ne kadar profil gücü kazanacağınızı gösteriyor. Çalıştığınız şirketler, gerçekleştirdiğiniz projeler, okuduğunuz okullar gibi CV'nizi oluşturabilecek bilgileri girdikçe gücünüz artıyor. Güncel durumunuzu da profil sayfanızın sağ üst kısmında yüzdesel olarak gösteriyor. Tüm bölümleri eksiksiz doldurduğunuzda da profil gücünüzün 'AllStar' olacağını göstererek tamamlayıcı bir motivasyon unsuru daha koyuyor ortaya.

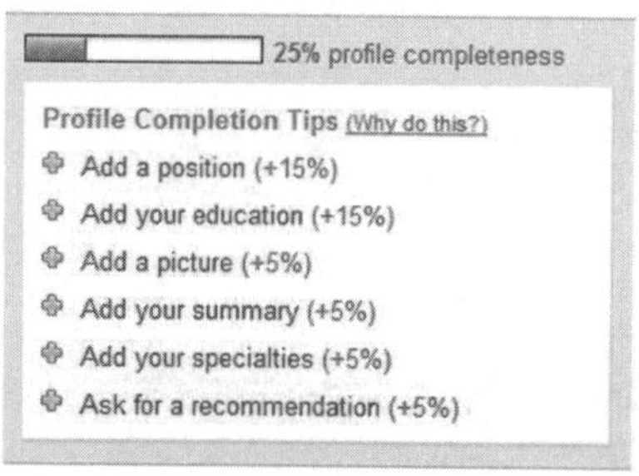

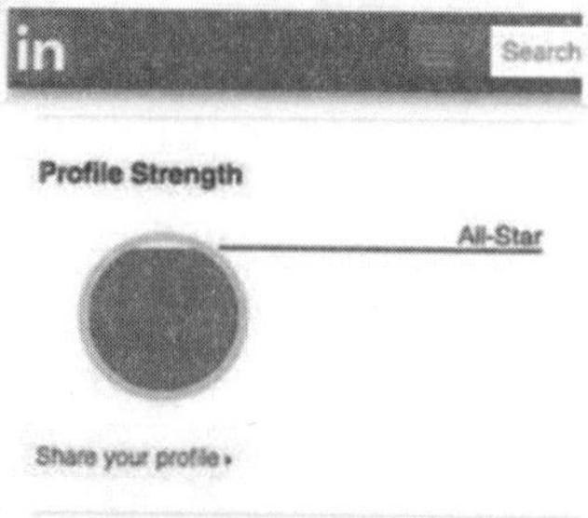

Bu hatırlatmaları daha da görselleştirerek, profilinize girdiğinizde ekranın sağ tarafında eksik olan bilgilerinizin listesini size adım adım gösteriyor. Bu bilgileri doldurdukça o adımları atladığınızı gösteren, süreci bütünsel görmenizi sağlayan bir yapı içinde kolaylıkla ilerleyebilyorsunuz. Linkedin böylece hızlıca üye olan kullanıcılarıyla ilgili önemli bilgileri, sonraki ziyaretlerinde adım adım, çok daha rahat toplayabilen bir sistem kurmuş oluyor.

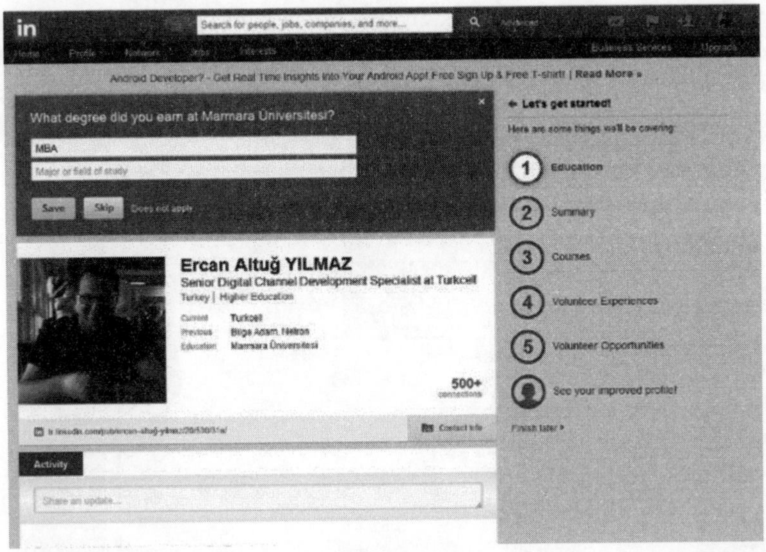

Linkedin'in kullandığı diğer bir önemli oyun mekaniği de 'Endorsement', Türkçe karşılığı için 'bilgisine kefil olmak' diyebiliriz. CV doldururken birçok insan birçok konuyu bildiğini yazar. Mesela İngilizce bilginizi TOEFL türü sınavlarla ispatlayabilirsiniz ama ya yönetim becerilerinizi ya da C# yazma bilginizi? Bunun için daha önce çalıştığınız ekip arkadaşlarınız ve hatta yöneticileriniz tek tek endorsement verse yani kefil olsa? Böylece aşağıdaki gibi gerçekten sizin bilgilerinizle ilgili kefil olan kişilerin sayısıyla bilgi dağılımınız da ortaya çıkmış olacaktır.

Son olarak da Linkedin özellikle çok ziyaret edilen profillerine oyun mekaniği olarak güzel bir e-mailing yaparak bir damgalı zarf tasarımı göndermekte. O zarftaki damgayı da bir rozet gibi profile eklemekte. Çok özel hissettiren bu uygulamayı Linkedin 2012 yılından bu yana düzenli olarak yapmaktadır.

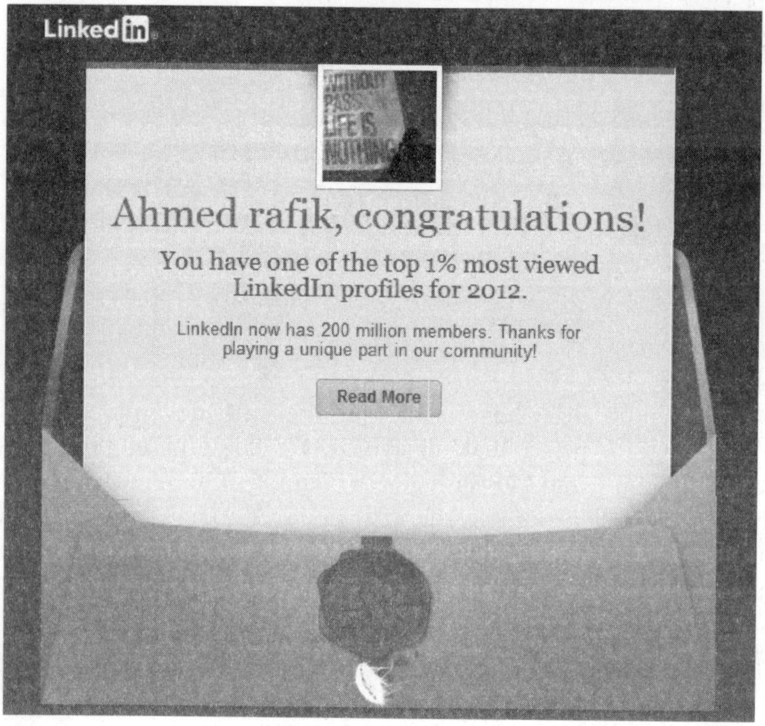

Linkedin dünya üzerindeki milyarlarca kullanıcısı ve bilgileriyle yakın zamanda oyunlaştırma da dahil birçok kurguyla çok önemli bir konuma sahip olacak. En son satın aldıkları online eğitim firması Lynda.com ile ilgili üyelerine ihtiyacı olan eğtimleri verip sertifikalandırmayı planlamaları bile doğru yolda olduklarının göstergesi. Ayrıca kişisel olarak open badges gibi bir rozet sistemiyle kullanıcılarının üniversite diplomaları ve kurs sertifikalarını da entegre edebileceklerini öngörüyorum.

Böylelikle oyunlaştırılmış bir profille tüm çalışanlar ve hatta firmalar da kendilerini daha iyi ve yalın bir şekilde tanıtabilecekler.

Stepy: (★★★★★)

Yürüyerek bağış yapmak ister misiniz? Stepy %100 Türk düşüncesi ve uygulaması. Günümüzde artık standart hale gelen adımsayar özellikleriyle hedeflerimizi tutturmaya çalışmak mantığını 'iyilik' için düşünmüşler.

Uygulama açıldığında bir sosyal sorumluluk firması seçerek onun adına koşarak bağış yaparak katkıda bulunabiliyorsunuz. TEMA, Koruncuk, Lösev gibi bağış yapabileceğiniz firmaları seçerek dilerseniz diğer bir Stepy kullanıcısına da meydan okuyarak daha çok bağış yapabiliyorsunuz.

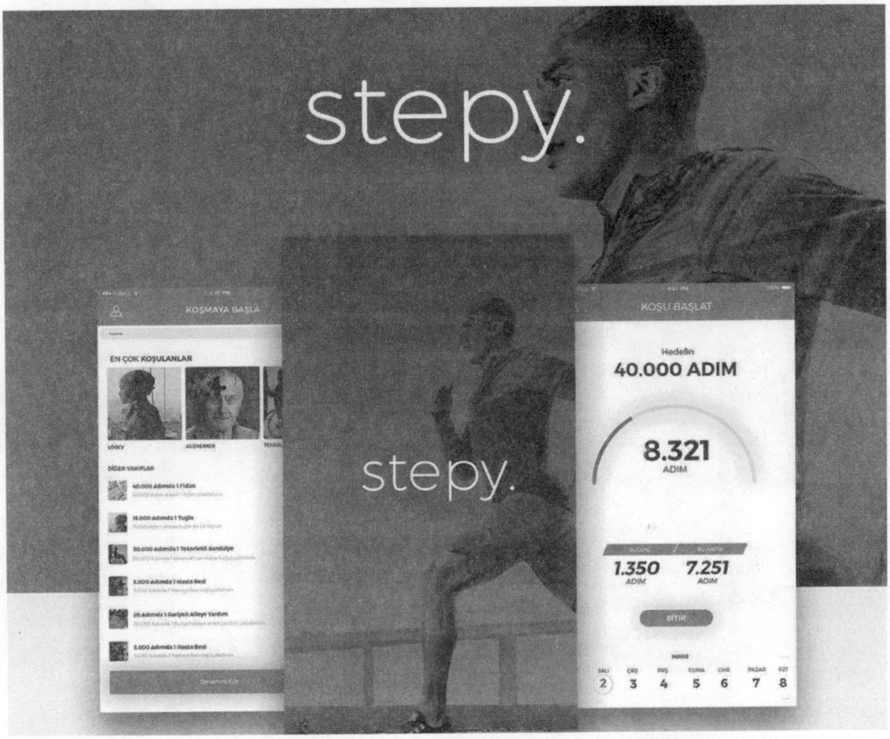

Özellikle oyunlaştırmanın çok başarılı çalıştığı 'keşke yapabilsem' gibi konularda bağış yapabilmek gibi ulvi bir hedef için katılımcılarını bir yarış içerisinde motive ederek koşturan bu uygulama özellikle farklı oyun kurgularıyla da kurumsal firmaların da dikkatini çekti. Çalışanlarını etkinlikler düzenleyerek Stepy ile bağış yapmalarını sağlayacak fiziksel etkinliklerde kullanmaya başladılar. Stepy yapan ekibin eline sağlık, önü çok açık bir uygulama.

Captain UP: (★★★★)

Dijital platformlar üzerindeki oyunlaştırmalar arasında benim açık ara en beğendiğim uygulama, Captain UP.

Hem tasarımları hem de esnekliği sayesinde sitenizdeki tüm kullanıcı davranışlarını oyunlaştırabiliyorsunuz. Siteye girdiğinizde ekranın sağ kısmında ayrı bir bölüm yer alıyor. Böylece başka bir siteye gitmeden, bu pencerede oyunlaştırılmış puan, rozet, seviyeler ve önerilerle birlikte diğer oyuncuları görerek etkileşime geçebiliyorsunuz.

Oyunlaştırma gurularından Yukai Chou gibi birçok uzman da Captain UP uygulamasını öneriyor ve kendi sitelerine de entegre etmiş durumdalar. Çalışan bir örneğini http://www.yukaichou.com/ adresinden görebilirsiniz.

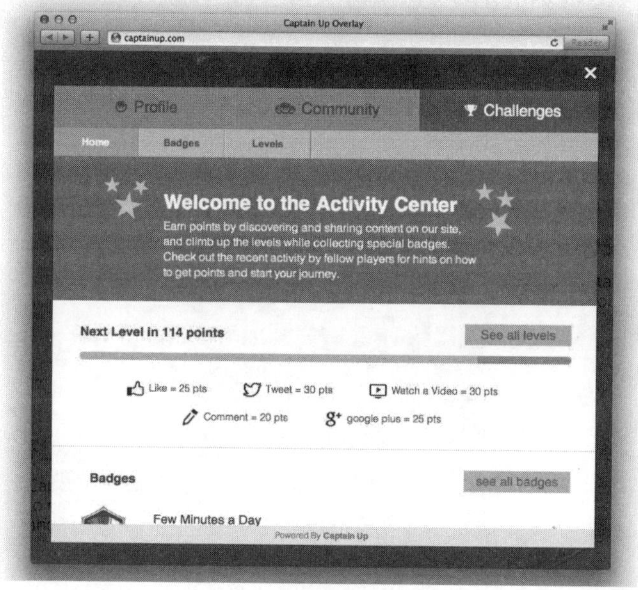

M-Level: (★★★)

M-level da yine hazır oyun tabanlı oyunlaştırma kurguları kullanan bir soru-cevap bilgi yarışması. Bu çok tercih edilen ve beğenilen uygulama aslında öğrenmenin yanında eğlence de sunmasıyla çok öne çıktı.

Ara ekranlarındaki oyunlaştırma kurguları, daha çok soru cevaplansın diye tasarlanmış ve işe yarıyor. Anlık geri bildirimler, oyunu tasarımlar, süre bazlı yarışmalar ve sıralama listeleri çok başarılı. Özellikle şirket içi bir yarışma ve öğrenme kurgusu gibi işlerde M-Level kendi platformu üzerinden destek veriyor ve iyi sonuçlar çıkarıyor.

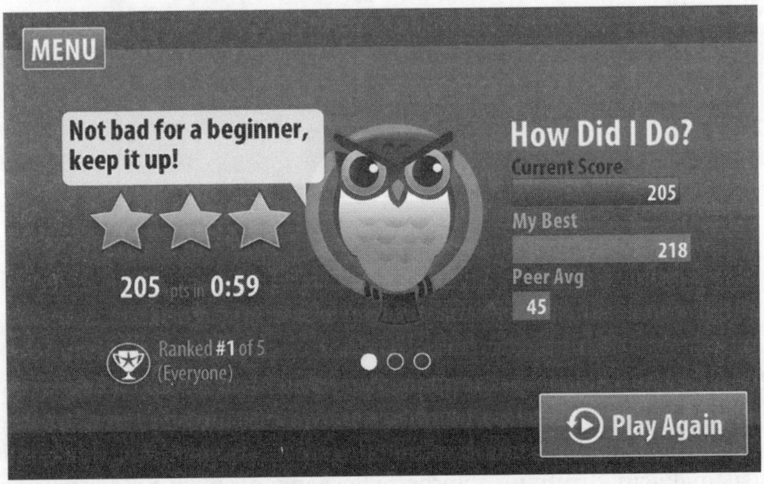

Badgeville: Samsung Nation ()

Samsung, dünyanın en önemli teknoloji şirketlerinden biri ve inovasyon konusunda Apple ile yarışmakta. Satış sonrası müşteri ilişkilerinin forum tadında yönetildiği "Samsung Nation" portali komple oyunlaştırılmış bir platform. Tahmin edebileceğiniz üzere soru sordukça, cevapladıkça, yeni ürünlerin videolarını izledikçe, paylaştıkça puan kazanıyorsunuz. Bu puan listesinin bir örneğini aşağıda görebilirsiniz. Liderlik tablosunun yer aldığı ve kim ne yapıyor bilgilerinin aktığı bir aktivite duvarı da ana ekranda sabitlenmiş durumda.

Samsung, bu oyunlaştırma kurgusunu hazır bir platformla çözmüş: Badgeville. Dünyanın en önemli ve meşhur platform oyunlaştırma çözümü olan "Badgeville", sitenizde sizin belirlediğiniz davranışlara puan veriyor. Rozetler tanımlayarak, aktivite, liderlik tablosu ve seviyeler gibi kurgularla kişinin sizinle olan yolculuğunu takip etmenizi sağlıyor. Badgeville için detaylı bilgiyi web sitesinden alabilirsiniz.*

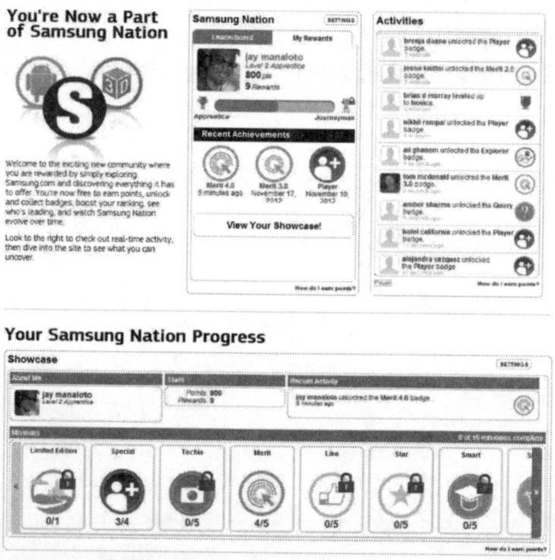

Duolingo: ()

Duolingo, Luis von Ahn tarafından dünya dillerini online ve ücretsiz öğrenme ihtiyacını karşılamak için kurulmuş. İnternette herhangi bir form doldururken en altta

* https://badgeville.com/

insan olduğumuzu ispatladığımız Captcha'yı bulan ve Google'a satan kişidir Luis von Ahn. Buradan gelen sermaye ile ikinci hedefi eğitime odaklanmış ve Duolingo'yu kurmuştur. Ülkemizde de 2014 yılında Webrazzi konferansına gelen Luis ile birebir konuştuğumda "buradaki hedefinin insanlara sadece dil öğretmek değil, dil bilgisi durumlarını da ispatlamak için de Duolingo'yu kullanmaları olduğunu" söylemişi. TOEFL benzeri bir puanlama sistemiyle, Fransızcayı Advanced seviyesinde biliyorum diyen bir kişiyi sorgulamak çok zorken Duolingo profilinden bunu ispatlamasını isteyebilir hale gelebileceğiz.

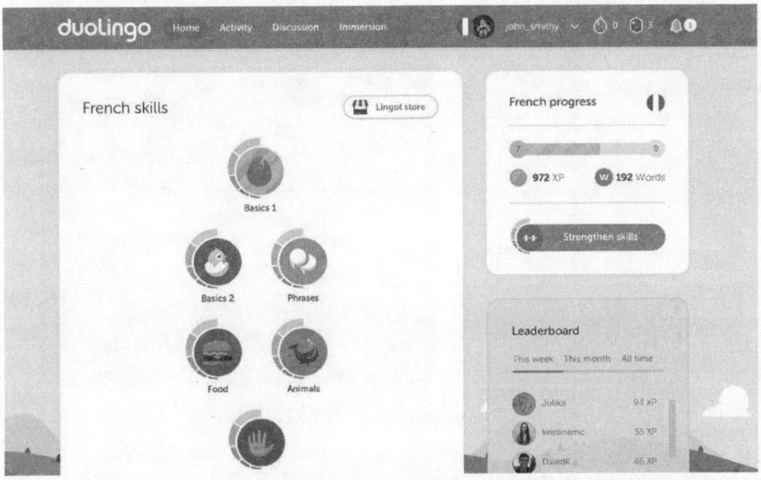

Gelelim Duolingo'nun oyunlaştırmayı nasıl kullandığına. Öncelikli olarak XP kısaltması olan Experience Points ile cevapladığımız tüm sorulardan puanlar kazanıyoruz ve seviyeniz belirleniyor. Seviye oyunlardan da alışık olduğumuz gibi progress bar ile gösterilmiş. Liderlik tablosu 3 farklı zaman aralığı seçimi opsiyonu ile sabit bir ekranda durmakta. Ekrandaki kalpler kaç soru cevaplama hakkınız olduğunun göstergesi.

En önemli ve farklı oyun mekaniği ise bir seviyedeki yaklaşık 10-15 soru oluyor. Geçerseniz seviye rozeti yukarıdaki şekildeki Basics1'deki gibi altına dönüyor. Ancak belli bir zaman geçince Basics2'deki altın görseli kayboluyor ve solundaki sarı gücünü kaybediyor. Hemen tekrar alarak daha az ve basit soruları cevaplayarak Basics2'yi yeniden altına çevirmeli ve bilginizin güncelliğini ispatlamalısınız. Böylelikle bir seviyeyi geçtim bir daha dönmeme gerek kalmıyor gibi bir algıyı ortadan kaldırmış oluyorlar.

Duolingo, online eğitimdeki en önemli start-up firmalardan biriydi, kısa zamanda aldığı yatırımlarla eğitim sektörüne yön veren en önemli dijital portallerden biri oldu. Takip etmekte ve yeni oyun mekaniklerini nasıl kurguladıklarını izlemekte fayda var.

Proof: ()

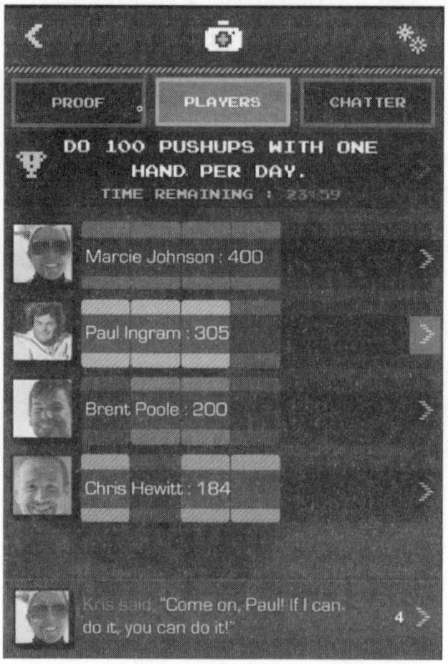

Proof! Çok basit bir mantıkla oyunlaştırmayı da kullanarak kurgulanmış bir uygulama. Şöyle ki bir konuda bir kişiye ya da kendinize meydan okuyorsunuz. Örneğin 5 dakika içinde 20 şınav çekme. Bunun fotoğraf ya da videosunu çekerek paylaşıyorsunuz. Sağlanan başarı doğrultusunda puanlar kazanılıyor ve kullanıcılar bir yarışma içinde birbirlerine meydan okuyor.

http://www.mindbloom.com/proof

SuperBetter: (★★★★★)

Jane McGonigal, oyunlaştırma konusuna önemli ve güçlü bir yaklaşımı olan tanınmış bir isim. İnsanların hayatlarında yapmak istedikleri iyi işleri, yalnızca oyunlaştırma elementleri ile değil komple bir oyun ortamındaymış gibi hissettirip oyun oynayatarak yapmalarını planlıyor. Kısaca "hayatınızı oyuna çevirin" diyor. SuperBetter'da kendi belirlediğiniz ya da hazır bazı aksiyon haritalarını takip ederek 4 ana başlık altında fiziksel, mantıksal, duygusal ve sosyal olarak aldığınız aksiyonlarla ilerliyor ve hedef konu doğrultusunda gelişim kaydedebiliyorsunuz.

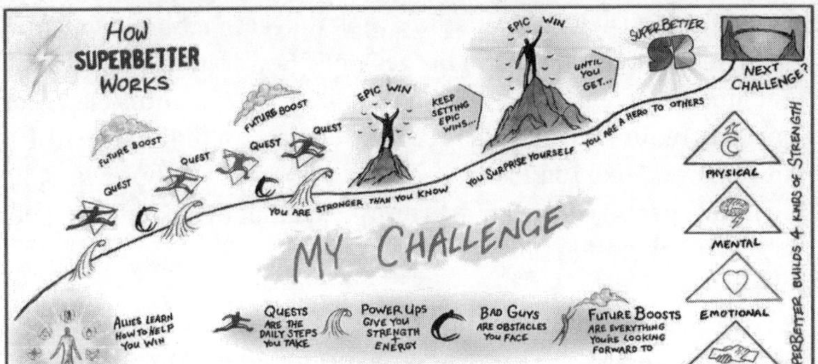

Tanıtım videosunda da Jane, özellikle bazı hastalıklarda alınması gereken aksiyonların ve yapılması gereken hareketlerin bu uygulamayla çok daha kolay yapıldığını anlatıyor. Kendi başına gelen ciddi bir hastalığı SuperBetter ile nasıl iyileştirdiğini açıklıyor. Çok önemli bir yaklaşım: https://vimeo.com/37189494

SuperBetter ile ilgili bir de kitap çıkaran Jane, bu kitap için söyleşi yapmayı çok isteyip, konuşup, yoğunluktan planlayamadığımız ve yapamadığımız kişilerden ancak eminim ki ileride yapacağız ve web sitemize ekleyeceğiz. Siz de Jane McGonigal'ı ve yenilikçi oyunlaştırma yaklaşımı Superbetter'ı takip edin. https://www.superbetter.com/

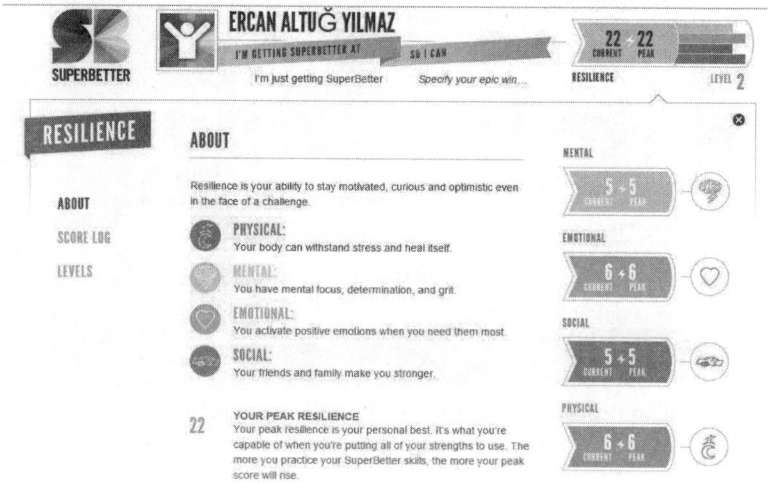

UNStudio's Mercedes Benz Müzesi (★★★)

Günümüzde müzeler de teknolojiye adapte olarak ziyaretçileri için birtakım dijital bilgilendirme çözümleri sunmaya başladı. Birçok müzede, sergilenen eserler, tarihsel dönemler ve kişiler hakkında detaylı bilgilerin verildiği, yaşanan olayların bazen bir tiyatro oyunu kurgusu içinde anlatıldığı çok dilli sesli rehber uygulamaları kullanılıyor. Bunun bir adım ötesi de yeni bir gelişme olarak hayatımıza giren, "artırılmış gerçeklik (augmented reality)" teknolojileri kullanılarak yapılmış olan müze uygulamaları. Londra'da bulunan Doğa Tarihi Müzesi* için yapılmış olan artırılmış gerçeklik uygulamasına aşağıdaki videodan göz atabilirsiniz. İstanbul'daki Sakıp Sabancı Müzesi'nde hayata geçmiş bulunan artırılmış gerçeklik uygulamasını da bizdeki başarılı bir örnek olarak gösterebiliriz.

Tüm bu yeni teknolojilerin yanında bir müzenin ayrıntılı gezilmesiyle ilgili bir oyunlaştırma fikri nasıl geliyor? Mercedes'in sponsorluğundaki Almanya'daki UNStudio's otomobil tarihi müzesi, ziyaretçilerine böyle bir tarihsel deneyim yaşatıyor. Sunduğu oyunlaştırma uygulaması içinde, geçmiş dönemlerle bağlantılı puanlar, rozetler ve seviyeler veriyor. Kendinizi yaşanan dönemin bir parçası hissettiren bu uygulama başarılı ve eğlenceli bir oyunlaştırma örneği. Bu uygulamanın ekran görüntüsünü aşağıda bulabilirsiniz.

---

* Augmented Reality at the Natural History Museum, London - https://www.youtube.com/watch?v=KJEfkljZ0Tk

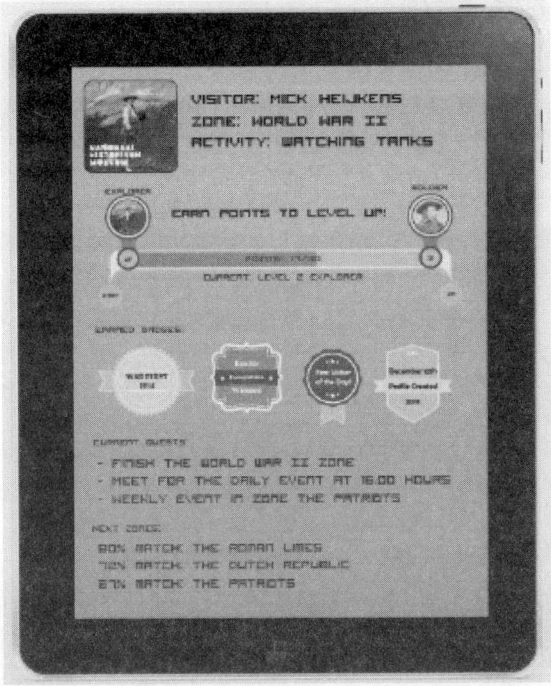

Adobe Level Up(⭐)

Adobe en önemli teknoloji firmalarından biri. Özellikle dijital tasarım camiasında Photoshop, Illustrator, Flash ve Dreamweaver gibi öncü yazılımları geliştiriyor. Adobe, Photoshop üzerindeki bir oyunlaştırma kurgusu için extension denilen bir eklenti çıkardı ve adına Level Up dedi.

Level Up'ı Photoshop'larına ücretsiz yükleyen kulllanıcılar, Photoshop kullandıkça, puan ve bazı görevleri tamamladıkça rozetler kazanıyor. PBL dediğimiz, Points, Bagdes, Leaderboard seviyesinde ve analizden uzak bu oyunlaştırma kurgusu sistematik olarak çalışsa da Photoshop kullanıcılarını motive edecek, daha çok kullanımını ya da önerilmesini sağlayacak düzeyden çok uzak. Oysa kullanan kitle oyunlaştırmaya o kadar uygun ki. Bu oyunlaştırmanın daha kullanılır olması için Adobe'nin bu seviyeyi koruyarak, buradaki kurguları, diper programları, sosyal kullanıcı ilişkileri ile de destekleyeceği senaryolarla geliştirmesi gerekiyor.

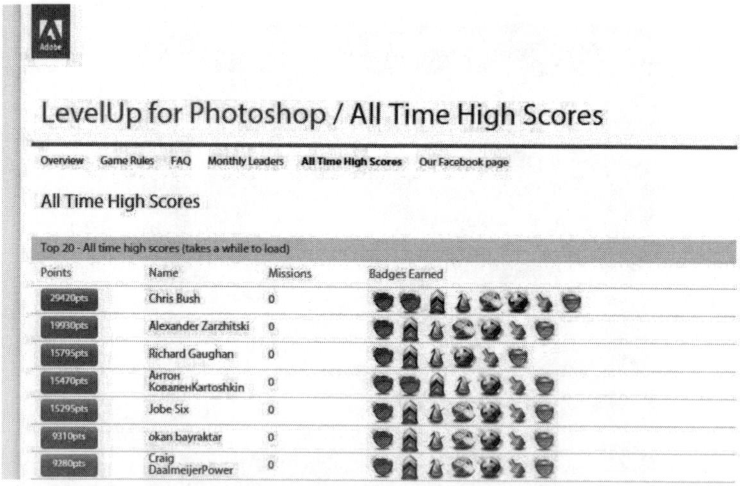

Sony Playstation Network(☆)

Oyun sektörünün en önemli şirketlerinden birisi olan Sony, özellikle oyun konsolları piyasasının lideri konumunda. Buradaki dijitalleşme Sony için önemli bir fırsat ya da tehdit. Dijital dönüşüme ayak uyduramayıp küçülen Kodak'ın düştüğü duruma düşmemek için Playstation platformu üzerinden, Playstation Network PSN adında bir portal hazırladı. Buraya hem Playstation ile hem de bilgisayarınız ile internetten giriş yapabiliyorsunuz. Bu platformda oyunları, gidip DVD almak yerine indirerek oynayabiliyorsunuz. Bir sürü kurgu da mevcut. Süreli ücretsiz full oyunlar, sadece bir kısmını oynayabildiğiniz demolar, ya da Playstation Plus denilen aylık sabit çok uygun bir ücret ödeyerek yüzlerce oyunu ücretsiz oynayabileceğiniz bir sistem yayınladılar. Artık oyunları DVD ile alıp oynayıp takas etmek te demode geliyor yeni nesile bu kadar kolay bir sistem varken. PSN'de hatta hazır bu kitleyi yakalamışken ücretli filmler, diziler ve hediyelik eşyalar da satılmakta.

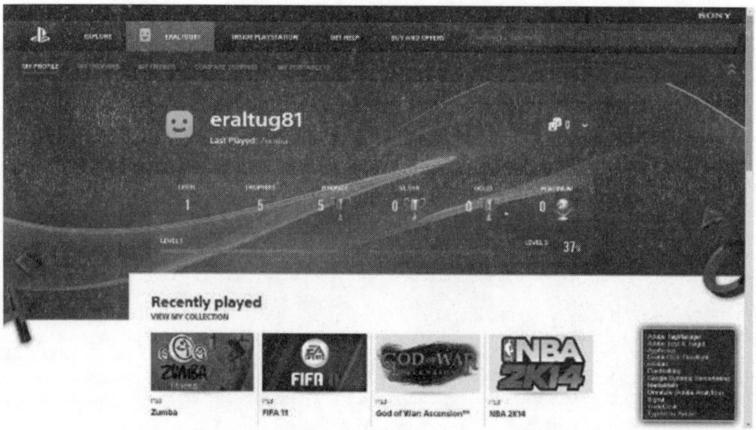

Bu sistemde sizin de bir profiliniz var ve aşağıda benim profilimde olduğu gibi oynadığınız oyunların arşivi, PSN'de yaptığınız işlemler karşılığında aldığınız puanlar, kupalar (rozet diyebiliriz) ve seviyeler var. Ancak bir seviyeyi geçince mesela PSN daha uygun hale geliyor (halihazırda üye olduğu bir ücrette indirim, pazarlama amaçlı). Üst seviyedeki başka bir oyun ücretsiz ya da belli kupaları biriktiren FIFA 2015 oyuncuları FIFA 2016'yı herkesten önce oynayabilecek gibi kurgular veya kişiye özel öneriler yok; sadece bir süreç takibi ve profillendirme seviyesinde kalmış. Çok değer verdiğim bir oyunlaştırma çözümü ama geliştirildiğinde eminim çok daha verimli çalışacaktır.

Vampires (★★★★★)

Vampire Hunters, kitaba katkı verenler arasında yer alan dünyaca ünlü oyunlaştırma uzmanı Mario Herger'in bir kitabında anlattığı bir mobil uygulama. Aslında fikir olarak ve senaryosuyla (storytelling) beni çok etkilemişti ve kitabımda da özellikle yer vererek sizin de bu gibi oyunlaştırma senaryoları kurarken referans almanızı istedim.

Öncelikle amaç bir işyerinde boş yere takılı kalmış prizleri bulmak. Bildiğiniz üzere stand by'da bile olsa prize takılı cihazlar elektrik tüketmeye devam ediyor. Enerji harcamasını azaltmak için firma bir oyunlaştırılmış uygulama tasarlamış. Çok da hoş bir senaryosu var. Bu prizler aslında vampirler ve kan yerine elektrik çekiyorlar. Siz de tüm ofisi gezip fotoğrafını çekerek, lokasyonuyla mobil uygulama üzerinden paylaşıyorsunuz. Böylece hem puan kazanıyorsunuz hem de rakiplerinize o noktadaki vampiri sizin avladığınızı bildiriyorsunuz.

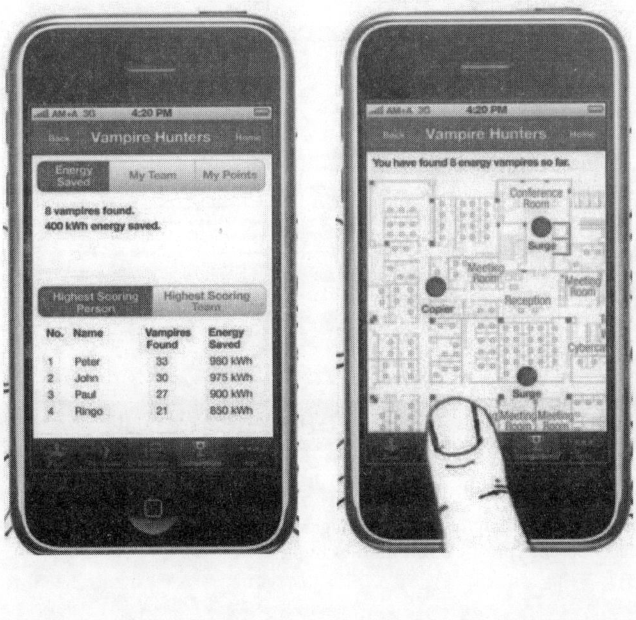

Uygulamada farklı meydan okuma seçenekleri mevcut. Zamana karşı veya puan üzerinden, bireysel olarak yarışabildiğiniz gibi ekip halinde de yarışabiliyorsunuz. Gerçekten hem senaryosu hem de desteklediği davranış değişikliği açısından çok güzel bir örnek. Detaylı senaryolar ve ekran görüntüleri için ilgili yazıyı okuyabilirsiniz.*

WaveAccess Dynamics CRM Gamification (★★★)

CRM (Customer Relation Managment) yani Müşteri İlişkileri Yönetimi Sistemleri, müşteriye dokunan her şirketin bir şekilde sahip olması gereken bir sistemdir. Bu sistemler şirketlerin müşterileri daha iyi tanıyarak segmentasyonlar yapmasını, satış ekiplerinin ilgili segmente özel öneriler sunmasını sağlar.

WaveAccess Dynamics CRM Gamification Tool, CRM sisteminin üzerine bir tıkla kurulabilen, şirketinize özel kurgular ekleyebilceğiniz customizable bir oyunlaştırma çözümüdür. Çok basit seviyede bir oyunlaştırma kullansa da CRM ekranları gibi insanların kullanmaktan çok keyif almadığı sistemlerin kullanımını daha cazip hale getirir. CRM platformunun daha etkin kullanılmasını sağlayarak, müşteriler için daha iyi öneriler oluşturulmasına ve satış performansının artmasına destek olur. Aşağıdaki görsellerden ilkinde bir müşteri bilgisi yaratıldığında 15 puan kazandığını bildiren bir piramidin üst kısmı gözüküyor. Diğer grafikte de tüm şirkette ya da kendi ekibinizdeki en çok puan sahibi 5 kişiyi görebiliyor ve yarışabiliyorsunuz.

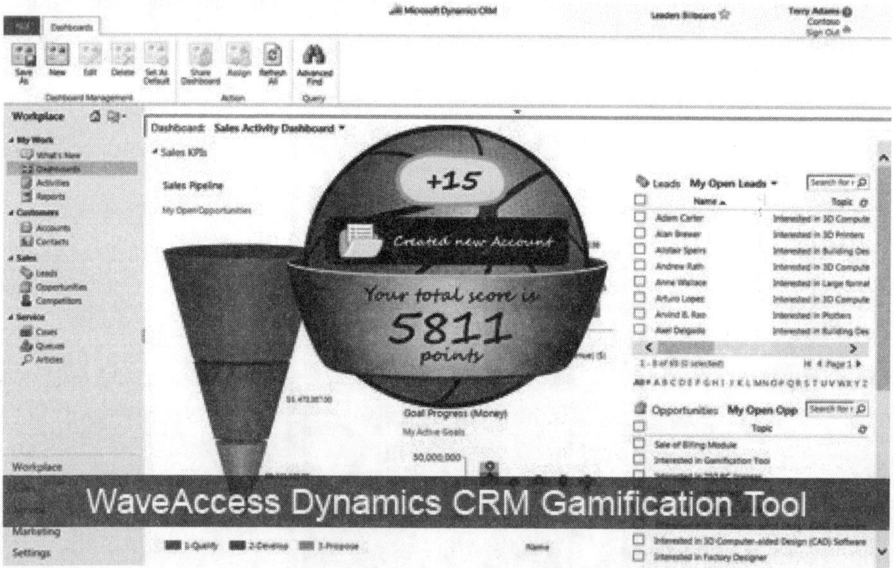

* Vampire hunters https://www.interaction-design.org/literature/book/gamification-at-work-designing-engaging-business-software/chapter-9-58-enterprise-gamification-examples

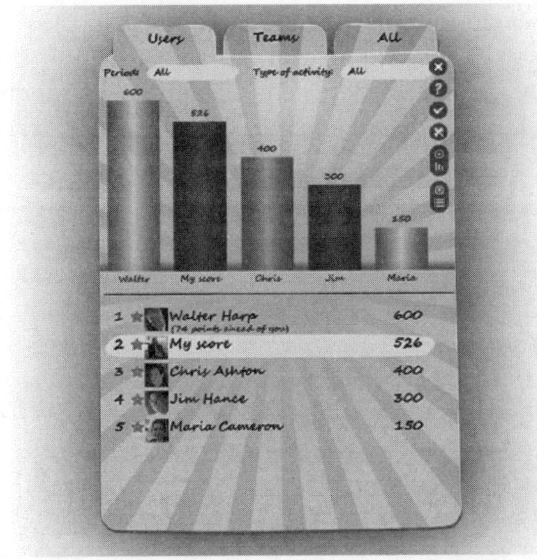

WaveAccess firmasının öne çıkardığı bu puanlama sisteminde, CRM'in hangi işleme kaç puan vereceğini kendiniz yönetebiliyorsunuz. Aşağıdaki ekranlarda da gördüğünüz gibi yönetim ve özelleştirme için çok esnek bir yapı sunuyor.

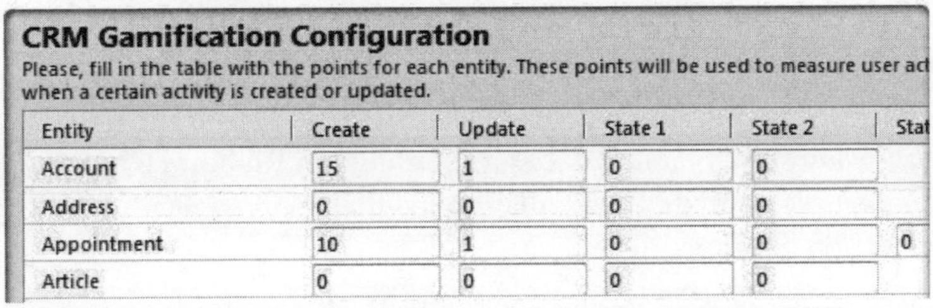

CRM Gamification Configuration

Please, fill in the table with the points for each entity. These points will be used to measure user ac when a certain activity is created or updated.

Entity	Create	Update	State 1	State 2	Stat
Account	15	1	0	0	
Address	0	0	0	0	
Appointment	10	1	0	0	0
Article	0	0	0	0	

Daha detaylı bilgi ve demo için "WaveAccess Dynamics CRM Gamification" web sitesini ziyaret edebilirsiniz.

http://www.wave-access.com/Public_En/ms_crm_gamification_product.aspx

Microsoft Ribbon Hero (★★)

Microsoft dijital dünyanın en önemli ve lider firmalarından. Office ürünleri de artık bir iş hayatı standartı haline gelmiş durumda. Ancak acaba hangimiz bir Excel'i, Powerpoint'i ve hatta Word'u hakkını vererek kullanabiliyor? Ne yazık ki programların sunduğu yeteneklerle çok kısa sürede yapabileceğimiz birçok işlemi manuel yapıyoruz ve buradaki sorunu giderebilecek tek şey EĞİTİM. Microsoft bu amaçla Clippy adında bir karakter yaratmış ve takıldığınızda ona sorarak nasıl yapıldığını öğrenebiliyorsunuz.

Microsoft bu çok tutulan Clippy karakterini özellikle Office 2007-10 geçişinde, Ribbon denilen şeritlere insanların daha rahat alışması için bir oyun ortamında ve oyunlaştırma mekanikleriyle 'Ribbon Hero' olarak yeniden sundu. Ribbon, yaptığınız bir işlem sonrası kaç puan kazandığınızı aşağıdaki ekrandaki gibi gösteriyor ve başka işlemlerle de nasıl puan kazanabileceğinizi anlatıyor.

Sanal dünyada çıktığınız bir zaman yolculuğu içinde, ilk çağlardan antik Mısır'a, günümüzden uzay çağına kadar seyahat ederek aldıınız puanlarla, ulaştığınız seviyelerle, kazandığınız rozetlerle tam bir oyunlaştırma içinde Office'in yeni özelliklerini öğreniyorsunuz.

Tasarımsal ve kurgusal olarak çok başarılı bulduğum Ribbon Hero, Microsoft tarafından çok öne çıkarılmadı. Pilot kullanım uygulamaları sonucunda çok anlaşılır ve kullanımı artırıcı bulunmamış olmalı.

Aslında çok keyifli olan bu kısım gerçekten Microsoft Excel kullanan bir kişinin ihtiyacı mıydı? Burada kurgu ve tasarımın yanında, hedef kitle ve onlara "yeni özellikleri öğretme" odaklı bir yaklaşım için acaba oyunlaştırma doğru bir seçim miydi; en azından en başta? Hedef kitle ve beklediğiniz davranış değişikliği için oyunlaştırmanın uygunluğu, her oyunlaştırma framework modelinde ayrı analiz edilmesi gereken bir parametredir.

Microsoft Ribbon Hero - Detaylı bilgi ve yüklemek için:
http://www.ribbonhero.com/

Adobe Edex (★★)

Adobe Education Exchange isimli eğitim portalı (Adobe Edex diye bilinir) oyunlaştırma kullanan bir platform. Burada Adobe teknolojileriyle eğitim veren eğitmenler birbirleriyle deneyimlerini paylaşıyor. Klasik liderlik tablosu, rozetler ve portal üzerinde yapılan işlemlerle puan kazanılıyor. Beğendiğim özelliği, buradaki uzmanlık seviyeleri isimlendirilmiş ve eğer gerçek hayatta bir Adobe sertifikanız varsa onunla da puan kazanıyor ve uzmanlığınızı gösterebiliyorsunuz.

Adobe edex: https://edex.adobe.com/leaderboard/

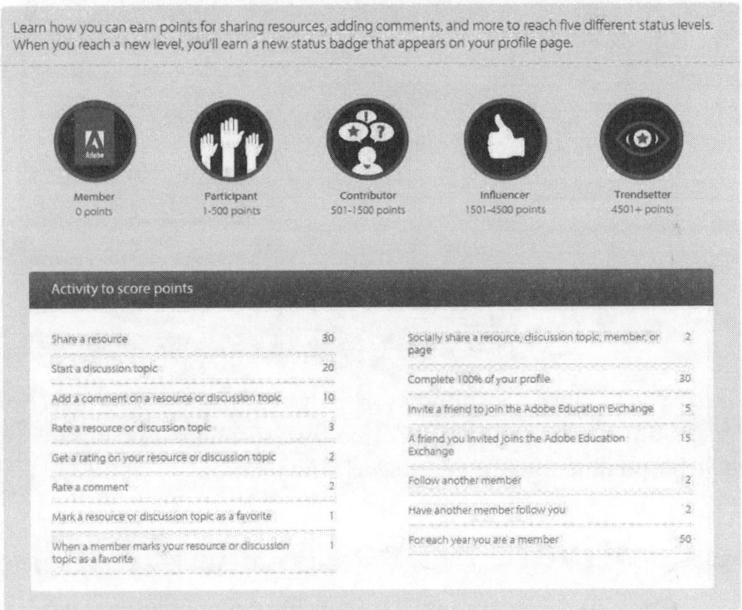

Trivia Crack (★★★★★)

Trivia gerçekten ilk görüşte oyuncuları etkileyecek bir oyunlaştırılmış uygulama. Aslında "Kim 500 Milyar ister" adıyla bilinen soru-cevap üzerine kurulu bir bilgi yarışması. Çok benzeri QuizUp uygulaması da çok popüler olmuştu. Ancak Trivia'yı bunlardan ayıran temel özellik, diğerlerinde sorular sisteme firma tarafından giriliyorken burada son kullanıcı tarafından giriliyor olması. Bir oyuncunun yazdığı sorular diğer oyuncular tarafından oylanarak kabul ediliyor ve buradaki tüm süreç oyunlaştırılmış.

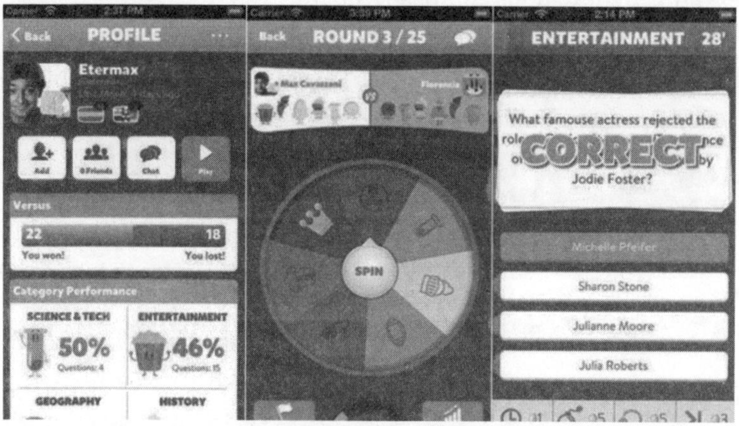

Trivia'nın factory yani fabrika kısmında sorular girebilir, girilen soruları oylayabilir, çevirebilir ya da onlarla ilgili soru sahiplerine soru sorabilirsiniz. Burada yaptığınız her işlemle de bir puan kazanıyor ve kategori atlıyorsunuz.

Adobe Captivate Prime LMS: (★★★★★)

Adobe, kişisel olarak da yakından takip ettiğim bir firma olduğundan olsa gerek 3 örnekle kitabımızda yer alıyor. Adobe Edex ve Bunchball projesi olan Photoshop Level Up ile vasat kalan Adobe, LMS denilen eğitim yönetim platformu Captivate Prime ile oyunlaştırma kurgularıyla başarılı bir uygulamaya imza atmış.

Eğitimler Word, PDF, Video gibi eğitim materyallerinin bir araya geldiği bir program içinde görüntüleniyor. Bu kursu alabilmek için gerekli level'dan, alınınca ve başarıyla tamamlandığında kazanılacak krediye kadar hepsi aşağıdaki şekilde kullanıcıya bildiriliyor.

Captivate Prime'ın üstteki kullanıcı profillerinde, tamamladığı, devam ettiği ve başlamadığı eğitimler, aldığı rozetler (badges), yetenek haritası (competency map) ve kullanıcı seviyesi (level) yer almakta. Alttaki bölümden de alınacak eğitimleri seçebiliyorunuz. Tek bir kurs mu, program mı, sertifikalarına göre; şeklindeki kriterlere seçiminizi yaparak katalog ksımını güncelliyorsunuz. Katalog kısmında da eğitimleri tiplerine göre (Self Paced, Virtual Class vb.) sıralayarak giriş yapabiliyorsunuz.

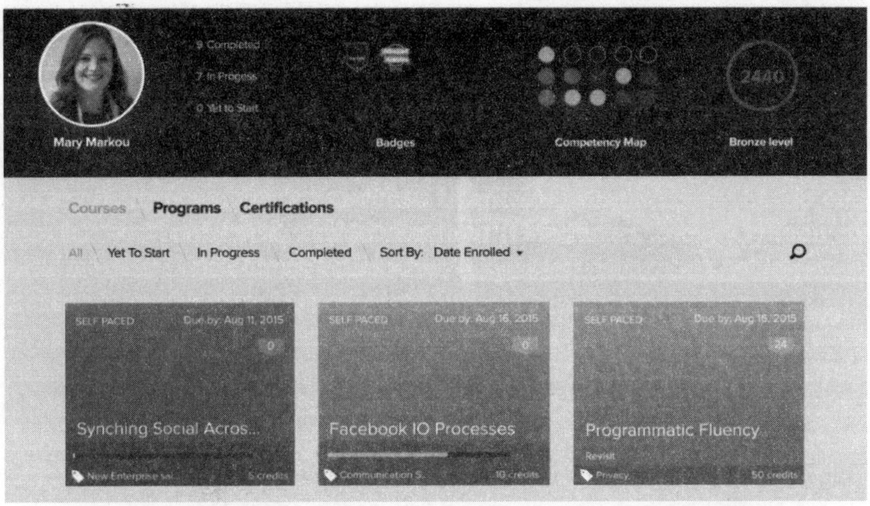

Özellikle MOOC'larla iyice ortaya çıkan eğitim tamamlanmama yüzdeleri ve sorunu için en iyi ve hızlı çözüm önerilerinden biri de tabii ki oyunlaştırma! Eğitimlerin hepsinin bir seviyesi var. Kullanıcılar eğitimleri tamamladıkça seviye atlıyor ve başka bir eğitim için gerekli minimum seviyeye ulaştıklarnda o eğitimi alabiliyor. Puan ve seviye sistemi görsel bir tasarımla kullanıcılarla paylaşılıyor. Uygulamaya, arkadaşlarınızın güncel durumunu görebildiğiniz, özelleştirilebilir bir liderlik tablosu da eklenmiş.

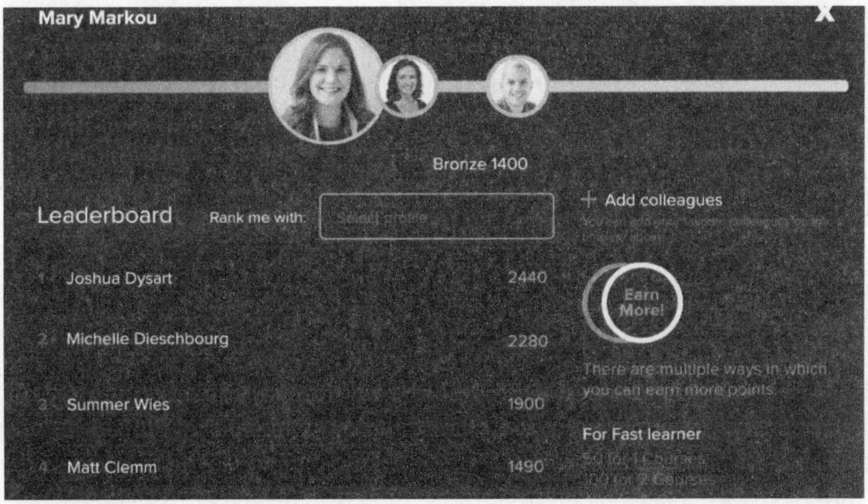

Rozetler olmazsa olmaz. Oyunlaştırmanın genel yaklaşımı olarak aslında diplomalar ve sertifikalar da birer rozettir. Ancak Adobe LMS eğitimlerden alınan sertifikaları, kendi ayrı bir sertifika menüsü ile veriyor; rozetleri ise yetenek kategorilerine göre belirliyor. Örneğin Big Data konusu üzerine 2-3 eğitim alıp başarıyla tamamlayarak ilgili rozeti alabiliyorsunuz.

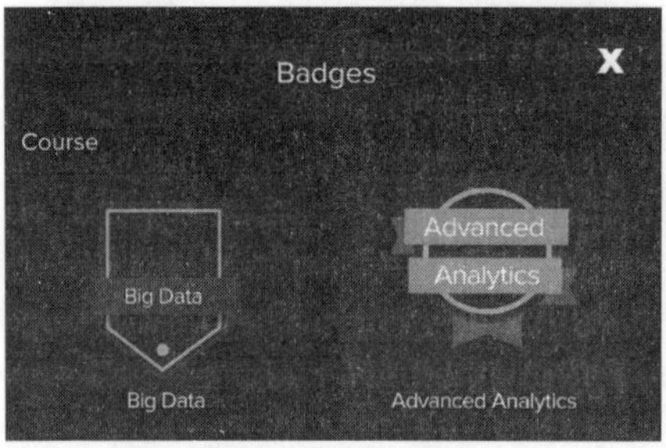

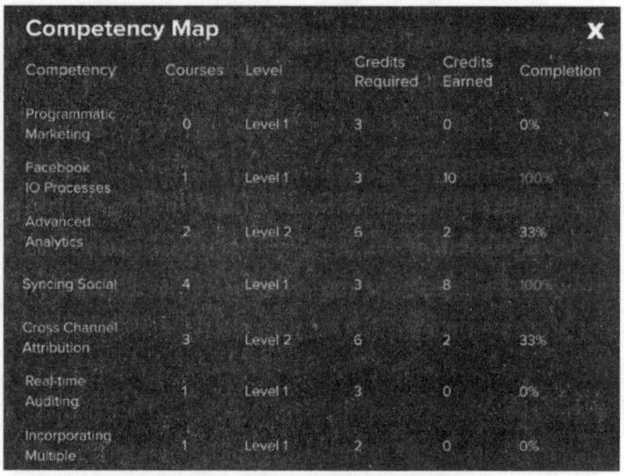
Competency Map

Competency	Courses	Level	Credits Required	Credits Earned	Completion
Programmatic Marketing	0	Level 1	3	0	0%
Facebook IO Processes	1	Level 1	3	10	100%
Advanced Analytics	2	Level 2	6	2	33%
Syncing Social	4	Level 1	3	8	100%
Cross Channel Attribution	3	Level 2	6	2	33%
Real-time Auditing	1	Level 1	3	0	0%
Incorporating Multiple	1	Level 1	2	0	0%

'Competency Map' yani Yetenek Haritası için de kullanıcıların yeteneklerinin toplu gösterildiği bir alan diyebiliriz. Burada aldığınız eğitimler, eğitimlerin seviyesi ve başarı durumunuz ile 'Yetenek Haritanızı' görebilirsiniz. Captivate Prime, detaylı düşünülmüş başarılı bir portal oyunlaştırması.

Adidas Runtastic (★★★★★)

Spor oyunlaştırma için en ideal alanların başında geliyor. Oyunlaştırmanın kurgusundaki zorluk spor yapmanın kendisi. Bugünün yaşam alışkanlıkları ve içinde bulunduğumuz farklı yoğunluklar nedeniyle hem zaman olarak hem de efor olarak spora konsante olmak çok da kolay olmuyor. Bu zorluğu aşmak için de birçok kişi bazı motivasyonlara ihtiyaç duyuyor. Oyunlaştırma işte tam da bu boşluğu dolduruyor. Ölçümleme ve rekabetle birlikte önemli bir destek sağlıyor.

Runtastic, Avusturyalı 4 gencin bir start-up olarak 2010 yılında hayata geçirdikleri bir proje. 5 yıl içinde Runkeeper, Moves gibi birçok benzerinden ayrılmayı başarmış. Yeni bir gelişme olarak 2015 yılı Ağustos ayında Adidas, 235 milyon Euro gibi bir rakamla Runtastic'i satın alarak Adidas ailesine kattı.

Runtastic mobil ekranında görebileceğiniz üzere standart GPS yardımıyla alınan bilgiler, bir harita üzerinde paylaşılıyor. Yaptığınız spor ve egzersizleri rota ve performans bilgileriyle uygulama içine kaydedebiliyorsunuz. GPS'teki hızınıza göre kaplumbağa, tavşan gibi görsellerle hız konusunu da oyunlaştırarak sevimli bir hale getirmiş. Ayrıca başka kullanıcılarının favori rotalarını inceleyebiliyorsunuz.

Bence Runtastic'in en eğlenceli tarafı koşu ya da yürüyüş yapanı canlı izleyebilmeniz. Yukarıda Pınar'ın bir yürüyüşünü görmektesiniz. Aynı kulvarda Pınar'a meydan okuyabilirsiniz. Sağ üstteki 'Cheers' butonuyla da motive olması için tezahürat diyebileceğimiz şekilde alkış ya da Go Go Go gibi canlı bir mesaj gönderebilirsiniz.

Bu mesaj hemen koşunun altında bir rozet olarak eklenmiş. Benden bir alkış ve üstüne de yorum alan Pınar eminim yürüyüşünü büyük bir keyifle bitirmiştir.

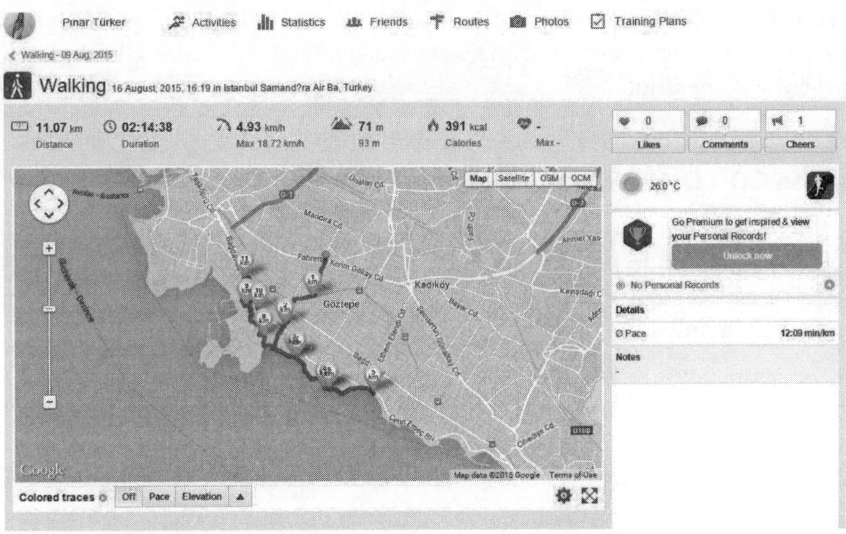

POKEMON GO (★★★★★)

Pokemon Go oyunu 3 yılı aşkın süredir geliştirilen ve 12 milyondan fazla insanın günlük oynadığı Niantic firmasının "Ingress" isimli bir oyununun Pokemon tasarımı giydirilmiş artırılmış gerçeklik oyunudur.

Pokemon GO – Oyunlaştırma Mekanikleri 1: AVATAR

Oyun tasarımında psikoloji çok önemlidir. Bir oyunu oyuncunun içselleştirip sahiplenmesi için kendine özel bir seçim ve üretim yapması çok güçlü bir motivasyon sağlar. Bunu ünlü davranış bilimci Dan Ariely "Ikea efekti" olarak adlandırıyor. Ikea'dan aldığımız ürünleri kendimiz tasarlıyoruz ve biri birine benzemiyor ancak daha çok bizim gibi geliyorsa oyun içinde bu duyguyu kullanmanın ilk yolu Avatar ile kendini ifade edebilme ve özelleştirmedir. Pokemon Go'da da önce kendinizi temsil edeceğiniz bir Avatar seçerek başlıyorsunuz. Anime tarzı olarak adlandırılan uzakdoğu çizgi karakterlerine benzer bir tarzdan kendinize benzer, ya da hoşunuza gidecek insansı bir avatarı tasarlıyorsunuz. Şapka, ayakkabı, tshirt gibi ekipmanları da seçebiliyorsunuz. Eminim ki uzun vadede Second Life ve Sony Playstation gibi özel ekipman satışı da başlayacaktır. Bu da oyunlarda farklılaşarak kendini ifade yöntemidir.

Avatarınız hazır olduğunda sizi profiliniz karşılıyor. Burada oyun oynarken kazandığınız XP yani deneyim puanlarınız, seviyeleriniz ve madalyalar gibi diğer kazanımları görebiliyorsunuz.

Pokemon GO – Oyunlaştırma Mekanikleri 2: HİKÂYELEŞTİRME

Hikâyeler küçükleri uyutmak büyükleri ise uyandırmak için anlatılır denir. Gerçekten çok iyi bir hikâyenin parçası olarak birçok dinleyicide istediğiniz yönde duygular yaratabilirsiniz. Hikâye anlatıcılığı son dönemlerde bu nedenle git gide popülerleşmekte. Pokemon GO'da oyunun genelinde bu hikâyelerden faydalanıyor.

Pokemon'un zaten 20 yılı aşkın süredir hem çizgi film hem de oyuncaklarla aşina olunan bir hikâyesi mevcut. Ayrıca birçok yükleme ekranında ve seviye geçişlerinde ortaya çıkan hikâyeleştirme oyun mekaniği burada da devamlı güçlü bir dille vurgulanıyor.

Pokemon GO – Oyunlaştırma Mekanikleri 3:
SAHİP OLMA VE YETİŞTİRME

Pokemon oyunu da bir böcek koleksiyoncusu olan yaratıcısından yola çıkmıştı. Herkes bir şeyleri küçükken biriktirmiş, eksik kalanlar için ekstra efor sarfetmiş ve tamamladıkça da diğerleri ile paylaşma ve evet hava atma ihtiyacı duymuştur. Pokemon'lar sanıldığı üzere sadece yakalanarak değil yumurtalar satın alıp orada yürüyük yaparak her 5km'de bir Pokemon sahibi olabiliyorsunuz. Onu şekerlerle besleyerek güçlendirip büyütüyorsunuz.

Biraz daha zahmetli bir yol olduğundan yetiştirme çok popüler değil sonuçta 20 CP gücünde bir Pikachu'yu 100KM yürüyüp besleyerek büyütmek yerine avlamak çok daha kolay. Ancak bizim neslimizde yine bir uzakdoğu oyunu olan sanal bebekler Tomogoçilerle işlenmiş olan bu sanal hayvan yetiştirme çok önemli bir motivatör.

Burada bir ebeveynin kendisi için yapmayacağı bir aksiyonu yetiştirdiği sanal bile olsa bir varlık için yapacağından (yemedim yedirdim gibi) çok önemli bir oyun mekaniği burada kullanılmakta. Ve yumurtalardan çıkan pokemonlar şekerlere ihtiyaç oldukça oyuncu Pokestoplara ve diğer oyuncu ve profesör denilen sanal bir karakterle takaslara başlamaktadır.

Yakaladığınız Pokemon'ları Pokedex adlı bir kataloga ekliyorsunuz. Pokedex'te de 140'tan fazla olan pokemonların rakamlarını görerek yakalananlar ve görülüp yakalanamayanlar (gri halde) listeleniyor. Böylelikle oyuncu daha ne kadar çok görevi var görmüş oluyor.

Seviyelendirme de Pokedex'e kaydedilen pokemon adediyle yapılmış. 5 Pokemon kaydettikten sonra ilk seviyeni atlayarak madalyonunu kazanıyorsunuz. Bunlar sanal kazançlar ve çok önemli yetkilere ulaşımda da alınacak aksiyonlar için hedefleri gösteriyor.

Oyunu ilk oynamaya başlayanla uzun süre oynayan arasındaki "Player-Watcher" yani "Oynayan-İzleyen" ilişkisinde de izleyenin oynayandaki ek özellikleri görerek motive olması ancak bazı oyun özelliklerini ilerledikçe oyuncuya sunmakta saklıdır ki bu hem oyuncuları hem izleyicileri motive eder. Aynı şekilde Pokemon GO'da da 5.seviyeden sonra ancak Gym ve Pokestop'lara gidip diğer oyuncularla takas yapabiliyor ve savaşa sokabiliyorsunuz. Her seviye geçişinde de geçişler zorlanıyor ancak ödüller ve haklar da çeşitleniyor.

Pokemon GO – Oyunlaştırma Mekanikleri 4: AZLIK VE YETERSİZLİK:

Alışveriş merkezlerinde görmüşsünüzdür" Kapatıyoruz" ya da booking.com uyguladığı gibi "son 3 kalan oda" gibi insanlarda o an aksiyon almalarını sağlayacak geri sayım, azlık ve yetersizlik duygusu içselleştiriliş uygulamalarda gerçekten çok güçlü çalışır. Pokemon oyunu da oyuncuları harekete geçirmek için bazı kaynakları kısıtlı kullanım üzerine kurgulanmış. Pokemon yetiştirmek için yumurta ile yumurta inkübatörü ve yakalamak içinde pokeball'la sınırlı sayıda. Bunlardan ücretsiz edinmek için en yakın "PokeStop"lara gitmeniz gerekiyor. Haritalarda genelde meydan, okul, kütüphane ya da önemli belediye gibi binalar olan yerlerde bu kaynaklardan alabiliyorsunuz. Bu sayede hem yürümüş hem de yol üzerinde pokemonları yakalama ve vardığınız pokestop'larda da diğer pokemon go oyuncularıyla sohbet etme şansı elde ediyorsunuz. Hatta Incense isimli pembe bir toz yayan kapsülle etraftaki Pokemonları 30 dakika boyunca yakınınıza çekebiliyorsunuz ve diğer pokemon oyuncularıyla beraber avlayabiliyorsunuz.

Bütün buradaki kaynakları "PokeCoins" denilen ve oyun içinde kazanılan sanal paralarla satın alabiliyrosunuz da. Hatta "Pokemon Go" nun iş modeli nedir diye ilk görüşten bu yana düşünenler varsa bu PokeCoin'ler de belli bir ücretle satın alınabiliyor rahatına düşkünler için.

İş modellerinden birinden bahsetmişken Pokemon Go'nun son gruba bıraktığı kendi ülkesi Japonya'da yayınlanır yayınlanmaz ilk pazarlama kampanyası olarak ta McDonalds'ların otomatik olarak "Pokestop" olarak tanımlanması ve oyun içinde de logolarıyla gösterilmesi güzel bir başlangıç hareketi olarak gösteriliyor.

Pokemon GO – Oyunlaştırma Mekanikleri 5: İŞBİRLİĞİ, REKABET VE MEYDAN OKUMA

Bir spor salonuna yazıldığınızda mutlaka iki kişi yazılmak isteriz neden çünkü normalde gitmeyeceğimiz bir akşam ayıp olmasın diye gitmek isteriz. İşte bu sosyal mekanik kullanıcılar arası olumlu anlamda bir örnek teşkil edebileceği gibi meydan okuma ile de Nike Run gibi tüm spor uygulamalarındaki adım sayınızla yarışabilirsiniz.

Pokemon Go'da da topladığımız Pokemonları "Gym" adı verilen genelde okullar, postahaneler, karakollar gibi kapalı mekanlara giderek dövüştürebiliyorsunuz. Her GYM'in sahibi olan 1 pokemon oluyor ve siz onu yenebilirseniz o Gym'i ele geçiriyorsunuz. Bu konuda yardım da alabiliyorsunuz yani ekip olarak saldırabiliyorsunuz. Ya da işbirliği için daha önce yazdığım 'Incense' isimli pembe tozları atarak etraftaki polemonları çekebiliyorsunuz ve arkadaşlarınızla birlikte avlayabiliyorsunuz.

Bu ekipleri de Candela, Blance ve Spark isminde 3 farklı pokemon eğiticisinin ekibinden birini seçerek yaparsanız ona göre kazanımlar ve destek görebiliyorsunuz.

Gym ele geçirdikten sonra Pokemon'ununuzu burada bırakıp gelişmesini ve diğer rakiplerle savaşması için bırakabiliyorsunuz. Her Gym'in de kendi leveli bu sayede yükseliyor ve ele geçirmek daha zorlaşıyor.

Her pokemon bir CP yani Combat Power adlı güce sahip. Yetiştirdikçe ve dövüştürdükçe bu rakam yükseliyor. Pokemonlar arası kavgalar da bildiğimiz Street Fight modunda yandaki ekrandaki gibi çeşitli tuşlara absarak bu CP değeri üzerinden gerçekleşiyor.

Burada söylemem gereken Niantic'in asıl Pokemon oyununu üzerine kurduğu Ingress oyununda 'Portal' olarak adlandırılan bu Gym'leri bir ekip seçip sahiplendiğinizde fiziksel olarak bırakmamanız gerekiyor. Bu yüzden aynı ekipten başkasına devretme ve 'nöbet tutma' gibi kurgular hayata geçiyor. Yani kısaca Niantic mühendislerinin dediği gibi Ingress'te denilen oyun mekanikleri Pokemon'un 5 katı kadar derin ve güçlü, daha çok bu oyunda yeniliği ve gerçek hayata yansımalarını göreceğiz gibi.

Pokemon Go oyunu dışsal motivasyon yaratacak bir tetikleyici olarak bir de giyilebilir bir Pokemon Go Plus isimli bir bileklik tasarladı. Etrafta pokemon olduğunda bu bileklik titriyor ve pokeball ihtiyacı olmadan bilekliğinizi üzerine doğru sallayarak avlayabiliyorsunuz. Dahası bu bilekliği giydinizde zaten çok önemli bir statü göstergesi yani ciddi bir 'Pokemon Eğiticisi' olduğunuzu dünya aleme gösteriyorsunuz. Müthiş bir tamamlayıcı aksesuar değil mi?

Niantic bazı dijital sektöründeki uzmanlara göre 4. dijital devrimin kapılarını açtı. Internet, Sosyallik ve en son mobille gelen dijitalleşme trendleri artık içerik kısmında motivasyon odaklı oyunlaştırma teknikleriyle bu kanallar üzerinde gerçekleşecek. Bu yüzden Niantic zaten bir Google girişimi olmasından da dolayı giyilebilir teknolojilerle bu tür oyunların bir telefon taşımaya gerek kalmadan gözlük, saat ve bilekliklerle daha rahat oynanacağını belirtiyor. Bu giyilebilir cihazlara uygun tasarımlar geliştiriyorlar. Ve tabii ki Pokemon gibi bazı kesimlere çocuksu gelen temaların yerini Game of Thrones ve Warcraft gibi daha popüler ve güncel temalarla da besleyebileceklerini, hatta bu oyunları oynayanların da deneyim paylaşabileceği kurguları düşündüklerini bir röportajında belirtti.

Kısacası gerçek hayatta oyun tasarımıyla kişileri birer oyuncuya çevirip motivasyonla bazı aksiyonları aldırma sanatı oyunlaştırma Pokemon Go ile çok önemli bir rüzgar yakaladı. Bu rüzgarı oyuncular bir yandan kendi iyilikleri için nasıl kullanabilir, firmalar kendi hedefleri doğrultusunda müşterilerini nasıl oyuncuya çevirebilir, örnekler çoğalacak gibi.

Oyun Akışı (Game Flow)

Bu oyun akışı Rus psikolog Mihaly Csikszentmihalyi bir oyun akış teoreminde ele alarak paylaşmış. Burada oyunculara verilen görevlerin zorluğu x koordinatında, oyuncuların yeteneği de Y koordinatında yerleştirilmiş. Eğer yeteneğine göre uygun görevler verdikçe bir akış tünelinde oyuncu oyunda kalıp motive olarak oyun oynamaya devam edecektir. Eğer zorluk çok gelecekse, kızıp vaz geçecek, eğer görev yeteneklerine göre kolay gelirse de sıkılma kısmına kaçacaktır.

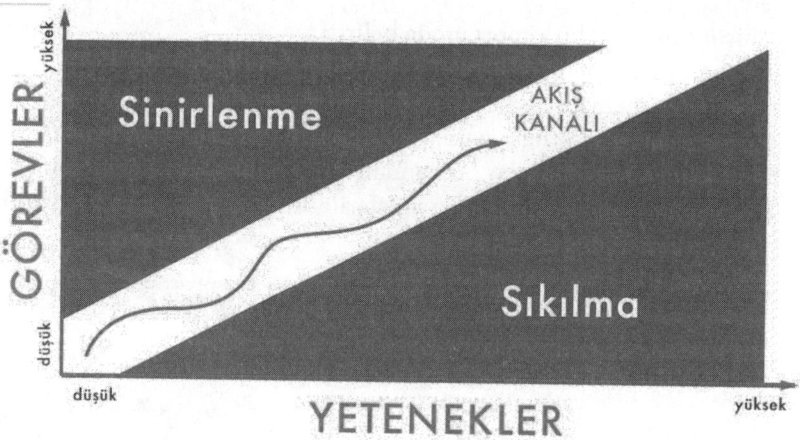

Bu oyun akışını tasarlarken yardımcı olabilecek maddeler de aşağıdaki gibi sıralanmıştır:

- Net amaçlar (Clear goals): Oyuncu amacının ne olduğunu ve bu amaca ulaşmak için ne yapması gerektiğini anında anlar. Her oyun için oyuncunun oyunda neyi nasıl yapacağını öğrendiği bir anksiyete periyodu olabilir. Bu periyot geçisini öğretici bölümler ve net arayüz tasarımları ile kolaylaştırabilir, Akış Durumuna geçişi hızlandırabilirsiniz.
- Anında geri besleme (Immediate feedback): Oyuncu hareketlerinin sonucunu anında görebilir ve anlayabilir. Oyuncu ayrıca iyiye mi kötüye mi gittiğini de bir bakışta görür.
- Zorluk ve yetenek eşleşmesi (Challenges matching skills): Oyuncu oyun ilerledikçe ve oyunu öğrendikçe kendisini daha fazla zorlayan bir öğrenme eğrisini tırmanmalıdır. Oyuncunun becerisinin çok altında ya da çok üstünde bölümler oyuncunun eşit olarak canını sıkar.
- Derin konsantrasyon (Deep concentration): Eldeki görev dikkat toplamayı teşvik eder.
- Kontrolde olma duygusu (A feeling of control): Oyuncu oyun tecrübesi boyunca kontrol hissini yitirmemelidir. Gereksiz yere zor kontroller ya da öğrenmesi zor hareketler oyuncunun tecrübesinde kırılmalara neden olur.

- Zamanın akışı değişir (The sense of time is altered): Oyuncu zamanın geçişini unutur ve zaman daha bir hızlı geçiyor gibi görünür.
- Aksitive kendinden yapmaya değerdir (The activity is intrinsically rewarding): Tecrübe sırf kendisi için angaje olmaya değerdir. Oyun tecrübe içinde ilerledikçe sizi ödüllendirir.

D6 Oyunlaştırma Tasarımı Modeli (D6 Gamification Design Framework)

Oyunlaştırma metodolojisinin arkasında büyük bir sistem olmalıdır. Neyi, nasıl, kim için, ne kadar, hangi mekanikle ve hangi tool'larla? Bunun için ister direkt bir programdan yardım alın, ister kendi mantığınızı kodlayarak sisteme entegre edin bazı hedefleri ve beklentileri iyi kararlaştırmak gerekiyor.

Bu çalışma için size rehberlik edebilecek birçok framework yani çatı çalışmalar bulabilirsiniz. Ben de kitabımda, Amerika Pennsylvania State Üniversitesi profesörlerinden Kevin Werbach'ın "D6 Gamification Framework"ünü yani "baş harfleri D ile başlayan 6 parametreyi belirleyerek işe başlamayı" anlatacağım. Framework'ün tam Türkçe'si olmadığından onu aynen kullanmaya devam edeceğim.

Werbach, kitap sonunda linkini paylaştığım Coursera sitesindeki eğitiminde der ki; bir sürecinizi oyunlaştırmaya karar verdiğinizde aşağıdaki 6 sorunun cevabını düşünün, bu cevaplara göre çözüm ortağı bulun ya da kendi yazılım projenizi başlatın.

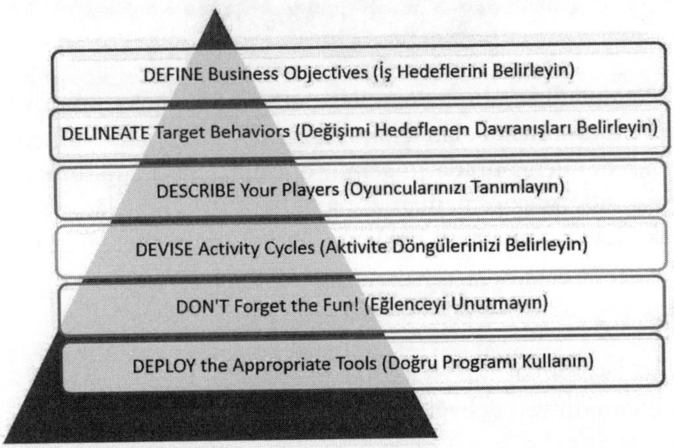

Werbach D6 Gamification Framework*

* Prof. Dr. Kevin Werbach - For the Win: How Game Thinking Can Revolutionize Your Business

DEFINE business objectives - İş hedeflerini belirle:
Oyunlaştırmaya başvurma amacınızın çok net ve rakamlarla ölçülebilen mantıklı bir hedefi olmalı. Bu çok sayıda farklı odaktaki hedefi barındırmamalı, rakamlarla ölçülebilir ve net olmalı. Göreceli olmamalı, gereğinden fazla büyük de olmamalı. Genelde bu hedeflere SMART yani Zeki hedefler denir. SMART kelimesinin her harfi ile bu hedeflerin nasıl olması gerektiği aşağıdaki gibi açıklanır.

- Specific (Kesin, net, açık ve spesifik)
- Measurable (Ölçülebilir ve standart kabul edilmiş ölçü birimleriyle ifade edilebilen)
- Attainable (Görülebilir ve erişilebilir)
- Realistic (Gerçekçi ve şirket kaynaklarına uygun)
- Time-Bound (Süreli, belli bir zaman aralığında başlayan ve biten şekilde)

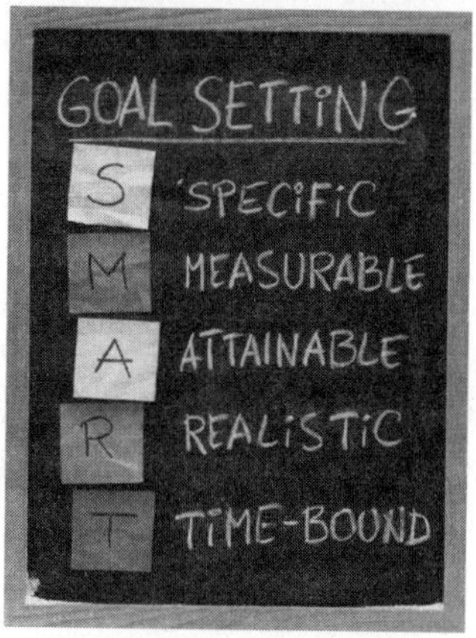

Tutmamış bir iş modelini yalnızca oyunlaştırarak kurtaramazsınız, oyunlaştırma insanları çeken ve tutundurma olarak başarılı sonuçlar veren bir yöntemdir ama dünyayı kurtaramaz. Sonuçta burada amacımız öncelikle insanlara rozet dağıtmak ya da bir kaç hediye göndermek olmamalı. Bu gibi basit uygulamalar oyunlaştırmak için oyunlaştırmak oluyor. Ulaşılması beklenen belirlenmiş iş hedefleri için örnek verecek olursak:

- Daha çok satış
- Yeni üyeler kazanmak
- Müşteri memnuniyeti & bağlılığı

DELINEATE target behaviors - Hedeflenen davranış değişikliklerini belirle:
İlk adımda oyunlaştırmayı hangi amaçla yaptığımızı ve iş hedeflermizi belirlediğimize göre şimdi sıra bu plan için hedeflenen davranış değişikliklerini saptamaya geldi. Bunu yaparken, uygulama içinde tüm bunları puan vermek gibi basit mekanik-

lerle de oyunlaştıracağımızı düşünerek ilerlemekte fayda var. Burada belirlenen davranışların gerçekleşmesi, sizin 1. adımdaki hedef yolunda olduğunuzun göstergesi olacaktır. Hedeflenen davranış değişikliklerine örnek olarak:

- Web sitesindeki bir ürüne yorum yapmak,
- En az 3 kere 30 dakika yürümek,
- Kütüphaneyi ziyaret ederek kitap kiralamak,
- Üye olmak için başvuru formu doldurmak.

DESCRIBE your players - Oyuncularınızı tanımlayın:
En sık yapılan hata, aynı oyunlaştırma tekniklerinin tüm kitleye uygun olduğunun düşünülmesidir. Aslında birçok başka konu için de bu geçerli. Mesela aldığım bir müzakere eğitiminde; "Müzakere edeceğiniz kişiyi tanıyın. Güçlü yanlarını ve zayıf yönlerini belirleyerek önce güçlü yanlarını kullandırıp, yorulduğu ve beklemediği bir an zayıf yönlerine hamle yapın" diyorlardı. İşte müzakereler gibi oyunlaştırmalarda da tüm oyunlaştırma yöntemleri ve mekaniklerinin herkese uygun olacağını düşünmek hatadır. Her birey, her topluluk farklı özellikler gösterir. Hedef kitleyi iyi tanıyıp, doğru analiz etmek önemlidir. Kitlenizi, neyin nasıl ve ne kadar motive edeceğini bilmeli ve ufak adımlarla aşama aşama ilerlemelisiniz. Tüm oyunlaştırmalar herkes için işe yarar, puanlar, rozetler her zaman her konuyu çözer diye bir çıkanım yoktur. Oyuncu tiplerini bir sonraki bölümde detaylıca inceleyeceğiz.

DEVISE activity cycles - Aktivite Döngülerinizi belirleyin:
Oyunlaştırmada davranış değişikliğini hedeflediğiniz bir kitle için mutlaka döngüler belirleyin. Ancak bu döngüler sonucu belli ve kullanıcının kendi öngörebildiği şekilde tekrarlamamalıdır. Örnek verecek olursak, çöpleri doğru zamanda boşaltma alışkanlığı kazandırmayı hedefleyen bir uygulama düşünelim. Oyuncuyu zamana bağlı şekilde, bir çöp kamyonunun sürücüsü olarak oyuna katalım. Çöp kamyonu zamanında hedefe varırsa mutlaka çöpünü boşalttırın ve işlem tamamlanınca alkışla, puanlarla ve geri bildirimlerle destekleyin. Ek olarak bir de çöplerin apartmanların camlarından ve balkonlarından düştüğünü düşünün. Bu çöpleri de yine kamyonla toplamasını ve burada da toplanan çöpleri yine götürüp çöp toplama bölgesine boşaltmasını isteyin ve bu sefer sadece puan vermekle kalmayın bir "Çöpçüler Kralı" rozeti verin. Şaşırtın, motive edin, arkadaşlarıyla bu rozeti paylaşmasına imkân sağlayın. Böylece çöp kamyonu da sürse apartmandan atılan çöpleri de yakalasa, gidip bunları boşalttığında ödül ve gelişme göstereceğini bilsin.

DON'T forget the fun! - Eğlenceyi unutmayın:
Evet benim de en sevdiğim unsur tabii ki eğlence. Sonuçta ne olursa olsun oyunlar insanları eğlendirmek için yapılmış ve içlerinde birçok oyun mekaniğini barındırıyor. Burada da bir iş sürecini oyunlaştırıyorsunuz ve kesinlikle işin arka planında insan piskolojisi yatıyor. Bu süreçteki oyunlaştırmanızın oyuncu için cazip olabilme-

si adına kullanıcının mutlaka motive olması, iyi hissetmesi ve eğlenmesi gerekir. Bunun için birçok yöntem sayabiliriz ancak genel olarak uygun ortam ve doğru tema tercihi ile harikalar yaratabilirsiniz; burada hayal gücünüz ve yaratıcılığınız giriyor devreye. Mesela ilk çağda geçen bir mağara ortamı olabilir, mağaranın duvarlarına yazılar yazabilirsiniz. Ateşi bulmak iyi ve eğlenceli bir hedef olabilir. Rozetlerinizin adları çok yaratıcı olabilir, ya da tasarımda kullandığınız görseller bir filmi andırıyor olabilir; mesela Matrix'i. Çizdiğiniz süreçte ilerleyen oyunculara geri bildirimleri daha sık, daha olumlu ve belki bir karakterin dilinden verebilirsiniz.

Eğlence unsuru da kendi içinde kategorilere ayrılır. Planlarken hangi türe ihtiyacınız olduğunu da doğru belirlemelisiniz. Ciddi rekabetçi bir eğlence mi, yoksa sadece katılımcı olmanın yeterli olacağı, başarı olmasa da olur şeklinde bir eğlence mi... gibi. Eğlence tipleri genel olarak 4 kategoride tanımlanır. Gelin "Keys 2 FUN" adlı grafikten inceleyelim.*

i -) *Hard fun (Zor Eğlence): Oyunun kurgu olarak kazanılması zor, ilerleme oldukça oyuncunun eğlenmesi sağlanabilen eğlence tipidir.*

ii-) Easy Fun (Kolay Eğlence): Daha çok oyuncuların kafa boşaltması ve eğlenmesi amaçlı, oyunu kolayca keşfedebilmesini sağlayan basit eğlence tipidir. Burada role playing, başkası olma ve simülasyonlar tercih edilebilir.

iii-) People Fun (İnsanlarla Eğlence): Eğlence burada oyuncuların birbirleriyle birlikte bir şeyleri başarması ve bunu yaparken eğlenmelerini hedefler. Takım çalışması ve çoklu oyunculu ortamlarda tercih edilir.

iv-) Serious Fun (Ciddi Eğlence): Oyuncularda sadece eğlenmeyi değil eğlenirken bazı davranış değişiklikleri ve öğrenmeleri hedefleyen eğlence türüdür. Serious Games içinde kullanılan örnekler gibi oyunu tamamladığında oyuncuda bazı öğrenmeler hedeflenir.

* The 4 Keys to Fun: the game mechanics that drive play http://www.xeodesign.com/research/

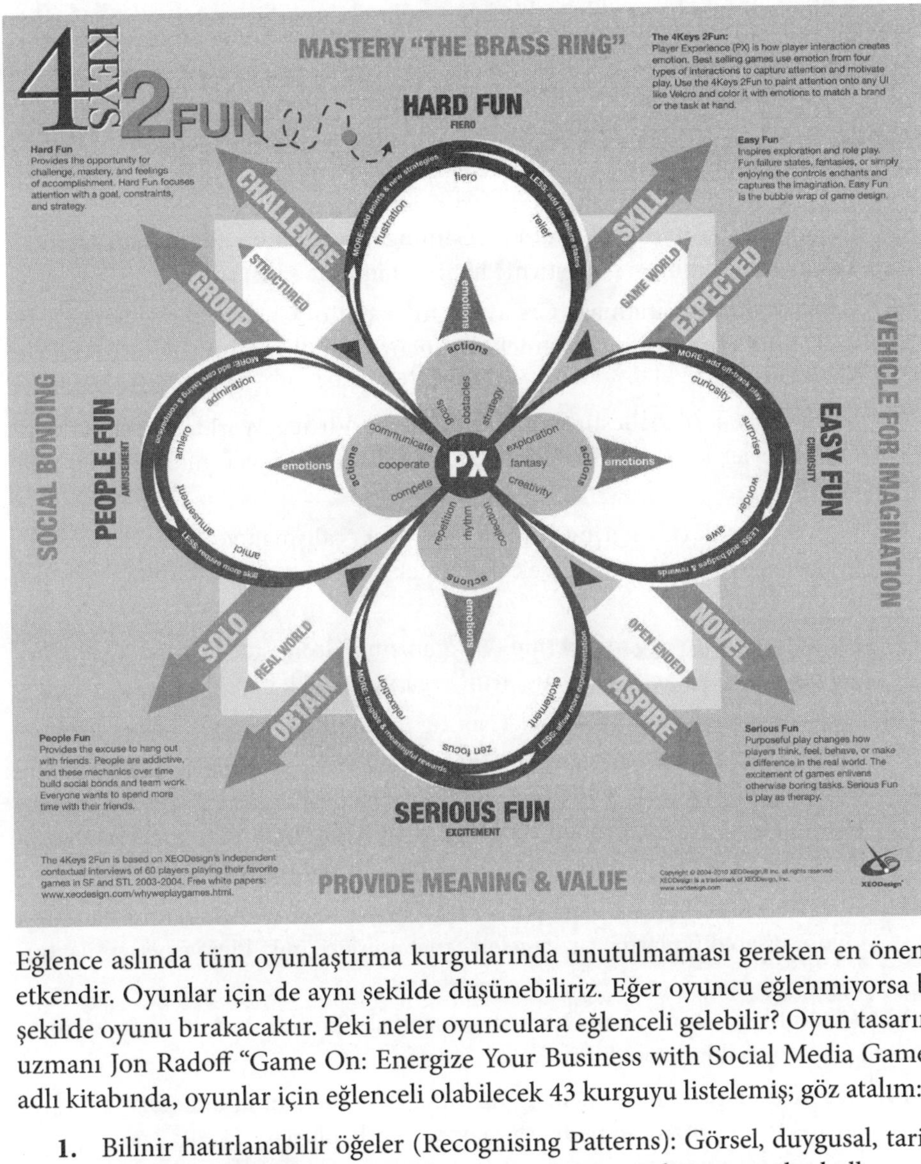

Eğlence aslında tüm oyunlaştırma kurgularında unutulmaması gereken en önemli etkendir. Oyunlar için de aynı şekilde düşünebiliriz. Eğer oyuncu eğlenmiyorsa bir şekilde oyunu bırakacaktır. Peki neler oyunculara eğlenceli gelebilir? Oyun tasarımı uzmanı Jon Radoff "Game On: Energize Your Business with Social Media Games" adlı kitabında, oyunlar için eğlenceli olabilecek 43 kurguyu listelemiş; göz atalım:*

1. Bilinir hatırlanabilir öğeler (Recognising Patterns): Görsel, duygusal, tarihsel ya da matematiksel oyuncunun seveceği ortamlar ve temalar kullanın.
2. Toplama (Collecting) – İlişki ve etkileşim durumlarının toplanması, önerilerin takibinin toplanması, görevleri destekleyen organizasyonu destekleyen objeleri toplama.
3. Rastgele Hazineler Bulma (Finding Random Treasures): Bir sürpriz yumurta eklemek ve yumurtanın içinde oyuncunun profiline eklenebilecek ya da gö-

* Radoff, J. Game On: Energize Your Business with Social Media Games. 2011. Wiley

revle ilgili tüyoların olduğu bir kâğıt bulmak gibi düşünebilirsiniz. Düşünmesi bile heyecan verici.

4. Bir şeyleri tamamlama hissi vermek (Achieving a Sense of Completion): Oyuncular oyunu oynarken bir şeyleri tamamlıyor hissi verecek tasarımlar ve mekanikler kullanın. To-do list gibi yapılacaklar, not defterine tick atılması, progress bar durumlarında ilerleme gibi.
5. Başarılarla tanınırlık elde etme (Gaining Recognition for Achievements): Başarı sistemi bir gerçekleştirme hissi ve tanınma şansı sunar.
6. Kaostan düzen yaratmak (Creating Order out of Chaos): Bir şeyleri sıralamak, sınıflamak ve düzenlemek, oyuncuya kendi ortamını kontrol ediyor hissi verir.
7. Sanal dünyaları özelleştirmek (Customising Virtual Worlds): İnsanlar yaptıkları şeylerde izlerini bırakmaktan ve onlara bir değer yüklemekten hoşlanırlar.
8. Bilgi toplamak (Gathering Knowledge): Ders çalışmak ve bir şeylerin öğretilmesi eğlenceli değildir ancak öğrenmek çok eğlencelidir, çünkü insan doğası meraklıdır.
9. İnsan gruplarını organize etmek (Organising Groups of People): Ortak hedeflere varmak için insan gruplarını organize etmek bir eğlence kaynağıdır.
10. Oyun içi referansları fark etmek (Noting Insider References): "Easter Egg"leri (oyun içine serpeştirilmiş sürprizleri) keşfetmek, kullanıcıyı 'oyunu yapan ekibin' parçası gibi hissettirir.
11. İlginin merkezi olmak (Being the Centre of Attention): Oyunucuyu evrenin merkezine koyarak, insanın ilgiye olan ihtiyacını tatmin etmek.
12. Güzellikleri ve kültürü deneyimlemek (Experiencing Beauty and Culture): Oyun, insan duyularına cazip gelen sanat eserleri, müzikler ve tasarımlar sunar.
13. Romantiklik (Romance): Oyunlar karşı cinsle flört etme, kur yapma ve ilişki kurma olanakları sunabilir.
14. Hediyeler alıp verme (Exchanging Gifts): Oyuncular, arkadaşlarına hediye vermekten ve onlardan hediye almaktan mutlu olurlar.
15. Kahraman olmak (Being a Hero): Bir kahraman olarak oynamak insanın güce olan tutkusuna hitap eder.
16. Kötü olmak (Being a Villain): Sonuçlarını düşünmeden güce sahip olma fantezisi ile ilgilidir.
17. Yaşlı ve bilge bir adam olmak (Being a Wise Old Man): Tipik olarak yüksek statüde bir rolü oynamak anlamına gelir ve aynı zamanda ailenin yönlendiricisi olma duygusuna dokunur.

18. Asi olmak (Being a Rebel): Temelde iyi olmaya devam ederek toplumun kurallarına karşı çıkma fırsatı sunar.
19. Bir büyücü, gizli bir bilginin muhafızı olmak (Being the Magician, a keeper of secret knowledge): İnsanlar başka kimsenin bilmediği bir şeyi biliyor olmaktan keyif alırlar.
20. Hükümdar olmak (Being the Ruler): Kişiye, diğer insanlar üzerinde hatırı sayılır bir iktidara sahip olma şansı verir.
21. Sihirli bir yerde yaparmış gibi yapmak (Pretending to Live in a Magical Place): Oyuncular, yaşadığımız dünyadan farklı dünyalarda olmayı hayal etmekten zevk alırlar.
22. Bir hikâye dinlemek (Listening to a Story): Hikâyeler bizim kişiler, mekânlar ve eşyalar ile ilgili merakımızı körükler.
23. Hikâyeler anlatmak (Telling Stories): Oyunlar, kullanıcılara kendi orijinal hikâyelerini oluşturma ve anlatma şansı verebilir.
24. Geleceği tahmin etmek (Predicting the Future): Geleceği tahmin etmek insanların kendilerini akıllı, kontrolü elinde tutan ve etkileyici olduklarını hissetmelerine yardımcı olur.
25. Rekabet (Competition): İnsanlar kazanmaktan doğan güç duygusunu severler.
26. Psikanaliz yapmak (Psychoanalysing): Diğerlerinin motivasyon nedenlerini öngörmek, tahmin etmek veya anlamak bir neşe kaynağı olabilir.
27. Gizem (Mystery): Her seferinde az bir bilgiyi açığa çıkarıp geri kalanını gizli tutmaya devam etmek, eğlenceli bir deneyim yaratabilir.
28. Bir beceride usta olmak (Mastering a Skill): Herhangi bir konuda yıpranmış ve yorulmuş hale gelmeden ustalaşmak, insanlara bir doğal akışın içinde ilerliyor hissi verir.
29. Adalet ve intikam (Exacting Justice and Revenge): Adalet ve intikam ile yanlışları doğru yapmak bir idealizm ve huzur hissi yaratır.
30. Yetiştirmek/Büyütmek (Nurturing): Bir şeyler yetiştirmenin kökünde aile, birikim ve iktidara sahip olma motivasyonları yatar.
31. Heyecan (Excitement): Gizem, şüphe, korku, rekabet, öngörü ve beklentiler, bağımlılık yapıcı ve heyecan verici bir deneyim yaratmanıza yardımcı olurlar.
32. İhtilaftan zafer elde etmek (Triumph over Conflict): Bir anlaşmazlığı çözmek, oyuncuda zafer kazanma duygusu uyandırır.
33. Rahatlama (Relaxing): Oyunlar zihinsel bir tatil yaratabilirler ki bu da sükunet ve huzur sunabilir.

34. Tuhaf ve acayip olanı deneyimlemek (Experiencing the Freakish or Bizarre): İnsanlar günlük yaşamlarından farklı olan yeni ve çok özel deneyimleri yaşamak için kıvranırlar.
35. Biraz saçmalamalak iyidir (Being Silly): İnsanlar ciddi ve monoton olandan uzaklaşmaktan keyif alırlar.
36. Güldürme (Laughing): İnsanlar gülmeyi severler, özellikle de arkadaşlarıyla birlikte.
37. Korkmak (Being Scared): İnsanlar gerçek tehlike olmadan tehlike duygusunu yaşamayı severler.
38. Aile ilişkilerini güçlendirmek (Strengthening a Family Relationship): Oyuncular aile üyeleri ile yoldaşlık yapma hissinden keyif alırlar.
39. Birinin sağlığını iyileştirmek (Improving One's Health): İnsanlar egzersiz yapmayı sevmez ama kendilerini fit hissetmeye bayılırlar.
40. Geçmişle bir bağlantın olduğunu hayal etmek (Imagining a Connection with the Past): Nostalji, iyi ve kötü duygular için çok güçlü bir tetikleyicidir.
41. Bir dünyayı keşfetmek (Exploring a World): Etrafını anlamak kişiye bir güç ve kontrol duygusu verir.
42. Toplumu geliştirmek (Improving Society): Oyuncular dünyayı geldiklerinden daha iyi bir yer halinde bırakma gereksinimlerini tatmin edebilirler.
43. Aydınlanma (Enlightenment): Oyunlar, oyunculara kararlarını ve sonuçlarını deneyimleyebilmek için bir yol sunarlar ve bu da gerçek hayat için daha fazla bilgi ve deneyim birikimi sağlar.

DEPLOY the appropriate tools - Doğru programı kullanın

Son olarak en önemli konu, doğru yazılım algoritmasını ya da doğru programı seçmek oluyor. Eğer bir web siteniz ya da mobil uygulamanız varsa buradaki işlemleri belli mekaniklerle oyunlaştırmak istiyorsanız bu konuda size hazır çözümler sunabilecek Badgeville, Bunchball, İşte Oyun gibi hazır çözümler sunan firmalarla görüşebilirsiniz. Eğer kendi yazılımınızı ya da uygulamanızı oyunlaştıracaksanız, kendi yazılımcılarınıza en doğru mindmapler ve adım adım test edilebilecek şekilde detayları iletmeniz gerekecektir. Uygulamayı geliştirdiken sonraki sonraki test aşamasında da bu yapının uzun soluklu olduğundan, oyuncuların sıkılmadan ilerlediği ve isteyerek içine girdiği bir kurgu olduğundan emin olmalısınız.

Örnek bir Oyunlaştırma Uygulaması: "Mahalle Sakini"

Bir mahallede yaşayan kimselere Türkçe'de "Mahalle Sakini" denir. Çok beğendiğim ve yabancı dillerde karşılığı olmayan bu isimlendirmenin altında birçok anlam yatar. Mahalle sakini, mahallesine sahip çıkan mahallesinde yaşamaktan mutlu olan ve mahallesinde olası çıkan sorunları çözmek isteyen kişilere diyebiliriz. Bunların hepsinin çok önemi var çünkü mahallesini değiştirmek isteyen ya da genel olarak mahallede yaşamaktan mutlu olmayan insanlara mahallelerini sevmeleri konusunda oyunlaştırma yardımcı olamaz. Gelin isterseniz bu uygulama için D6 modelini uygulamaya çalışalım.

DEFINE business objectives - İş hedeflerini belirle:
İş hedeflerini belirlerken öncelikle bu platformu bir mobil uygulama olarak düşüneceğiz. Ve bu konuda bir Belediye'nin bu uygulamayı kendi bölgesindeki mahalleler için tasarladığını düşünelim. Unutmayın ki hedefleriniz ölçülebilir, smart ve rakamsal olmalı. Göreceli olmamalı. O yüzden yanlarına nasıl hesaplanabileceğini de yazdım. O zaman belediye için bir mahalledeki iş hedefleri:

- Çöplerin toplanması (Belli saatlerde kontroller).
- Kırık lambaların düzeltilmesi (Vaka sayıları ve lamba/işçilik maliyetleri).
- Yanlış park edilen araçları bildirme (engelli parkına ya da kaldırıma - ceza adetleri).
- Sokak hayvanlarını korumak (Hayvanlarla ilgili rapor sayıları).
- Sosyal ve kültürel etkinlikler düzenlemek (Etkinlik ve memnuniyet rakamları).
- Temiz ve sağlıklı yaşanan bir mahalle (Sağlıkla ilgili şikâyet adetleri).
- Birbirine saygılı komşular (Daha az komşu şikâyeti).
- Severek yaşanan bir mahalle vb.

DELINEATE target behaviors - Hedeflenen davranış değişikliklerini belirle:

- Mahalledeki insanların sorunları görmezden gelmeyerek hızlıca aksiyon alarak tespit etmeleri.
- Mahalledeki insanları sorunları tespit ettikten sonra çözüm önermeleri.
- Mahalledeki insanların sorunları görüp bildirip çözümün bir parçası olarak sorunu çözmeleri.

DESCRIBE your players - Oyuncularınızı tanımlayın:

Mahallesinde yaşamaktan mutlu olan ve daha güzel bir mahalle ortamı yaratmak için istekli olan bir mahalle sakini profili. Eğer bu şekilde bir mahalle ortamı ve sakinleri yoksa içsel motivasyonu olmadığından çok ciddi dışsal motivasyonlarla (vaatler, ödüller gibi) işe başlamak gerekir. Eğer kitleniz birazdan detaylıca inceleyeceğimiz Bartle Oyuncu tiplerinden explorer ise sorunları görerek sadece bildirme seviyesine odaklanmalısınız. Çünkü explorer's tipli oyuncular sadece oyun içinde gezerler ve aksiyon almazlar. Eğer achiever's tipli oyuncular çoğunluktaysa sorunu bulduktan sonra çözümü sürecinde de uygulamamızı geliştirmeliyiz. Eğer Killers tipli oyuncular hedef kitlemizdeyse mutlaka yanlış yere park eden araba sahibi de oyunu oynuyorsa mutlaka onu işaretlemeli ve puanı düşmeli ya da bir puan kurgusunu devreye sokarak o sorunu ilk bildirene 5 puan sonrakilere 1 puan, çözümünü sağlayana 10 puan gibi kurgularla liderlik tablosu ile motive etmeliyiz.

DEVISE activity cycles - Aktivite Döngülerinizi belirleyin:

Önce mobil uygulamayı yüklemesini sağlayacak pazarlama faaliyetlerini harekete geçirmek lazım. Devamında da mobil uygulamayı nasıl kullanacağı konusunda bir aktivite döngümüz olacak.

Activity Loops: (Aktivite Döngüleri):

Uygulamayı yükleme döngüsü:

Motivasyon (Motivation): Daha iyi bir mahallede yaşamak.

Tetikleyici (Trigger): Billboard ilanı, El ilanı, afiş, reklam....

Aksiyon(Action): Mobil uygulamayı indirir.

Uygulamayı kullanma döngüsü:

Motivasyon (Motivation): Mahalledeki bir problemi bildirip çözmek.

Tetikleyici (Trigger): Problemi görmek ve çözüm önerisi düşünmek.

Aksiyon (Action): Problemin fotoğrafını çekip, lokasyonuyla kısa bir açıklamasıyla sisteme eklemek.

Bu aktiviteleri canlı ve tekrarlayabilmek adına bir hedef ve ödül eklenmeli. Örnek olarak "Aylık Hata Bildirim Hedefi" gibi hedefe bir adım yaklamak gibi ve her seviye atladığında ufak bir rozet, etiket türü 'Yeni Taşınan', 'Küle muhtaç komşu' 'mahalle benden sorulur' gibi eğlenceli isimlendirmelere gidilebilir.

Progression Loops (Gelişim Döngüleri):
Burada oyunun derinliğini de korumak amaçlı 3 seviye de gelişimleri (progression) tanımladık. Böylece oyuncu ilerleme sağladıkça problemleri oylama, belediyedeki ilgili ekibe yönlendirme gibi ekstra menüler açılacak ve seviye atlamış olacak. Örnek bir 3'lü seviye düşünürsek:

- 1. Seviye = Mahalledeki insanların sorunları görmezden gelmeyerek hızlıca aksiyon alarak tespit etmeleri.
- 2. Seviye = Mahalledeki insanları sorunları tespit ettikten sonra çözüm önermeleri ve diğer çözüm önerilerini oylayabilmesi.
- 3. Seviye = Mahalledeki insanların sorunları görüp bildirip çözümün bir parçası olarak sorunu çözmeleri, Belediye ile kontağa geçerek bütçe dahil bir kısım planlamalar yapabilmesi. Şikâyetleri kategorilendirerek ilgili Belediye ekibine yönlendirme ve takibi.

DON'T forget the fun! - Eğlenceyi unutmayın:
Eğlence gerçekten çok önemli oyunlaştırmalarda. Burada da hem tasarımsal olarak bazı Avatarlarla eğlence katılabilir. Liderlik tablosu yeterince kendiliğinden eğlence ortamı yaratabilir. Buradaki liderlere 1 günlük mahalle muhtarı olma gibi eğlenceli ödüller verilebilir. Vergi indirimi, ücretsiz otopark, belediye işlerinde öncelik gibi daha ciddi ödüller de uzun süreli 'streak' yani düzenli lider olanlara önerilebilir.

DEPLOY the appropriate tools - Doğru programı kullanın:
Burada basit seviyede kalmak en doğrusu olur. PBL yani puan rozet ve liderlik tablosu gayet yeterli gelecektir. İyi bir puanlama kurgusu eklenmeli. Problem bildiren kişilerin mesela daha çok sahipsiz köpekler, hayvan dışkıları gibi konularla iligli problemleri iletiyorsa hayvansever rozeti, daha çok çöpler gibi çevresel etmenleri yazıyorsa Çevreci, insanlarla ilgili şikâyetlerde bulunuyorsa mahalle sakini rozetleri verilebilir. Verilen puanlamalarla haftalık liderlik tablosu yayınlanır ve birincisine belediye destekli bir günlük muhtarlık, belediyenin bir etkinliğine ücretsiz katılım, 1 ay boyunca ücretsiz toplu taşına fırsatı gibi eğlenceli ve motive edici ödüller verilebilir. Ödülleri ve liderlik tablosunu özellikle ülkemizde çok iyi kurgulamak gerekir, eğer çok rekabetçi bir kurguya giderseniz kendi arabalarını yanlış yere parkedenler, sokak lambalarını kendileri kırarak fotoğrafını çekerek gönderenler olabilir.

Level yani seviyelerde 3 seviyeli bir kurguyla işe başlayarak o seviyeleri insanlara göstererek belediyeye ne kadar yardımcı oldu, hangi mahalle daha çok vaka bildiriyor gibi istatistikleri profil sayfasında yayınlayarak bir motivasyon da oluşturulabilir.

Evet, çok genel ama çalışabilecek bir oyunlaştırma çatısını bu şekilde oluşturduk. Dilerseniz siz de şimdi bir seçtiğiniz konuyu bu yapıda oyunlaştırmaya çalışın. Eğer bir fikriniz yoksa "Su içmeyi" oyunlaştırabilirsiniz. Evlerimize aldığımız 19 litrelik damacana sulardan tutun, işyerinde okulda tükettiğimiz sular, dışarda marketten aldığımız plastik şişe sular gibi. Hepimiz su içmeliyiz, içmek isteriz ama ne yazıkki başarılı olamayabiliriz. Bir su şirketi olarak bu etrafımızda olan su damacanaları ve üzerilerindeki barkodları kullanarak, hatta kapaklarını da sosyal sorumluluk bacağı olarak ödüllendirmede kullanabilirsiniz. Sonra bize göndererek yorum isteyebilirsiniz. İyi oyunlar.

Oyunlaştırma Kitlesi ve Oyuncu Tipleri

Oyunlaştırmanın en önemli unsurlarından biri oyunu oynayan oyunculardır. Oyuncular, oyunun bir parçası olmaya gönüllü olan katılımcılardır. Burada her oyuncunun katılımının, beklenti ve motivasyonun aynı olmadığını bilerek başlayabiliriz. Bunun için hedef oyuncu kitlenizi iyi analiz etmelisiniz.

Danimarka Kopenhag Üniversitesi Profesörlerinden Jakob Nielsen, 2000'li yılların başında, internetin yayılmasıyla birlikte özellikle sosyal medya ve forum tarzı kapalı gruplarda yer alan katılımcı kitlenin çoğunda, 1-9-90 kuralının geçerli olduğunu söyledi. Bu söyleme göre herhangi bir konuda online'da bir kitle bir araya geldiğinde, 100 kişiden 1'i içerik üretirken, 9'u bu içeriklere yorum vererek yayıyor; %90 gibi büyük bir kitle ise sadece takip ediyor. Burada asıl vurgulanmak istenen, gerçek hayattaki kitleler çok daha katılımcı ve üretken olabilirken, sanal ortamlardaki topluluklarda bu rakamlar çok düşüyor. Bu durum planlamalarda dikkate alınmalı, üretime katkı veren %1 ve %9'luk bu gruplara özel iletişim ve tutundurma faaliyetleri yapılmalıdır. Son dönemde, doğduğu andan itibaren dijital dünyada olan ve birçok farklı platformdan kendisini ifade edebilen gençler çoğaldıkça bu rakamın 10-20-70 olarak güncellendiği gibi haklı yaklaşımlar ortaya konulmaktadır. Bu teoremi oyunu uyarlarsak, normal hayatta bir oyun oynadığınızda katılım çok daha yüksek olurken, dijitalde bu oyun ve oyunlaştırma kurgularına katılım daha düşük olabilir. Üretici ve yorumlayıcı kitlenizi anlayarak onları daha çok oyunda tutacak çözümler üretmelisiniz. Yoksa %70 olsun %90 olsun takipçi dediğimiz kitle hiçbir zaman oyuna girmeyecek, sadece izleyecek ve kendilerinin de üretici olduğu başka oyunu bekleyecektir.

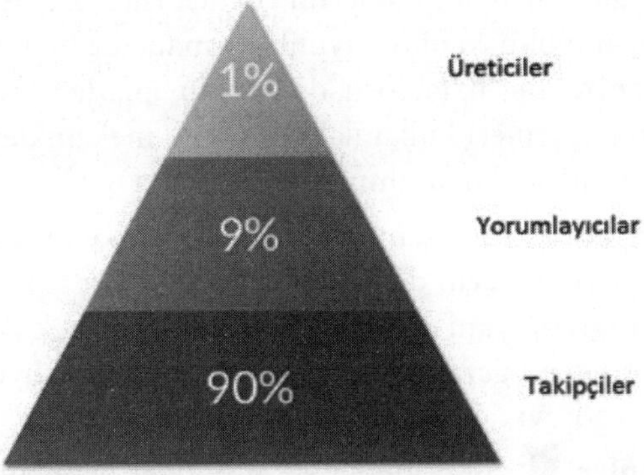

Nielsen teoremindeki gibi bir oyunlaştırma sürecinde hedef oyuncu profilleri çok önemlidir. Burada oyunlaştırma tekniklerine göre profilleme yaparken Essex Universite'sinden Prof. Dr. Richard Bartle'ın 1996 yılında MMO'da (Massive Multiplayer Online Games) yani geniş katılımlı çoklu oyunculu online oyunlarda, milyondan daha fazla kez yaptığı ve bulduğu "Bartle Player Types"* Bartle Oyuncu teoremini** ve profillerini referans alacağız. Burada Killer (Katil), Achiever (Başaran), Socializer (Sosyalleşen), Explorer (Gezgin) olarak 4 çeşit ayrıma gitmiş. Yüzdelerine bakarsak; oyunu bitirmeyi ve rakipleri eleyerek birinci olmayı hedefleyen Killers ve Achivers ile geride kalan Socializer ve Explorer da %90 ile Nielsen teoremindeki takipçi grubuna girerek teoremi doğruluyor.

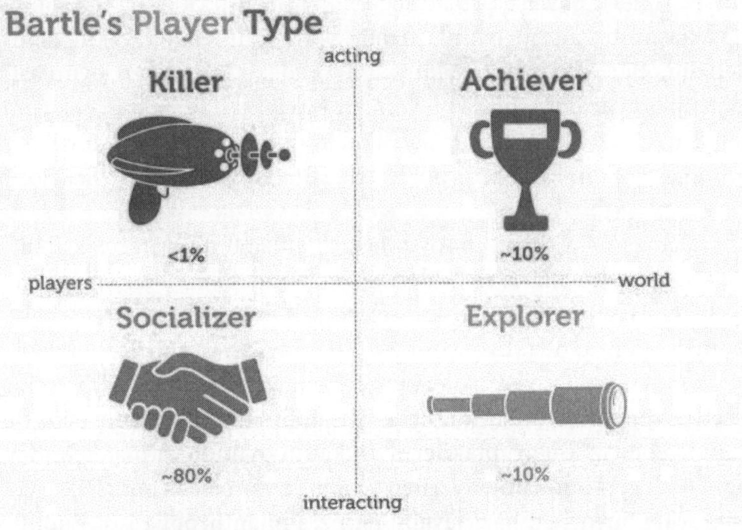

1. **Killer (Katiller)♣:** Bu kitle tüm oyuncular arasında %1 gibi az bir oranda bulunur, oyundaki kurallar, ilerlemeyi sağlayacak aşamalar ve görevlerden çok diğer oyunculara odaklıdır ve onları yenme üzerine çalışır. Hangi kural

* Bartle's Personality Types https://badgeville.com/wiki/Personality_Types

ya da nasıl olduğu ile ilgilenmeden rakiplerini elemek ister. Elerken kurallar dahilinde olması da önemli olmayabilir. Oyunlaştırmanızda bu kitleyi hedef kitle olarak belirlediyseniz, liderlik tablosu, diğer oyuncularla karşılaştırmalı level seviyesi gibi oyun bileşenleri kullanılabilir. Oyun mekaniklerinden rekabet, yarışma ve ödül mutlaka kullanılmalıdır.

2. **Achiever (Başaranlar)♦**: Bu kitle tam görev adamıdır. Kendisi görevi başardığı müddetçe diğer oyuncuların da başarmasında sorun görmez. Sonuç odaklıdır ve özellikle progress'i yani ilerleme durumunu görmek ve her bölümü hızlıca tamamlamak ister. Eğer bir görevde %90'lardaysa ve oyunu bırakması gerekiyorsa önce o görevi tamamlar, ondan sonra oyunu bırakır.
3. **Socializer (Sosyalleşenler)♥**: Bu kitle Killer gibi diğer oyuncularla ilgilidir. Ancak onları yenmek değil onlarla kendi oyun içi kazanımlarını artırmak, hatta chat gibi mekanikleri kullanarak yardımlaşmak, ekip olarak ilerlemek için yapar bunu. Liderlik tablosu gibi diğer oyuncularla ilgili konulara odaklıdır. En ufak bir gelişimde oyunu devam ettirmek yerine bunu paylaşmayı tercih eder, oyun içinde diğer oyuncular ile tanışmayı sever.
4. **Explorer (Gezginler)♠**: Bu kitle oyundaki görevler ya da oyunculardan çok oyunun kendisiyle ilgilidir. Oyundaki tüm alanları ve özellikle gizli alanları bulmaktan keyif alır, herhangi bir etkileşime girmez ancak tüm oyuna hâkim olmayı ister, keşfettikçe mutlu olur.

Bartle oyuncu tipleri, oyunlaştırmada karşınızda olan kitleyi anlayabilmeniz için güzel bir yaklaşımdır ancak oyunlaştırmaya bir adım daha yakın olan Andrzej Marczewski'nin, Bartle'ın üzerine kurduğu ve detaylandırdığı, oyunlaştırmadaki yeni oyuncu tipleri vardır. Aslında bu yeni bir bakış açısı olmaktan çok genişletilmiş bir yaklaşımdır. İçinde D6 Werbach Çatısı'ndan mesela FUN kısmının 4 çeşidini barındıran ve diğer mekanikleri de örnekleriyle anlatan grafiğine hızlıca göz atalım.*

Player burada da aslında sizin tüm oyunlaştırmanıza tepki verecek asıl kitledir. Socializer yine diğer oyuncularla sosyalleşme ve oyundaki en ufak bir gelişmeyi diğer kullanıcılarla paylaşma odağı olan kimselerdir. Achievers zaten hedefteki görevleri tamamlamak üzerine odaklıydı. Burada Free Sprit – Özgür Ruh diyebileceğimiz grup oyunu kendi kuralları ve keyfilerine göre oynar. Bu kişilere sürpriz ödüller, gizli saklı rozetler vererek oyunda tutmaya çalışabilirsiniz. Dicruptor için dikkati çabuk dağılan diyebiliriz. Bu gruptakilerin dikkatini oyunda tutmak için devamlı yorum yapılan, ufak geri bildirimler verilen ve içinde var olacak anarşi ile oyundan gözünü alamayacağı bir ortam hazırlayabilirsiniz. Philanthropist ise gönüllü ve karşılık beklemeden diğer oyunculara ve oyunun mekaniklerine katkı veren profile deniyor. Aslında en büyük motivasyonları insanları mutlu etmek; böyle bir kitleniz varsa onları ödüllere boğun**

* Marczewski, A. A Player Type Framework for Gamification Design: http://www.gamified.uk/

** Iversity Oyunlaştırma Eğitimi: https://iversity.org/en/courses/gamification-design-2015

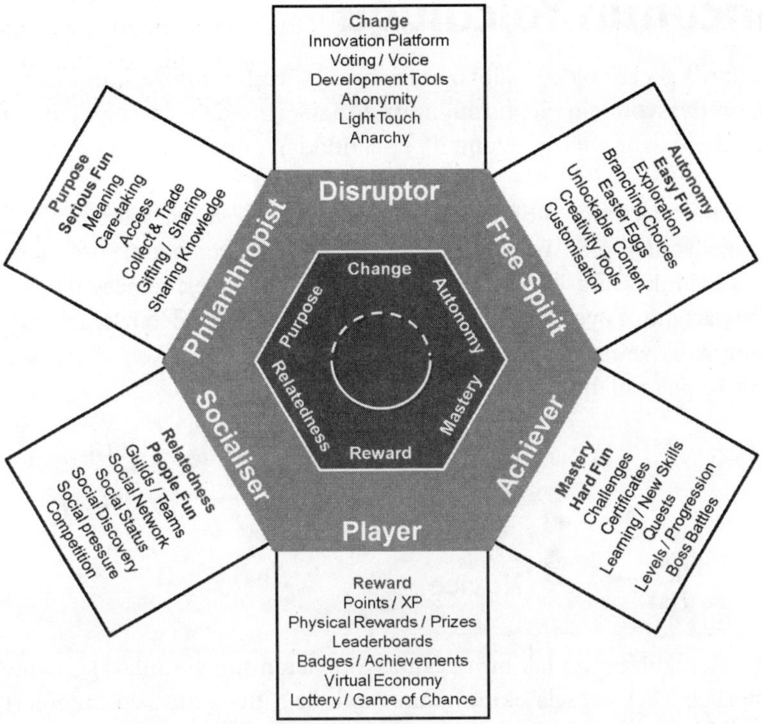

Burada oyuncu tiplerini öğrenmeniz, hedef kitleniz olan kişileri doğru tanımanız çok önemli. Oyunlaştırma süreçlerinde olan kişiler, müşterilerinin önce küçük oyunlara katılarak birer "katılımcı" olmasını hedefler. The Fun Theory'deki anlık bir piyano merdivenini tercih edenler "katılımcı" seviyesinde kalırlar. Uzun süreli, kuralları ve diğer oyuncularla etkileşimi olan süreçler, bunun bir sonraki aşamasıdır. Sonrasında bu "katılımcıların" oyunun her bir mekaniğine, yeniliğine ve tüm kurgusuna büyük bir motivasyon ve istekle hâkim olan, oynayan ve oynatan kişiler olması yani "Oyuncu" olmaları dönüşümüyle başarılı bir "oyunlaştırma" sürecinin kitle açısından büyük bir adımını tamamlanmış olur.

Oyuncunun Yolculuğu

Tüm oyunlarda geçerli olduğu gibi oyunlaştırma süreçlerinde de, kurguladığınız bazı kuralları, motivasyon için oluşturduğunuz döngüleri ve daha birçok oyun mekaniğini anlamak için, oyuncuların oyunu ilk kullandıkları anda yardıma ihtiyaçları olur.

Bir oyuncunun yolculuğu 3 bölümde incelenerek ona oyunda kalması için yardımcı olacak aksiyonlar planlanır. Novice, Expert ve Master olarak bölünen 3 grup, Türkçe'de de Çırak-Kalfa-Usta olarak adlandırılabilir. Örnek verecek olursak; bir video eğitim partalının oyunlaştırılması için çırak süresince video izlemek 10 puan verilebilirken; kalfa ve usta seviyelerinde video izlemek 1 puanken video üretmek ve paylaşmak 10 puan olabilir.

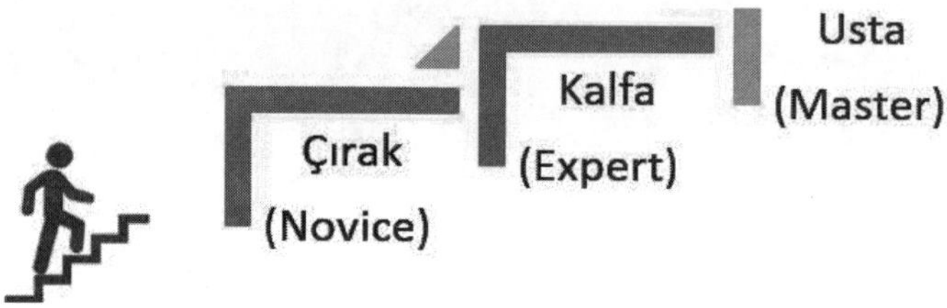

Burada Çırak olanlara mutlak bir oryantasyon ve tanıtım ekranları gerekmekte. Bir sefer gösterilebilecek mesela ekranı karartarak üzerine ekrandaki menüleri açıklayan, belki tıklaması gereken yerleri gösteren açıklamalar eklenebilir. Oyuncudan beklenen döngüleri yapmasına yardımcı olacak bir kaç adım tıklatılabilir.

Kalfa seviyesinde ise oyuncu artık sizin kurgunuzu ve menülerinizi tanıyor varsayılır. Sadece bazı döngülerde ve görevlerde takılırsa, ikinci üçüncü hatadan sonra ekranda ufak bir yönerge ile devam etmesi sağlanabilir. Bu, nedenini de söyleyerek tıklaması gereken yeri gösteren yanıp sönen bir ok olabilir. Örnek olarak bir oyundan bir sahne; aşağıdaki ekranda tıklanması gereken top, etraf karartılarak gösteriliyor.

Üçüncü adımda da artık oyuncunuz tüm kurguları ve hedefleriyle oyun tasarımınızı anlamış ve bir parçası olmuştur. Burada yönergeler ve tanıtımlar artık oyuncuya sıkıcı gelebilir, asla kullanılmamalı. Kısa sürede seviye geçebilen oyunculara bu ekranlar yerine sürprizlerle motivasyonunu ve uzmanlığını nasıl daha çok yukarı çekebileceğini gösteren yollar önermelisiniz.

Zaman ve görev tamamlama bu oyuncunun yolculuğunda değişken olarak alabileceğiniz değerlerdir.* Kurgularınızı buna göre adapte ederek yardımcı olacak unsuru, doğru zamanda doğru seviyedeki oyuncuya çıkarmalısınız. Oyun tasarımındaki önemli konulardan biri Game Flow yani Oyun Akışı'dır.**

* Heijkens, M. Gamification in Arcitecture http://alexandria.tue.nl/extra2/afstversl/bwk/Heijkens_2014.pdf
** Chen, J. Design Flow in Games http://www.jenovachen.com/flowingames/designfig.htm

Burada da oyuncunun yolculuğu boyunca, yetenekleri ve zorluk arasında bir akış olmalı. Zorluk tarafına doğru gittiğini gördüğünde sistem oyuncunun sinirleneceğini anlayarak oyuncuyu desteklemeli, fazla kolay olarak yeteneklerinin altında bir oyun akışı olursa da bu sefer sıkılacağından yine bu dengeyi çok iyi korumalıdır.

Tam burada Oyun akışı ve dahası hayat akışı konusunda bu yaklaşımı en iyi anlatan psikolog Mihaly Csikszentmihalyi'nin TED talks konuşmasını da izlemenizi öneririm.*

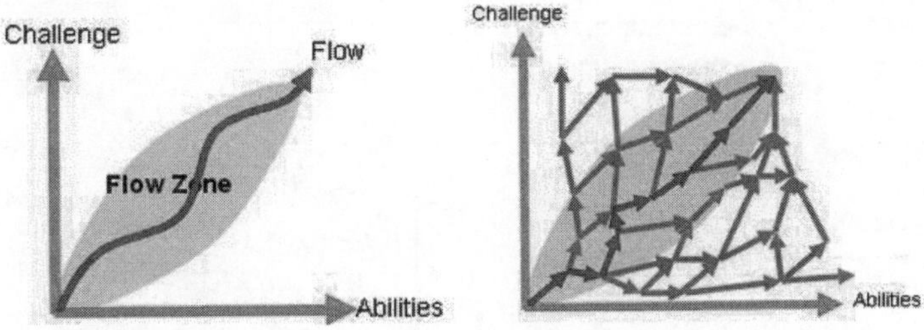

Player Persona Kartları (Oyuncu Kişilik Kartları)

Ürün yönetiminde kullanıcı deneyimi açısından hedef kitledeki kullanıcılara yaklaşımda önemli bir kabul, kullanıcının kendi ihtiyaçlarını doğru tanımlayamaması, bunun onun yerine izlenmesi gerektiğidir. Bu en güzel "su ve yüzmek hakkında bilgi almak için balığa soru sormayın, izleyin" deyimi ile açıklanır. Kullanıcı deneyimi tasarımı konusu 3 temelde incelenir: Kullanıcı, Kullanılabilirlik ve Kullanıcı Deneyimi.

Burada kullanıcı oyunlaştırma yapacağımız oyunculardır. Oyunlaştırmanıza katılacak oyuncular için genel anlamda bir yaklaşıma gidemezsiniz. Oyun oynayanlar genç, kadın, öğrenci/işsiz gibi grularla kategorize edilir. Oysaki oyun kitlesi tüm yaştan ve cinsiyetten kişileri içine almaktadır. Tüm bu kişiler çok çeşitli oyunlar oynamakta hatta bazıları offline oyunlar oynadığı için gözden kaçabilmektedir. Bu yüzden bu kişiler için persona kartları oluşturulmalıdır. Ürün yönetiminde hedef kitle belirlemek için persona uygulaması şarttır.

* Flow The Secret to Happiness http://www.ted.com/talks/mihaly_csikszentmihalyi_on_flow

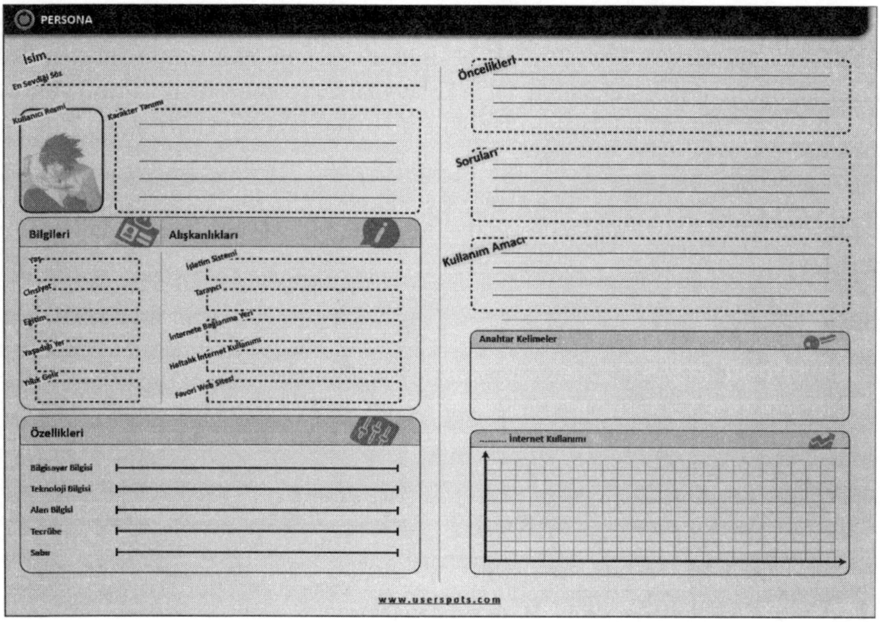

Persona kartları için standart olarak kişilerin ad, soyadı gibi bilgilerinin yanında eğitim, gelir, cinsiyet, kullanıyorsa bilgisayar özellikleri ve internet alışkanlıklarına kadar bilgiler de alınabilir. Bir şablon görmek için Userspots adlı kullanıcı deneyimi ajansının web sitesindeki örnek Persona'ya bakabilirsiniz.

Persona kartlarının ürün yönetimindeki önemi, kullanılmadığında tüm negatif sonuçlarıyla ortaya çıkmaktadır. Kitlenizin beklentileri dışında, çok farklı bir uygulama kurgusu yapmış olabilirsiniz mesela. Burada sorun tasarımda da olabilir müşteri ihtiyacını tam karşılayamamakta da.

Persona kartlarındaki bilgileri şimdiye kadar öğrendiğimiz "oyuncu tipleri"ni de dikkate alarak, sevdikleri oyunları sorarak, birlikte mi bir işi başarmayı seversin yoksa bireysel yarışmayı mı tercih edersin gibi... oyuncu profilini tam olarak ortaya çıkarmaya yardımcı olacak sorularla genişletebiliriz.

Mario Herger "Gamification at work" kitabında oyuncu persona kartını anlatırken aşağıdaki gibi tasarlamış.*

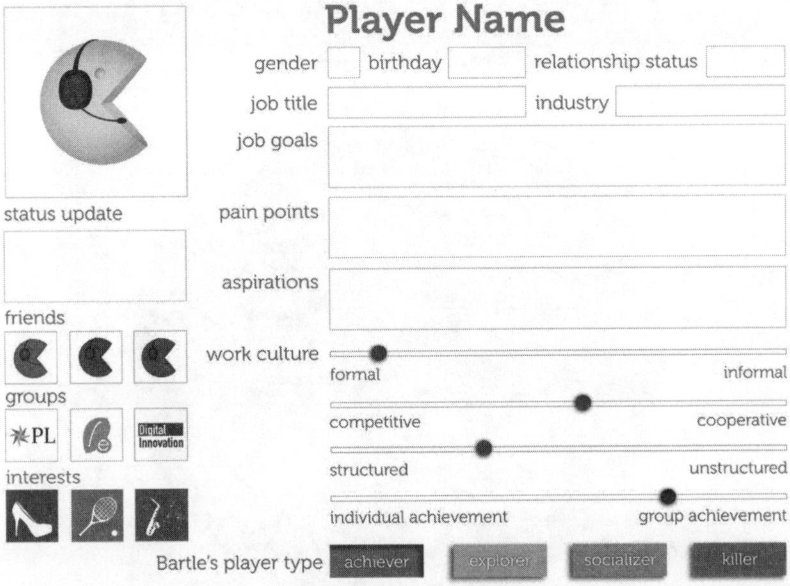

Burada oyuncunun demografik bilgileri alınır. Work culture altında hangi tarzda yarışmayı seviyor, arkadaşları kimler ve onlarla aynı tarzda mı gibi bilgilerin yanı sıra takip edeceği siteler ve yazıştığı kimselere kadar tüm bilgileri oyuncu persona'sına yazılır. Ayrıca sevdiği ve oynadığı oyunlar ile hangi mekaniği sevdiği de sorularak kişiye dair daha fazla bilgi de elde edilir.

Toplanan bu bilgiler ışığında, doğru veri analizi yapabilirseniz, oyuncuların ortalamasının hangi tarzda, ne tip bir oyun mekaniğiyle ve nasıl motive olduklarını söyleyebilir hale gelebilirsiniz. Böylece, elde ettiğiniz sonuçları, zaten elinizde olan belli bir kaç mekanik ile eşleştirerek hedef kitlenize ulaşmanızı kolaylaştırabilirsiniz. Bütün bu çalışma da rakiplerinizin bir adım önünde olmanızı sağlayacaktır.

Oyunlaştırmada Oyuncu Merkezli Tasarım

Oyuncu merkezli tasarım, oyuncu profilinizi çıkardıktan sonra hiçbir zaman unutmamanız gereken bir yaklaşımdır. Oyuncuya önce motive olduğu bir görev vererek belli mekaniklerle de etkileşime geçmesini sağlarsınız. Devamında da mutlaka bunu ölçümleyerek yönetmek gerekir. Yönetirken yasal kurallara, etik sınırlara dikkat et-

* https://www.interaction-design.org/printerfriendly/books/gamification_at_work/chapter_3_player.html

meli ve bu sırada eğlence unsurlarını da unutmamalısınız.

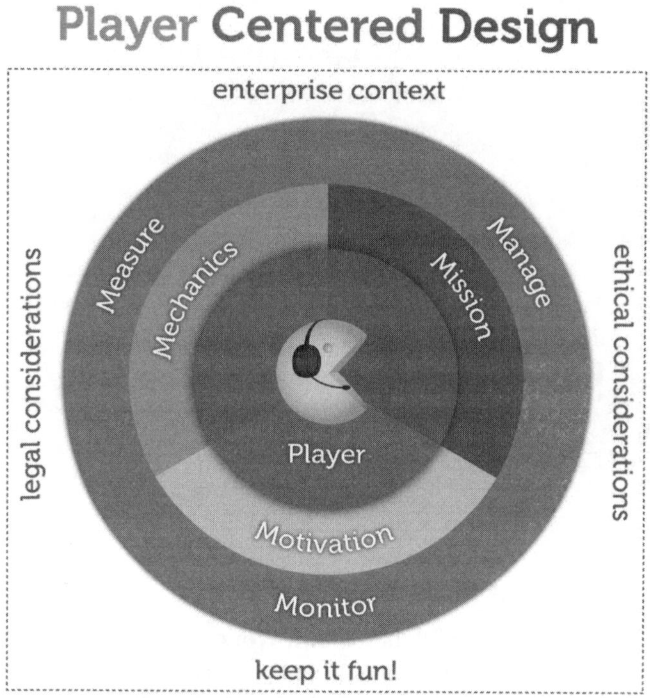

Ölçümleme yaparken oyunlaştırma kurgusunun tamamını bitirmeden testlere başlanabilir. Büyük oyun projelerinde özellikle yeni oyunlarda, *'playtest'* denilen 10-15 ekranlık, 2-3 dakika oynanabilecek hali çok kaba grafik ve ortam tasarımlarıyla, ancak gerçek oyun mekanikleriyle birlikte test edilir. Buradaki oyuncuların yorumlarıyla oyunun tamamının üretimine geçilir. Aynı şekilde oyunlaştırmada da bazı ufak adımlarla başlayarak, yapabiliyorsanız sistem olarak bazı mekanikleri aç/kapa yaparak ölçümleyerek ilerlemekte fayda var.

Hook (Kanca) Oyunlaştırma Modeli

Nir Eyal, psikoloji ve teknoloji üzerine çalışan, Stanford Graduate School of Business ve birçok akademik kurumda ders veren, ayrıca yatırımcı camiasında tanınan, birçok firma kurup satmış ve birçoğuna da mentorluk yapan Silikon Vadi'sinin tanınmış uzmanlarından. Eyal, Hook ismini verdiği model ile bağımlılık yaratan ürünlerin nasıl çalıştıklarını tarif ediyor. Bu modele göre bağlılık yaratmanın anahtarı alışkanlık oluşturmada gizli.

Yeni bir kullanıcı elde etmek mevcut bir kullanıcıyı tutmaktan 5 kat pahalı iken yeni bir kullanıcıya satış yapma olasılığınız %5-20 aralığındayken mevcut kullanıcı için bu olasılık %60-70. Mevcut kullanıcıların yeni bir ürününüzü deneme olasılığı yeni kullanıcılara göre %50 daha fazla iken aynı şekilde mevcut kullanıcılar %31 olasılıkla aynı hizmet için daha fazla para ödeme eğilimindeler. Bu da bağımlı ve size sadakatli kullanıcıların aslında ürün yönetimi ve gelir elde etmesinde çok önemli olduğunu göstermekte.

Bunun için önce alışkanlığı tanımlamak gerek. Alışkanlık, hemen hemen hiç düşünmeden yaptığımız davranışlardır. Kulaklığımızı takıp işe girişmek gibi... Ve öyle güçlüdür ki, alışkanlık edindiğimiz bir davranışı yapamadığımızda rahatsız oluruz. Alışkanlığın ne olduğunu tanımladığımıza göre şimdi alışkanlık oluşturan ürün nasıl geliştirilir, ona bakalım. Nir Eyal diyor ki, "ürününüz ancak yeterli sıklıkta kullanılırsa alışkanlığa dönüşür". Pek şaşırtıcı bir ifade değil elbette ama Hook Model'in detayları son derece şaşırtıcı. Gelin birlikte inceleyelim.

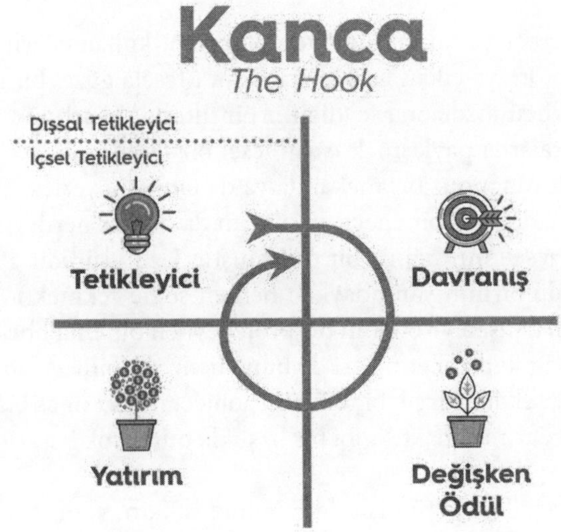

Hook 4 ana adımdan oluşuyor:

1. Trigger: Tetikleyici. Kullanıcıyı harekete geçiren o ilk çağrı. Örneğin, Instagram'a katılan yeni bir arkadaşa dair bildirim.
2. Action: Davranış. Tetikleyiciye karşı yapılacak "en basit" davranış. Gerçekten en basit... Örneğin Instagram'da sayfayı aşağı kaydırmak (scroll etmek). Bu kadar basit.
3. Reward: Ödül. İstediğimiz davranışa karşı verilen ödül. Çok önemli detay: ödül değişken bir yapıda olmalı. Bazen çok ufak bazen çok büyük; bazen birbirne benzer bazen tamamen farklı yapıda. Örneğin, Instagram'da beğendiğimiz bir fotoğrafa denk gelmek.

4. Investment: Yatırım. Gelecekte alınacak ödüllerin umudu ile gerçekleştirilen davranış. Yatırım iki açıdan çok önemli. İlki, bir sonraki davranış için tetikleyici olması. İkincisi ise Eyal'in "storing value" dediği dilimize çevirirken "birikim yapmak" diyebileceğimiz konu. Örneğin, Instagram'da beğenilen fotoğrafın sahibini takip etmek hem bu kullanıcıdan daha çok fotoğraf görmemizi ve dolayısıyla beğeneceğimiz daha çok fotoğraf ile karşılaşmamızı sağlar. Ayrıca, platformda takip ettiğimiz kişi sayısını arttırarak buraya verdiğimiz emeği arttırmış olur.

İki tür tetikleyici vardır. Dışsal ve içsel. Dışsal tetikleyiciler, popüler ismi ile Call to Action'lardır. "Hemen Al", "İlana Bak", "Detayı Gör", "Aboneliği Onayla" gibi. Bu tetikleyicilerin ayırt edici özelliği yapılması beklenen davranışa dair bilginin direkt olarak tetikleyicinin içinde olmasıdır. Kullanıcıya düşünülecek pek bir şey bırakmaz ve dürtüsel (emir kipinde olmasına dikkat edin) bir davranış bekler. Push notification denilen ve artık sadece telefonlarımızda değil akıllaşan saatler, gözlükler, televizyonlar, arabalarda da hayatımıza giren bu mesajlar en etkili kanallardır.

İçsel tetikleyiciler ise açıkça kontrolümüzde olmayan, kullanıcıların zihinlerindeki eşleşmeler üzerinden ortaya çıkan tetikleyicilerdir. Mesela güzel bir manzara, duvar boyası ya da afiş gördüğünüzde onu sevdiğiniz bir filtreyle Facebook, Twitter, Instagram gibi sosyal mecralarda paylaşmak isteği içsel bir tetikleyicidir. Ayrıca güzel bir yemek yemek için oturduğunuz bir mekanda ya da tatil için yerleştiğiniz bir hotelde ilk kafayı kaldırdığınızda hadi bir check-in olayım da herkes nerdeyim görsün dediğiniz duygu da sizin içselleştirdiğiniz bir davranıştır. Uzun süredir görmediğiniz bir arkadaşınız ya da ünlü birinin yanındayken hemen selfie çekmek te çok benzer bir harekettir. Çok yoğun çalışan ve önemli bir projedeyken bir email bekleyen arkadaşlarınızın devamlı email kontrol etmeleri de buna benzetilebilir. Academia sitesi merakta uyandıracak bir şekilde klasik bir emailin subject'ini "az önce birisi sizi sitemizde aradı ve bazı dosyalarınıza baktı" gibi bir başlıkla bunu çok başarılı kurgulamış.

En güçlü içsel tetikleyiciler "kötü hisler"dir. Yalnız, sıkkın, yorgun vb. hissettiğimiz anlarda yaptıklarımız kolayca alışkanlık haline gelir. Alışkanlık yaratan ürünlerde de durum farklı değildir. Whatsapp'inize 1 gün boyunca bakamadığınızı düşünebiliyor musunuz? Neler kaçırırdınız belki de hayatı değil mi?

Ödül beklentisi ile yapılan en basit davranış. Peki davranış nasıl ortaya çıkar? Bunun cevabı B.J Fogg'dan geliyor. Fogg'un BMAT modeline göre bir davranışın (behavior, B) gerçekleşmesi için; motivasyon (motivation, M), yetenek (ability, A) ve tetikleyici (trigger, T) aynı anda mevcut olmalıdır. Bunlardan herhangi biri olmadığında davranış gerçekleşmez.

Örneğin, bir blog yazısı okuma davranışını düşünelim. Konu ile ilgiliysek motivasyonu varsayabiliriz. Okuma biliyorsak yeteneğimiz de var demektir. Gelgelelim yazıdan haberdar değilsek yani bir tetikleyici yok ise davranış gerçekleşmez. Bu modeli gerçekleştirmediğiniz her davranış için uygulayın.

Peki motivasyon kaynaklarımız neler? Yine B.J Fogg'a başvuralım:

"Hisler, Zevk ve Acı, Beklentiler, Umut ve Korku, Aidiyet, Kabul Edilme ve Reddedilme...."

bir şeyleri yapmamızı sağlayan en temel motivasyon kaynaklarıdır der Fogg. Peki yetenek nedir? Yetenek bir şeyi ne kadar kolay gerçekleştirebildiğimizin ölçüsüdür. Temel olarak; para, fiziki güç, sosyal olarak kabul görme, anlaşılırlık gibi kriterler ile ölçülür.

BMAT'in son ayağı olan tetikleyicileri yukarıda konuşmuştuk ve dolayısıyla tüm modeli açıklamış olduk.

Ödül:

Değişken bir ödül mantığı gerek Hook'un işlemesi için. Değişkenlikten kasıt nedir? Bilgisayarda futbol oyunu oynadığımızı düşünelim. Ceza yayından çektiğimiz her şut gol olsaydı o oyunu oynar mıydık? Pek olası değil. Bizi oyuna bağlayan şey ne peki? Bilinmezlik. "Acaba gol olacak mı? Savunmaya mı çarpacak? Kaleciyi geçebilecek miyim? Direkten dönmese bari..." Tüm bu öngörülemezlik bizi bir sonraki adım için harekete geçiriyor. İşin bilimsel detayını merak ediyorsanız şu sunum son derece açıklayıcı. Kısaca açıklayacak olursak ödül beklentisi beynin nucleus accumbens denen kısmını harekete geçirir ve ödül ile birlikte dopamin salgılanır ve mutlu oluruz. Bu beklentiyi daha da güçlendiren ve stresi arttıran bir etmen olarak belirsizliği de işin içine katmak verilen ödülü olduğundan çok daha değerli kılar.

Peki ne tür ödüller verebiliriz? Üç temel başlıktan bahsediyor Nir Eyal,

Sosyal Ödüller: İşbirliği, rekabet ve statü gibi topluluk ile anlamlı olan ödüller.

Kaynak (Maddi) Ödüller: Para, araç, bilgi gibi elle tutulur ödüller.

Kişisel Ödüller: Kişisel gelişim, uzmanlaşma, tutarlılık, bir şeyleri tamamlama gibi kişiye özel ödüller.

Siz de ürününüzü ve kullanıcılarınızı göz önüne alıp hangi tür ödüller vermeniz gerektiğine karar verip, bir de bunları değişken bir kimliğe büründürerek ürününüze bağlılığı arttırabilirsiniz.

Ödüller için Gabe Zichermann'ın Oyunlaştırma'da Ödül Kurguları olan SAPS modelini incelemenizi de öneririm.

Yatırım:
Kullanıcılarınızı tetiklediniz, istediğiniz davranışı da yaptılar siz de ödülü verdiniz. Peki şimdi ne olacak? İşte şimdi daha fazlasını istemenin tam vakti. Kullanıcılarınız bu kadar emek vermiş ve karşılığında ödüllerini almışken artık daha fazlasını yapmaya hazırlar. Size kalan bu noktada ne istemeniz gerektiğini iyi belirlemek ve bunu kolaylıkla yapabilmelerini sağlamak. Bülten için mail adresini bırakan kullanıcıya onay linkine tıkladıktan sonra güzel bir tebrik mesajı vermek ve ardından siteye üye olmaya çağırmak ya da deneme versiyonunu kullanan ve sıkça giriş yapan bir kullanıcıya 2 ayı ücretsiz 12 aylık paket önermek gibi. Twitter burada sizden aldığı retweet, like ya da içeriği diğer kullanıcılara Trigger olarak kullanabiliyor, böylece her giren kullanıcı yeni bir içerik bulabiliyor ve Twitter bu sayede güncel kalıyor.

Peki, sizin ürününüz de bağımlılık yaratabilir mi?

Nir Eyal şu beş soruyu cevaplamak gerektiğini söyler:

1. Kullanıcılarınızın temel sorunu ne? Bunu içsel bir tetikleyiciye dönüştürebilir misiniz?
2. Dışsal tetikleyicileriniz var mı?
3. Tetikleyicilere karşılık gelecek en basit davranış ne?
4. Tatmin edici ve değişken bir ödüllendirme yapınız var mı?
5. Tetikleyici —> Davranış —> Ödül —> Tetikleyici döngüsüne girmek için yapılması gereken yatırım ne?

Bağımlılık yaratan ürünler geliştirmek için Hook modeli konusunda son bahsetmemiz gereken Nir Eyal'in de dikkati çektiği üzere "Etik".

Bağımlılık yaratırken amacımızın aslında kullanıcıların kullandıkça daha iyi hissedeceği herkes için faydalı ürünler geliştirmek olduğunu unutmamalıyız. Ürünlerimiz kullanıcıların hayatlarını olumsuz ve istemedikleri bir yönde etkileyerek kötü duygular çıkarmamalı. Bu yüzden Hook döngüsü kullandığınız süreçlerinizi mümkün olduğunda farklı kişilerle ve uzun süreli testler yapın ve geliştirip güncelleyerek kullanıma sunun.

Oyunlaştırma Takım Çantası: Dinamikler, Mekanikler ve Bileşenler

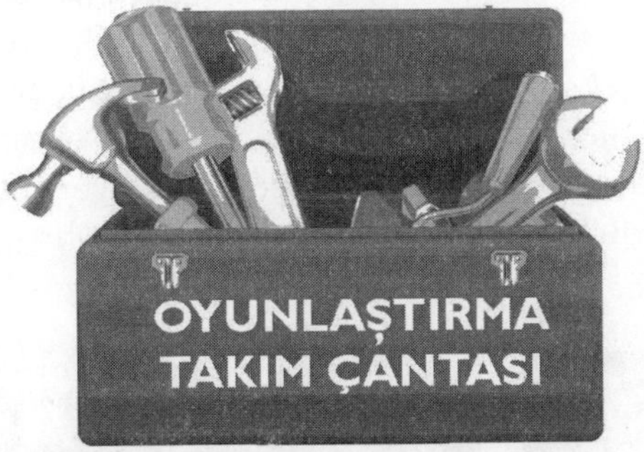

Oyunlaştırma öncesi analizlerinizi tamamlayıp kurgulamaya geçmek istediğinizde bunu nasıl yapacağınız kısmı gelir. Birçok puan listesi, rozet ekranı ya da liderlik tablosu gibi tasarımsal obje ile bu mümkün oluyor gibi görünürken, aslında bu gözle görülen tasarımların arka planında bazı mekaniklerin olduğu gerçeği ile karşılaşırsınız. "Oyunlaştırma Takım Çantası" kısmında yine Pennsylvania Üniversitesi'nden Prof. Kevin Werbach'ın önerdiği yapıyı kullanacağız. Burada oyunlaştırma için sırasıyla Dinamikler, Mekanikler ve Bileşenler gelmektedir.

Yapısal

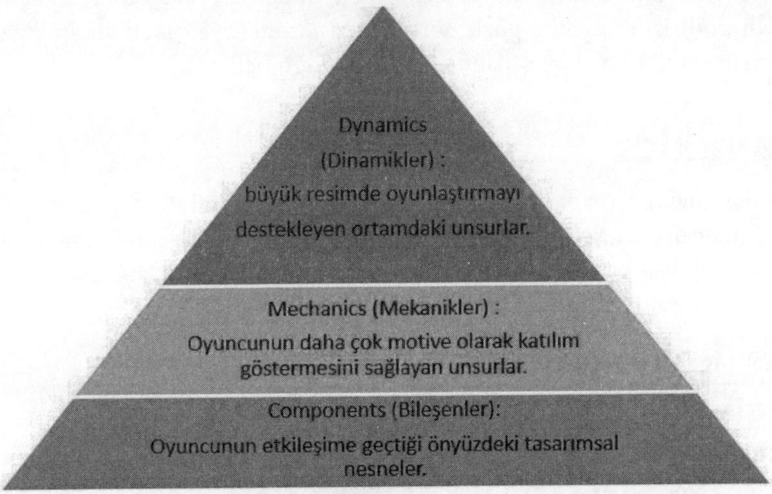

Tasarımsal

* The Gamification Toolkit Dynamics, Mechanics, and Components for the Win: Kevin Werbach - Dan Hunter

Oyunlaştırma sisteminde, entegre olacağı süreç üzerinde ön tarafta çok basit gözüken ancak arka planda hedeflenen yapıya uygun olarak çalışan karmaşık birçok mekanik ve dinamik mevcuttur. Ön yüze "Tasarımsal" baktığımızda gözüken bir Aktivite Duvarı, aslında arkasında oyuncuların birbiriyle etkileşime geçebildiği özellikle socializer yani sosyalleşen oyuncu tipi için en önemli oyun motivasyon mekaniğine sahiptir. Werbach piramidine öncelikle tepeden bakarak yapısal bir mantıkla yaklaşmak gerekir. İlk olarak hangi konuyu, hangi mekanikle hangi tasarımsal bileşenle sunacağınızı düşünürsünüz ki doğru olan budur. Eğer bir bileşeni direkt olarak hiçbir mekanik ve dinamik arka planı olmadan seçerseniz oyuncuları işe katamayabilir ve oyunlaştırmayı başarılı bir şekilde uygulayamamış olabilirsiniz.

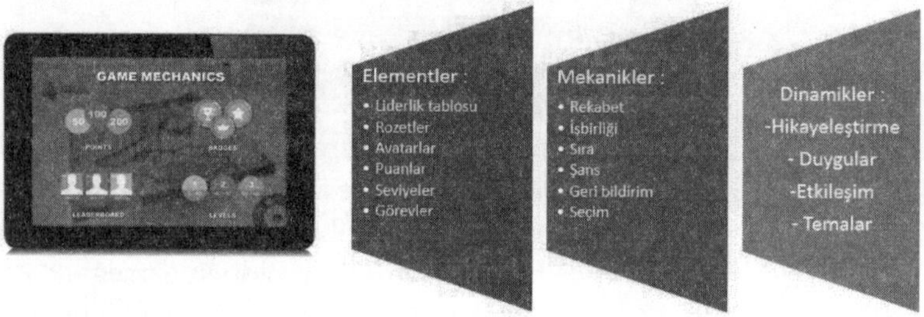

Oyunlaştırılmış bir web sitesinde en önde tasarımsal olarak bileşenler gözükür. Aslında bu bileşenler dediğimiz oyun mekanikleri, arka planda bir dinamik üzerinde çalışırlar. Bu bileşen ve dinamiklerin çalışacağı ortamdaki tüm oyunu ve oyuncuları etkileyen değişkenlere de mekanikler denilmektedir. Yukarıdaki grafikte olduğu gibi Bileşenler oyuncular tarafından görülebilirken, dinamikler hissedilir, mekanikler ise yaşanır diyebiliriz. Bileşenler gözle görülebilen somut şeyler iken dinamik ve mekanikler bazı kaynaklarda birleştirilir ve soyut olduğu belirtilir.*

Dinamikler

Dinamikler, oyunlaştırma ortamındaki oyun kurallarından bağımsız olan tasarım çözümleridir. Mesela öykünün Orta Dünya'da geçmesi gibi, karakterlerin bir hikâyesinin olması gibi oyuncuların konuyu içselleştirmesini sağlayan ve oyunlaştırma ortamının bütününü etkileyen unsurlardır.**

Storytelling (Hikâyeleştirme)
Oyuncular arası ilişkiler (Player Mode)
Hedefler (Goals)
Seçme özgürlüğü (Choose)
Kurallar (Rules)

* İşteOyun: Oyunlaştırma Mekanizması http://www.isteoyun.com/servisler
** Badgeville http://www.badgeville.com

Storytelling (Hikâyeleştirme)

Hikâyenin gücüne inanır mısınız? Eğer bir çocuğunuz ya da yeğeniniz varsa zaten inanıyorsunuzdur. Hadi sana bir hikâye anlatacağım, dediğinizde sanki dünya durmuş gibi gözlerinizin içine bakmaları 'hikâyenin gücü'nü daha başlamadan ortaya koyar. Dünyaya mal olmuş masallardan Nasreddin Hoca fıkralarına, bir solukta okuduğumuz kısa öykülerden ciltlerce anlatılan romanlara kadar her tür hikâyenin içine girmek hepimiz için keyifli bir moladır. Hal böyleyken gelelim büyümüş çocuklara anlatacağımız hikâyelere.

Oyunlaştıracağınız süreci gerçekçi ya da bilim-kurgusal bir ortama entegre ederek hikâye tadında anlatıp ve özellikle duygu yoğunluğu yaratacak olaylarla (haksızlık, başarısızlık, iyi-kötü kişi rekabeti vb.) desteklediğinizde katılımcılar oyun ortamına daha kolay konsantre oluyorlar. Storytelling hikâyeleştirmeye basit bir örnek verecek olursak; dünyadaki ülkeleri ve kıtaları anlatacağımız bir derste hikâyeyi bir dünya turu serüveni gibi kurgulayarak, Kuzey Kutbuna gittiğimizde kutup ayılarından kaçtığımızı, Alaska'ya gittiğimizde Eskimolar'da kaldığımızı, Avustralya'ya gittiğimizde kangurularla tanıştığımızı anlatabiliriz. Böyle bir hikâyeleştirme hem ilgi çekici hem de akılda kalıcı olacaktır.

Storytelling hikâyeleştirme için verilebilecek başka bir örnek de Badgeville'in yaptığı bir oyunlaştırma projesinde görülebilir. Oyunculardan görev olarak tamamlamaları beklenen bölümlere birer ülke adı verilir ve görevler tamamlandıkça bunu bir pasaporta eklemeleri istenir. Sonra bu pasaportun ilgili yerini damgalayarak oyunlaştırma içinde ilerlemeleri hedeflenir.

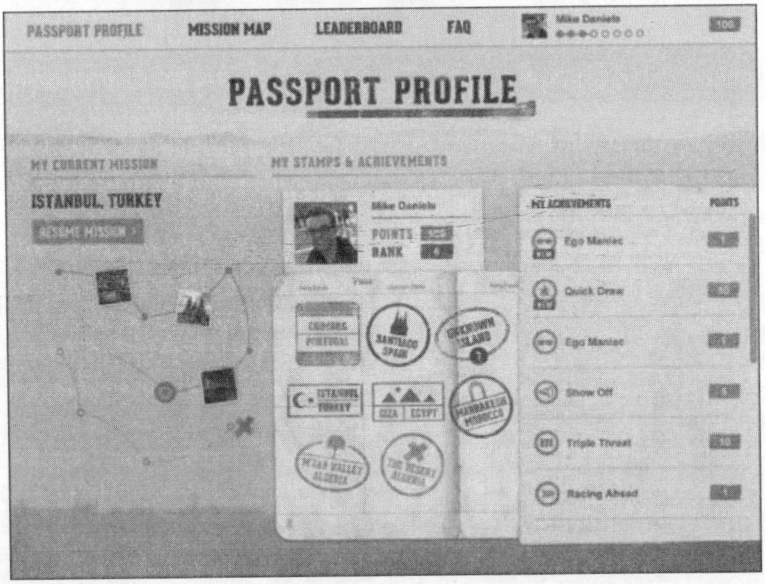

Oyuncu Modu – Oyuncu İlişkileri (Player Modes)

Oyunlaştırmanın en önemli unsuru tabii ki oyuncudur. Müşterileriniz oyunlaştırma kurgunuzla birer oyuncuya döner ve düzenli olarak çizdiğiniz yolda ilerlerse başarılı oluyorsunuz demektir. Bu dönüşümde oyuncuların da bazı beklentileri olmakta. Daha önce bahsettiğimiz gibi oyuncunuzu iyi tanımalısınız. Bunun için 'oyuncu kişilik kartları' bile çıkarabilirsiniz. Burada sevdiği oyunları ve oyun kurgularını, mekaniklerini öğrenerek benzer kurguları iş sürecinize uygulayabilirsiniz.

Oyunlaştırmanın önemli olan konulardan biri de oyuncunun uygulama içinde birey olarak mı ilerleyeceği yoksa başka katılımcılarla birlikte bir etkileşim içinde mi olacağı? Bu öncelikli karar tüm oyun tasarımını etkileyecek bir konudur. Mesela Socializer tipi bir oyuncu eğer tek kişi oynarsa ve özellikle de oyunda kimseyi bulamazsa, ilerlemesini de sosyal medyada paylaşamazsa çok kısa bir sürede oyun motivasyonunu kaybedecektir. Oyuncu etkileşimine, çok kişinin beraber oynamasına ve görevleri birlikte tamamlamasına izin verirseniz bu Socializer profili için müthiş bir eğlenceye dönebilir. Fakat bu durum, Explorer gibi oyunun içinde tek kalmak isteyen bir profil için de büyük bir motivasyon kaybı anlamına gelebilir.

i-) Single (Tek Kişi)

ii-)Social (Çok Kişili)

Çok kişili bir oyunlaştırma kurgusu düşünüyorsanız burada yanıtlanması gereken ilk soru, bir oyuncunun diğer online ya da sanal oyuncuyla birlikte mi görevi yapacağı yoksa bir rekabetin mi sözkonusu olacağıdır.

i-) Rekabetçi (Competition)

ii-) Ekip işbirliği (Cooperation)

Örnek olarak, komple bir İstanbul turu oyunlaştırması düşünelim. Ulaşım seçeneklerimiz de gerçek hayattaki gibi yürümek, otomobiliniz, bisikletiniz ve toplu ulaşım araçları olsun. Otobüs, metro, metrobüs, vapur, motor... Hepsi uygulamanın içine yerleştirilsin. Bunların yanı sıra bir de yine gerçek hayatta kullandığımız sarı dolmuşlardan olsun ve buna özel bir durum tanımlansın. Mesela ilk binen siz olsanız ve dolunca kalksa! ☺ Dolmuşu en kısa zamanda doldurmak da sizin hedefiniz olsa. Bunun için istediğiniz davranış değişikliğinden (mesela İstanbul turuysa İstanbul hakkında birkaç soruyu bilmesi olabilir) faydalansanız ve doğru cevapladıkça gerçekleştikçe 1 yolcu daha binse? Gerçek hayatta ne yaşıyorsanız bunu oyunlaştırma içinde de kurgulayabilirsiniz

Rekabete dayalı başka bir örnek verirsek; mesela aynı kurguda bir adet taksi var ve sizinle beraber aynı sayıda doğru cevabı vermiş 3 kişiden biri binebilecek. Siz o anda sadece o taksiyi yakalamaya çalışıyorsunuz ve taksiyi doğru alana doğru cevaplarınızla çekiyorsunuz ve kazanan taksiyi kapıyor gibi.

Kurallar

Kurallar oyun ortamının olmazsa olmazıdır. Kurallar, herkes için aynı olmalı, açık, net ve anlaşılabilir şekilde ifade edilebilmelidir. Kurallara uyulmadığında gerçekleşecekler de oyuncu tarafından bilinmelidir. Mesela trafikteki işaretler, herkesin anlayacağı ve göreceği şekilde konulmaktadır. Alttaki işarette motosikletin bu alana giremeyeceği anlatılıyor. Buna rağmen o alana motosikletle giren biri olursa karşılığındaki ceza yaptırımına uymak zorundadır. Oyunun kurallarını da en başta, on-boarding denilen oryantasyon-tanıtım kısmında mutlaka açıkça anlatmalısınız. Hatta kuralları ekranın belli bir yerinde sabitleyebilen bir tasarıma dahi gidebilirsiniz.

Hedefler

Oyunun mutlaka bir hedefi olmalıdır. Oyun ve oyunlaştırma arasındaki en belirgin fark oyunlaştırmada kazanan ve kaybeden olmamasıdır. Ancak oyunlaştırmada da alacağımız aksiyonların ve varmak istediğimiz noktaların açık ve net bir şekilde paylaşılması beklenir. Burada da izlenecek yol ve aşamalar yine on-boarding denilen tanıtımda anlatılmalıdır.

Mekanikler

Mekanikler oyunlaştırmanın tam ortasında yer alır. Tamamlayıcısı olacağı dinamikten aldığı referans ile son kullanıcının gördüğü bileşenleri besler. Oyuncunun uygulama ile tam olarak etkileşime geçtiği duygusal kısımdır. Oyuncunun etkileşime geçtiğini düşündüğü unsur olan bileşeni çalıştıran, motive eden ve ilerleten aslında mekaniklerdir. Örnek bir liste üzerinden oyun mekaniklerini detaylı olarak inceleyelim:

Şans Faktörü (Chances)	**Ödül (Reward)**
Meydan Okuma (Challanges)	**Kaynak Toplama (Sources)**
Yarışma (Competition)	**Etkileşimler (Interactions)**
Takım olma (Team)	**Sıra (Turn)**
Geri Bildirim (Feedback)	**Kazanma Durumu (Winning Status)**

Şans Faktörü

Şans faktörü, belki de oyunlaştırmanın en heyecan verici ve oyuna katılımı sağlayan kısmı. Bunu mekanikler altında ele alıyoruz çünkü oyunun tümünü etkileyen bir dinamik değil. Oyuncu tarafından direkt olarak görülebilir, dokunulabilir bir bileşen tasarımı da değil ancak oyun içine eklendiğinde her durumda süreci değiştiren bir mekanik olabilir. Bunun için birçok yöntem varken en sık rastlanılanı zar kullanmaktır. 1'den 6'ya kadar rakamlardan oluşan bildiğimiz klasik zar çiftini attırtıp, mesela çift gelmesi halinde bazı kolaylıklar sağlanabilir ya da oyunlaştırma içinde kullanılabilecek ödüller verilebilir. Şans faktörü, bir oyun ya da oyunlaştırma tasarımcısının kendi uygulamasını kullanabilmesi için de olmazsa olmaz bir koşuldur. Çünkü bu sayede o da uygulama içindeyken ne olacağını kestiremez, kendi sürprizlerine açık olur.

Meydan Okuma (Challenge)

Meydan okuma, oyundaki bir değere ya da oyundaki diğer bir oyuncuya bir görevi belli bir değerde tamamlayacağınıza dair verdiğinizi kabul ettiğiniz bir sözdür diyebiliriz. Kilo verme konusu burada iyi bir açıklayıcı örnek: Kişilerin birbiriyle yarışırken sahip oldukları "ben senden daha çok kilo vereceğim" iddiası diğer oyuncalara karşı meydan okuma iken, belli bir kilo verme sözü ise oyuna meydan okumadır. Ben senden daha çok deme imkânı verdiğinizde diğer bir oyuncuya meydan okuma durumu oluşur. QuizUp bu dinamiği en iyi kullanan mobil uygulamadır. Bu uygulama soru cevap formatında bilgi tabanlı bir yarışmadır. Arkadaşlarınıza sözgelimi Dünya Tarihi ya da Olimpiyatlar gibi belli bir konuda meydan okuyarak yarışabiliyorsunuz. Aldığınız sonuca göre de "ben daha iyi biliyorum" diyerek eh biraz da diğer arkadaşlarınıza ve cümle aleme duyurarak hava atabiliyorsunuz. Süper!

Çok popüler bir eğitim çözümünde yer verilen başka bir meydan okuma örneği: Khan Akademi'nin haftalık gönderdiği e-postalarda bir kullanıcı size meydan okuyabiliyor ve buna nasıl karşılık verebileceğiniz konusunda da size yardımcı oluyor. Hem eğitim, hem etkileşim, hem de kullanıcı bağlılığı adına çok başarılı bir uygulama.

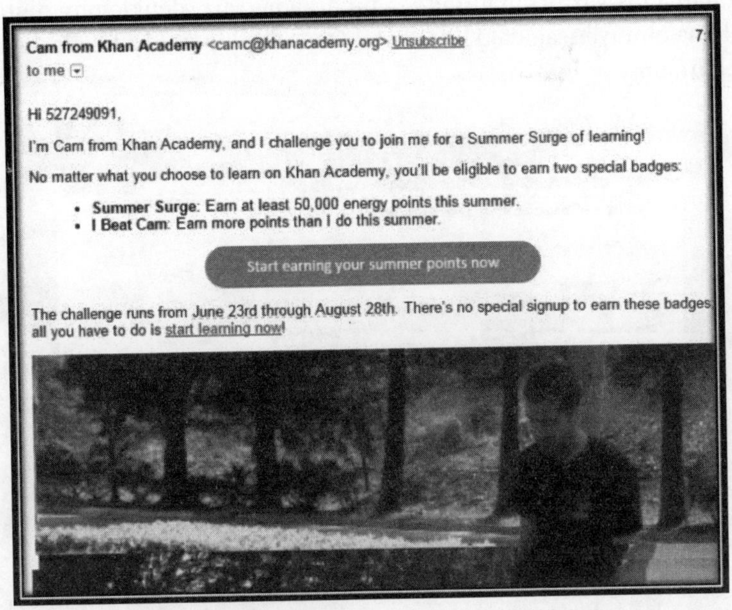
Cam from Khan Academy <camc@khanacademy.org> Unsubscribe
to me

Hi 527249091,

I'm Cam from Khan Academy, and I challenge you to join me for a Summer Surge of learning!

No matter what you choose to learn on Khan Academy, you'll be eligible to earn two special badges:

- **Summer Surge**: Earn at least 50,000 energy points this summer.
- **I Beat Cam**: Earn more points than I do this summer.

Start earning your summer points now

The challenge runs from June 23rd through August 28th. There's no special signup to earn these badges all you have to do is start learning now!

Yarışma (Competition)

Oyun kişinin kendi kendine verdiği bir mücadele de olabilir başkalarıyla yapılan bir yarış da. Her iki durumda da başlangıç için önce kuralların bildirilmesi gerekir. Eğer çoklu bir yarış varsa meşhur Leaderboard-Liderlik Tablosu oyun bileşeniyle son durumu oyuncularla paylaşabilirsiniz.

Takım Olma (Team)

Takım olma ve ancak birlikte olununca bazı görevleri tamamlayabilme kurgusu bazı oyunlaştırma uygulamalarının ana omurgasını oluşturur. Keas adlı meşhur spor yapma portali komple bu kurgu üzerinedir. Bir takımın elemanı olarak spor yapıyor ve koştuğunuz mesafe ve süreyi buraya giriyorsunuz, eğer bir kişi değer girmezse tüm ekip kaybediyor. Böylece bu aslında klişe olmuş olan "spor salonuna tek yazılırsan gitmezsin bir arkadaş şart" denklemini dijitale taşıyan bir uygulama olmuş. Aşağıdaki liderlik tablosunda ekip ve kişi bilgilerinin bir örneğini görebilirsiniz.

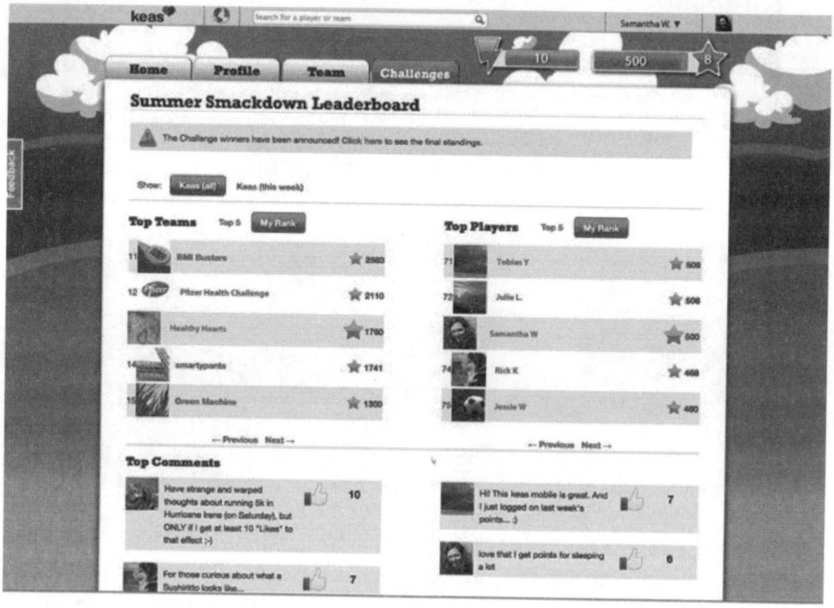

Geri Bildirim (Feedback)

Feedback-Geri Bildirim, oyunlaştırmada çok önemli ve bence her şey demektir. Açık söylemek isterim bana bir oyun elemanı seç deseler rozet, puan, avatar ve benzerlerini değil direkt geri bildirimi seçerdim. İnsanlar bir şeyler yaptığında, olumlu bir geri bildirim aldığında ve değişimi gördüğünde bir sonraki adım için daha çok motive olur. Bu zaten oyunlaştırmanın psikolojisinde detaylıca incelediğimiz insan doğasında olan bir şey. Geri bildirim olayını sanal koçluk gibi düşünebiliriz. Oyuncularınıza olumlu hareketlerinde takdir içeren bir geri bildirim, olumsuz durumda da bu davranışı nasıl olumluya çevirebileceği konusunda ipucu içeren bir geri bildirim verdiğinizde, kendisini geliştirmesine katkıda bulunur ve ekstra motivasyon sağlarsınız.

Üretimi ve kendini tekrara düşmemesi zor bir mekanik ama etkisi çok güçlü.

Bu mekaniği bence en iyi ve basit şekilde kullanan Candy Crash adlı oyun. Çoğunuzun bildiği üzere aynı renkte şekerleri hizalayarak patlatıp puan kazanma esasına dayanıyor. Ancak 'bağlılık' derecesine gelebilmesinde geri bildirimlerin önemli bir payı var. Özellikle zamanı hızlandırma isteği duyduğumuz bekleme ortamları için çok uygun bir oyun; havaalanında, banka sırasında, otobüste, geciken bir arkadaşı beklerken... Bir şeyleri yapabilme, üretebilme ve başarabilme duygusuna hitap ediyor, iyi hissettirmesinin sırrı da burada. Bir sıra şeker patlattığınızda yukarıdan konfetiler yağıyor ve ekrana Süper! Çok tatlı! gibi olumlu mesajlar geliyor ve bunu bonkörce kullanıyor Candy Crash.

Kaynak Toplama (Sources)

Oyunlaştırma mekaniklerinden biri de kaynak toplamadır. Burada oyunculardan sanal paralar ve değerler toplamaları beklenir. Bunu rozetlerin arka planında çalışan mekanik olarak düşünebiliriz. Bu işe en güzel örnek yine oyunlardan gelecek. Blizzard firmasının efsanevi oyunu Warcraft bu kurgu üzerine kuruludur. Altın, ağaç ve yemek olarak 3 çeşit olan bu kaynaklar belli sayıda ve sınırlıdır. Bu yüzden bazı altın madenleri, ağaçlar ve hatta koyun sürüleri için savaş yapmanız gerekmektedir. Ne kadar da gerçek hayata benziyor; su, petrol ve besin diyebiliriz bu 3'ü için. Bu mekanik özellikle oyunlaştırmanın odağında değildir ancak istendiğinde eklenebilir. Burada bahsi geçen kaynakları uygulama içinde satın alınabilir (in-app purchase) hale getirerek bir gelir kalemi de yaratabilirsiniz.

Etkileşimler (Interactions)

Oyunculara verdiğiniz kaynak toplama konusunda aynı günümüz ülkelerinde olduğu gibi sen benim etimden, ben senin sütünden mantığıyla takas ya da satın alma kurguları eklenebilir. Mesela çok ağacı olan bir oyuncu, diğer oyuncudan ya da direkt olarak oyunun kendisinden altın alabilir. Bu sayede ufak bir market havası katabilir, oyuncuların ilerlemesine ve seviye atlamasına yardımcı olabilirsiniz.

Sıra (Turns)

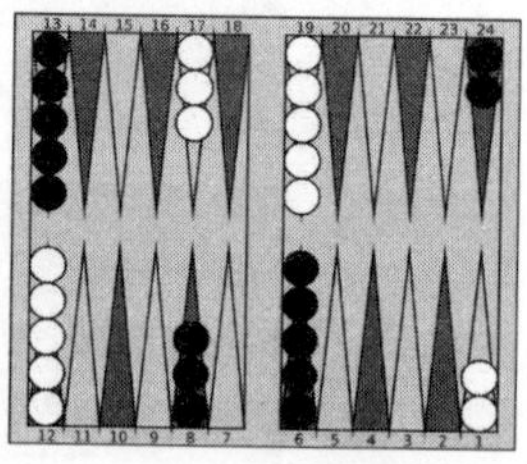

Çoklu oyunculu bir oyun kurgusu tasarladığınızda kuralların da açık bir şekilde belirtilmesiyle birlikte, bir oyuncu bir kere bir aksiyon alıp diğer aksiyonu için sırasını bekler. Böylece diğer bir oyuncu ya da bilgisayar hamle yapmadan bir sonraki hamlesini yapamaz. Bu özellikle çok sayıda kişiyi oyuna çekmek istediğinizde işe yarayan bir mekaniktir. Ancak dikkatli kurgulanmalıdır aksi takdirde sırasını bekleyen oyuncu oyundan vazgeçebilir. Sırayı sadece oyuncularla değil süreyle ve oyundaki başka değişkenlerle de eşleştirerek kurgulayabilirsiniz. Sıra konusunda en çok sevdiğim örnek tavladır. Herkes bir kere zar atma hakkı olduğunu bilir ve ona göre oynar. Arada enteresan anlar da yaşanabiliyor tabi. Ben pulu kırıkken ve koyabileceği tüm yerler kapılarla sımsıkı kapalı iken bile (okullar tatil denir) yine de zar atanlar tanıdım, biliyorum ☺ Güçlü bir mekanik, kenarda tutmanın faydası var.

Kazanma Durumu (Winning Status)

Her oyunlaştırmanın bir amacı vardır. Bu amaç yolunda oyunculara hangi durakta olduklarını göstermek çok iyi bir rehber olabilir. Büyük resmi görmek her zaman oyuncuyu bir sonraki adıma motive eder, hazırlar. Bunun birçok yöntemi olabildiği gibi en basit örnek olarak skorbord'lar gösterilebilir. Burada herkes oyundaki kazananı, puan, seviye veya hangi oyun bileşeniyle yarışma kurgusu varsa onun üzerinden rahatça görebilir.

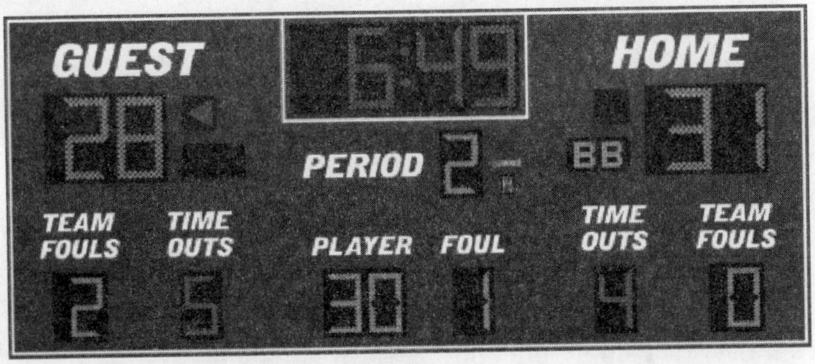

Bileşenler

Son kullanıcının gördüğü, oyunlaştırılan sürece entegre olmuş, oyuncuyla direk etkileşime geçen, arkasında birçok programsal mekanik, dinamik bulunduran ön yüzdeki tasarımsal objelerdir. En çok bilinen ve kullanılanları listeleyerek inceleyelim.

Avatar	**İlerleme Seviyesi**
Achievements	Puan
Rozetler	Görevler
Dövüşme	Kazanma Durumu
Kolleksiyonlar	Liderlik Tablosu
Ödüllendirme	Oyuncu Seviyesi
İçerik Açma	Puan
Sosyal Grafik	Görevler
Ekip -Takım	Sanal Birikimler – Paralar

Avatar

Oyuncuların ilk ilgilerini çeken kendilerinin oyunda nasıl gözüktüğü olur. Oyuncuların oyunda temsili karakterize edilmesine 'Avatar' denilir. Gerçekten tahmin edilemeyecek bir güce sahiptir. Oyuncunun oyunu içselleştirmesinde ve sahiplenmesindeki ana etkenlerden biridir. Kendi görüntüsünü seçebilmesi, güncelleyebilmesi ve hatta ekleyebilmesi gibi özelliklerle diğer oyunculardan farklılaşan oyuncu, profiline ve kendi gelişimine daha çok ilgi duymaya başlar.

Aslına bakarsanız sosyal medya platformlarında kendi fotoğrafımızı profil resmi yapma şansı varken bazı kullanıcılar kendi ismiyle de olsa başka görseller eklemeyi tercih ediyor. Bu bir çizim karakter de olabilir, ünlü bir kişi ya da bir oynadığınız bir oyundaki avatar'ınız. Avatar dendiğinde popüler kültürde akla ilk olarak James Cameron'un 2009 yapımı, ses getiren filmi 'Avatar' geliyor. Filmde de insanlar gelişmiş cihazlarla gerçek dünyada kullandıkları avatar'ları yönetiyorlardı.

Avatar'lar genel olarak forum ve sosyal medya sitelerine üyelik sırasında seçtiğimiz ya da eklediğimiz bir unsur ve o yüzden hâkim olduğumuz bir özellik.

Oyunlaştırmada da aşağıdaki Classdojo avatar'larında gördüğünüz üzere bu oyun mekaniğini çok güçlü ve tematik kullanabilirsiniz. Böylece tüm ortamı ve deneyimi etkileyerek oyunlaştırmayı hızlandırabilirsiniz.

Classdojo, avatar çizimleri ve seviye ilerledikçe yaşattığı gelişim deneyimiyle avatar mekaniğini en iyi kullanan uygulamalardan biri.

Ödüller (Awards)

Klasik oyunlaştırmada ve hatta tüm oyunlarda eğlenceli bir süreçle birlikte ulaşılmak istenen sonuç kazanmak ve çıktı olarak ödüle sahip olmaktır. Çocukluğumuzdan bu yana gönüllü olmadığımız şeyler için annelerimiz eğer yaparsak tatlı, ekstra oyun saati ve hatta bir öpücük ödülüyle motive ederler. Sevmediğiniz bir pırasa yemeğini yersek 1 dondurma daha yiyebilme gibi. Gerçekten anlık ve kısa vadeli çalıştığı ve sonuç alındığı için de birçok uygulama bu motive edici ödüllendirmeyi oyunlaştırma kurgularında kullanır.

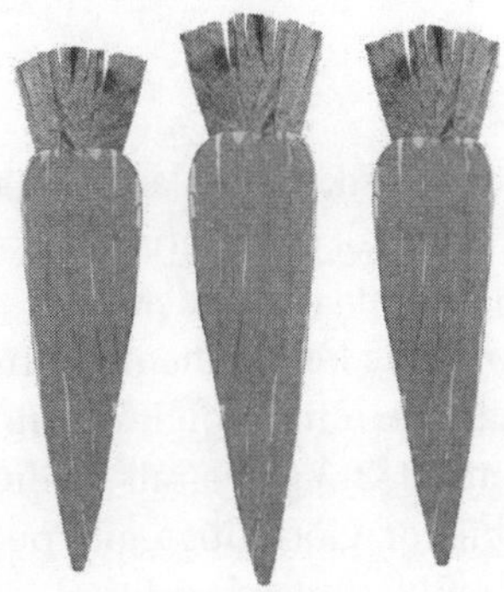

Dilimizde de hem günlük hayatımızda hem de iş hayatımızda bir işi daha cazip hale getirmek için "bir havuç" olarak ödül eklemek deyim olarak yerleşmiştir.

Evet ödül motive edici güçlü bir unsur olarak, özellikle ödül çeşidine ve oyuncu kitlesine uygunluğuna göre çok uygun bir mekaniktir. Ancak bu bazı durumlarda oyunlaştırmanın önüne geçebilmekte ve olumsuz sonuçlar verebilmektedir. Oyunlaştırma temelde "davranış değişikliğini" hedefler ve ödülün niteliğinin de bunu desteklemesi beklenir. Örneğin iş yerinde yapılması istenen takım çalışmasını destekleyecek bir spor faaliyeti için para ödülü verildiğinde bu görev bir zaman sonra "sadece para" yani ödül için yapılmaya başlanacak, ödül ortadan kaldırıldığında yapılmayacaktır. Oysaki oyunlaştırma kalıcı davranış değişikliğini hedefler; ödül gibi oyun mekanikleri belli periyotlarda pekiştireç olarak kullanılır. İşte bu durumda dışsal motivasyon kaynağı olan ödül bir süre sonra asıl sürecin önüne geçer ve oyunlaştırma süreci başarısızlıkla sonuçlanır. İçsel motivasyon sağlandığında ise kişi sürecin kendisine olan faydasının farkında olarak, ödül olmasa da bu işi daha önce birçok kez yaptığı gibi başarmak amacıyla "içselleştirerek" kazanmayı hedefler. Başardıkça gelişen bir duyguyla da dışsal motivasyon kaynağı ve oyun mekaniği olan ödül ortadan kalksa dahi sahip olduğu içsel motivasyon sayesinde benimsediği bu davranışı yaşam alışkanlıklarına katar. Buna çok güzel bir örnek kendi kullandığım adımsayar. Bilekliğimi takmayı unuttuğum ya da şarjının bittiği zamanlar oluyor. Planlı spor saatim geldiğinde sporu yaparsam bileklik ve skorlar için değil artık bir "davranış değişikliği" kazandığım için yapıyorum demektir. Eğer yapmıyorsam konu ödüle bağlıdır ve bu da içselleştirmediğim anlamına gelir. Bu konuyu Oyunlaştırmanın Psikolojik Altyapısı bölümünde detaylıca incelemiştik.

Kısacası ödüller mutlaka sürecin tamamlayıcısı ve amaçla ilgili olmalı ki içsel motivasyonu desteklesin. Hatta ödül değişse ya da kalksa dahi kişiler içsel bir motivasyonla oyunlaştırma uygulamasının içinde kalmaya ve bundan keyif almaya devam edebilsin.

Puan

"En basit ve sık kullanılan oyun mekaniği nedir?" derseniz, yanıtım "puan" olur. Farkında olmasak da hayatımız rakamlarla çevrili. Ölçümlenebilen her değişimi ve davranışı rakamla ifade edebilir ve puan olarak gösterebilirsiniz. Zamana karşı yapılanlar haricinde hemen hemen tüm spor müsabakalarında, çeşitli formatlarda da olsa kazanan puan mekaniği üzerinden belirlenir. Futbol, basketbol, voleybol, boks gibi sporlarda 1-2-3 gibi sıralı sayılırken, tenisteki 15-30-40 gibi farklı formatlar da kullanılabiliyor. Görüldüğü gibi puanlar farklı formatlarda da olsa oyunların en önemli mekaniklerinden biridir.

Sosyal medyada farkında olmasak da 'arkadaş, takipçi, connection sayısı' gibi ölçümlemeler aslında en önemli oyunlaştırma mekaniğidir. Takipçi sayınız ne kadar çoksa profiliniz, yazdıklarınız ve hatta siz o oranda değerlisinizdir. Bir nevi rütbe denilebilir.

Facebook'taki arkadaş sayımız, bir fotoğrafımızdaki beğeni sayısı, Twitter'daki takipçi sayımız, attığımız bir tweet'in retweet, FAV sayısı ve Instagram'da da yine benzer şekilde var olan puanlar üzerinden sosyal medyadaki varlığımızın ve paylaşımlarımızın önemi ölçülmekte. Tüm sosyal medya platformlarındaki arkadaş sayınız, paylaşımlarınızın gördüğü ilgi ve diğer parametrelere dayalı bir algoritmayla sizin tüm sosyal medya durumunuzu puanlandıran bir portal var: KLOUT. Klout üzerinde sizin bu değişkenlerle belirlenen güncel bir puanınız oluyor. Çok önemli bir oyunlaştırma mekaniği ve puanın güzel bir kullanım alanı.

Puan kurgusu için, puan verilecek davranışlar çok iyi analiz edilmeli, kullanıcıya açıklayıcı bilgi verilmeli ve puanlar süreç içinde düzenli paylaşılmalıdır. Özellikle web sitelerinin oyunlaştırılmasında çok başvurulan bir yöntemdir.

Mesela dünyaca ünlü online oyun sitesi Steam, portalini hedef kitlenin de genç olmasından ötürü oyunlaştırmış. Site içindeki aksiyonlarınız için puanlar tanımlamış. Yapılan davranışlara göre aşağıdaki gibi farklı puanlar kazanıyorsunuz. Güzel bir sistem, önemli olan noktası ise bir profil fotoğrafı yüklerken bile kazandığınız puanları oynadığınız oyunda indirim olarak kullanabiliyor olmanız. Süreçle yakından ilişkili ve güçlü iç motivasyon sağlayabilecek bir puan-ödül mekaniği kullanılmış.

Rozetler (Badges)

Klasik oyunlaştırmanın yüzyıllardır kullandığı rozetler, yeni nesil dijital oyunlaştırmanın da en çok başvurduğu oyun bileşenlerinden. Oyuncuların tamamladıkları bir görev sonrası, başarısını sembolize ederek anlatan görsel bir tasarım.

Rozetler için aslında en güzel örnek askeriyedeki rütbe sistemidir. Nasıl kazanıldığı ve mantığı ilgili herkes tarafından bilinir. O rütbeye sahip bir asker, onu -dijitalde profile denk gelecek şekilde- omzunda herkesin görebileceği bir yerde taşır. Rütbelere göre tüm askeriyede farklı bir hiyerarşi ve deneyim mevcuttur. 'Düşük rütbeli bir asker yüksek rütbeli bir askeri gördüğünde selam verir' gibi birçok sosyal kurgu da mevcuttur. Beni en çok etkileyen aslında Nazi döneminde Yahudiler'in giysilerine işlemek zorunda oldukları sarı yıldızdır. Bu çok sevimsiz uygulama insanları birbirinden ayırmakta kullanılan bir rozet verme işlemidir.

Dijital dünyada ise rozetleri Foursquare meşhur etti desek pek yanlış olmaz sanırım. En başında, Foursquare'de gittiğiniz mekânlarda check-in yaptıkça aşağıdaki gibi rakamlara sahip kupa görselli rozetler profilinize ekleniyordu.

Oyunlaştırma örneklerinde detaylıca bahsettiğimiz üzere Foursquare, Swarm stratejisi değişimi sonrası bu rozetleri Swarm uygulamasında daha farklı bir şekliyle 'sticker yani etiket' adıyla kullanmaya devam etti. Oyuncularınıza yaptıkları bazı sıralı ya da zor işler sonrasında vermek üzere bu tarz görseller kurgulayıp tasarlayabilirsiniz. Dilerseniz yaratıcılığınızı devreye sokarak rozet dışında başka isimler de bulabilirsiniz. Foursquare-Swarm oyunlaştırma mekanikleri detaylı incelemesini "Oyunlaştırma Örnekleri" kısmında okuyabilirsiniz.

Buradaki rozet kurgusu da çok basit olmamalı. Turkcell'in genç segmentine gnctrkcll markasına özel yaptığı uygulamasında rozet listesi hem dili hem de kurgularıyla standartların bir tık ötesine geçiyor. Mesela uygulamayı düzenli olarak gece saatlerinde kullananlara belli bir log in olma ve kullanım sayısından sonra 'hacıyatmaz' rozeti, uygulamayı sadece kampanyalar için kullananlara 'bilinçli tüketici', uygulama üzerinden arkadaşlarıyla dakika, sms ve data paylaşanlara 'panpa' ve gncfeste gidenlere özel 'gncfest rozeti' gibi rozetler vererek hem kullanıcılarına birbirlerinin profillerini daha detaylı tanıma şansı tanıyor hem de eğlenceli bir dil ve kurguyla rozetleri değerli kılıyor.

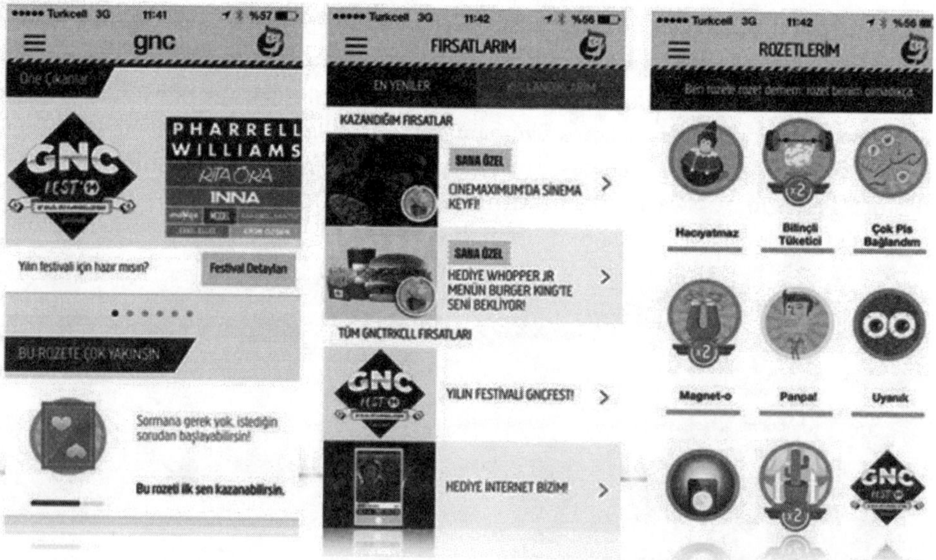

Son olarak klasik olmayan rozet kurgularından bir tanesi de sağlıklı yaşam uygulaması olan FitBit'ten geliyor. Yaptığınız koşuları üzerinde tutan FitBit 1500 kilo metreyi geçerseniz -Yeni Zelanda'yı uçtan uca geçtiğinizde yaptığınız yola karşılık geliyor bu mesafe- size 'İtalya' rozeti veriyor. Sadece rakam yerine ülkelerle belirlemek ve rozete dökmek de gayet yerinde ve hoş.

Rozetleri sıradanlıktan kurtarmak ve oyunun bir parçası haline getirmek biraz da sizin oyun düşüncenizle ilgili. Mesela kazanmadığı bir rozetin tasarımını da gösterecek ve üzerine gelince nasıl kazanabileceğini anlatacak ve hatta o adıma link verecek misiniz? Süper fikir bence. Ayrıca verdiğiniz bir rozeti başka bir kullanıcı kazananın elinden alabilecek mi? (Foursquare-Swarm'daki Mayor'luk gibi) Bunlar hep oyuncuda daha fazla merak ve heyecan uyandırabilecek derin oyun mekanikleridir.

Sınıf içi oyunlaştırma çözümleri sunan Classbadges rozet odaklı yaklaşımı ile çok öne çıkıyor. Her ders ve davranışa göre bir rozet tasarlayarak dilerseniz çıkış alıp fiziksel olarak veya dijital ortamlarda öğrencilerinize verebiliyorsunuz.

Özellikle rozetleri hem Türkçe olarak hem de kendimize özel tasarlayabileceğimiz rozet tasarlama ekranı gerçekten benim çok hoşuma gitti. Böyle esnek bir yapı tüm oyunlaştırma kurgularında olmalı. Bu kadar çok rozetin sınıf içindeki öğrenciler üzerindeki kısa ve uzun vadeli etkileri ve olası tepkileri araştırılmalıysa da yapı çok kolay ve güzel bir şekilde sunulmuş.

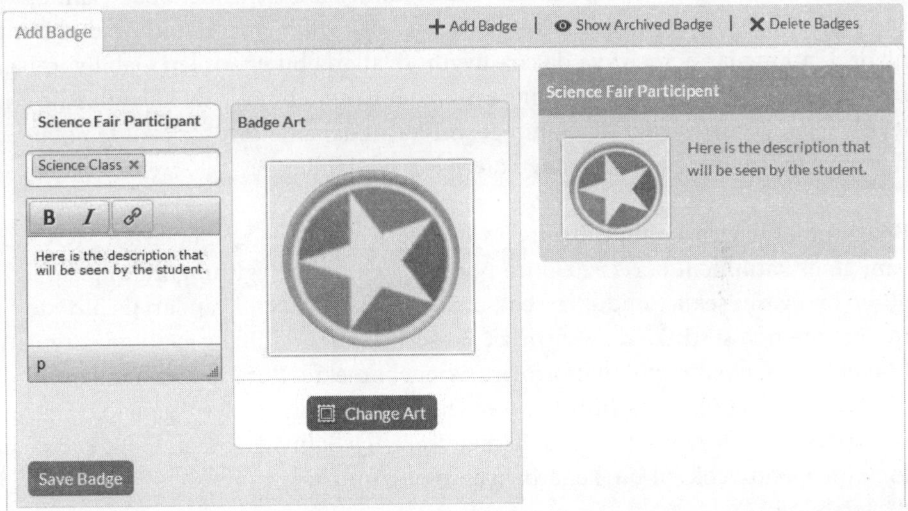

Eğer biraz Adobe Photoshop ya da Illustrator gibi tasarım programlarını biliyorsanız ya da ekibinizde böyle biri varsa internet üzerinde de çok çeşitli hazır rozet şablonları sizi beklemekte.

Rozetler, oyuncuların yeteneklerini, statülerini ve diğer oyunculardan farklılaşmasını sağlayan çok önemli bir oyun mekaniği. Peki, ya bu rozetleri doğduğumuz ülke, mezun olduğumuz okul, aldığımız bir yemek kursu, tropik bir adada yaptığımız tatil gibi bizi tanımlayan her özellik için alabilseydik ve başka kişileri de görebilseydik? Bambaşka heyecan verici bir deneyim olurdu değil mi? Popüler internet tarayıcısı Mozilla bu amaçla rozetler üzerine bir açık kaynaklı proje hayata geçirdi: 'Open Badges'.

Bu projede temelde kişilerin bireysel ya da kurumsal yeteneklerini, aldıkları kursları ve diğer belgeleri sergileyebilecekleri bir rozet sistemi oluşturulmuş durumda. Birebir örnekle açıklayacak olursak: CV'lerimize okuduğumuz okulları yazıyor ve bir iş başvurusu sırasında diploma istenirse elden veriyoruz. Oysaki okulumuz bir sisteme entegre olsa, her bir diploma için (manuel kayıtlar yapsalar da) bir numara oluşturulsa ve bu numaralar Open Badges sistemiyle kontrol edilebilse yani geçerli dijital diplomalarımız olsa.

Eğitim sadece okullardan ibaret değil. Katıldığımız seminerler, devam ettiğimiz özel sertifika programları ve hatta hobi kursları bile sürekli gelişim ve kişiye kattıkları açısından büyük önem taşıyor. Tüm bu eğitimler tamamlandığında birer başarı rozeti verilse ve yine bu sistem üzerinden kontrol edilse. Ülkemizde Halk Eğitim Merkezleri'nde kişisel gelişim, sanat ve mesleki eğitimler gibi birçok eğitim düzenleniyor. Katılımcılar ücretsiz ya da çok uygun fiyatlarla bu eğitimleri alabiliyor. Başarıyla tamamlanan eğitimler için yine aynı rozet sistemi burada da kulanılabilir. Kişiler bir iş başvurusu sırasında eğitim geçmişlerini daha detaylı bir şekilde potansiyel firmaları ve insan kaynakları yöneticileriyle paylaşabilir.

Bu eğitimlerin ayrıca online kısmı da var. Üye sayısı her geçen gün artan MOOC'ler yani geniş katılımcılı ücretsiz eğitim portalleri ile online eğitim günümüzde rağbet gören bir eğitim şekli. Sundukları çok çeşitli içerik ve düzenli yapıları ile birlikte eğitimler sonunda sertifika da veriyorlar. Bu sertifikaların dijital geçerliliği sorgulanabilmekte ve Linkedin gibi platformlara eklenebilmekte. Buradan aldığımız eğitimin diplomasının ikonik görselini -ki bu rozetimsi bir tasarıma denk gelir- CV'mize ya da Linkedin'e ekleyebilsek... Ya da Greenpeace üyeliğimizi, fotoğrafçılık kursu diplomamızı, hatta çok iyi bir Fenerbahçeli olduğumuzu kombine kartımızın ID'si ile gösterebilsek.

Mozilla burada büyük bir sorumluluk üstlenerek tüm rozet altyapısını ve geliştirme kodlarını açık kaynaklı veriyor. Open Badges*, burada gelecek vaat eden yukarıda da bahsettiğimiz yapıyı dijitalleştirebilecek çözümler için rozet altyapısı sağlıyor.

* Mozilla Rozetler https://wiki.mozilla.org/Badges

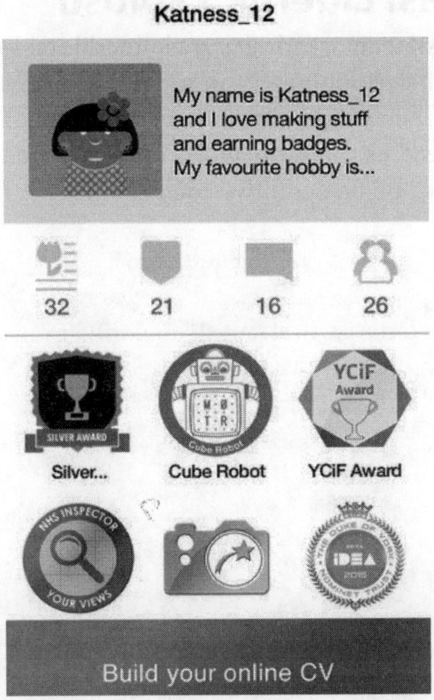

Liderlik Tablosu: (Leaderboard)

Geleneksel oyunlaştırma da ayın elemanı gibi bir mantıkla, oyuncuların birbiriyle sosyal bir yarış içinde olduğu kurguda, son durumu bir liste halinde yayınlanarak rekabetin artmasını sağlayan mekaniktir. Yine en çok başvurulan ve basit gözüken mekaniklerdendir. Ancak bazen oyunlaştırmanın başarısız olmasının da en büyük nedeni olabilmektedir. Örnek verecek olursak bir oyunlaştırma kurgusuna ciddi bir emek ve süre ayıran oyuncu liderlik tablosunda kendisinde düşündüğü yerde göremezse demotive olabilir ve normalde ilerleyebilecek durumdayken vazgeçip bırakabilir. Bu yüzden her sürece ezbere eklenmemeli ve eklendiği kurgularda kullanıcıya nasıl daha ileriye gideceğini aktarmalıdır.

Arkadaşlar Arası Liderlik Tablosu

Örnek olarak en çok rastlanan arkadaşlar arası liderlik tablosu aşağıdaki gibi Nike FuelBand ve Duolingo sitelerinde süre kırılımı vererek görebiliyorsunuz. Burada diğer tüm kullanıcılarla karşılaştırmaya yer verilmemiş çünkü siz küçük bir ilerleme ile birçok arkadaşınızı geçerek motive olabilecekken dünyada milyonuncu sırada olmaya devam edebilirsiniz; bu da demotive edici olabilir.

Swarm da etiket üzerinden sizin ve arkadaşlarınızın durumunu gösteren bir liderlik tablosu yayınlıyor. Bu tabloya istediğinizde değil sadece o etiketi kazanınca anlık ulaşabiliyorsunuz.

Tüm Kullanıcılarla Liderlik Tablosu

Diğer bir versiyon ise liderlik tablosunda sadece arkadaşlarla değil oyunu oynayan tüm kullanıcılarla oluşan sıralamanın göstermesidir. Burada önemli olan, aşağıdaki örnekteki gibi kullanıcı ile birinci arasındaki puanı gösterebilmek ve istendiğinde arkadaşlarıyla olan versiyona da geçiş yapabilmektir. Eğer birinciyle arasındaki puan farkı çoksa, puanın hemen yanına bir artırma butonu eklenip, buraya tıkla ve birinciye 10 puan daha yaklaş gibi bir ek kurgu sunulabilir. Ancak bu fonksiyon kötü kullanımı engellemek için çok detaylı bir çalışma ile geniş bir perspektiften bakılarak eklenmelidir. Sözgelimi 8 saatlik bir zaman içinde yalnızca 1 defa kullandırtmak gibi.

Burada artık tümüyle puan, rozet ve liderlik tablosu oyun mekaniklerinin gücünü, dikkat edilmesi gereken unsurlarını ve kurgularını anlattıktan sonra, "oyunlaştırma" da metafor haline gelen PBL: Points-Badges-Leaderboard yani Puan, Rozet, Liderlik Tablosu çıkmazına geçelim. Özellikle Foursquare ile başlayıp birçok başka oyunlaştırma kurgusunda da kullanılınca oyunlaştırmanın sadece PBL'den oluştuğu ve her oyunlaştırmanın mutlaka bu mekaniklere sahip olması gerektiği algısı oluştu. Birçok oyunlaştırma entegrasyonu sadece bu 3 elementle yapıldı ve doğal olarak bazılarında çalışmadı. Bu yüzden oyunlaştırma sektöründeki uzmanlar, bu mekaniklerin güçlerinin bilincinde olarak, doğru yerde doğru kurguyla kullanılması gerektiğini vurgular.

Burada bahsetmeden olmaz; gamification gurularının online bir liderlik tablosu var: https://www.rise.global/gurus adresinden dünyadaki tüm oyunlaştırma uzmanlarının aktifliğine göre sıralandığı bir listeye ulaşabilirsiniz.

Bileşenler - Seviye ve İlerleme Durumu (Level / Progress Bar)

Oyuncularınıza mutlaka bir seviye vermelisiniz ki bilgi ve deneyimlerine göre ayrışabilsinler ve onlara özel uygulamalar gerçekleştirebilin. Bu seviyeler kolay kolay en yukarıya varamayacak ve çok hızlı yükselemeyecekleri şekilde olmalıdır. Böylelikle oyuncuya bazı aksiyonlar aldırarak bu level'ları geçmesini isteyebiliriz. Çok tanıdık bir örnek olarak dövüş sporlarındaki renkli kuşakları düşünebiliriz. Tüm sporculara, bilgi ve başarı deneyimleri ile belirlenen seviyelerine göre, o seviyeyi sembolize eden renkte bir kuşak verilmektedir. Böylece her bir sporcunun hangi seviyede olduğu kuşağının renginden anlaşılabilmektedir. Bir sonraki seviyeye geçildiğinde de kuşak rengi yeni duruma göre değişmektedir.

Oyunlaştırma kurgularından en sık başvurulanlardan biri de seviye bildirme ve ilerleme durumudur. Aslında burada 2 ayrı mekanik olsa da beraber kullanılarak tek tasarıma yedirilebiliyor.

Benim favori kişisel spor uygulamam Run Keeper'daki "Progress Bar/İlerleme Durumu" mekaniğini inceleyerek devam edelm. Yapılan spor aktivitesi olarak koşu üzerinden konuşacak olursak: Kişisel koşu, günlük ve toplam kilo kaybı hedeflerinizi uygulamaya giriyorsunuz. Devamında sol ekranda harita üzerinde koştuğunuz mesafeyi, bunun hedefinizin ne kadarını etkilediğini ve ne kadar kilo kaybı sağladığını grafiksel görebiliyorsunuz.

En başarılı Progress Bar / İlerleme Durumu örneklerinden biri Linkedin tarafından kullanılmaktadır. Linkedin profesyonel bir iş / kariyer web sitesi. Sizi çok hızlı üye olarak almalı, o süreçte 1-2 bilgi yeterli olmalı. Ancak eğitim, diploma, okul, çalıştığınız işyerleri gibi diğer bilgilerinizi de detaylı olarak alma istiyor. Bunun için Linkedin'e her giriş yaptığınızda bilgilerinizi kaç adımda girebileceğinizi gösterdiği bir üst-yan ekran açıyor. Bilgilerinizi girdiğinizde de en son adım olarak sosyal medyadan profilinizi paylaşabileceğiniz bir link ekliyor. Çok zekice!

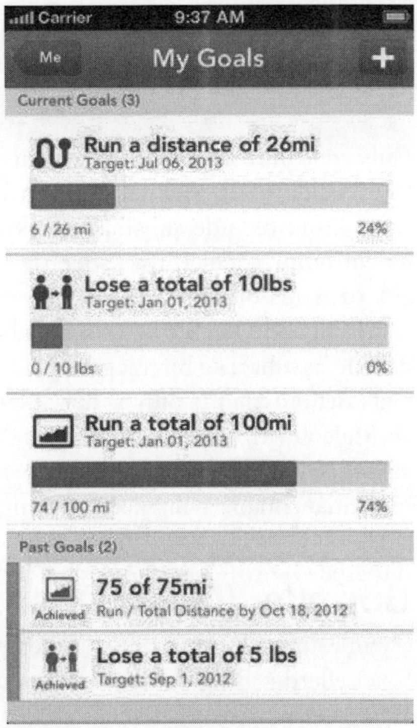

Linkedin, profilinizin kişisel bilgi seviyesini de size aşağıdaki gibi düzenli olarak bildiriyor. Üzerine tıklayarak sonraki adım için ne yapmanız gerektiğini de öğrenebiliyorsunuz.

Progress bar kullanan yani ilerleme durumunu gösteren tasarımlar son zamanlarda Levels dediğimiz oyuncu seviyeleriyle birlikte de kullanılmaya başlandı. Mesela Duolingo seviyenizdeki ilerlemeyi rakamsal olarak 7'den 8'e gibi gösteriyor. Aldığınız eğitimleri Experience (kısaltımı XP) olarak puan kurgusuyla yazıyor ve bu puan da progres barı ilerletiyor. Bir dönemin çok popüler oyunu Farmville'den örnek verecek olursak: Bulunduğunuz seviye yıldız içinde gösterilirken sonraki seviyeye geçmek için gerekli olan kısmı da rakam ve tasarım olarak sol tarafta göstermekteydi.

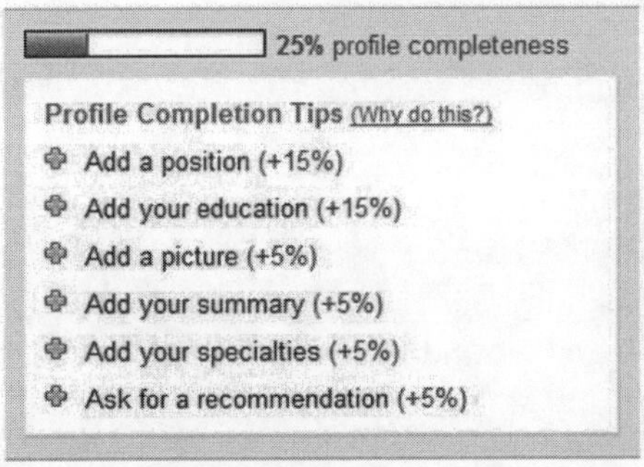

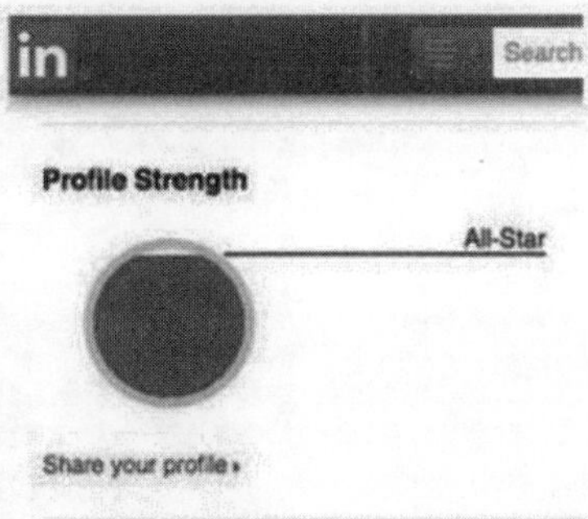

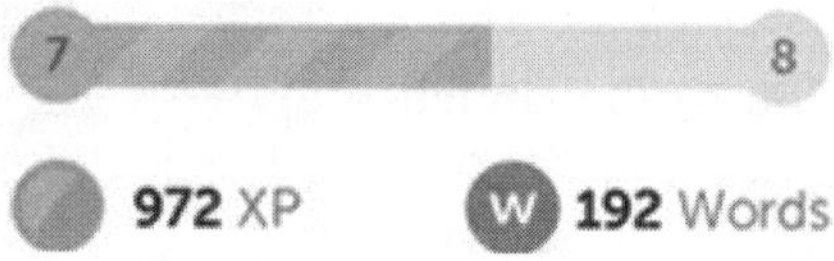

Ünlü düşünür Malcolm Gladwell herhangi bir konuda uzmanlaşmak için en az 10.000 saat bilfiil üzerinde çalışmak gerektiğini söyler ve bunu çocuk piyanistler de dahil birçok uzmanla örnekler. Oyun tasarımcısı Jane McGonigal de Reality is Broken adlı kitabında" 21 yaş itibarı ile birçok genç 10.000 saatten fazla oyun oynamış oluyor der.* Böylece Jane ve Malcolm'un tezlerine birlikte bakarsak 21 yaşını geçmiş birçok genç oyun oynama konusunda uzman sayılabilecek duruma gelmiş durumdadır.

Görevler (Quests)

Oyunlaştırma kurgularında verilen görevler (quest) en önemli hedeflerdir. Bu görevler tamamlanırken oyun kurguları hayata geçer ve hedefler gerçekleşir. Bu hedefleri toplu olarak görebilmek ve bu hedeflerde büyük resmin neresinde olduğunuzu anlayabilmek, süreci devam ettirebilmek adına müthiş bir katkı sağlıyor. Knowre adlı klasik eğitim sitesi, bölümlerini bir haritanın parçaları olarak tanımlıyor. Kullanıcı eğitimlerini tamamlandıkça haritada erişebileceği yeni bölümler açılıyor. Böylelikle içinde merak ve heyecan olan bir motivasyon sağlanmış oluyor.

* McGonigal, J. Reality is Broken (2001) Penguin Press

Daha önce de bahsettiğimiz Duolingo sitesi, tüm eğitim bölümlerini tek tek göstererek size seçme imkânı veriyor ve nerede olduğunuzu her zaman gösterebiliyor.

Çok genel anlamda oyun mekaniklerini ve kullanım mantıklarını açıklamaya çalıştım. Aslında bir bu kadar daha ve hatta belki biraz daha fazla oyun mekaniği mevcut. Mesela zaman bazlı bir aksiyon aldırmak istediğinizde geri sayım mekaniği kullanabilir, bunu bir pimi çekilmiş el bombası görseliyle süreyi geri sayarak gösterebilirsiniz.

Başka bir kurguda zamanı bir termometreye, verilen doğru cevapları ya da alınan aksiyonları da başka bir termometreye bağlayarak soru-cevap şeklinde bir oyunlaştırmaya da gidebilirsiniz.

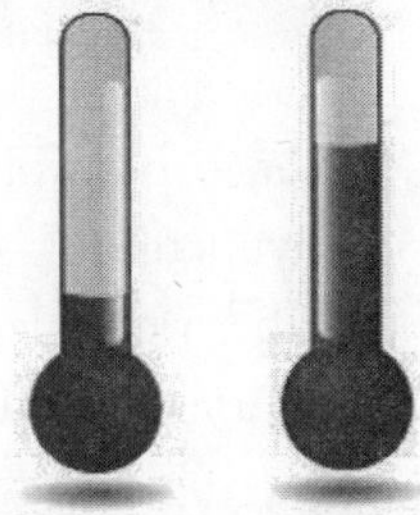

Kısacası burada ihtiyacınız olan oyun kurgusunu doğru mekanik ve bileşenlerle oyunlaştırma olarak sürecinize katabiliri daha hızlı ve doğru aksiyonlar aldırmaya yardımcı olabilirsiniz. Diğer bazı oyun mekanikleri için Mario Herger* ve Andrzej Marczewski'nin blog yazılarına göz atabilirsiniz.**

Örnek Bir Oyun Mekanikleri Analizi: SEK SEK!

Oyunlaştırmayı sağlayabilecek birçok oyun unsuru, mekaniği ve tarzını işledik. İşleriniz için bu oyun kurgularının hangilerinin ne şekilde uygun olacağını düşünmeden, gelin var olan geleneksel bir oyunun mekaniklerini ve birbirleriyle ilişkilerini de inceleyelim ki siz de kendi oyun kurgunuzda kendi mekaniklerinizi sadece eklemekle kalmayıp daha derin bir seviyede onları ilişkilendiriyor olun.

Seksek, fazlasıyla aşina olduğumuz geleneksel bir sokak oyunudur. Yere birbirine bitişik kareler çizilir ve çizgilere basılmaması esasına göre oynanır. Oynamak için yassı bir taşa veya benzer bir objeye ihtiyaç vardır. Seksek farklı kurallarla oynanabiliyor. Ben burada taşın tüm karelerde tek ayakla ilerletildiği şeklini değil, taşın bulunduğu karenin üzerinden atlayarak geçilen versiyonunu incelemek istedim. Oyuncular taşı sırayla çizilen alana atarlar. Karelere sırasıyla isabet ederse atış başarılıdır, etmezse sıra diğer oyuncuya geçer. Oyuncu, taşın bulunduğu karenin üstünden atlayarak, tek ayağının üzerinde bütün kareleri sırasıyla geçer. Dönüşte de yine çizgilere değmeden taşı geri alır. Bu şekilde taşı tüm karelere atarak ve her bir atış için aynı şekilde oynayarak turunu tamamlamış olur.

* Marczewski, A. 52 Gamification Mechanics and Elements
** http://www.gamified.uk/2015/02/04/47-gamification-elements-mechanics-and-ideas/

Gelin önce mekaniklere bakalım:

- Oyuncular
- Tebeşirle çizilen eşit büyüklükte ayak sığabilecek kutular
- Sınırlar / Kurallar
- Taş
- Rekabet
- Sıra
- Yetenek
- Kazanma / Kaybetme

Kurallara bakarsak:

- Taş atarak başlanır, taş sırasıyla her bir kareye getirtilmelidir.
- Mutlaka bir karenin içine gelmeli yoksa sıra diğer oyuncuya geçer.
- Taş mesela 2 numaralı kutuya geldiyse 2nin üzerinden zıplanmalı, ayak dokunursa oyuncu sırasını kaybeder.
- Oyuncu taşın olduğu kutuya gelince taşı eline almalı, düşürürse oyun sırasını kaybeder.
- Oyuncu tam bir turu tamamlar ve taş elinde başlangıç noktasına dönerse kazanır!

Seksek oyunu için kuralları ve mekanikleri yukarıdaki şekilde yazabiliriz. Siz de oyun ve oyunlaştırma kurgunuzu listeleyerek yazılı tutabilirsiniz. Kurgunuzun açık ve net bir şekilde yazılı olması her zaman önemlidir. Dileyen oyuncular bu kural ve mekanikleri okuyabilmeli ve diğer oyuncularla eşit şartlarda oynadığına emin olmalıdır.

"Kullanıcı Deneyimi ve Oyunlaştırma İlişkisi"

(Akar Şümşet Katkılarıyla)

Henüz kullanıcı deneyimi tasarımı -ya da ülkemizdeki popüler adıyla UX Design (!)- nedir, ne değildir çözememişken son dönemlerde bir de karşımıza oyunlaştırma (gamification) çıktı. "UX neydi? Oyunlaştırma da ne? Bunların birbiriyle ne alakası var? Niye bu adamlar rahat durmuyor da hep bir şeyler üretiyorlar? Bunların hepsi kuru gürültüden mi ibaret yoksa gerçekten işe yarıyor mu?.." Bu soruların, şüphelerin, şikâyetlerin sayısını kolaylıkla artırabiliriz. Gelin, soru işaretlerine odaklanmak yerine bunları nasıl cevaplarız, ona bakalım.

Kullanıcı deneyimi tasarımı ve oyunlaştırma ilişkisinden bahsetmek için önce bu iki kavramın ne olduğu konusunda anlaşmamız gerek. Özellikle böylesine yeni ve karmaşık kavramlar sıklıkla yanlış anlaşılabildiğinden daha temel tanımlamalar üzerinden hareket etmemiz şart. Böylelikle üzerine inşa edeceğimiz kavramlar için güçlü bir altyapı elde edebiliriz. Kullanıcı deneyimi tasarımı ile başlayalım.

Kullanıcı Deneyimi Sadece Kullanıcıya mı Ait?

Bir e-ticaret sitesinin kullanıcı deneyimini düşünelim:

1. Kullanıcı siteye girer
2. Arama yapar/ürünlere bakar
3. Beğendiği ürünün detaylarını inceler
4. Ürünü sepetine atar
5. Ödeme adımlarını tamamlar

Deneyim aşağı yukarı böyle iken kullanıcı deneyimi tasarımcısı ne yapmalı? Tarif edilen bu adımların hepsini, kolayca geçilecek ve göze hoş gelecek şekilde tasarlamalı." Gayet açık değil mi? Değil. Değil çünkü bu akış, alışverişin site üzerindeki kısmının "nasıl" gerçekleştiği dışında (ki onu da pek yüzeysel tarif ediyor) pek bir şey söylemiyor. Kullanıcı "neden" bir şey alıyor? Site bunu "neden" satıyor? Kullanıcı bu ürünü "neden" başka bir yerden değil de buradan alıyor?... Bu en temel "neden" sorularının cevaplanmadığı yerde "nasıl" sorusunun sayısız farklı cevabı olacaktır. Nihayetinde, öyle ya da böyle (genellikle de şirketin baskın departmanlarının istediği yönde ve "deadline"a uyacak şekilde) bir karar verilecek ve çoğu zaman olduğu gibi "neden" başarısız olduğu anlaşılmayan işler ortaya çıkacaktır.

Deneyim tasarımını incelemeye bir örnek üzerinden devam edelim. Örneğin sadece cep telefonu ve cep telefonu aksesuarları sattığımız bir web sitemiz olsun. Tasarımcınız "listeleme sayfasında tek tıkla satın al" gibi bir fonksiyon üzerine çalışıyor, ne güzel... Peki, sitede tek tıkla satın almak mümkün olmalı mı? Sorunun cevabı kolay görünüyor. "Alışverişi hızlandırdığı için elbette olmalı." Ne de kolay bir işmiş deneyim tasarımı (!) İşleri kolaylaştıran şeyleri yapmaktan ibaret işte. Ya da değil...

Şöyle biraz daha derine gidelim ve bir kullanıcının neden bizden telefon aldığını düşünelim. Diyelim ki, kullanıcıların bizi tercih etmesinin sebebi cep telefonu fiyatlarında en uygun seçenek olmamız. Peki biz bunu nasıl sağlıyoruz? Varsayalım ki telefonlardaki kâr marjını düşürerek. Kâr marjını düşüren firmanın bunu telafi edecek bir yöntemi olmalı, değil mi? Özellikle rekabetin böylesine yüksek ve kar marjlarının böylesine düşük olduğu bir sektörde kesinlikle bir telafi yöntemi gerekir. Bunu da aksesuar üreticisi olmasının getirdiği avantaj ile kapattığını düşünelim.

Şimdi asıl soruya geri dönelim: "Listeleme sayfasında tek tıkla satın alma özelliği olmalı mı?" Her ne kadar satın alma adımlarını azaltsa da bizim sitemizde böyle bir özellik olmaması gerektiği artık çok açık değil mi? Neden? Çünkü telefonlardaki karımız az ve ana gelir kaynağımız aksesuarlar. Dolayısıyla cep telefonu satışlarımızı artırması olası olan bu özellik, aksesuar satışını azaltacağından karlılığımızı da düşürecektir. (İyi deneyim tasarımcıları buna da çözüm üretir elbet ama konumuz o değil.) İşte, ilk bakışta gayet akılcı olan, kullanım kolaylığı sağlayan "tek tıkla satın al" gibi bir özellik bile kimi zaman asla yapılmaması gereken bir iş olabilir. Tam da bu sebeple "şu özellik/yöntem/yaklaşım hakkında ne düşünüyorsunuz?" gibi sorulara iyi tasarımcıların cevabı "duruma göre değişir" olur.

Bu gibi tasarım kararların alınmasında daha birçok önemli kriter var. Örneğin işin ROI (yatırımın geri dönüşü) kısmına girmedik bile fakat sanırım bakış açımız artık açık. (Bu konuda daha iyi yapılandırılmış ve teknik bilgi için Jesse James Garrett'ın "The Elements of User Experience Design" kitabı* iyi bir başlangıç olacaktır.) Bir şirketin nasıl para kazandığını, kullanıcılarının neye ihtiyaçları olduğunu, nasıl motive olduklarını bilmediğimiz sürece tasarım kararları vermenin kumar oynamaktan çok da bir farkı yok. Ve hepimiz biliyoruz ki kumar oynarsak sonunda kasa kazanır.

* The Elements of User Experience User-Centered Design for the Web http://www.jjg.net/elements/

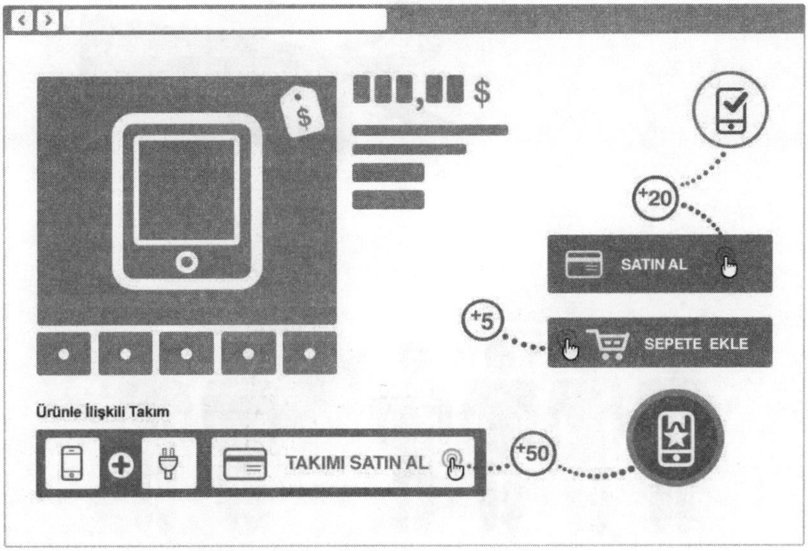

Oynamak demişken, artık sözü oyunlaştırmaya getirmenin vakti geldi. Nedir bu oyun gibi duran ama oyun olmayan, her yerde karşımıza çıkan ama ne olduğu meçhul şey? Henüz 10 - 15 yıldır bugün bildiğimiz manası ile kullanılan bir kavram olduğundan, oyunlaştırmanın ne olduğu üzerine birçok farklı tanım var. Kimi daha çok oyun elementlerine vurgu yaparken (Werbach) kimileri davranış değişikliğine yönelik (Hamari) tarifler veriyor. Tüm bunların birleştiği iki nokta var: "İş hedefleri ve motive edilmiş kullanıcılar". Kullanıcı deneyimi ile ne kadar paralel olduğunu fark ettiniz, değil mi? Daha net bir tanım verecek olursak: Oyunlaştırma, kullanıcıları iş hedeflerimiz doğrultusunda motive etmek için oyunlardan tanıdığımız yaklaşımların kullanıcı deneyimi içerisine yerleştirilmesidir. ☺

Gelin şimdi de 'oyunlaştırma ile kullanıcı deneyimi nasıl kesişiyor, kullanıcı deneyimi tasarımcıları neden oyunlaştırma bilmeli; tüm bunları nasıl kullanmalı' sorularına cevap arayalım.

Teknoloji öyle bir noktaya geldi ki artık herhangi bir ihtiyaç için onlarca ve hatta on binlerce (mHealth App Developer Economics 2014 raporuna* göre 100.000 adet sağlık uygulaması var piyasada) alternatif bulabiliyoruz. Bu kalabalıktan nasıl sıyrılacağız? 100.001'inci sağlık uygulaması nasıl olacak da müşterilerini yakalayacak? Diyelim ki müşteriyi yakaladı, uygulama kendini nasıl denetecek? Deneyen kişileri nasıl kendisinde tutacak?... İşte bu "sıyrılma" (unique value proposition - eşsiz değer önerisi ile gerçekleşir) "yakalama" (acquisition), "denetme" (activation) ve "tutma" (retention) adımları için oyunlaştırma harika bir araç.

100.000 sağlık uygulamasının da gösterdiği üzere artık tek başına "ihtiyacı giderme" bir ürünün hayatta kalması için yeterli değil. Teknoloji, seçenek sayısını artırdığı kadar farklılaşma imkânlarını da azalttı. Artık her uygulama güzel, responsive bir arayüze (bootstrap vb. platformlar), performanslı bir teknik altyapıya (backend as a service ve cloud platformlar), akıcı bir kullanıma (material design vb. rehberler) sahip olabiliyor. Bu durumda kullanıcıların tercih sebebi olmak için "elle tutulur" bu kritlerlerden ziyade motivasyonel unsurlar ön plana çıkıyor. Örneğin, artık sağlık uygulamalarının dayanak noktası tek başına insanların sağlıklı olma isteği olamaz. Bunu tüm sağlık uygulamaları biliyor ve biraz eksik, biraz fazla da olsa sağlıyor. Her birinin daha farklı ve iyi yapması gereken şey kullanıcılarını sağlıklı kalmaya motive etmek olmalı ki "sıyrıl, yakala, denet, tut" adımlarını atlasınlar ve nihayetinde tavsiye (referral) edilen ve gelir (revenue) getiren bir işe sahip olsunlar.

* mHealth App Developer Economics (2014) The State of the Art of mHealth App Publishing http://research2guidance.com/r2g/mHealth-App-Developer-Economics-2014.pdf

"AARRR'ın En Önemli R'si ve Oyunlaştırma"

Evet, yukarıdaki tarif Dave McClure'un meşhur AARRR'ından başka bir şey değil*. Acquisition (Yakalama), Activation (Denetme), Retention (Tutma), Referral (Tavsiye) ve Revenue (Gelir) ya da kısaca AARRR, 500 Startups'ın kurucusu Dave McClure'un ortaya koyduğu, kullanıcı yaşam döngüsü metrikleridir. "Bu metriklerin en değerlisi nedir?" sorusunun cevabına kolayca "gelir" diyebiliriz fakat unutmayalım ki "gelir" sadece bir sonuçtur ve biz o sonuca nasıl gideceğimizi arıyoruz. Bu perspektifle tekrar bakacak olursanız cevabınız ne olurdu?

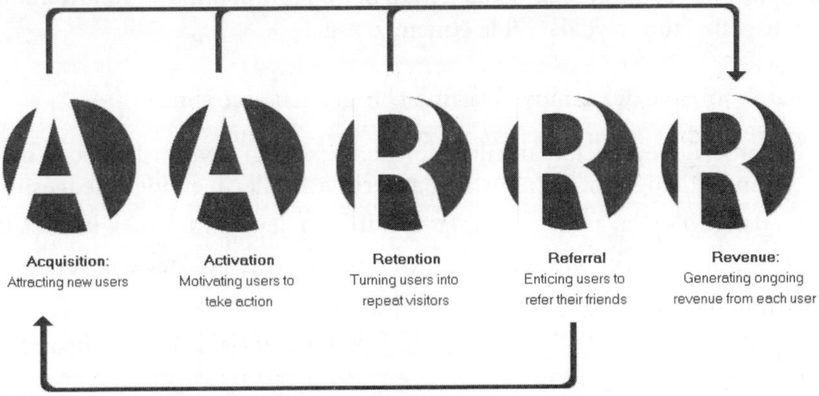

Sizi bilmem ama bana ve birçok araştırmaya göre, (örneğin Invesp Consulting'in getelastic.com'da yayınlanan araştırması) en önemli metrik Retention (Tutma). Invesp'in araştırmasından bazı satır başlarına bakarak "neden" kısmını kolayca geçelim ve "nasıl" kısmına gelelim.

* Product Marketing for Pirates: AARRR! (aka Startup Metrics for Internet Marketing & Product Management) http://500hats.typepad.com/500blogs/2007/06/internet-market.html

- Yeni bir kullanıcı elde etmek mevcut bir kullanıcıyı tutmaktan 5 kat pahalı
- Yeni bir kullanıcıya satış yapma olasılığınız %5-20 aralığındayken mevcut kullanıcı için bu olasılık %60-70
- Mevcut kullanıcıların yeni bir ürününüzü deneme olasılığı yeni kullanıcılara göre %50 daha fazla
- Aynı şekilde mevcut kullanıcılar %31 olasılıkla aynı hizmet için daha fazla para ödeme eğilimindeler
- Tuttuğunuz kullanıcıların oranını sadece %5 artırmak, kârlılığınızı %25 - 95 artırabiliyor
- Firmaların %89'u kullanıcı deneyimi tasarımının "tutma" için önemli bir enstrüman olduğunu düşünüyor

"Tutma"nın değeri veri sevenler ve hatta sevmeyenler için dahi yeterince açık sanırım. Peki "tutma" ile tam olarak neyi kastediyoruz? En açık anlatımıyla, kullanıcılarımızın ürünümüzü sık sık kullanmalarını. Son maddeye bakacak olursak, kullanıcı deneyimi "Tutma" için çok önemli bir enstrüman olarak görülüyor. Gelgelelim, girişte de konuştuğumuz üzere iyi bir deneyim tasarımı tek başına yeterli değil. Oyunlaştırma artık devreye girmeli. Peki nasıl?

Temellerine bakacak olursak oyunlar gibi oyunlaştırma da döngülere dayanır. (Werbach'ın 4. D'sini hatırlayın) Bu döngüler sonucunda alınan geri bildirimler, hem kazanımlar (puan, rozet, seviye, sticker vb.) sağlayarak hem de temel ürünün üzerine bir hikâye kurarak kullanıcıları kendine bağlar. Döngüler ise ürünün sık sık kullanımını teşvik ettiğinden, kullanıcıları üründe tutmamızı ve nihayetinde yukarıda bahsedilen tüm faydaları elde etmemizi sağlar.

Son olarak şimdiye dek konuştuklarımızı bir gözden geçirelim.

- Kullanıcı deneyimi, kullanıcıların bizden beklediği davranışlar kadar, bizim onlardan beklediğimiz davranışları da içerir ve bunların en ideal dengesini arar.
- Bu dengeyi sağlayamayan ürünler sundukları deneyimi sürekli kılamazlar.
- Sayısız alternatifin olduğu günümüzde iyi bir deneyim sunmak yetmez. Kullanım motivasyonunu da güçlendirmek gerekir.
- Oyunlaştırma, hedef davranışlar üzerine kurgulanmış motivasyon odaklı yapısı ile
- Onca ürün içinden sıyrılmak için bir fırsat temin eder.
- Kullanım motivasyonunu arttırır.
- Kullanıcı metriklerinin en önemlisi "Retention" (Tutma) için çok önemli bir enstrüman sunar.
- Nihayetinde hem ürünü sunanları hem de kullanıcıyı mutlu eder.

Bu özet çok güzel bir sihirli değnek varmış hissi verse de asla kastım bu değil. Unutmayalım ki oyunlaştırma da bir tasarım faaliyeti ve doğal olarak birtakım belirsizlikleri ve önemli riskleri de beraberinde getiriyor. Ancak iyi tasarlandığında ve bu iyi tasarım sürdürülebilir (diğer bir deyişle karlı ve sürekli iyileştirilen) şekilde hayata geçirildiğinde işe yarar olması söz konusu. Bunun için de iyi tasarımcılarla sabırlı bir şekilde çalışmamız ve kendimizi eğitmemiz şart. Eğitim demişken; birilerinin böyle bir kitap hazırlaması ne kadar da harika bir iş değil mi?

Oyunlaştırma Neden, Ne zaman ve Nasıl?

(Niels van der Linden katkılarıyla)

Oyunlaştırma süreçlerinin tümüne hâkim olmaya başladınız. Doğru hedef kitle, doğru analiz ve hedeflerle, doğru mekanikleri parça parça uygulamak genel olarak kullandığımız yöntemler. Peki, bu süreçte en çok hangi hatalar yapılıyor, gelin tek tek inceleyelim.

1: Oyunlaştırmayı "havalı bir şey" olduğu için eklemek

Evet, oyunlaştırma kulağa çok hoş ve havalı gelen bir şey ama ücretli izin, işi ekip sinemaya gitmek, geç saatlere kadar uyumak ve kar tatili de öyle. Yine de bunların hiçbiri çalışan verimliliğine, kurumsal karlılığa veya müşterilere yardımcı olmaya bir katkı sağlamıyor. Bir şeyin eğlenceli olması onun doğal olarak doğru bir şey olduğu ya da bir gelişim ve öğrenmeye yol açtığı anlamına gelmez.

Oyunlaştırma çabalarının birçoğunun başarısız olduğunu gördüm, çünkü ekip üyeleri oyunlaştırma öğelerinin "havalı" oluşuna çok fazla kendilerini kaptırmışlar ve gerekli olan öğrenme kısmına odaklanmamışlardı. Havalı olma kavramı genellikle oyunlaştırma için tam bir nedenden çok altta yatan bir eğilimdir. Fakat havalılığın oyunlaştırma için sebep olmasının en ufak bir şüphesi bile oyunlaştırma çabalarını hedefinden saptırabilir.

Eğer ne kadar havalı olduğuna dair konuşmaların öğrenme hedeflerinin ya da sonuçların önüne geçtiğini fark ederseniz bir adım geriye çekilip her şeyden önce organizasyonunuzun oyunlaştırmayı strateji olarak neden seçmiş olduğunu yeniden inceleyin. Havalı olma faktörü bu stratejinin sebebi olarak öne çıkıyorsa kendinizi kurumsal liderlik basamaklarının en altında bulabilirsiniz.

2: Kazanmaya çok fazla odaklanmak

Öğrenmenin oyunlaştırması öğrenme üzerinedir. Herkesin kazanmak için uğraştığı bir yarışma haline dönüşmemelidir. Tecrübelerime göre bahisler fazla yüksek ya da ödüller fazla değerliyse çalışanlar öğrenmekten çok kazanmaya odaklanırlar. Dil, müzakere ve oyunlaştırılmış deneyimin çerçevesi, öğrenme ve bilgi kazanma üzerine merkezlenmelidir. Kazanmak ikincil olmalıdır.

Bir oyunlaştırma platformu yaratırken, uygularken ya da değerlendirirken ilk sormanız gereken soru, "Bu öğrenmeye katkıda bulunacak mı?" olmalıdır. Eğer cevap "Bilmiyorum," ya da "Emin değilim," ise, net bir öğrenme fikrine erişinceye kadar uygulama arzunuza direnin. Net bir performans hedefi daha bile iyi olabilir.

Çalışanların oyunlaştırma deneyimi bittiğinde neyi yapabilir hale gelmiş olmalarını beliyorsunuz? Daha az kalite hatası yapar hale mi gelecekler, daha çok ürün mü satacaklar, yoksa daha iyi bir müşteri hizmeti mi sunacaklar? Etkilemeye çalıştığınız hem öğrenme hem de performans hedeflerini bilmeniz ve anlamanız gerekiyor. Oyunlaştırılmış bir etkinlikte "kazanan" biri olması iyidir ama sonunda o kişi daha iyi bir performans göstermiyorsa elde kazananınız değil kaybedeniniz vardır.

3: Puanların ve rozetlerin doğru kullanımını anlamamak

Oyunlaştırmanın en çok kötülenen ve hatalı kullanılan yanlarından bir tanesi de puanlar ve rozetlerdir. Pek çok kez puan "kazanmak" ve rozet elde etmek, gerçek çalışmayla ve bilgi edinmeyle ilgili değildir. Öğrenme ve motivasyonel taraftan incelendiğinde, oyunlaştırma çabasının etkili olması için başarıların verilmesi değil, hak edilmesi lazımdır. Öğreneni belirli bir performans gösterdiği için ödüllendiren başarı seviyelerini kullanın, sadece katılım gösterdikleri için değil.

Eğer oyuncu "ucu ucuna" bir aktiviteyi ya da görevi tamamlayabiliyorsa, onlara bir puan verin. Eğer ortalama bir iş çıkarıyorlarsa, onlara beş puan verin. Olağanüstü bir iş, onlara on puan kazandırmalıdır. Bu durumda puanların toplamı, öğrenenlere işi ne derece doğru yaptıklarının seviyesini ve gösterdikleri başarıyı işaret eder. Puanların kendisi bilgilendiricidir, öğrenene geri bildirim sağlar. Bu performansa dayalı puan vermenin olması gereken yoludur.

Rozetler benzer bir şekilde ödül olarak verilmelidir. Çoğunlukla rozetler içerikte doğrusal olmayan şekilde ilerleme nedeniyle verilir. Bir rozet kazanmaya çalışma öğrenene bilginin belirli bir kısmına yoğunlaşma imkânı sağlar. Bu odaklanma organizasyona ve kişiye faydalı olabilir, eğer rozetin elde edilmesi anlamlı ve öğrenmeyi gerçek anlamı ile simgeliyor ise. Eğer "herhangi biri" belirli bir aktivite için rozet kazanabiliyorsa, rozet anlamını yitirir. Rozet kazanmayı ancak belirli bir görevi ya da bilgiyi öğrenme ile elde edilir hale getirin. Rozeti vermeden önce öğreneni o bilgi için test edin. Örnek verecek olursak, online bir eğitimi tamamlayana değil sınavından başarılı olanlara o dersin rozetini verin, tamamlayıp başarısız olana ise sadece geri bildirim verin.

4: Oyunlaştırmayı "bir kerelik" olarak nitelendirmek

Bir oyunlaştırma olayı; öğrenenin öğrenme programının geri kalanından izole edilmiş olmamalıdır. En iyi oyunlaştırılmış öğrenme örnekleri, daha büyük bir öğrenme sürecinin parçası oldukları zamandır.

Mesela oyunlaştırma, öğrenenleri yüz yüze yapılan bir atölye çalışmasına katmadan önce o konuda çalışma yapmaya motive etmek için etkili bir yöntemdir. Aynı şekilde bir dizi internet seminerine katıldıktan sonra ne kadar öğrenildiğini görmek için de etkili bir metot olarak kullanılabilir. Yıllık olarak düzenlenen iş güvenliği tarzı kurslarda üzerinden geçilen bilgiyi günlük olarak öğrenenlere hatırlatmak için de etkili bir yöntem olabilir

Etkili oyunlaştırmada anahtar, oyunlaştırmayı diğer öğrenme stratejileri ile birleştirmektir. Bütün öğrenim için sadece tek bir öğretme stratejisi yeterli değildir; hatta, farklı öğrenim metotlarının ve stratejilerinin birleşiminin zamana yayılarak verilmesi, öğrenenlere tesir etmesi bakımından en iyi yollardan biridir. Oyunlaştırmayı daha büyük, iç içe geçmiş bir öğrenme sürecinin parçası olarak kullanın.

5: "Katılıma" zaman ayırmamak

Oyunlaştırma her ne kadar mobil bir cihazla "sadece birkaç dakikada" yapılabiliyorsa da, o zamanın öğrenenlere tanınması gerekmektedir. Sadece oyunlaştırma eğlenceli diye, doğal olarak öğrenenlerin boş zamanlarını oynamaya, daha da önemlisi öğrenmeye ayırmalarını bekleyemezsiniz.

Oyunlaştırma öğrenme üzerinedir. Öğrenenlerin öğrenmesini istiyorsanız zaman vermelisiniz. Henüz Matrix gibi bir bilgisayara bağlanıp öğrenme yetimiz yok. Yani bilim adamları bunun üstünde çalışırken biz çalışanlara öğrenme zamanı tanımalıyız. Onlara oyunlaştırma deneyimini yaşayacakları bir program önerin ve her gün ne kadar zaman ayırmaları gerektiği hakkında onları yönlendirin.

Eğer öğrenmeye zaman ayırmazsanız, bu çalışanlara öğrenmenin şirkette mesai saatleri içinde yapılacak kadar değerli bir şey olmadığı yönünde net bir mesaj verir. Bu kötü bir başlangıç yaratır ve öğrenmenin değerini azaltır. Oyunlaştırılmış bir çözüm için bile çalışanlara öğrenme sürecinin altından kalkmak için zaman verilmiş olduğundan emin olun.

6: Yönetimi olaya dahil etmemek

Oyunlaştırmanın gücünü tam olarak anlayamamış olan bir yönetici için, satış bölümünde ya da masasında Candy Crush'a benzeyen bir öğrenme oyunu oynayan bir elemanı görmek sarsıcı olabilir. İnsanların kafalarında iş ve eğlence arasında büyük bir ayrım vardır. Bu ayrım, eğer diğer insanları yönetme gibi bir işiniz varsa çok ciddi büyüklükte olabilir.

Yöneticilerin öğrenmenin oyunlaştırılmasının iyi bir şey olacağını hemen kavrayacakları gibi bir düşünceniz olmasın. Bir oyunlaştırma çabasını gün yüzüne çıkarmadan önce, yöneticileri ve denetçileri ne yapıyor olduğunuza dair eğitmek için zaman ayırmalısınız. Bu hem iyi iletişimi, hem de yöneticilerin ve denetçilerin kendilerinin oyunlaştırmayı deneyimlemiş olmalarına izin vermenizi gerektirir.

Başkasının açıklamasındansa insanın kendisinin denemesi, oyunlaştırmanın faydalarını öğrenmek bakımından genellikle daha iyidir. Yönetimi oyunlaştırmanın altındaki bilim ve istenen öğrenme ve performans hedefleri konusunda eğitmek için zaman ayırın.

7: Dersinize çalışmamak

Oyunlaştırma yeni bir şey değil. Yüzyıllardan beri birçok pazarda offline olarak kullanıldı ve deneyimlendi. Başarınızı garantilemek için danışabileceğiniz birçok durum analizleri, kitaplar, örnekler ve en iyi uygulamalar var. Dersinize çalışmak için zaman ayırın.

Başka organizasyonların nasıl başarılı olduklarını öğrenin, ve hatalarını inceleyin. Kendinizi geçmişte yapılan hataları tekrar etmeye mahkum etmeyin. Tedarikçilerden gösterim/demo yapmalarını isteyin, konferanslardaki sunumları inceleyin ve öğrenmelerini oyunlaştırmış olan sizinle aynı seviyedeki kişilerle konuşun. Sahada pek çok örnek var; o halde bulun ve onlardan bir şeyler öğrenin.

8: Oyunlaştırmanın teknolojiden ibaret olduğunu düşünmek

Oyunlaştırma etkili öğrenme dizaynı hakkındadır, teknoloji üzerine değil. Bütün öğrenme aracılarında olduğu gibi, eğer teknolojinin rehberliğinde ilerlerseniz başarısızlığınızı hazırlamış olursunuz. Teknolojik bir çözümün başınızı döndürmesine izin vermeyin.

Altta yatan hedeflere ulaşılıp ulaşılmadığını görmeniz gerekir; yaklaşımın bilimsel temele oturtulmuş ve ve öğrenenlerin gerçekten de oyunlaştırılmış bir yaklaşımdan yararlanıyor olması gerekir. Dizaynınızı önce dikkatlice düşünün. Oyunlaştırmanın dizaynını uygulamak için büyük olasılıkla teknolojiye ihtiyaç duyacaksınız ama teknoloji bir araçtır; amaç olmamalıdır. Teknoloji sizi asla sınırlamasın, onun yetenekleri kadar kurgular değil hayal gücünüz kadar kurgular kurun. Teknoloji tarafında takıldığınızda o kısmı offline düşünün ya da bekletin.

Niels van der Linden

Oyunlaştırma Firmaları ve Çözüm Ortakları

Oyunlaştırma konusunda kendi tasarımınızı yapıp kendi yazılımcılarınızla çalışmanın alternatifi nedir derseniz, tabii ki hazır çözümdür. Oyunlaştırma firmaları ile, deneyimlerinden faydalanmak için danışmanlık almaktan başlayarak, platformunuzu tümüyle onların oyunlaştırma çözümüne entegre etmeye kadar giden farklı çözümler üzerine çalışabilirsiniz.

Türkiye'de oyunlaştırma danışmanlığı veren birçok firma var. Şu anda danışmanlığın ötesine geçebilen tek firma, bu kitaba da büyük katkı veren İşte Oyun'dur. Oyunlaştırma konusunda yurtdışındaki bazı firmalardan da destek alınabilmektedir. Tüm bu firmaları web sitelerinden inceleyebilirsiniz.

İşte Oyun http://www.isteoyun.com/
Badgeville https://badgeville.com/
Bunchball http://www.bunchball.com/
Captain Up https://captainup.com/
Bigdoor http://bigdoor.com/
Axonify http://www.axonify.com/
M Level https://www.mlevel.com/
Dopamine http://dopa.mn/
Gigya http://www.gigya.com/
MindTickle http://www.mindtickle.com/
Achievers http://www.achievers.com/
Playgen http://playgen.com/
Game On Learning http://www.gameonlearning.com/
TrueOffice http://www.trueoffice.com/

Aslında buraya özellikle, benim aktif olarak çalıştığım bir portal ya da üründe gördüğüm vendor yani iş ortaklarını yazdım. Bir kısmı mobil odaklı, bazıları platform oyunlaştırması tarafında, bazıları offline çözümlere daha yakın... Oyunlaştırma üzerine çalışan firmalardan size en uygun olanını seçmek kritik bir konu. Bu seçimi kolaylaştırmak adına tavsiye edebileceğim pratik bir çözüm var: Technology Advice danışmanlık şirketinin smart Advisor'ı... Size 4 aşamalı sorular sorarak hangi 'oyunlaştırma ajansı' sorunuzu, ihtiyacınız doğrultusunda yanıtlıyor. 26 firma arasından en doğru firmaları getirip, demolarını gösteriyor. http://technologyadvice.com/gamification/smart-advisor/

Oyunlaştırma'nın Geleceği

Gelişen teknolojiyle birlikte birçok yeni elektronik cihaz hayatımıza giriyor ve yepyeni dijital kanallar açılıyor. Giyilebilir Teknolojiler, 3D Yazıcılar, İnternet of Things yani Nesnelerin İnterneti, Drone'lar ve çok daha fazlası....

Bütün bu yeni teknolojiler oyunlaştırma için de yeni alanlar anlamına geliyor. Hem günümüzde hayata geçmiş bulunan hem de fütüristik bakışla gelecekte olacağı düşünülen örneklerle bu yeni alanları açıklayalım. Oyunlaştırma kurgularımıza nasıl entegre olabileceklerini inceleyelim.

AR olarak kısaltılan Augmented Reality yani Artırılmış Gerçeklik denilen teknoloji hepimizi heyecanlandıran bir teknoloji ve artık yanıbaşımızda. Mesela akıllı telefonunuzda ve tabletinizde "kullanabildiğiniz "Aurasma" isimli bir mobil uygulama sizin için matematik problemleri çözüyor. Bir soruyu okuttuğunuz anda aşağıdaki gibi detaylı bir anlatımla çözümü hemen yapıyor. İçinden çıkamadığınız soruların mantığını anlamak için etkili bir uygulama.

Artırılmış Gerçeklik teknolojisi kullanan başka bir uygulama da Arloon. Aynı zamanda oyun öğeleri de içeren uygulamada periyodik cetveldeki tüm elementleri inceleyebiliyor, minik birleştirmelerle deneyler de yapabiliyorsunuz. Bence müthiş bir eğitim deneyimi.

Artırılmış gerçeklik, günümüzde oyun firmalarının üzerinde çalıştığı bir teknoloji. Yakın gelecekte oyunlaştırma kurgularında da önemli bir araç olacağına eminim.

Oyun sektörü giyilebilir teknolojileri de çok yakından takip etmekte. Özellikle tüm oyun deneyimini değiştirebilecek "Oculus Rift", kullanıcılarına Virtual Reality yani sanal gerçeklik teknolojileri ile geliştirilmiş etkileyici yeni nesil deneyimler sunuyor. Cihaz ile tasarlanan ortamının içindeymiş hissi yaratılıyor. Oyuncular kendilerini oyunun, sahanın içindeymiş gibi algılıyor ve tüm kurgunun gerçek bir parçası oluyorlar. Bu ortamlar, özellikle yürüme platformları ve denge nesneleriyle desteklendiğinde müthiş bir oyun deneyimi sunabiliyor.

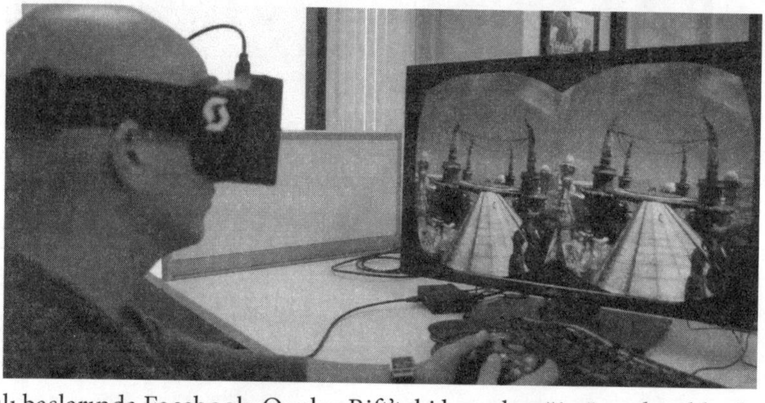

2014 yılı başlarında Facebook, Oculus Rift'teki bu geleceği görerek yaklaşık 2 Milyar $'a firmayı satın aldı. Bu Facebook'un giyilebilir teknolojiler alanındaki ilk yatırımı oldu. Satın alma açıklamasında, bu teknoloji ile sağlık sektörü ve eğitimi, eğlence tarafında da konser, maç vb. gibi etkinlikleri ilk sıralardan izleyebilmek gibi uygulamalar oluşturulabileceğine dair örnekler paylaştı. Sanal gerçeklik teknolojisi içerecek tüm bu deneyimlerin yarıştırılması, tanıtılması, paylaşılması, kısaca genel olarak oyunlaştırılması ise bekleyen fırsatlar arasında.

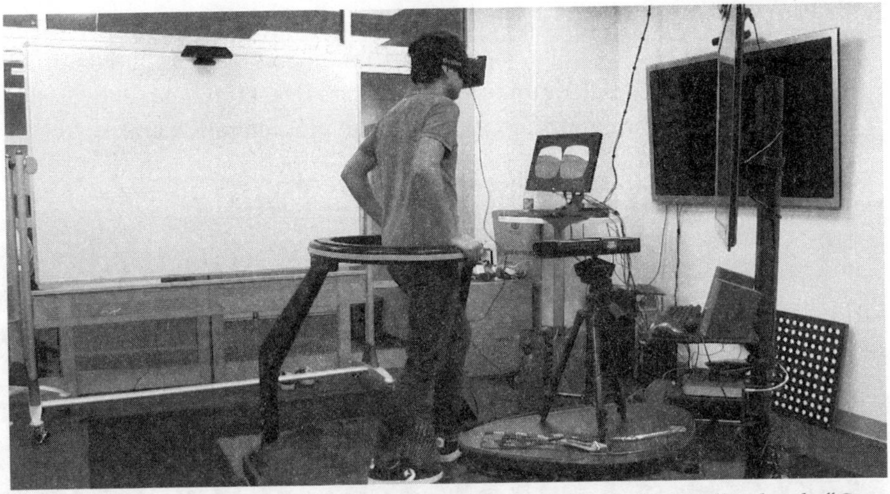

Giyilebilir teknoloji dendiğinde büyük bir çoğunluğun aklına ilk olarak "Google Glass" geliyor. Google'un Project Glass adıyla başlattığı bu devrim niteliğindeki cihaz, birçok yeniliğin önünü açtı. Gözlüğün camını ekran olarak kullanarak etrafınızla ilgili bilgilere erişebiliyor, internet üzerinde arama yapabiliyorsunuz. Fotoğraf ya da video çekerek paylaşabiliyor, istediğiniz bilgiye anında ulaşarak onu kullanabiliyorsunuz. Son derece heyecan verici...

Artık fütüristik olmayan, online alışveriş sitelerinden kolayca alabildiğimiz Google Glass için oyunlaştırma kurgusu kullanan uygulamalar da çıkmaya başladı. Spor en kolay oyunlaştırılabilen ve kabul gören alan şu anda. Google Glass ile "Race Yourself" adlı uygulamayı yükleyen kişiler düzenli koştukları koşu parkurunda, aşağıdaki görüntüdeki gibi kendi eski kayıtlarını simüle eden bir Avatar çizimle yarışıyor ve kendini geçmeye çalışıyor. Dilerseniz bu kurguları aynı kulvarı kullanan diğer oyuncularla yarışarak kullanabiliyor hatta zombilerden kaçma, sel, deprem, yuvarlanarak size gelen büyük bir kayadan kaçma gibi oyun kurguları da ekleyebiliyorsunuz.

Google Glass ile tüm hayatımızı oyunlaştırabiliriz. Alışveriş listemizden yürüme mesafelerimize hatta gördüğümüz, tanıştığımız insanlara kadar. Aşağıdaki örnekte yiyeceklerin kalorilerini hesaplayarak ileten bir Glass uygulaması gözüküyor. Buradaki kalori miktarını, oyun mekaniği içindeki puan gibi referans alarak birçok başka kurgu yapılabilir değil mi?

Tam burada "oyunlaştırma kurgularını kim planlayacak" sorusu aklınıza gelebilir. Bu siz olabilirsiniz çünkü şu anda "oyunlaştırma uzmanı" olarak adlandırabileceğimiz bir uzmanlık ortaya çıkacak. Bu kadar çeşitlilik ve çok yönlülük içinde sadece puan, rozet ve liderlik tablosuyla oluşturulan kurgular çalışmayacaktır.

Turkcell, kurumsal tarafta benim de Turkcell'de çalışırken büyük bir keyifle parçası olduğum ve katkı verdiğim "İleri Görüş" adlı bir vizyonu müşterileriyle paylaşıyor. Burada her 2 ayda bir, bir dijital dergi yayınlanıyor ve ileri görüşle yeni teknolojilerin kurumsal hayatı nasıl etkileyeceği üzerine fikirler üretiliyor. Hangi trendlerin olduğu, bu trendlerle birlikte hangi ürünlerin ortaya çıkabileceği paylaşılıyor. Sektörün ileri gelenleriyle aylık periyotta bir araya gelerek o sayının konusu üzerine çalıştaylar yapılıyor. İleri Görüş'ün Mobil Nesil konulu sayısında geleceğin meslekleri altında "Oyunlaştırma Tasarımcısı" mesleği paylaşıldı. Bu tasarımcı yalnızca bir programı değil, tüm oyun mekaniklerini bilerek doğru kurgularla tasarlama konusuna hâkim olacaktır.

Oyunlaştırma Tasarımcısı

Oyunlaştırma son dönemlerde iş dünyasında en sık telaffuz edilen kavramlardan biri. Video oyunlarının en etkili eğlence biçimlerinden biri haline gelmesiyle birlikte hayatımıza giren bu kavram, son iki yıldır iş dünyası açısından önemli değişimlerin tetikleyicisi oldu. Bugün oyunlaştırma; pazarlama, insan kaynakları, sürdürülebilirlik, eğitim, sağlık, inovasyon ve müşteri memnuniyeti gibi pek çok alana girmiş durumda. Bu değişim pek yakında hayatımıza girecek olan yeni bir mesleğin de habercisi. Oyunlaştırma tasarımcısı, bilgisayar oyunlarının eğlenceli ama bir o kadar da öğretici ruhunu günlük hayattaki hemen her faaliyetin bir parçası haline getirecek. Müşterinin ilgisini çekmek ve bağlılığını sağlamak için oyunlaştırma yöntemlerini şirketlerin ürün ve hizmetlerine uyarlayacak. Sağlık alanında bile oldukça ihtiyaç duyulacağı tahmin edilen oyunlaştırma tasarımcıları hastaların hastalıktan ve tedavi sürecinden kaynaklanan streslerini azaltmada doktorların en büyük yardımcısı olmaya aday.

"Internet of things" bence yeni teknoloji trendleri arasında en önemli ve kapsamlı olanı. Nesnelerin interneti olarak Türkçe'ye çevrilen bu trend ile evinizdeki prizden arabanıza, buzdolabınızdan saatinize her şey internete bağlı oluyor. Böylelikle oyun ortamında kullanabileceğiniz birçok eleman giriyor hayatımıza. Günümüzde de Beacon adlı teknoloji sayesinde cihazlar Bluetooth üzerinden bilgi alışverişi yapabilmekte. Bu teknolojiyi kullanan mobil telefonununuz sayesinde işletmeler bir mağazaya girdiğinizi algılayarak, daha önce aynı mağazadan yaptığınız alışverişleri görüp size özel teklifler kurgulayabiliyor. Bugün az sayıda olan bu uygulamalar, yarın hayatımızın doğal bir parçası olacak. Akıllı telefonumuzla rengini, desenini değiştirebildiğimiz kıyafet ve aksesuarlar, parlaklığını ayarlayabildiğimiz ampuller, kaybettiğimiz eşyamızın yerini akıllı telefonumuza bildirecek elektronik etiketler bu teknolojinin ilk örneklerinden.

Internet of things uygulamaları çoğaldıkça biz de uyanma vaktimizle başlayarak, iş saatlerimizi, aldığımız yolları, görüştüğümüz insanları, hatta kullandığımız kelime sayısını bile oyunlaştırabilecek teknik altyapıya sahip olacağız. Tüm hayatın oyunlaştırılması üzerine yapılmış bir film. "The Future is Fun, Gelecek Eğlencedir" Gittiğiniz yoldan park ettiğiniz yere kadar her şey görev üzerine kurulu.* Küçük bir not: Video, Designing Digitally firmasının bir tanıtım filmi.

* The Future is Fun - Your whole life can be a game! https://www.youtube.com/watch?v=f_EFwlpmp-k

İşte tam da burada "oyunlaştırma"nın nerelere varabileceği üzerine yapılmış "Sight" isimli kısa filmden bahsetme zamanı. Bu filmde "Sight" isimli bir uygulama anlatılıyor. Bu uygulama da aynı Google Glass gibi ancak bu sefer gözlük değil lens olarak karşımıza çıkan bir dijital aygıt üzerinde çalışıyor. Gördüğünüz her şeyi oyunlaştırabiliyorsunuz. Yemek yapmaktan, insanlarla tanışmaya ve izledikleri filmlere kadar her şey bir oyunlaştırmanın parçası olmuş durumda. Romantik bir randevu bile tamamıyla soru-cevap, puan üzerine kurgulu ve randevunun başarılı geçmesi, doğru yanıtlarınızla gerekli puanları alabilmenize bağlı.*

* Sight Kısa Filmi - https://vimeo.com/46304267

Böyle uygulamalar gördükçe aklıma "Black Mirror" isimli dizi geliyor. Bu dizi 2011 yılında 3 sezon kadar yayınlanmış, az sayıda bölümü olan ancak oyunlaştırılmış bir gelecekte geçen mutlaka izlenmesi gereken bir dizi. Dizide dünyanın tüm enerji kaynakları tükendiğinden insanoğlunun koşarak enerji üretmesi üzerine bir çalışma sistemi kurulmuş. Üretimi artırmak için yani daha çok koşulmasını sağlamak için puanlar ve avatar'lar eklenmiş. Böylece tüm kazancınız sizinle özdeşleşmiş avatar üzerinden oluyor ve para yerine puan kazanıyorsunuz. İzlediğiniz bir TV programı, yediğiniz yemek ve hatta kullandığınız asansör bile bu puanlardan bir miktar düşmesine neden oluyor. Aslında hayatımız bir oyunlaştırmadan ibaret gibi değil mi? ☺

"Tebrikler bu bölümü bitirdin ve bir röportaj okuma fırsatı kazandın. Hemen bir zar at ve karşısına gelen röportajı kitabın sonundan oku. İyi okumalar ve bol şans!"

Eğitim, dünyayı değiştirmek için kullanabileceğiniz en güçlü silahtır.
Nelson Mandela

3

Eğitimde Oyun ve Oyunlaştırma

Eğitim ve Öğretime Giriş

Kitabımızın ilk bölümünde Oyun'dan bahsettik. Oyunların tarihsel gelişiminden, insanoğlunun yüzyıllardır oyunla birlikte geliştiğini ve oyunların da insanlıkla birlikte geliştiğini, son dönemde de dijitalleştiğini anlattık. Oyunun gücü burada insanoğlu için çok önemlidir. Bu güçten faydalanmak isteyen firmalar da kendi süreçlerini bu oyun mekanikleriyle destekleyerek 'oyunlaştırmayı' geliştirdiler. Kitabımızın ikinci kısmında da oyunun bu gücünün, oyunlaştırma kurguları ile oyun olmayan süreçlerde nasıl kullanıldığını gördük. Şimdi hem oyunun hem de oyunlaştırmanın en önemli etki alanlarından olan "eğitim" konusuna odaklanacağız.

Eğitim, bir kişinin yetenek, tutum ve diğer davranış biçimlerini geliştirdiği ve öğrendiği süreçlerin tümüne verilen genel tanımdır. Tüm hayat boyunca devam eder ve ortam bağımsızdır. Öğretim ise planlı, programlı ve belli bir amaca yönelik olarak kişilere bilgi ve yetenek aktarmaya çalışılan bir süreçtir. Okullar ve düzenli kurslar en güzel örneklerdir. Öğretim, eğitimin alt kümesidir diyebiliriz. Eğitim, herhangi bir konuda kendimizi geliştirmek amacıyla yaptığımız her tür öğrenme aktivitesini kapsar.

İnsanoğlu öğrendiği bilgilerin çok azını ve kıymetli bulduklarını saklı tutar. Hangimiz şu anda lisede ve üniversitede gördüğünüz derslerin detaylarını hatırlarız? Ya da eski evimizdeki komşularımızı eğer çok özel bir yer etmediyse tek seferde hatırlayabilir miyiz? İşte insanoğlu, hatırlamanın yanında acı olayları ya da çok değer vermediği bilgileri unutmasıyla da varoluşu içinde yeni şeyler öğrenme motivasyonunun sürekliliğini sağlar.

1885'de Psikolog Hermann Ebbinghaus, kişilerin son 24 saat içinde öğrendiklerinin %80 gibi büyük bir bölümünü unuttuklarını ortaya çıkardı. Bu buluş ile onun "Unutma Eğrisi" kuramı ortaya çıktı. Bu eğriye göre insanın aklında kalan gerçekten çok ama çok değerli olan bilgilerdir, gerisi unutulur.

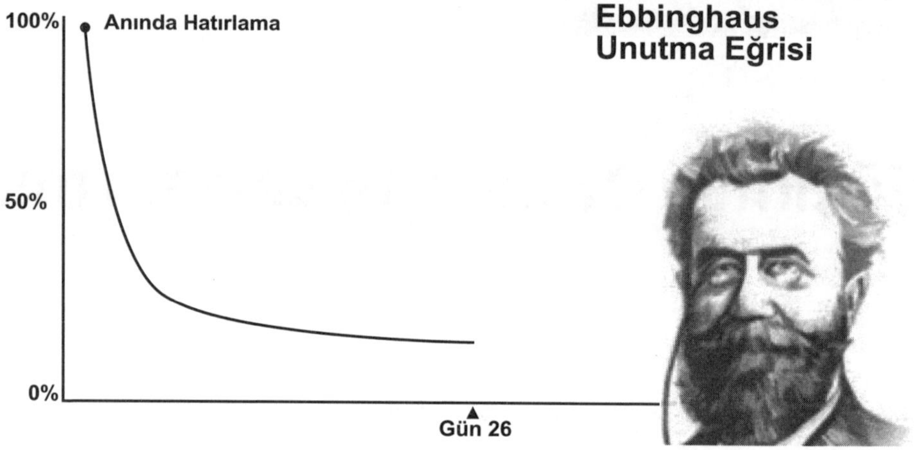

Öğrenilen bilgilerin unutulmaması için mutlaka çeşitli yöntemlerle desteklenmesi gerekir. Bu desteklere de pekiştireç diyoruz. En önemli pekiştireçlerinden biri deneyimlemektir. Ünlü filozof Konfüçyüs: "Okudum, unuttum; gördüm, hatırladım; yaptım, öğrendim." diyerek aslında buna vurgu yapar. Bu nedenle hem çocuk hem de yetişkin eğitimlerinde uygulama çok önemlidir. İş başı eğitim denilen teorik bilgiyi pratiğe dökme süreci, eğitilen kişide öğrenmenin uzun süreli inşasına mutlak destek olur.

Deneyimleme süreçleri için birebir öğrenme ortamı her zaman pratik bir çözüm olmayabilir. Mesela her zaman mümkün olmayan bir çapraz satış kurgusu, ya da bir felaket anındaki yapılacaklar, düşmesi sonucu tehlikeli ve maddi kayıp yaratacak bir drone cihazını uçurarak gerçekleştirilecek bir fotoğraf çekimi gibi... Bu gibi durumlarda uygulamalı öğrenme, teorik bilgi verildikten sonra oyunsu ortamlarla desteklenerek deneyimlenebilir. Uygulamalı öğrenmeyi sağlayan bu ortam tüm dinamikleriyle bir oyunsa bu oyun tabanlı öğrenmeyi destekler ve 'oyun temelli eğitim' gerçekleşir. Oyun, deneyim kazandırmak üzere yapılmış kurgusuyla, öğrenme ortamının bir modeli şeklinde tasarlanmışsa burada da 'Ciddi Oyunlar' dediğimiz Serious Games olarak bilinen, öğrenmeyi hedefleyen içinde çeşitli motivasyon kaynakları bulunan ancak odağı eğlence olmayan oyunlar ortaya çıkar.

7'den 70'e herhangi birine 'hadi eğitim yapalım' dediğinizde çok farklı tepkiler alabilecekken 'hadi oyun oynayalım' dediğinizde genelde herkes merak ve gülümseme ile katılımcı olmak ister. İşte buradan ilham alarak oyunun gücünü ve cazibesini kullanarak, o motivasyonu da sürekli kılarak eğitim ortamları kurabilmek müthiş sonuçlar verebilmektedir.

Eğitim sırasında oyun kullanımıyla birlikte, sağlanan öğrenme seviyesini de ölçmek mümkündür. Bir eğitimin değerlendirilmesi, o eğitime katılan katılımcının hedeflenen davranış değişikliğini nasıl ve ne kadar tekrarlayabildiği ile ve bu davranış değişikliği ile ortaya çıkan sonuçlarla ölçülür. Amerikalı eğitmen Donald Kirk Patrcik, 4 seviyeli bir öğrenmeyi ölçümleme metodu ortaya atmıştır. Bunları sıralarsak:

1. Tepki (Reaction),
2. Öğrenme (Learning)
3. Davranış (Behaviour)
4. Sonuçlar (Results)

İlk seviyede katılımcı eğitimle ilgili bir memnuniyet anketiyle ölçümlenebilmektedir. 2. adım için ise katılımcıların bilgi seviyesi, eğitim öncesi bir sınavla ölçülür. Eğitim sonrası yine benzer bir sınav ile öğrenme seviyesi tespit edilir. Genel olarak tüm okullarda ve kurumsal eğitim birimlerinde uygulanan ölçümleme yöntemleri bu 2 seviyede olur.

Kirkpatrick ölçümleme modelinin 3. seviyesinde durum değişmeye başlar. Eğitime katılanlar gerçekten öğrendiğini davranışa dönüştürüyor mu, ona bakılmaya çalışılır. Bunun dolaylı yoldan birçok yöntemi mevcuttur. Örnek verecek olursak, bir satış yöntemi öğretilen satış sorumlusunun gerçek müşteriye bu yöntemi uygulayıp uygulamadığı yanındaki yöneticisi veya atanacak bir mentor yardımıyla takip edilebilir. 4. ve son seviyede de bu gerçekleşen davranış değişikliğinin (yeni satış tekniğinin gibi) satışlara olan etkisi ölçülür. Bunun da birçok yöntemi mevcuttur: Başlangıçta sadece bir grup ya da bölge çalışanına eğitim verilip sonra aralarındaki satış performansı farkı üzerinden durum değerlendirilebilir. Son dönemlerde 5. bir seviye olarak ROI, yani eğitime yapılan yatırımın gelir olarak dönüşü de hesaplanmaya başlanmıştır.*

Ancak burada özellikle 3. seviyede birçok eğitim uzmanı, katılımcının o an öğrense de meşhur Ebbinghaus unutma eğrisindeki gibi 24 saat sonra öğrendiklerini unutup unutmadığını bilmek ister. Yeni bilgilerin işe ve performansa yansımasına dair kolay ve gerçekçi bir ölçüm yönteminin eksikliği hisseder. Oyun ortamı tüm bunlar için bir çözüm ortamıdır aynı zamanda. Bir sınav ya da herhangi başka bir sorgulama yapmadan verilen eğitimlerin davranışa dönüşüp dönüşmediğini açıkça gösterir. Örnek üzerinden gidersek, öğrendiği yeni satış yöntemini oyun ortamında uygulamaya ça-

* TEGEP Bilgi Serisi No:1 > Eğitim Verimliliğini Ölçme Rehberi http://www.tegep.org/tegep/eep/kurumportal/Content/tegep-bilgi-serisi-no-1-gt-egitim-verimliligini/279/

lışan kişi eğitimdeki bilgiyi davranış olarak hayatına katmış demektir. Eğitim oyunları, sundukları stressiz öğrenme ortamı ve kurgularına kattıkları çok sayıda tekrar imkânı ile kazanımların içselleşmesini ve öğrenmenin kalıcı olmasını sağlar.

Beyin Temelli Öğrenme & Oyun Temelli Öğrenme

Pınar Türker katkılarıyla.

İnsanoğlu var olduğu günden bu yana sürekli gelişim gösteren bir tür. Her günü bir öncekinden farklı, algısı da bir önceki güne oranla farklılıklar göstermekte. Büyük ölçekte bakarsak yaşam alanımız dünya, uzayda ve kendi içinde çok çeşitli etkilerle sürekli bir döngü halinde. Dolayısı ile tüm bu değişimlerden etkilenen, bunları takip eden, analiz eden, sahip olduğu bilinç düzeyi, bilgi birikimi ve destek aldığı teknoloji sayesinde çözümlemeye çalışan insanoğlu da sürekli bir değişim ve gelişim halinde. Hep daha geniş bir algılama yeteneği ile bakıyor dünyaya, çevresine, iş yaşamına ve kişisel hayatına.

İnsanın gelişimi ile bağlantılı olarak değişen dünyada ilgi alanlarımız da her geçen gün genişleyip büyümekte. Son yıllarda teknolojinin çok hızlı ilerlemesi, bizlerin de hızlı, zorunlu ve aynı zamanda tam gönüllü adaptasyonu, klasik medyanın ve yeni medyanın hayatımızdaki rolü ile geçmiş dönemlere göre çok fazla uyaran almakta ve üretmekteyiz. 2011 yılında The Telegraph'da yayınlanmış bir habere göre: 1986 yılında günde 40 gazete dolusu bilgi alıyorken, 2007 yılında günde 174 gazete dolusu bilgi almaya başlamışız. 1986 yılında günde 2,5 gazete dolusu bilgi üretiyormuşuz, 2007 yılında ise günde 6 gazete dolusu bilgi üretir olmuşuz (e-postalar, forumlar, yazılarımız, vb.).*

Rutin bulduğumuz, zaman zaman monotonluğundan şikâyet ettiğimiz yaşamlarımıza da dışarıdan baktığımızda her gün bambaşka duygular hissettiğimizi, birbirinden bağımsız çok farklı olaya tanıklık ettiğimizi, birçok arkadaşımızın çok çeşitli ruh hallerine ortak olduğumuzu, hergün yeni bir şeyler okuyup anladığımızı, gün içinde çok farklı esprilere güldüğümüzü görebiliriz. Tüm bunlar kendimizde saklı tuttuğumuz kayıtlar anlamına gelir ve tüm bu olup bitenlerden öğrenme de payını alır. En basit anlatımıyla öğrenme, kişinin çevresinde olup bitenlere anlam yüklemesidir. Kendisine sunulan bilgiyi ve çevreden aldığı etkileri, geçmiş deneyimleri ile eşleştirip, çağrışımlarını değerlendirip zihninde yeni anlamlar oluşturur. Burada en erken örneklerden biri olarak, bir bebeğin konuşmayı öğrenmesini gösterebiliriz.

---

* Welcome to the information age - 174 newspapers a day http://www.telegraph.co.uk/news/science/science-news/8316534/Welcome-to-the-information-age-174-newspapers-a-day.html

Bütün bu akışla birlikte insan beyninin yapısı ve yetenekleri üzerine yapılan bilimsel çalışmalar da son hız devam etmekte ve her gün beynin yapısı, çalışması ve konumuz olan öğrenme yeteneklerine dair yeni bilgiler ortaya konulmakta. Beynin gizemleri çözüldükçe, buna paralel olarak öğrenme yöntemlerinin de yeni keşiflerle uyumlu olması bugünün güncel eğitim anlayışı olarak öne çıkıyor.

"Beyin temelli öğrenme, öğretime gelişimsel ve sosyo-kültürel açıdan bakan, insan beyninin yapısı ve fonksiyonları üzerine temellendirilmiş bütüncül bir yaklaşımdır. Beyin temelli öğrenmenin felsefesi, normal beyin süreçleri ile ilgili tutarlı öğrenme imkânları sunmasıdır. (Demirel, 2005)" Etkili öğrenmenin nasıl sağlanacağı üzerine ipuçları içeren bu tanım, konunun altyapısını da açıkça ortaya koyuyor. "Beyin temelli öğrenme" nörofizyolojik temelli öğrenme olarak da karşımıza çıkabilir. Eğitim nörofizyolojistlerinin yaptığı bu tanım, öğrenme sırasında beyin hücreleri ve nöronlarda oluşan biyolojik süreçlere dayanmaktadır."

Beyin temelli öğrenme dediğimizde "Renate N. Caine ve Geoffrey Caine"in 12 prensibinden bahsedebiliriz. Beyin temelli eğitimde de öne çıkan ilkeler 12 madde halinde özetlenmiş. Aşağıdaki şekilde bütünsel bir biçimde görebiliriz.*

* The 12 brain/mind learning principles were first published in Educational Leadership in 1990, and then expanded in depth in the Caines' best selling book, Making Connections: Teaching and the Human Brain (1991, 1994).

Doğal bir süreç olan öğrenme, insan fizyolojisine dair birçok parametreden etkilenir. Sağlık durumu, beslenme, fiziksel ortam koşulları, yeterli uyku, stressiz ortam gibi etkili ve kalıcı öğrenme için önemli olan faktörleri sayabiliriz. Tüm bu unsurlar aynı zamanda Dr. John J. Medina'nın "Beyin Kuralları"nı çağrıştırıyor. Medina'nın kurallarını art arda sıralarsak:*

- Hayatta kalma: İnsan beyni de evrilir.
- Egzersiz: Egzersiz beyin gücünü artırır.
- Uyku: İyi uyu, iyi düşün.
- Stres: Stresli beyin kaliteli şekilde öğrenemez.
- Bağlantılar: Her beyinde nöronlar farklı şekilde bağlıdır.
- Dikkat: Sıkıcı şeylere dikkatimizi veremeyiz.
- Bellek: Hatırlamak için tekrar et.
- Duyusal entegrasyon: Duyularının çoğunu uyar.
- Görüş: Görmek diğer bütün duyuları tetikler.
- Müzik: Kavrayışı artırmak için ya müzik yap ya da dinle.
- Cinsiyet: Erkek ve kadın beyni farklıdır.
- Keşif: Güçlü ve doğal kâşifleriz.

Dr. Medina, beynin çalışmasına dair ortaya koyduğu her maddeye ayrı bir araştırma konusu olarak yaklaşmış. Yukarıdaki linke tıkladığınızda her kuralın detaylı görsel anlatımlarını bulabilirsiniz. Bugün bazı oyun tabanlı eğitimlerin bilimsel altyapısında da Dr. Medina'nın beyin kuralları bulunmaktadır. Özellikle ilerleme ve keşif esasına dayalı senaryolarda, uyku ve egzersiz dışındaki maddeler öğrenme içerikleri ile birlikte etkin ve motivasyonel bir şekilde kullanılabilmekte, istenen sonuçları verebilmektedir. Egzersiz ve uyku henüz entegre eğitim unsurları olmasa da gelecekte onların da eğitim tasarımında yeri olacağını düşünüyorum.

Beyin temelli öğrenme, geçmişte kalmaya başlayan geleneksel eğitim yöntemlerinin tersine ezberden uzak, bilgiyi anlamlandırıp içselleştirmeye yönelik bir süreçtir. Sağladığı fiziksel, dijital ve sosyal öğrenme ortamlarıyla da etkileşimi artırmayı, öğrenilen bilgiyi kullandırtmayı, önemli kılmayı hedefler.

Anlam arayışı hepimiz için içsel bir ihtiyaçtır. Öğrendiğimiz bilgilerin bize kattıklarını bilmek ve anlamlandırmak, değerli bulmak isteriz. Kitabın eğitim bölümünün başında, psikolog Hermann Ebbinghaus'un "Unutma Eğrisi"nden, son 24 saat içinde öğrenilenlerin yaklaşık % 80'inin unutulduğundan bahsetmiştik. Bu kurama göre insanın aklında gerçekten çok değerli bulduğu bilgiler kalır. Beyin yeni bir uyaran ya da yeni bir bilgi ile karşılaştığında, bunu geçmiş kayıtları ile ilişkilendirmek ister. Algılayıp anlamaya çalışır, bildikleri ile onun arasında örüntüsel bir bağ kurma çabası-

* The Brain Rules, Illustrated http://www.brainrules.net/the-rules

na girer. Kendisinde var olan bilgilerle birleştirip, yeni bilgiye de bir yer bulduğunda yine anlam arayışına hizmet etmiş olur. Değerli hale getirdiği bilgi artık içselleştirilmiş ve öğrenilmiş bilgidir.

Öğrenme; kişinin duygusal durumu ile yakından ilgilidir. Stresli ortam ve negatif duygular öğrenmeyi zorlaştırırken, pozitif duygular son derece destekleyicidir. Mizah unsurları barındıran, içsel motivasyon yaratan ortamlar kişinin algı, muhakeme ve sebep-sonuç bağlantısı kurma yeteneklerini artırır. Oyun, 12 doğal öğrenme prensibi için zenginleştirilmeye uygun ideal bir uygulama ortamı sunar bize. Beynin öğrenme ilkeleri ile uyumlu oyun tabanlı eğitimler, her yaş grubu için eğlenceli ve etkin öğrenme ortamları oluşturma olanağı verir. Eğitim oyunları "beyin temelli öğrenme" için en uygun kurguları sağlayabilecek yapılardandır. Eğitim içeriğinin entegre edildiği senaryoların ve çoklu uyaranların yanı sıra ortamdaki görsellik ve bazen sanatsal tasarımlar da eğitimde oyunu cazip kılan diğer unsurlardır.

Hepimizin bildiği gibi beyinde sağ ve sol olmak üzere iki yarımküre var. Sağ beyin sezgi ve yaratıcılık odaklıyken sol beyin mantıklı ve analitiktir. Etkin öğrenmenin yolu beynin her iki lobunu da aynı anda aktif ve dengede tutmaktan geçer. Sağ beyin detaydan ve küçük parçalardan çok resmin bütünü odaklıdır, hayal gücü ile çalışır; müzik, renkler, çizimler, ortam onun konularıdır. Sol beyin ise parçadan bütüne gider, matematiksel, gerçekçi ve savunmacıdır. İşte tam burada, beynin her iki tarafını da eş zamanlı aktif tutmak ve farklı türden deneyim ve bilgileri saklayan bellekler arasındaki etkileşimi sağlamak adına yine oyun devreye girer.

Öğrenme hem odak noktası üzerinden bilinçli olarak hem de çevresel uyaranlarla birlikte gerçekleşir. Çevresel uyaranlar çok da farkında olmadan öğrenme deneyiminin bir parçası olur ve bilinçsiz deneyimler olarak kayıtlarımıza geçer. "Beyin temelli öğrenme"de bu tür deneyimler, doğru kurgularla destekleyici unsur olarak fayda sağlayabilir. Gelişimsel bir süreç olan öğrenmede mücadele ve başarma isteği pozitif bir güçtür. Oyun kurguları ile sunulan öğrenme tasarımları ve etkileşimli sosyal ortamlar, grupça oynanan oyunlar ve kazanma duygusu öğrenme motivasyonunu artırır hatta eğlence vaat eder. Stres, korku ve tehdit ise beyinde bir kaygı hissi yaratır ve kişi kendini güvenceye alma ihtiyacı duyar. Eğitim ve öğrenme odak olmaktan çıkar, bir an önce bitmesi istenen bunaltıcı bir sürece dönüşür.

Nasıl ki her birey biricik ve tekse beyin de öyledir. Her beyin kendine özgüdür, algısı ve anlamlandırması farklıdır. Kişilerin yaşam tarzları, anıları, izledikleri, okudukları yani deneyimleri üzerinden şekillenir. "Beyin temelli eğitim" beynin gizemlerine dair güncel bilimsel gerçekler ışığında, beynin öğrenme kuralları üzerine inşa edilmiş bir metodu anlatır ve uygular. Bireysel farklılıkları da dikkate alarak çoklu uyaran ve yeni bağlantılarla sürekli gelişimi hedefler.

Sınıf İçi/Yüz Yüze Eğitimlerde Oyun Kullanımı

Öğretim çatısı altında değerlendirilebilecek sınıf içi/yüz yüze eğitimlerde, bir konuyu yine eğitmen yönetiminde (trainer-led) anlatırken, öğrencilerin dikkatini toplayabilecek konuyla alakalı uygulamaları oyunlarla yapabilirsiniz. Tabii ki oyun için mutlaka dijital bir ortam olması şart değil. Toplama çıkarmayı uzuneşek oynayarak anlatabilirsiniz mesela ve çok da eğlenceli olur. Burada aslında dijital oyunların öğretime nasıl adapte edilebileceğini ve avantajlarıyla risklerini konuşacağız.

Kitabın başında da detaylıca incelediğimiz çok daha farklı bir nesil geliyor. Yıllardır uygulanan eğitim metotları, yeni nesli ne yazık ki heyecanlandırmıyor ve ilgisini çekmiyor. Tümüyle dijitalleşen hayatına paralel, eğitim ve öğretimde de dijital örnekler görmek istiyor. Çok basit bir örnek verecek olursak, saatleri öğrenme konusundaki interaktif eğitsel bir oyun, çok daha ilgi çekici olacak ve belki de sınıf içi yarışmayı da sağlayarak çok daha eğlenceli bir öğrenme ortamı yaratacak. (http://www.education.com/games/clock-match/)

Aslında verilen eğitimi destekleyeceğini düşündüğünüz herhangi bir oyunu sınıf içi ortama adapte edebilirsiniz. Mesela akılda kalması zor bazı ülke başkentlerini 'Kim 500 Milyar İster' kurgusuyla anlatabilir, yerçekimini anlatırken Flappybird, hayvanları anlatırken Angry Birds gibi popüler oyunları kullanabilirsiniz. Buradaki risk, eğitim odağından ayrılarak oyunun kendi kurgusuna kaptırıp gerçekten oyun oynamaya başlamak olabilir. Bu risk eğitsel oyunlarda yoktur, çünkü eğitim ve öğrenme odaklı kurgulanmışlardır. Matematikte toplama işlemini öğretme amaçlı bir oyunu, BrainPOP adlı online eğitsel oyun firması tetris kurgusuyla yayınlamış.

Öğrenciler, yukarıdan düşen blokların üzerindeki rakamı, ortadaki grupta yatayda ve düşeyde yan yana bulunan rakamların toplamı ile elde etmeye çalışıyor. Kendilerini oyuna kaptırsalar da sakıncası yok, hatta hoşumuza dahi gidebilir, çünkü toplamaya dair pratik ve tekrar yapıyorlar. Çok faydalı. Aşağıdaki linkte oyunu görebilir, dilerseniz çocuklarınız veya küçük arkadaşlarınızla paylaşabilirsiniz.*

* Brain Pop https://www.brainpop.com/games/additionblocks/

Türkiye'den beğendiğim bir örneği de kısaca anlatmak istiyorum. Bir firmanın yaptığı, çocuklara özel, deprem konusunda bilinç kazandırma amaçlı bir oyun. Deprem sırasında güvenli bölge olan "yaşam üçgeni" olarak adlandırılan alanların çocuklara öğretilmesi üzerine kurulu bir oyun ortamı sağlanmış.

Burada öğrenciler kendileri olarak ya da yönetecekleri avatar'larla, artırılmış gerçeklik teknolojisinin kullanıldığı bir oyundaki depremde yaşam üçgeni alanlarına geçerek korunmaya çalışıyor. Deprem gibi çocukları hem ürküten hem de eğitimi zor bir konuda oyun kullanımı çok güzel bir fikir. Burada dikkat edilmesi gereken konu, gerçek hayatta da oyunda yaptıkları gibi doğru davranışları sergileyebilecekler mi, soğukkanlı kalabilecekler mi? Bunun için teorik eğitimler ve geri bildirimlerle oyunu desteklemek gerekir.

Eğitsel oyun (Educational Game) dediğimiz, tüm oyun kurguları eğitim odaklı olan oyunların sınıf içinde eğitim ve öğretimi desteklemesi yanında, var olan eğlence amaçlı video-oyunlar da sınıf içi eğitimde bir konuyu desteklemek için kullanılabilir. Bu defa oyun tabanlı eğitim (game based learning) denilen sistem hayata geçer. Örnek olarak vermek gerekirse, çok klasik ancak yer çekimi için Angry Bird oyununu kullanmak ve bir yarışma ortamında biraz olsun yer çekimini ve dinamikleri anlatmaya çalışmak ilgi çekicidir. Ayrıca Microsoft'un satın aldığı ve işletim sistemi Windows 10'da ücretsiz bir oyun olarak sunduğu 'Minecraft' da başka bir örnek olarak verilebilir. Yurtdışındaki bazı okullar Minecraft'ı ders müfredatına aldı. MinecraftEdu adında dersler için yapılmış özel bir versiyon kullanılıyor okullarda.

Oyunda piksel grafiklerden ürettiğiniz ortamlarda yaşama, diğer oyuncularla sosyalleşme ve yarışma olanakları bulunuyor. Oyun, öğrencilerin iletişim becerilerini, işbirliği yeteneklerini ve dijital okur-yazarlıklarını geliştirme amaçlı kullanılıyor.

Aşağıdaki gibi, gerçek bir binanın modellemesini oyun üzerinden yaptırtıp, gerçek yapıları bir başka gözle incelemelerini sağlayabilir, simetri, oran-orantı gibi kavramların oturmasını kolaylaştırabilirsiniz. Oyunun içindeki 'Survival Mod' ile de öğrencilerinize temel hayatta kalma becerilerini öğretebilir, deneyimlemelerini sağlayabilirsiniz.

Sınıf İçi / Yüz Yüze Eğitimlerde Oyunlaştırma ve Uygulamaları

Sınıf içi yani geleneksel yüz yüze eğitimlerde oyunun eğitim ve öğrenime etkilerini konuştuk. Peki ya oyunlaştırma? Eğitim içeriğinde oyun kullanmanızdan bağımsız olarak, oyunlaştırma bir sınıf içi öğrenimini derinden değiştirebilir. Oyun ile oyunlaştırma kavramının farkında olarak eğitimlerde oyun kullansanız da eğitimi oyunlaştırmak ayrı bir konudur. Mesela, tüm sınıftaki öğrencilere ödev verip, ödevi yapanlara 1 puan, en iyi yapana da rozet verdiğimizi düşünelim. Bunu kâğıt kalemle tahtaya yazdığınızı varsayalım. O tahtadaki liderlik sırasında ilk sırada olmak için yarışan öğrenciler düşünün.

Level	XP*	Letter Grade
Level Twelve	1860	A
Level Eleven	1800	A-
Level Ten	1740	B+
Level Nine	1660	B
Level Eight	1600	B-
Level Seven	1540	C+
Level Six	1460	C
Level Five	1400	C-
Level Four	1340	D+
Level Three	1260	D
Level Two	1200	D-
Level One	0	F

Bir de sadece ödevler üzerinden değil tüm davranışlar üzerinden bir oyunlaştırma kurgusu düşünün. Sınavlarda neden öğrencilerin yaptıkları hatalardan puan kırılır? Onun yerine doğru yaptıkça puan kazansa... Bu ölçümleme sistemine alternatif, Lee Sheldon bir puanlama sistemi önermiş.* Burada öğrenciler aslında yaptıkları başarılı tüm hareketler için Experience yani deneyim puanı kazanıyor. Yapılan ödevler, sınıf içindeki sorulara cevaplar, doğru çözülen sorular hep olumlu puan; yanlış cevaplar, zamanında yapılmayan ödevler, nezaketsiz tavırlar gibi olumsuz davranışlar da hep puan kaybettiren durumlar. Böylece meşhur A-B-C 'li not sistemini puanlaştırarak seviyeler üzerinden notlar veriyor.

Sınıf içinde oyunlaştırma kurgusuna en güzel örnek, teknolojik çözüm olarak baktığımızda Classdojo adlı portaldır. Burada bir sınıftaki tüm öğrenciler ve veliler sisteme tanımlanırlar. Her öğrenci bir oyuncu olur. Önce avatar'larını alırlar ve sınıf içindeki tüm davranışları eğitmen tarafından olumlu/olumsuz puanlanmaya başlanırlar. Puan kazandıkça avatar'ı gelişmeye başlar ve hatta kendisi de ufak değişiklikler yapabilir duruma gelir. Böylelikle sınıfta farklı ve üst seviye avatar kullanmak isteyen öğrenci, daha çok olumlu puan için sınıf içi etkinliklere daha çok katılım gösterir.

* Gamification Series Part 9: XP & Grades by Attrition

Veli entegrasyonu Classdojo'nun en önemli özelliklerinden. Öğrencinin evdeki ve okul dışındaki davranışları, ödev yapma ve ders çalışma durumları üzerinden, sisteme puan ekleme/çıkarma yapabiliyor. Böylece rekabet okul dışında da sürmeye devam ediyor. Türkiye'de de birçok eğitim kurumunun Classdojo'yu sınıf içinde kullanarak, çocukların motivasyonlarını artırmaya çalıştıklarını görüyoruz. Ayrıca sadece derslerle değil oynanan bir oyunun skoru üzerinden de puan vererek Classdojo'yu zenginleştiren çok değerli eğitmenlerimiz var. Bu bölümün sonunda sevgili Eda Arslan ve Dalida Ekbenli'nin kitap için paylaştıkları çok değerli tecrübeleri yer alıyor, mutlaka okumanızı öneririm.

Temel Kavramlar: Ciddi Oyunlar, Simülasyonlar ve Oyun Temelli Eğitimler

Birçok oyun kurgusu kullanan ve zaman içinde farklı açılardan yaklaşımlarla farklı isimlendirilen birçok kavram var. Son gelinen noktada, bu kavramları grafiksel gösterimle ayırmak için bazı parametrelere ihtiyacımız var. Bu parametreler için en temel koordinatlara, oyunu serbestçe oynayabilme ve eğlenceyi koyarak başlayalım. Yatay koordinatta oyun olsun. Oyun deneyimi devam ettikçe oynama artsın ve ne kadar yönlendirilirsek serbest oyundan o kadar uzaklaştığımızı düşünelim. Dikey parametreye de eğlenceyi alalım. Sadece eğleniyor muyuz yoksa bir amaca doğru mu ilerliyoruz diye düşünelim. Böyle olunca aşağıdaki grafikteki gibi bir yerleşim doğru olur.*

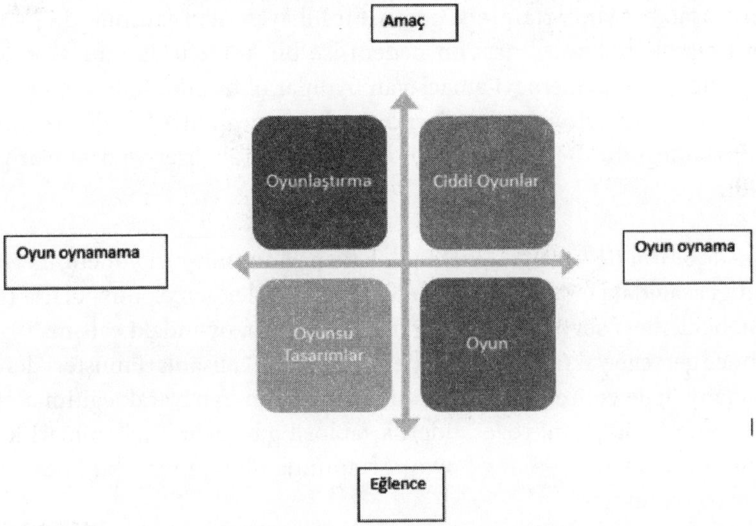

Burada anlatılmak istenen, aslında görünen her oyun mekaniği bütün bir oyunun parçası olmayabilir. Oyunun sürekliliği, amacı, eğlencesi gibi durumlardan dolayı bir ciddi oyunun (serious games) ya da oyunlaştırmanın da parçası olabilir. Bunun ayrımını da yukarıdaki gibi yapabiliriz. Ancak söylemem gerekir ki arada o kadar net kırmızı çizgiler yok ve birçok yenilikçi uygulamada da bazen bu kavramlar birbirine geçebiliyor. Özellikle, oyun ortamı oyunlaştırmanın bir parçası olarak kullanıldığında algı karmaşası yaşanabiliyor. Hangisi oyun, hangisinin amacı oyunlaştırma? ayırmak zor olabiliyor.**

* Marczewski, A. (2015). Game Thinking. Even Ninja Monkeys Like to Play: Gamification, Game Thinking and Motivational Design (1st ed., pp. 15). CreateSpace Independent Publishing Platform.
** Gamification – First Things First http://elearningindustry.com/gamification-first-things-first

Burada genele uygulanabilecek temel parametreleri bilmekte fayda var diye düşünüyorum.

Oyun ve oyunlaştırma kavramlarını çok net açıkladıktan sonra eğitim kısmında oyun ve oyunlaştırma kullanımlarıyla ortaya çıkan bazı kavramları açıklamayabiliriz. Aslında kesin bir ayrım olmamakla birlikte büyük bir kitlenin çoğunlukla katıldığı ayırmaları şu şekilde listeleyebiliriz:

Kesin bir ayrım olmamakla birlikte büyük bir kitlenin hemfikir olduğu ayrımları Reiners ve Wood'un tanımladığı şekilde listeleyebiliriz:

Serious Games (Ciddi Oyunlar): Ciddi oyunlar aslında komple bir oyundur. Başlı başına aynı oyunlar gibi kendi kendine çalışan, oyundaki gibi kazanma ve kaybetme deneyimleri yaşatan, oyun ortamında geçen, bir hikâyesi olan eğitimlerdir. "Ciddi" yani serious olarak adlandırılmasının nedeni ise bir konuyu öğretmeyi ve bir "davranış değişikliğini" desteklemeyi amaçlayan oyunlar olmasıdır. İçinde motivasyon amaçlı eğlence ve sosyalleşme unsurları da olabilir ancak klasik video oyunlarındaki gibi odakta değildir. Beceri ve eğitim öne çıkar, karakterler ve ortamlar genelde gerçekçidir.

Örnek olarak, Adobe'nin de verdiği, McDonalds firmasının müşteri yönetimi eğitimi için kullandığı aşağıdaki ciddi oyun verilebilir.* Müşteriler gerçek duygularla (aç, sinirli, talepkâr, beklemeyi sevmeyen vb. sağ üstte) gelirken, oyundaki çalışma ortamı ve tüm ürünler gerçeğe yakındır. Böylelikle McDonalds çalışanları müşteri deneyimini nasıl daha iyi hale getirebilecekleri konusunda oyun oynayarak eğitim almış olurlar. Tabii ki burada da puan, rozet, liderlik tablosu gibi oyun mekanikleri kullanılabilir ancak bu oyunlaştırma değil oyun ortamında olduğundan bu bileşenler oyunun bir parçası olacaktır.

Ülkemizde de serious games konusunda özellikle yurtdışında da çalıştığı birçok partnerle öne çıkan HRİKa Çözümler firmasının, bilgi güvenliği farkındalığı kazandırma amaçlı hazırladığı "Ajan 4141 İşbaşında" eğitsel oyun da önemli bir ciddi oyun referansıdır. HRİKa firmasının diğer ciddi oyunlarında hakkında bilgi almak ve demo ile bu oyunları deneyimlemek için kurucularından Murat Aytun'la yaptığımız bu bölüm sonundaki söyleşimizi okuyabilirsiniz.

* Reiners, T. Wood L. Gamification in Education and Business (2008) Springer.

Simulations – Simülasyonlar

Simülasyon buradaki kelime anlamıyla, bilgisayar yardımıyla modelleme demektir. Benzetim modeli olarak da adlandırılır. Simüle edilen yani modellenen ortam ya da olaylardaki aksiyonların aynı gerçek hayattaymışçasına deneyimlenmesini sağlar. Riskli aksiyonlar da içeren kazanımlar için, gerçekle birebir uyumlu deneyim-öğrenim ortamları oluşturur. En klasik örnek olarak, pilotluk eğitiminde kullanılan bir uçuş simülatörü uçuş kurallarının her detayıyla bilgisayar üzerinde pekiştirilmesini ve pratik yapılmasını sağlayan bir eğitim modelidir. En iyi örnekler askeri amaçlı kullanılan simülasyon cihazlarıdır. Burada bir askeri araç kullanımı deneyimi yanında, karmaşık ve kalabalık bir ortam da simüle edilebilir. Buradaki sanal avatar'lara karakterler ve hikâyeler yüklenerek, deneyim gerçekçi hale getirilir.

Şirketlerin simülasyonlarında ise iş ortamları bire bir resmedilmeye çalışır ve eğlenceden çok eğitim odaklıdır. Mesela bir bilgi güvenliği eğitiminde, çıkış aldığınız gizli bir dokümanı masanızda bırakma vakası için eğlenceli bir senaryo yerine, uyarıcı ve hatayı vurgulayıcı bir tasarım yapılır. (Hatta yazılı uyarı ve işten çıkarma gibi sonuçları da canlandırarak simülasyon gerçekçiliği desteklenir.)

Beyaz yakalıların bilgisayarlı plaza ortamları gibi, mavi yakalıların da özellikle iş sağlığı ve güvenliği ile ilgili en sık yaptıkları hataları yapmamaları için, gerçek iş ortamı simülasyonlara bire bir yansıtılır. Yapılmaması gereken hatalar gerektiğinde yapılmış gibi gösterilir ve yapılmaması için simüle edilir. Genelde yanlış davranışın simülasyonu pedagojik olarak istenmez, çünkü yapılanlar bilinç altına işlendiğinden davranış değişikliği olumsuz yönde olabilir.

Game Based Learning: Oyun Temelli Eğitim

Oyunlar, oyuncular gerçekten oyunun içine girdiyse, motive olduysa katılımcının tüm algılarının açılmasını sağlayan ortamlardır. Eğitim ve öğrenme için de bu algı açıklığı büyük bir fırsattır. Bu yüzden oyun ortamları eğitimler için her zaman cazip olmuştur.

Serious games yani ciddi oyunlarda mutlaka bir hikâye, bir ortam ve aktarılmak ve öğretilmek istenen net bir davranış değişikliği gibi bir içerik olmalıyken, oyun temelli eğitimlerde bunlar şart değildir. Örnek olarak ülkemizde de "Kim 500 Milyar İster?" oyun şablonu kullanılarak yapılmış birçok eğitim vardır.

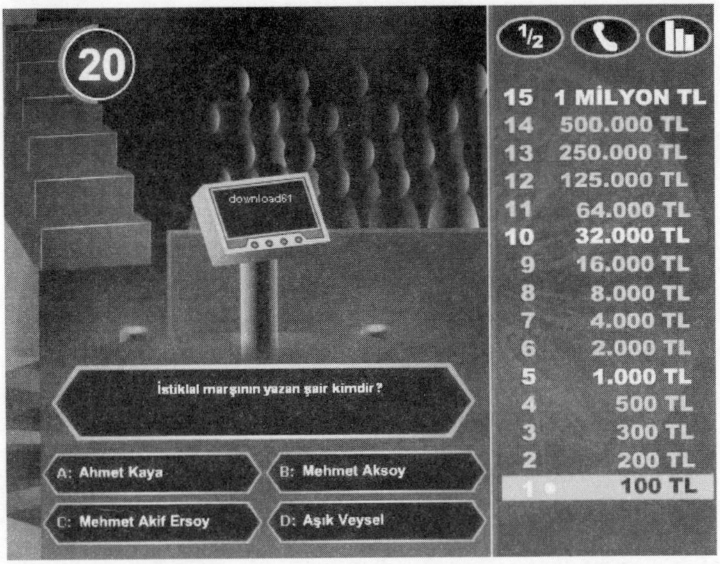

Soru cevap formatından yola çıkan Pixofun firmasının "Quiz Game" isimli oyunu da yine öğrenme odaklı bir soru-cevap oyunudur. Bu oyunda doğru cevaplar her zaman gösterilir, akılda kalması için katılımcıya şanslar, jokerler verilir. Kaybetmek gerçek yarışmalardaki gibi çok kolay olmaz.

"Tebrikler bu bölümü bitirdin ve bir röportaj okuma fırsatı kazandın. Hemen bir zar at ve karşısına gelen röportajı kitabın sonundan oku. İyi okumalar ve bol şans!"

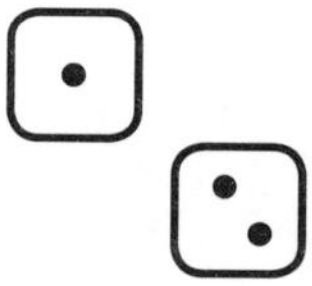

"Bana bir harf öğretenin, 40 yıl kölesi olurum."
Hazreti Ali

4

RÖPORTAJLAR

Hem yurtdışında oyunlaştırma denilince akla gelen en önemli uzmanlar, hem de Türkiye'den oyunlaştırmayı uygulama şansı bulmuş değerli kişilerle yaptığımız röportajlar kitabımızın en ilgi çeken ve beğenilen yerlerinden biri oldu. Röportajları da 2. baskımızla beraber, konu aralarında okuyucu okurken vermek yerine istenildiğinde bir zar atıp istediği röportajı okuyabilsin diyerek aşağıdaki gibi kitabın sonuna listeledik. Her bölüm sonunda ister o konuyla ilgili olduğunu düşündüğünüz bir röportajı seçin ya da 1 kere zar atıp röportaj seçip o uzmanla hemen tanışın! Bol şans ve iyi okumalar!

⚀	⚀	Pete Jenkins – GamFed Uluslararası Oyunlaştırma Federasyonu Başkanı
⚀	⚁	Yrd. Doç.Dr. Yavuz Samur – Bahçeşehir Üni. BÖTE
⚀	⚂	Kevin Werbach – Penn. State Üniversitesi
⚀	⚃	Nehir Hepşen – TEB Uzman
⚀	⚄	Ercan Bozkurt – Eğitmen
⚀	⚅	Akar Şümşet – Kullanıcı Deneyimi ve Oyunlaştırma Uzmanı
⚁	⚁	Sertan Eratay – Turkcell Dijital Kanallar Direktörü
⚁	⚂	Yukai Chou – Octaylsis Kurucusu
⚁	⚃	Bitaksi Oyunlaştırma Söyleşisi (via Ümit Büyükyıldırım)
⚁	⚄	Andrzej Marczewski – Gamified UK Kurucusu
⚁	⚅	Başak Güvenç – Pixofun Kurucusu
⚂	⚂	Michael Wu – Lithuim Data Scientist Uzman
⚂	⚃	Mario Herger – Oyunlaştırma Uzmanı
⚂	⚄	Ahmet Hançer – Enocta CEO
⚂	⚅	Dalida Ekbenli – Classdojo Türkiye Lider Temsilcisi
⚃	⚃	Bart Hufen – Brand New Game ve the Gamification Academy kurucusu
⚃	⚄	Koray Tamerk – Turkcell Akademi
⚃	⚅	Muttalip Tulgar – Bilfen Eğitim Teknolojileri Uzmanı
⚄	⚄	Jasmin Karataş - Accenture Oyunlaştırma Uzmanı
⚄	⚅	Olcayto Cengiz - Flying Spoon Kurucu Ortağı
⚅	⚅	Tuğba Çanşalı – Oyun Tasarımcısı ve Eğitmeni

RÖPORTAJ

Pete Jenkins -GamFed Başkanı- ile Söyleşi:

Altuğ Yılmaz: Öncelikle röportaj teklifimizi kabul ettiğiniz ve bize zaman ayırdığınız için çok teşekkürler. Her şeyden önce Pete Jenkins kimdir?

Pete Jenkins: Oyunlaştırma tarafından bakılırsa ben geri bildirim ve takdir almaya çok motive olan bir oyuncuyum aslında. Bu beni projelerde paradan çok hoş görev isimleri, title'ları ve teşekkürle takdir kazanmaya itiyor. Brighton Üniversitesi'nde Girişimcilik Merkezi'nde sorumluyum, GamFed–Uluslararası Oyunlaştırma Federasyonu Yönetim Kurulundayım ve Gamification+ isimli kendi firmamla kişilere ve şirketlere oyunlaştırma çözümleri sunuyorum.

A. Y.: Oyunlaştırmayı ilk nerede duydunuz ve ilginiz nasıl arttı? Son dönemde bu kadar popülerleşmesinin nedeni sizce nedir?

P. J.: 2013 yılı başlarında Kevin Werbach'ın Coursera'daki MOOC eğitimini keşfedip 60.000 kişiyle birlikte başvuranlardandım. Ve bu kursu sadece 6.000 kişiye yakın katılımcı tamamladı. İşyerinde kullandığımız CRM ile tüm hayatım boyunca oynadığım bilgisayar oyununu karşılaştırmaya başladım. Aslında bilgisayar oyunu çok daha karmaşık ve derin kurguluydu ancak CRM'i çok basit adımlarla bile kimse kullanmaya motive değilken oyunu her boş kaldığımızda oynayan, oynadıkça eğlenen bir grup ekip arkadaşıydık. Eğer CRM'de de bu oyunları oynarkenki motivasyonu kullanıcılarda yaratabilirsek epey bir sorunu halletmiş olacaktım. O günden bu yana sadece oyunlaştırmayla nefes alıp veriyorum desem yalan olmaz.

Oyunlaştırma şu anda tüm alanlarda çok popüler çünkü insanların içinde olduğu tüm iş ve süreçlerde çok hızlı ve etkili bir şekilde sonuçlar verebiliyor, tabii ki doğru tasarlandığında.

A. Y.: Oyun ve oyunlaştırma Türkçe'de de çok karıştırılan terimler. Siz en temelde bu ayrımı nasıl yapıyorsunuz?

P. J.: Oyunların bu kadar etkileşimli ve başarılı olmasından oyunlaştırma çok şey öğreniyor. Teknik bakış açısıyla Kevin Werbach'ın oyunlaştırma tanımlamalarından olan "daha çok oyun gibi olan aktivitilerin gerçek hayatta kurgulanması" olarak açıklayabilirim. GamFed sitemizde de hem oyunlaştırmanın tanımı hem de oyunlarla farklılaştığı kısımları tanımlarla açıklamaya çalışıyoruz:

http://gamfed.com/gamification-definition/

A. Y.: GamFed Uluslararası Oyunlaştırma Federasyonu'nun Yönetim Kurulu başkanısınız. Bu kâr amacı gütmeyen derneğin kurulum süreci, amacı ve faaliyetlerini açıklayabilir misiniz?

P. J.: Aslında GamFed'in tam kurucusu olmasam da oyunlaştırma konusunda en iyi uygulamaları ve yöntemleri toplayan bir oluşum arıyordum ve GamFed'i görür görmez üye oldum. Yönetim kurulundakilerle de birlikte çalışmaya başlayınca GamFed'in arkasındaki vizyon ve hedeflere ulaşmak için bir yılı geçmeden Yönetim Kurulu başkanlık görevini üstlendim.

Bugün GamFed'in temel amacı oyunlaştırmadan faydalanabilecek tüm insanlar ve şirketlere en iyi uygulamaları tüm detayları ve analizleriyle aktarmak ve ilgili uzmanlarla buluşturmaktır. Şu anda da bu amaçlarımız doğrultusunda tüm yönetim kurulumuzdaki uzmanlarımız ve üyelerimiz önemli case studies'lerini paylaşmakta, online bazı webinarlar düzenlemekte ve daha çok Twitter üzerinde #gamificationethics hashtag'iyle bazı dijital iletişim kampanyaları kurguluyoruz.

A. Y.: GamFed'in Türkiye ve Türkiye'deki oyunlaştırma farkındalığını çoğaltmak için ne gibi düşünceleri ve planları var?

P. J.: Türkiye için GamFed'in kurucularından ve halen Yönetim Kurulunda olan Niels van der Linden'in İstanbul'da yaşamasından dolayı orada yarattığı oyunlaştırma bilinirliliğini; firması ve katıldığı, verdiği eğitim ve seminerlerden görebiliyoruz. Artık Niels'in de yönlendirmeleriyle Altuğ'un yazdığı GamFed'in de desteklediği bir Türkçe kitabımız ile de bu bilgi daha da hızlı yayılacaktır. Altuğ Yılmaz'ı GamFed Türkiye elçisi olarak Türkiye'de bir oyunlaştırma ile ilgili ya da Türkçe olan bir oyunlaştırma konusunda destek almak isteyen tüm üyelerimizle birlikte çalışacak. Türkiye'de de hâlihazırda yürüttüğü tüm faaliyetlerde kendisini GamFed olarak destekleyeceğiz. Bu gibi etkinlikleri de web sitemiz olan (www.gamfed.com) adresinde bulabileceksiniz.

A. Y.: Oyunlaştırma üzerine takip ettiğiniz blog adresleri, eğitimler ve kitap gibi önereceğiniz kaynaklar hangileri olur?

P. J.: Hah işte burada sonsuza kadar uzayan bir liste var. Altuğ'un çokça duyduğum kitabını Türkçe bilmediğimden okuyamadım, yakında bir araya geldiğimizde kendisi bana çevirecek ve okumuş sayılacağım ancak Andrzej Marczewski'nin "Even Ninja Monkeys Like to Play" ve Yu-kai Chou'nin "Actionable Gamification" okuyup gerçekten çok beğendiğim kaynaklar oldu. Online içinde oyunlaştırma olan tüm kursları almaya çalışıyorum.

A. Y.: Günlük yaşantınızda oyunlaştırılmış bir uygulama kullanıyor musunuz?

P. J.: İş hayatımda şu anda oyunlaştırılmış CRM uygulaması olan CRM.me kullanıyorum. Bu sistem çalışanlarım üzerinde çok çeşitli ve sizin belirlediğiniz ödüllendirme kurgularıyla motivasyon yaratarak kullanımı artırıyor ve yeni kullanmaya başlayanlara minik görevler vererek daha eğlenceli ve verimli bir oryantasyon - onboarding süreci geçirtiyor.

A. Y.: Oyunlaştırmanın geleceği konusunda neler düşünüyorsunuz?

P. J.: Bence oyunlaştırmanın geleceği beklediğimizden bile müthiş olacak. Strategic Innovation Lab adlı firmadan araştırmacı Marigo Raftopoulos geçtiğimiz yıl 200'den fazla "Case Studies-Örnek Uygulama" inceledi ve artık özellikle verimlilik odağı olan büyük ölçekteki firmalar oyunlaştırmayı basit tanımından çok daha geniş perspektifte değerlendiriyorlar. Bu serious games-ciddi oyunlar, simülasyonlar ve oyunsu tasarımların kullanıldığı departmanlarda da karşılık buluyor. Oyunlaştırmanın dokunduğu alanlar gitgite artıyor ve tek kesin olan her geçen gün daha çok örnek göreceğimiz.

A. Y.: Son olarak İlk akademik ve kapsamlı oyunlaştırma kitabının yazarı olarak bize ve Türk okuyucularına önerileriniz neler olacak?

P. J.: Gerçekten Türkçede tüm konu başlıklarıyla bu kadar kapsamlı bir kitabın yazılması muhteşem. Size tavsiyem Türkiye'ye özel ihtiyacı olan sektörlerde de devam kitapları çıkarmanız olur.

A. Y.: Çok teşekkürler Pete değerli vaktin ve paylaşımların için.

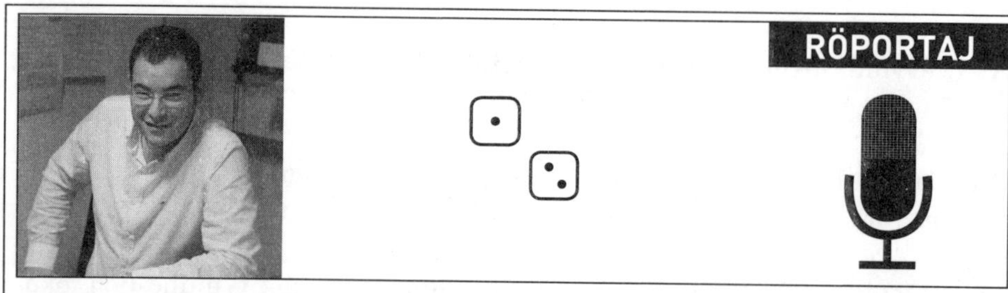

Yrd. Doç. Dr. Yavuz Samur, BÖTE Bahçeşehir Üniversitesi ile Söyleşi

Altuğ Yılmaz: Öncelikle katkınız için teşekkür ederiz. Yavuz Samur kimdir, kısaca kendinizi tanıtır mısınız?

Yavuz Samur: Bahçeşehir Üniversitesi, Eğitim Bilimleri Fakültesi, Bilgisayar ve Öğretim Teknolojileri Eğitimi Bölümü Öğretim Üyesi olan Yrd. Doç. Dr. Yavuz Samur, lisans derecesini Muğla Üniversitesi İngilizce Öğretmenliği bölümünden, Yüksek Lisans derecesini de yine aynı üniversitenin Eğitim Programları ve Öğretim Ana Bilim Dalından almıştır. Fulbright bursu ile Amerika'nın Virginia Tech Üniversitesi'nde Öğrenme Bilimleri ve Teknoloji alanında doktora ünvanını almıştır. Araştırma ilgileri arasında eğitimde dijital oyunların (tablet, bilgisayar, video oyunları gibi) kullanılması, Web 2.0 araçlarının (sosyal medya, bloglar, etkileşimli materyaller) öğretime entegre edilmesi, oyunlaştırma (Gamification), oyun tasarımı, beyin-temelli öğrenme gibi konular yer almaktadır. Lisans, yüksek lisans ve doktora düzeyinde "Öğretim Tasarımı", "Uzaktan Eğitim", "Eğitimde Bilgi Teknolojilerinin Kullanımı", "Çoklu Ortam Tasarımı", "Bütünleştirilmiş Medya Öğrenme Ortamları", "Eğitimde Yeni Medya ve Medya Okuryazarlığı" ve "Oyun Temelli Öğrenme" dersleri veren Dr. Samur, bunun haricinde devlet destekli ve kurumsal eğitsel oyun projelerinde, eğitsel dijital içerik ve yazılım tasarlama projelerinde yer almaktadır. Öğretmenlere, öğrencilere ve velilere yönelik bahsedilen alanlarda birçok çalıştay ve seminerler de düzenlemektedir.

A. Y.: Oyunlaştırma ile ilgilenmeniz nasıl başladı? Sizce neden oyunlaştırma? Oyunlaştırma neden son dönemde popülerleşmeye başladı?

Y. S.: Oyunlaştırma zaten hayatımızda olan bir kavramdı. Ancak biz oyunlaştırmanın bu kadar farkında değildik. Ben oyun elementleri ve öğrenme modelleri arasındaki kıyas çalışmalarıma, eğitsel oyunlar üzerine olan doktora tezimi yazarken başladım. Oyun elementlerinden daha ziyade, öğrenme, motivasyon, tutum ve bilgirişim (engagement) artışına ve kalıcılığına olanak sağlayan etmenleri araştırırken, oyunlarda da kullanılan elementlerin kullanılması yolunda çalışmalarımı ilerlettim. Bunun gibi benzer nedenlerden ötürü son zamanlarda oyunlaştırma daha sık kullanılmaya başlandı diyebilirim. Kitapta da bahsedileceği gibi gerek geliştirilen internet siteleri gerek mobil uygulamalar, hedef kitleyi çekmek ve tutmak üzerine kurulu oldukları için oyunlaştırma elementlerinin kullanılması kaçınılmazdı. Ek olarak ise oyunlaştırmanın son zamanlarda bu kadar popüler olması eğitsel oyunların eğitim ortamlarında ya da öğretim ortamlarında daha fazla kullanılmasıyla da başladı diyebiliriz. Ancak oyunlaştırmanın hâlihazırda eğitim ve öğretim ortamlarında fazlasıyla kullanılan bir yaklaşım olduğunu söylemek de yanlış olmayacaktır.

A. Y.: Oyun, Oyunlaştırma, Oyun tabanlı eğitim kavram olarak çok karışan terimler, siz nasıl ayırıyorsunuz?

Y. S.: Burada ilk olarak bir noktaya değinmek gerekiyor. İngilizce'de game ve play kavramları varken Türkçe'de biz her iki kavrama da oyun diyoruz. İlk olarak bu iki kavramı birbirinden ayırmak gerekiyor. Bir çocuk düşünün sokakta kendi kendine top sektiriyor ve topla oynuyor, buna play derken, çocukların sokakta 5'e 5, çift kale maç yapmalarına game diyebiliriz. Dolayısıyla farkettiğiniz üzere game'in içerisine hemen oyun elementleri dahil oluyor. En temelde kuralları olan, eğlenceli olan, hedefi olan bir yapıdan bahsediyoruz. Oyun temelli öğrenme ise var olan oyunların bir öğrenme eksikliğini gidermek ya da pratik yapma amaçlı kullanılması derken, oyunlaştırma için oyun elementlerini gerçekte oyun olmayan bir ortamda kullanmaktan bahsediyoruz. Bu tanımı iyice kavradığımızda aslında "oyun" adı altında oyunlaştırılmış uygulamaların günümüzde daha çok kullanıldığını görebiliriz. Bu farka çok dikkat etmek gerekir.

A. Y.: Günlük hayatınızda oyunlaştırılmış bir uygulama ya da ekipman kullanıyormusunuz?

Y. S.: Aslında burada bir önceki soruda cevaplandırdığım noktaya geleceğim. Oynadığımızı söylediğimiz "oyunların" birçoğu gerçekte "oyunlaştırılmış uygulamadır". Günlük hayatta ise en çok kullandığım uygulama NikeRun ve LinkedIn diyebilirim.

A. Y.: Bahçeşehir Üniversitesi'nde oyun tasarımı üzerine öğrencilerinizle workshop'lar düzenliyorsunuz; nasıl geri bildirimler alıyorsunuz? Başka oyunlaştırma ile ilgili proje ya da fikirleriniz var mıdır? Türkiye'de sizce ne zaman "oyunlaştırma" bir akademik ders olarak verilecek?

Y. S.: Okul öncesi öğrencilerinden tutun (4 yaştan itibaren), 1-2. sınıf, 5-6. sınıf, lisans, yüksek lisans ve doktora öğrencilerine kadar oyun tasarımı çalışıyorum. Oyun tasarlamanın yaşı olmaz. Herkes oyun tasarlayabilir. Oyun tasarlamak ise çok büyük bir yaratıcılık gerektirir. Çok oyun oynayan çok iyi oyun tasarlar gibi bir koşul da yoktur. Oyun tasarlamak için çok fazla oyun oynamış olmak bir gereklilik değildir ama çeşitli oyunlardan tadanlar, farklı oyun elementleri ve mekanikleri ile karşılaştıkları için daha hızlı düşünüp daha farklı çözüm yolları getirebilirler. Ama bu kanıtlanmış bir bilgi değildir. Oyun tasarımı ile ilgili yaptığım bütün çalışmaları www.kodlamasaati.org/oyun-tasarimi web sitesinden paylaştım, herkese açıktır ve isteyen herkes yararlanabilir. Ben oyun tasarımının ve özellikle eğitsel oyun tasarımının öğrencilerin öğrenmelerine ve yaratıcılıklarına etkisi olacağını düşünüyorum ve çalışmalarımı da bu yönde ilerletiyorum.

Geçtiğimiz dönem bir yüksek lisans öğrencim ile yapmış olduğum çalışmada eğitsel oyun tasarlayan öğrencilerin yaratıcılıklarında anlamlı bir artış ortaya çıkmış ve bilimsel olarak da bu ispatlanmıştır. İlkokul, ortaokul seviyelerinde buna istinaden oyun tasarımı müfredat çalışmalarına devam ediyoruz. Öğrencilere ise "oyun" demeniz yeterli. Nasıl bir geri bildirim alacağınız çok açık ve biz bunu öğrenme odaklı kullanmaya çalışıyoruz.

Oyunlaştırma akademik bir ders olarak zaten veriliyor. Farklı bölümlerde hocalarımız oyunlaştırma trendini yakaladılar ve kendilerince ders veriyorlar. Ancak konu da üzerinde çok fazla bilimsel çalışma yapılan bir konu olmadığı için henüz, o nedenle içeriği şu an için bir ders üzerine inşa etmek biraz zor olabilir. Ancak oyun temelli öğrenme derslerinde, ben oyunlaştırmadan mutlaka bahsediyorum ve oyunlaştırma üzerine gerek literatür taraması gerekse deneysel çalışmalarla birlikte öğrencilerle çalışıyorum.

A. Y.: Oyun tabanlı eğitim sizin için eğitime katkıları nasıl olmakta? Game based learning ve EduGame'ler arasındaki farkları açıklayabilir misiniz?

Y. S.: Oyun temelli öğrenme ile ilgili yapılan birçok araştırma var. Benim de oyun temelli öğrenme ile ilgili yapmış, yayınlamış olduğum, yüksek lisans ve tez öğrencileriyle birlikte yaptığımız çalışmalar var. Burada oyun temelli öğrenmenin tanımını hatırlatmakta fayda var: Oyun temelli öğrenme, eğitim/öğretim ortamlarında var olan bir oyunun kullanılmasıdır. Burada var olan oyun farklı amaçlar için kullanılabilir. Öğrenmede, motivasyonda, bilgirişimde (engagement), tutumda olumlu etkiler oluşturması için yapılan çalışmalar vardır. Bu çalışmalar genelde deneysel araştırma çalışmaları olarak gerçekleştirilirken bir grupta oyun oynanıyor ve diğer grupta katılımcılar normal eğitim-öğretime devam ediyor. Çıkan sonuçlar genel anlamda şunu söylüyor; oyun olsun ya da olmasın her iki grupta da başarı anlamında benzer sonuçlar çıkıyor. Yani katılımcılar oyun da oynasa, normal eğitime de devam etse aynı başarıyı elde ediyorlar. Bu ilk başta size olumsuz gibi görünse de aslında bu eğitimcilere şunu söylüyor, bırakın oyun oynasın öğrenciler, yine aynı başarıyı elde ediyorlar ama en azından daha çok eğleniyorlar ve derse daha motive olurlarken derse yönelik tutumları da olumlu yönde gelişiyor.

Buna ek olarak birçok çalışmada da (bu çalışmaların sayısı da giderek artıyor) oyun oynayan gruplar normal eğitime devam eden gruplara göre daha başarılı çıkıyor. Ancak burada da o parantez içinde belirttiğim oyunun kalitesi sorgulanıyor. Dolayısıyla öğrenciler oyun oynasınlar ancak kaliteli eğitsel oyunlar oynasınlar istiyoruz, yoksa eğitsel oyun adı altında oyun oynayıp oyunlardan soğuyan öğrencilere de çok şahit olduk. Bu noktada da diğer sorunuzun cevabı geliyor aslında. Çünkü edugame dediğimiz diğer adıyla edutainment yani ne education ne entertainment sağlayan oyunlar; alanyazında bunlar "**chocolate-covered broccoli**" olarak geçer yani "***çikolata kaplı brokoli***" yer gibi bir tad bırakıyor ağızlarda, dolayısıyla çocuklara bu eziyeti de yaşatmamak gerekiyor. Benim her zaman önem verdiğim şey eğitsel oyunlarda eğlencedir ve çocukların gerçekten oyun oynuyor olmasıdır. Bir "eğitsel oyunu" "oyunlaştırılmış uygulamalardan" ayıran en önemli etmenler bu ikisidir. Çünkü çocuk oyun oynamadığını aslında orada ders yaptığını hissettiği an onu oynamaktan vazgeçecektir.

Şöyle biraz daha herkesin anlayabileceği bir örnek verelim, yine bana göre yüzyılın en iyi oyunlarından biri olan Super Mario'dan örnek verecek olursak, oyunu oynarken o altınları topladığınızda bir soru çıktığını ve bir toplama işlemi yaptığınızı düşünün, soruyu doğru cevaplayamadığınızda oyunda ilerleyemediğinizi ancak soruyu doğru cevapladığınızda oyunda ilerlediğinizi düşünün, bu tarz sözüm ona "eğitsel oyunlar" çok fazla var ancak bunlara oyun dememiz çok zor. Ben öğrencilerime de hep şunu söylüyorum, bunu derste öğretmen oyun oynatırken bir çalışma yaprağı vererek de yapabilir ama "oyun oynama" ve "oyundan öğrenme", "oyunla öğrenme" durumu çok farklıdır. Bu noktada da ben daha çok eğitsel oyunlarda az önce bahsettiğim gibi oyun oynama hissine ve eğlenceye çok dikkat ederim. Bunlardan sonra oyun hangi kazanımları destekliyor'a bakarım, sonra onun iyi bir oyun olup olmadığına rahatlıkla benim gibi sizler de karar verebilirsiniz.

A. Y.: Sizce oyunlaştırmanın gideceği yol ve geleceğinde bizleri neler bekliyor?

Y. S.: Oyunlaştırmanın sözüm ona "cılkı çıkacak". Herkes oyunlaştırmaya çalışacak ve puan, rozet, başarı ve liderlik tablolarına yoğunlaşacak. Belirli bir süre sonra insanlar yarışmak istemeyecek, kimse kimseyi geçmek istemeyecek, rozetler onları mutlu etmeyecek, başarılar/rozetler umurlarında olmayacak ve farkındaysanız bu süreç yavaş yavaş başladı. Her şeyi oyunlaştırmaya çalışmaya başladık ama dengeyi sağlayamayan her uygulama başarısızlığa mahkum olacak. Dolayısıyla en başta oyunlaştırmayı neden yaptığımızı çok iyi düşünmemiz gerekiyor, oyunlaştırmaya gerçekten ihtiyacımızın olup olmadığını, işe yarayıp yaramayacağını, zarar verip vermeyeceğini etraflıca baştan analiz etmemiz gerekiyor. Her konuda eğitsel oyun oluşturamayacağımız gibi her konuda oyunlaştırma da yapamayız.

Öte yandan doğru yapılan oyunlaştırma uygulamaları "oyundan" "gerçeğe" doğru bir geçiş yaşayacak. Uygulamada/oyunda yapılan çalışmaların gerçek hayatta bir karşılık bulmaya başladı ve bunu iyi yapan uygulamalar/oyunlar, etkinliklerini sürdürmeye devam edecekler.

Mozilla'nın bir Open Badges sistemi oluşturma girişimi var. Sizin gerçek ve online hayatta kazandığınız sertifikaları, kursları, belgeleri, seminerleri online ortama aktarıp bir badge pack (rozet çantası) oluşturuyorsunuz ve bunu herkesle paylaşabiliyorsunuz ve insanlar da bunu görebiliyorlar. Bunun gibi uygulamaların artacağını düşünüyorum.

A. Y.: Son olarak oyunlaştırma kitabı hakkındaki düşüncelerinizi de alabilir miyiz?

Y. S.: Tek kelime ile ifade etmek isterim: İhtiyaç. Burada vurgulamak istediğim önemli nokta, okuyucuların ihtiyacının ne kadarını karşılayabileceği. Oyunlaştırma şu an birçok alanda kullanılıyor. Okuyucuların konu ile ilgili her alandaki soru işaretlerine karşılık alacağını düşünmelerini beklemek yanlış olur ancak ne kadar şanslıyız ki her alana biraz değiniliyor bu kitapta. Akademik anlamda da değerli bulduğum, fayda sağlayacak bir çalışma. Ayrıca, özellikle özel sektördeki firmaların oyunlaştırmaya bakış açılarını değiştirecek, bu işe girip girmeme konusunda onlara fikir verebilecek ve oyunlaştırmanın ne olduğunu anlayabilecekleri bir kitap olacağı kesin. Ek olarak, kitabın web sitesi üzerinden de sürekli bir gelişim göstereceğini beklemek de yanlış olmayacaktır. Bu doğrultuda herkese yararlı bir Türkçe kaynak olacağını düşünüyorum.

Yrd. Doç. Dr. Yavuz Samur, BÖTE Bahçeşehir Üniversitesi
https://www.linkedin.com/profile/view?id=53448405

RÖPORTAJ

Pennsylvania State University Oyunlaştırma Eğitmeni Dr. Kevin Werbach ile Söyleşi:

ALTUĞ YILMAZ: Öncelikle kitabımızda yer alacak bu görüşmeyi kabul ettiğiniz için teşekkür ederiz. Kevin Werbach kimdir; bize biraz kendinizden bahsedebilir misiniz? Eğitiminiz, işiniz ve hobileriniz?

KEVIN WERBACH: Wharton'daki Pennsylvania Üniversitesi, İşletme Fakültesi'nde profesörüm. Hukuk mezunuyum ve daha önce ABD Federal İletişim Komisyonu da dahil olmak üzere çeşitli işlerde çalıştım. Aynı zamanda 2008 yılında Başkan Barack Obama seçildiğinde onun Geçiş Ekibi'nde yer aldım. Yeni çıkan teknoloji trendleri ve bunların iş hayatına etkileri üzerine araştırmalar yapıyorum. Oyunlaştırma dışında, genişbant ve kablosuz teknolojilerden, Paylaşma Ekonomisi ve Büyük Veriye kadar uzanan konularda çalışıyorum. Boş zamanlarımda (bilgisayar oyunları oynamadığım zamanlarda) iki çocuğumla beraber bir şeyler yapmayı, vejeteryan yemekleri pişirmeyi ve Amerikan futbolu seyretmeyi seviyorum.

A. Y.: Oyunlaştırmayı ilk ne zaman ve nasıl duydunuz? Neden oyunlaştırmanın son birkaç yılda sıkça telaffuz edilen bir kelime haline geldiğini düşünüyorsunuz?

K. W.: Uzun zaman önce dijital oyunların etrafında gelişen hayat dolu topluluklar ve platformlarla ilgilenmeye başladım. Oyun araştırmaları üzerine çalışan akademik bir grupla beraber, devasa çok oyunculu çevrimiçi bir oyun olan World of Warcraft oynamaya başladım ki bu beni oyunların kişisel ve işle alakalı hedeflere ulaşma konusunda ne kadar güçlü araçlar olabileceği konusunda daha da heyecanlandırdı. Oyun ve oyun dizaynı konusuna daha çok eğilmeye başladım. Büyüleyiciydi, ama işletme bölümlerinde okuyup öğrettiğimiz cinsten sorularla net bir bağlantısı yoktu. 2010 yılı civarında oyunlaştırma tanınan bir iş uygulaması haline gelmeye başladı. Son birkaç yılda gelişmeleri takip ettiğim üzere; bizim şu an oyunlaştırma olarak adlandırdığımız şeyin uzun süredir firmalarda yapıldığını, sadece buna verilecek bir ismimiz olmamış olduğunu fark ettim. Bence dijital oyunların benimsenme, finansal başarı ve kültürel etki bakımında doyma noktasına ulaştığı bir zamanda ve yazılım platformlarının oyunlaştırmayı iş hayatına aktarabileceği bir dönemde çok konuşulan bir kelime haline geldi.

A. Y.: Oyun ve oyunlaştırma sıkça karıştırılan kavramlar, siz nasıl ayırıyorsunuz? Nasıl açıklıyorsunuz?

K. W.: Oyunlaştırma, aktiviteleri daha bir oyun haline getirme sürecidir. Yani tanımı gereği, oyunlardan farklıdır. Oyun, içine girilen çok boyutlu bir tecrübedir. Oyunlar genellikle zorlu bir görev içeren bir oyuncu deneyimidir; içinde geri bildirim, hedefe yönelik bir yolculuk, psikolojik katılım ve eğlence barındırır. Oyunlardan alabileceğimiz dizayn tekniklerini ve elementleri başka bağlamlarda deneyimler yaratmak için kullanabiliriz. Bunları oyunların kendilerinin deneyimini zenginleştirmek için bile kullanabiliriz. Örneğin, hemen hemen bütün oyun konsollarında oyunlara meta katmanı şekilde puan ve ödül ekleyen bir başarı sistemi vardır.

A. Y.: Oyunlaştırma hakkında, Coursera üzerinden online olarak alınabilecek en iyi içeriklerden birine sahipsiniz. Bana bu MOOC (Devasa Açık Çevrimiçi Ders) hikâyesini anlatabilir misiniz? Ayrıca Türkçe dahil olmak üzere birçok dili destekliyor. İnsanlarla bağlantınız ve entegrasyonunuz nasıl?

K. W.: Benim üniversitem en büyük MOOC platformu olan Coursera'nın ilk üyelerinden biriydi. 2012 yılında bunun üzerinde bir ders düzenleyen ilk hocalardan biri olmak için gönüllü oldum. O dönemde oyunlaştırma hakkında hiç ders yoktu, o yüzden her şeyi sıfırdan yaratmak zorunda kaldım. Dersi hazırlarken bir yandan da oyunlaştırma alanını organize edecek bir yöntem ürettim. Bu ders benim Wharton'da girdiğim oyunlaştırma derslerinin ve *For the Win (Kazanmak İçin)* adlı kitabımın temelini oluşturdu. Sanırım bu MOOC'un daha etkili olmasına yardımcı oldu, çünkü hâlihazırda var olan bir dersi sadece online formata çevirmiyordum. MOOC'un her bir oturumundaki on binlerce öğrenciyle tek tek iletişim kuramasam da, bu deneyimi kişisel ve cazip kılacak değişik teknikler kullandım. Geriye dönüp baktım da, ben aslında farkında olmadan oyun dizayn teknikleri kullanıyormuşum! Diğer bir unsur ise, bir MOOC'da öğrenciler için en güçlü kaynak hoca değil, diğer öğrencilerdir. MOOC'lar hâlâ öğrenim araçları olarak potansiyellerinin sınırlarına bile yaklaşmadılar ve benim dersimi yarattığımdan beri deneyimin iyileştirilmesinde ciddi bir evrimleşme ve gelişme gördük.

A. Y.: Oyunlaşmanın devamlılığı hakkında bir sorumuz var. Uzun süreli motivasyon bir hayli zor sağlanıyor. Bunu fitness ve sigarayı bırakmanın oyunlaştırılmasında da gözlemleyebiliriz. Klout ve Foursquare gibi oyunlaştırmayı uzun süre kullanıp bırakan örnekler verebiliriz. Ayrıca Khan Academy, Classdojo gibi oyun platformları kullanan bazı öğretmenlerle konuştuğumuzda, motivasyonun her hafta daha da düştüğünü söylüyorlar. Bu konu hakkında ne düşünüyorsunuz? Sizce insanların motivasyonu uzun süre nasıl yüksek tutulur?

K. W.: Oyunlaştırma için insanların katılımını devamlı halde tutmak çok zorlu bir iş. Her zaman oyunlaştırmayla ilgilenen kişilere, hedeflerini belirleyerek ve bu hedeflere ulaşmak için doğru teknikleri kullandıklarından emin olarak başlamalarını söylüyorum. Her şey insanların uzun bir zaman dilimi boyunca motive olmalarını gerektirmez. Eğer sadece insanların hizmetlerinizi denemesini istiyorsanız, doğaları gereği katılımı devamlı halde tutan oyunlaştırma teknikleri kullanmamız gerekmeyebilir. Bununla birlikte, pek çok durumda motivasyonun devamlılığını sağlamak önemlidir. Bunun için zaman içinde evrimleşen bir kullanıcı deneyimi yaratmak çok önemlidir; ya da en azından evrimleşiyormuş hissini veren bir deneyim. Aynı ödüllendirme çevrimi bir süre sonra sıkıcı hale gelir. Ek olarak, psikolojik araştırmalardan biliyoruz ki ödülleri sürekli olarak artırmaya hazırlıklı değilseniz, katılım devamlılığını sağlamanın tek gerçek yolu içsel motivasyondan geçer. Oyunlaştırma sistemi oyuncuların psikolojik ihtiyaçlarını karşılayacak şekilde dizayn edilmeli, kişisel veya iş hedeflerine bağlanmalıdır.

A. Y.: Günlük hayatınızda herhangi bir oyunlaştırma uygulaması, internet sitesi ya da süreci kullanıyor musunuz?

K. W.: Oyunlaştırılmış sistemler için bakınma zahmetine girmiyorum. Bununla birlikte, online servislerde, özellikle de sağlık ve e-öğrenim araçlarında o kadar yaygın hale geldiler ki bugünlerde oyunlaştırmadan kaçınmak zor! Genellikle daha çok oyun dizaynlarındaki daha derin olan prensipleri ve stratejileri uygulama üzerine yoğunlaşıyorum, çünkü bu konseptler hayatta hemen her şeye uygulanabilirler. Oyun dizaynından edindiğim önemli derslerden bir tanesi farklı tarzda oyuncuların olduğu ve etkili oyunların bu oyuncuları farklı şekillerde motive edebildiği. Ben World of Warcraft oynarken oyuncuya karşı oyuncu çarpışmalarından nefret ediyordum ama sanal satış evinde para kazanmak için stratejiler geliştirmeye bayılıyordum. Entelektüel olarak ilgi çekici gelen zorlu işlerden hoşlanıyorum, fiziksel veya ruhsal aktivite içerseler bile. Bir başkasının üzerinde işe yarayan günlük hayatta kullanılacak bir oyunlaştırılmış araç benim için motive edici olmayabilir, ya da tam tersi.

A. Y.: Oyunlaştırmanın geleceği hakkında ne düşünüyorsunuz? Hangi kategoriler fitness gibi popüler olacak?

K. W.: Geçen iki yıl boyunca oyunlaştırmanın uygulanışında çok ciddi bir büyüme gösteren iki alan sağlık ve öğrenim oldu. Aşağı yukarı tüm dijital sağlık ve zindelik sistemlerinde şu an oyunlaştırmanın bazı yönleri kullanılıyor. Bu alanda daha fazla büyüme fırsatları medikal uygulamalarda bulunuyor; ilaç ve tedaviye riayet etmenin iyileştirilmesi, sağlıklı yaşam tarzı değişikliklerini teşvik etme ve beyin fonksiyonlarını iyileştirmek için oyunsal aktiviteler gibi. En büyük büyüme alanı eğitimde olacak, çünkü bu son derece geniş bir alan. Öncelikle örgün eğitim sistemi var; ilkokuldan üniversiteye ve meslek okullarına kadar ancak bundan daha da büyük bir pazar, kurumsal eğitimler ve yaşam boyu öğrenim için mevcut. MOOC derslerini alan kişilerin çoğunluğunun üniversite diploması var mesela. Duolingo dil öğrenimi ve programlama öğrenimi Codecademy gibi olağanüstü oyunlaştırma başarıları görüyoruz. Günümüz dünyasının işleyişinde öğrenme hiçbir zaman bitmiyor. Oyunlaştırma bence, önümüzdeki yıllarda popüler hale gelecek olan yeni dijital öğrenim platformlarında daha da büyük bir pay sahibi olacak.

A. Y.: Son olarak, kitabımız hakkında ne düşünüyorsunuz ve bizler için yazar olarak önerileriniz nelerdir?

K. W.: Dünyanın her yerinde oyunlaştırmaya ilgi duyuluyor. 170'ten fazla ülkeden MOOC dersimi alan öğrencim oldu ve kitabım *For the Win (Kazanmak İçin)* şimdilik altı dilde basıldı. Ama hâlâ alanın global gelişimi için ilk zamanlardayız. Yani ülkelerde oyunlaştırma üzerine daha çok materyale kesinlikle gerek var. İnsanla ilişkili her uygulamada olduğu gibi, oyunlaştırmada da sosyal ve kültürel normlar dikkate değer. Söylediğim gibi, oyunlar insanları birçok değişik şekilde motive edebilir. Yani, Türk okurlar için beklentileri, kültürel referans noktaları ve diğer faktörler açısından nelerin en iyi şekilde işe yarayabileceği üzerinde düşünün. Ama benim en önemli tavsiyem; tadını çıkarın! Sizi tutkulu yapan ve merakınızı cezbeden konularda yazın, okuyucular cevap verecektir.

Dr. Kevin Werbach
kevin@werbach.com
https://twitter.com/kwerb

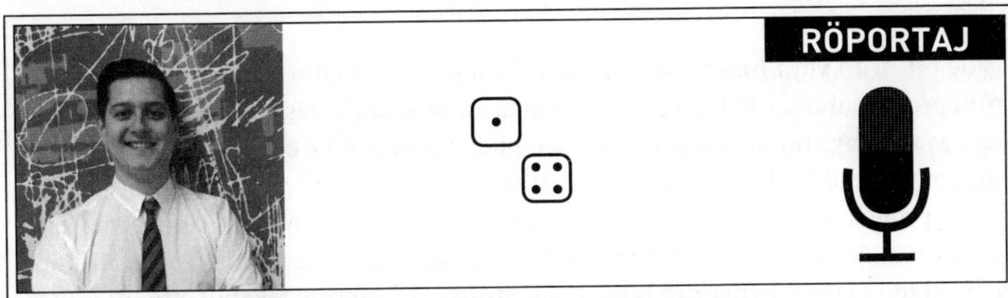

Nehir Hepşen -TEB Oyunlaştırma Uzmanı- ile Söyleşi:

Altuğ Yılmaz: Öncelikle kitabımız için söyleşi teklifimizi kabul ettiğiniz için çok teşekkür ederiz. Nehir Hepşen'i kısaca tanıyarak başlayabilir miyiz? Aldığınız eğitim, çalıştığınız firma ve projeler, hobileriniz...

Nehir Hepşen: Ankara doğumluyum. Lise ve üniversiteyi burada bitirdim. Üniversiteden sonra Amerika'da bir iş tecrübem ve dönüşünde de yüksek lisans için önce İstanbul, sonrasında Hollanda'da eğitimim var. 2011 yılında da şu an hâlâ çalışmakta olduğum TEB'de işe başladım. İlk 2 yılımda şubede Portföy Yetkilisi olarak çalıştım, sonrasında da Genel Müdürlük'te Ödeme Sistemleri ekibinde çalışmaya devam ediyorum.

Oyun oynamayı seven biriyim. Aslında yaş olarak tam da arada kalmış bir nesil olduğumuzdan hem eski hem de yeni türde oyunlara aşinayız. Bu özelliğimiz de bizim kuşak için büyük avantaj aslında. Küçükken arkadaşlarımızla bilye ve saklambaç da oynardık, öğlen sıcağında dışarda kalamayacağımız için birbirimizin evinde toplanır sırayla atari de... Çocukluğumuzun bile gün içinde birbirini yenmeye, birbiriyle rekabet etmeye ve yine de eğlenme üzerine dayalı olduğunu fark ediyorum aslında.

2014 yılında TEB'de Kurum İçi Girişimcilik Programı adında bir yarışma başladı. Bu program dahilinde herkes kendi fikirlerini üst yönetimimize sundu. Uzun eleme süreçlerinin neticesinde "Satış Yönetiminde Oyunlaştırma" adlı projem yarışmada birinci geldi. Yani, Kurumiçi Girişicimcilik Programı sayesinde ilk oyunlaştırma projemi hayata geçirmiş oldum.

A. Y.: Oyunlaştırma kelimesini ilk ne zaman duydunuz? Ne zamandan beri oyunlaştırma ile ilgileniyorsunuz? Son dönemlerde sizce neden bu kadar popüler oldu?

N. H.: Oyunlaştırmanın ilk defa 2009 yılında terim olarak farkına varmaya başladım. Biraz da tesadüf oldu açıkçası. Hollanda'da yüksek lisansım esnasında bir proje dersinde gruplardan bir firma verilerek o firmanın mottosuna uygun olacak şekilde bir ürün veya hizmet geliştirmeleri istenmişti. Benim de liderliğini yürüttüğüm proje grubuna "Nike" verildi. Konuyu en iyi şekilde nasıl işleriz diye düşünürken, ayakkabıya bir çip entegre edip, o çipi de Facebook ile eşleştirip kişilerin dahil olduğu topluluklarda birbirleriyle yarışması, rekabet etmesi ve sosyalleşmesi üzerine bir proje hazırlayıp adını da "Nike Conquer the City" koyduk. Sonra biraz daha araştırınca Nike'ın benzer bir uygulamasının da olduğunu gördük. Bu gelişmeyle birlikte, "oyunlaştırma"nın bu uygulamanın özelliklerine tekabül ettiğini farkettim. Nike'ın o dönemlerde başlattığı bu proje de zaten şu an oyunlaştırma alanındaki Best Practiseler arasında yer alıyor.

Oyunlaştırmanın son dönemlerde iyice öne çıkmasının nedeni sosyal hayatta ve satın alma kararlarını verenler arasında artık Y kuşağının ağırlığının daha fazla olmaya başlaması. Hatta pek yakın bir zamanda Z kuşağı da bu sürece dahil olacak. Bu kuşaklar, önceden de bahsettiğim gibi hayatları oyun, sosyalleşme ve rekabetle geçen bir kesim. Bu yüzden de rutin ve zorlama görevler yerine bu görevleri eğlenceli hale getirmek ilgisini çekiyor bu kuşağın.

A. Y.: Oyun ve oyunlaştırma birbirine çok karıştırılan konsept ve terimler. Benzer birçok terimde aynı anlamdan kullanılmakta. En basit ve temel anlamda siz nasıl ayrıştırıyorsunuz?

N. H.: Evet çok karıştırılan terimler. En basit anlamda baktığımızda oyun zaten adı üstünde oyun. İnsanların vaktini hoşça geçirmesine, eğlenmesine yarayan, kuralları olan bir eğlence. Oyunlaştırma ise bu eğlencenin ve eğlenceyi sağlayan dinamiklerin, rutin hayatta yapılan işlere entegre edilmesi. Örneğin, çalışanlarının sağlıklı olmasını hedefleyen bir kurum, çalışanlarına spor eğitimi vermek yerine onlara bir spor uygulaması yaratarak, hedef koymalarına, puan toplamalarına, profil oluşturup, kendilerine yakın profildekilerle topluluk yaratmasını sağlayan bir yapı oluşturduğunda, burada "oyunlaştırma"dan bahsedebiliriz. Oyunlaştırmada, kişilerin Zaten mevcutta yaptıkları ya da yapılması istenen bir aktiviteye eklenen bazı dinamiklerle bu işe teşvik etme ve motive etme söz konusu olmakta.

A. Y.: Günlük hayatınızda hangi oyunlaştırılmış uygulamaları kullanıyorsunuz?

N. H.: Ben daha çok sağlık ve spor uygulamalarını kullanıyorum. Bunlar arasında Nike+ Running, Misfit var, tabii bir de Foursquare kullanıyorum ama Swarm'a dönüştüğünden beri eskisi kadar ilgimi çekmiyor. Bunlar dışında yeni çıkan uygulamaları da yakınen takip ediyorum, özellikle eğitim ve satış alanlarında geliştirilen uygulamalara.

A. Y.: Oyunlaştırmanın geleceğinde neler ön görüyorsunuz? Sizce ne gibi deneyimler bizi bekliyor? Ve özellikle hangi sektöre odaklanılacak?

Aslında bunu Türkiye ve Amerika olarak ayırarak cevaplamak isterim. Oyunlaştırma, Türkiye'de henüz giriş/tanınma aşamasında. Oysa Amerika bu evreleri çoktan geçti, gelişme ve olgunluk dönemine gelecek neredeyse. Türkiye özelinde devam etmek gerekirse oyunlaştırmanın birçok kurumun ve kişinin hayatına bir şekilde dokunacağını düşünüyorum. Özellikle de tüketim ve satış alanlarında daha çok kullanılacak. Buna ek olarak da müşteri sadakati oyunlaştırmadan en çok faydalanabilecek ve geliştirilebilecek alan. Mevcut sadakat programlarının da oyunlaştırma elementleriyle daha da zenginleştirilebileceğini düşünüyorum. Zaten bu da oyunlaştırmanın, dolaylı olarak tüketim ve satış alanlarına yoğunlaştığını gösterecek.

A. Y.: Oyunlaştırma kurguları yaparken sıfırdan kendimizin tasarlamasıyla hazır bir çözüm arasında ne gibi farklar vardır? Sizin öneriniz ne olur?

N. H.: Biz TEB'de projeye başlarken her iki çözümü de düşündük aslında. Hazır çözümlerin avantajları olduğu kadar dezavantajları da var tabii. Hazır çözümler daha çok genele uygun dizayn ediliyor. Oysa hazır çözümler, entegre edilecek yapıdaki kullanıcılara hitap etmeyen elementler barındırıyor olabilir. Kaldı ki bu durumla oldukça sık da karşılaşılıyor. Buna ilave olarak, hazır çözümler kişiselleştirmeye de pek açık olmayabiliyor. Oysa sıfırdan bir çözüm, tamamen son kullanıcıların taleplerine ve kurumların isteklerine göre dizayn edilebilir. Farklı elementler eklenip çıkartılabilir ve versiyon güncellemeleri bu doğrultuda da yapılabilir. Tabi bu yöntemin de bazı zorlukları var. Örneğin bunlardan biri de, bu tasarımı yapacak ekiplerin konuya ve kullanıcı deneyimine çok hakim olmaları gerektiği unsuru. Dışarıdan basit gibi görünse de arka planda kullanıcı bağlılığı ve sadakati anlamında çok ince detaylar yer alıyor. Kurguda yapılacak en ufak bir yanlış, planlanan yatırımın boşa yapılmasına da sebep olabilir.

A. Y.: Oyunlaştırma denilince ilk akla gelen Foursquare. Ancak Foursquare de Swarm geçişiyle bazı oyun mekaniklerini güncelledi. Uzun dönemli oyunlaştırmalarda bazen motivasyon düşüklüğü olabiliyor. Aynı şekilde Classdojo da öğrencilerde tüm yıl boyunca aynı heyecanı uyandıramıyor. Bunların sebebi nedir? Oyunlaştırmanın uzun vadede çalışabilmesi için ne yapılması gerekiyor?

N. H.: Aslında bu konuda oyunlardan örnek verebilirim. En çok heyecan uyandıran, aylarca/yıllarca beklenen oyunlarda bile bir süre sonra kullanıcılar sıkılabiliyor. Bu yüzden de oyun çıktıktan sonra belirli aralıklarla güncellemeler yapılarak oyuncuların ilgisinin daima yüksek seviyede tutulması amaçlanıyor. Bu motivasyon düşüklüğünü gidermenin en basit ve en etkili yöntemi bence de bu. Entegre edilecek bir oyunlaştırma uygulamasının en yalın haliyle kullanıcıya sunulup, sonrasında kullanım oranlarının düşmesini beklemeden, yeni versiyonlar aracılığı ile kullanıcıları heyecanlandırıp meraklandıran özellikler eklenebilir. Böylelikle, hem kullanıcının uygulama ile tanışıp uygulamayı benimseme ve kurguyu öğrenme süreci hızlandırılır, hem de yeni özellikler ile ilgi canlı tutulur.

A. Y.: Son olarak ilk Türkçe Oyunlaştırma kaynağımız olan kitabımız hakkında neler düşünüyorsunuz, önerileriniz ne olur?

N. H.: 2014'te fikir aklıma ilk geldiğinde ve 2015'te projeye ilk başladığımızda, oyunlaştırma konusunda birçok araştırma yaptım ancak tatmin edici bir Türkçe kaynak bulamadım. Daha önce de bahsettiğim gibi bunun bir nedeni Türkiye'de bu işin henüz tanınma aşamasında olması ve öneminin ve getirilerinin henüz tam fark edilememiş olması bence. Kitabınız ve açtığı yolda oluşacak kaynaklarla Türkiye'de de oyunlaştırma ile ilgili bir topluluk oluşacak ve bu alana ilgi daha da artacaktır. Bu alanda başarılı örneklerin yanı sıra başarısızlık hikâyelerinin olması da önemli bence bu tür kaynaklarda çünkü insanlara ne yapılması gerektiğini göstermek kadar ne yapılmaması gerektiğini veya da ne yapılırsa başarısızlıkla sonuçlanacağını da göstermek gerektiğini düşünüyorum. Sonuç olarak çok öncü ve vizyoner bir iş yaptığınız aşikar. Mevcut kaynaklarla birlikte sizin oluşturduğunuz kaynaklar oyunlaştırma konusunda farkındalığı artırıp, yeni kaynak yaratılmasına ve oyunlaştırmanın beklenen seviyede ilgi görmesine destek verecektir.

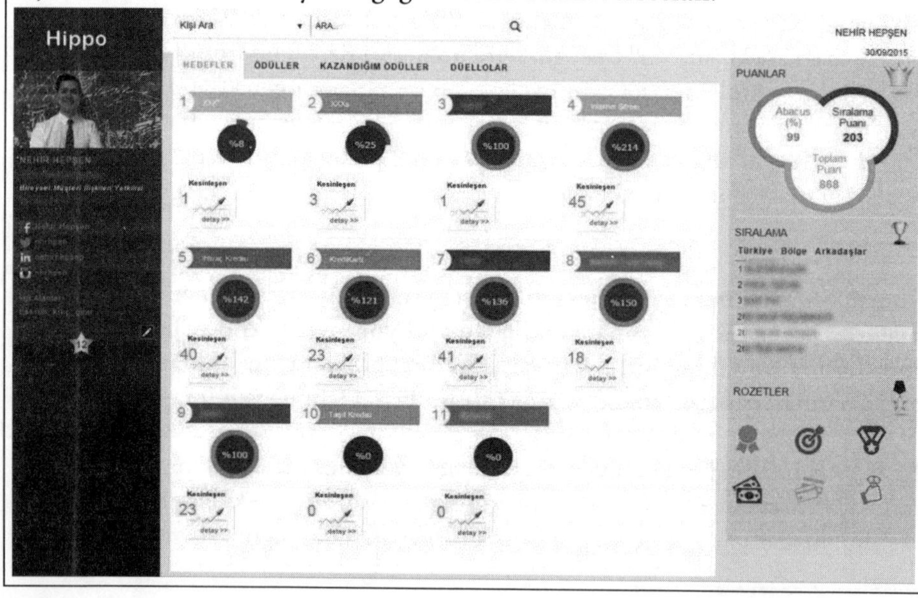

RÖPORTAJ

Ercan Bozkurt - Oyun Programlama Eğitmeni & Danışmanı ile Söyleşi:

Altuğ Yılmaz: Öncelikle röportaj teklifimizi kabul ettiğiniz için teşekkürler. Ercan Bozkurt kimdir, kısaca kendinizi tanıtır mısınız?

Ercan Bozkurt: Rica ederim. Benim için büyük bir zevk. 1980 İstanbul doğumluyum. Lisans eğitimimde İktisat bölümünden mezun olduktan sonra yüksek lisans eğitimime, Eğitim Yönetimi ve Denetimi bölümünde devam ettim.

İlk kodumu Commodore 64 üzerinde yazmıştım. Sonrasında, yıllar içerinde PHP, VB.NET, Java ve Python'ın da içerisinde bulunduğu, farklı platform ve dillerde çeşitli konularda, uygulamalar geliştirdim, eğitimler ve seminerler verdim.

Sektörde bulunduğum 16 yıl içerisinde, Türkiye, Umman ve Avustralya'da birçok proje tamamladım. 2005 yılı ve sonrasında uzmanlığımı Microsoft Teknolojileri ve .NET Platformuna kaydırdım.

Object Oriented Programming, C#, Microsoft SQL Server ve ADO.NET Entity Framework kullanarak Web, Windows ve Mobil tabanlı uygulama geliştirme üzerinde çalışmalarıma devam ediyorum. Aynı zamanda bu konularda danışman olarak da hizmet veriyorum.

Bu sıralar, İlgi alanlarım arasında "sanal gerçeklik ve artırılmış gerçeklik uygulamaları, Kinect ve Windows 10 üzerinde programlama" ön plana çıkıyor.

Bir yandan da Türkiye'nin ilk online uygulama geliştirme okulu olan Microsoft Açık Akademi projesine destek vermeye devam ediyorum.

A. Y.: Oyunlaştırma kavramını ilk ne zaman duydunuz? Sizce neden oyunlaştırma son dönemde bu kadar popülerleşti?

E. B.: 2010 yılında duydum, ama nedir bu deyip de el atmam 2011 sonu 2012 başı diyebilirim. Sonraları oyunlaştırmayı Türkiye'nin en önemli online eğitim projelerinden biri olan Açık Akademi'de de (http://www.acikakademi.com) kullanma ve deneyimleme fırsatı buldum.

Oyunlaştırma son dönemlerde popülerleşti; çünkü süreçleri destekleyen ve zorlukları aşmamızı sağlayan büyük bir tamamlayıcı unsur ve temelinde eğlenmek var. Çalışırken eğlenmek herkes için çok kolay bir şey değil. Popülerliğinin temelinde bunu sağlaması yatıyor diye düşünüyorum.

A. Y.: Oyun ve oyunlaştırma kavram olarak çok karışan terimler, siz nasıl ayırırsınız?

Oyun = eğlence
Oyunlaştırma= Sıkıcı işleri eğlenceli hale getirme

A. Y.: Ercan Bozkurt olarak yıllardır hem yazılım hem oyun kodlama üzerine eğitimler vermektesiniz. Bu konudaki ihtiyacı paylaşır mısınız? Ayrıca eğitimlerde ne gibi deneyimleriniz oluyor?

E. B.: Yıllar ve eğitim deyince burayı şikâyet duvarına bağlayabilirim. Günden güne artan bir grafikle ilkokuldan itibaren eğitim kalitesi düşüyor. İnsanımız daha erken pes eder hale geliyor. Her şeyi çok kolay yapmak istiyor ve çalışmak istemiyor. Hani Gora filminde Matrix'e gönderme yapan bir Commodore 64'ten yükleme sahnesi var ya... Tam olarak beklenti bu. İhtiyaç çok büyük çünkü. Piyasada bu sektöre girmiş firmalarımız var ve gerçekten de nitelikli iş gücüne ihtiyaçları var. Ama bizim öğrencilerimiz kendine Hollywood film yapımcılarını örnek alıp 25 saatlik bir kurstan sonra da onlar kadar para kazanmak istiyor. İş beğenmiyor vs. Gerçekten apayrı uzunca konuşulması gereken bir konu bu.

A. Y.: Türkiye'deki Microsoft ve Enocta işbirliği ile hayata geçmiş en önemli eğitim portallerinden biri olan Açık Akademi projesinde yer aldınız. Orada da yazılım ve eğitim eğitimleri verdiniz, nasıl bir deneyimdi? Oyunlaştırma kurgularını nasıl kurguladınız ve geri dönüşler nasıl oldu?

E. B.: Açık Akademi çok önemli bir kitleye ulaştı. 100.000'den fazla kayıt olan ve 3.000'e yakın mezun öğrencimiz oldu ve hâlâ yaşamaya devam eden bir proje. (https://vimeo.com/74613894)

Projede oyunlaştırma için karar verildiğinde ilk adım rozetler (badge) oldu, sonrasında eğitim tamamlama üzerine bir puan sistemi eklendi. Devamında eğitim sonu sorularından puanlar alınabilir hale geldi ve en son olarak insanların birbirine yardımcı olabileceği forum alanındaki soru cevaplar için bir puanlama sistemi getirdik.

Kurgusal olarak çok başarılı olan oyunlaştırmamızda, kullanıcıların özellikle Ders Puanları yanında Soru-Cevap Puanları liderlik tablosunda gözükebilmek adına sahte hesaplar açarak kendi sorularına cevap vermeleri, arkadaşlarıyla koordine olarak, soruları ve cevaplardaki puanlamaları hileye başvurarak manipüle etmeye çalışmaları gibi birçok senaryoyla karşılaştık.

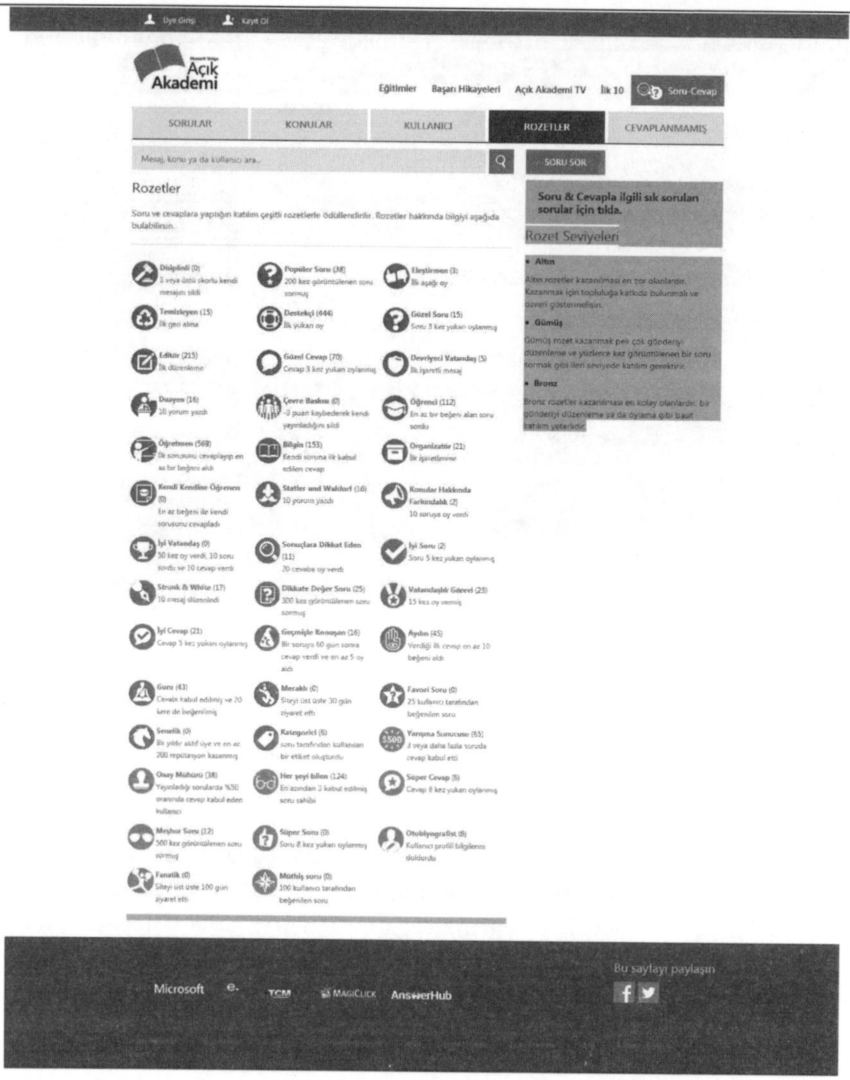

A. Y.: Gerçekten bu kadar yoğun hileye başvuruldu mu? Neden sizce?

E. B.: İnsanın doğasında var, kimisi için hile eğlencenin önüne bile geçebiliyor; birincilik ve başarı hırsı ağır basıyor. Bazısı ise hile eğlenceyi öldürdüğü için tercih etmiyor. Oyun, kuralları oldukça ve bu kurallar çalıştıkça işleyen bir süreçtir. Oyunlaştırma da aynı şekilde kuralları olan ve çiğnenmesi durumunda kesinlikle çalışmayacak bir sistemdir.

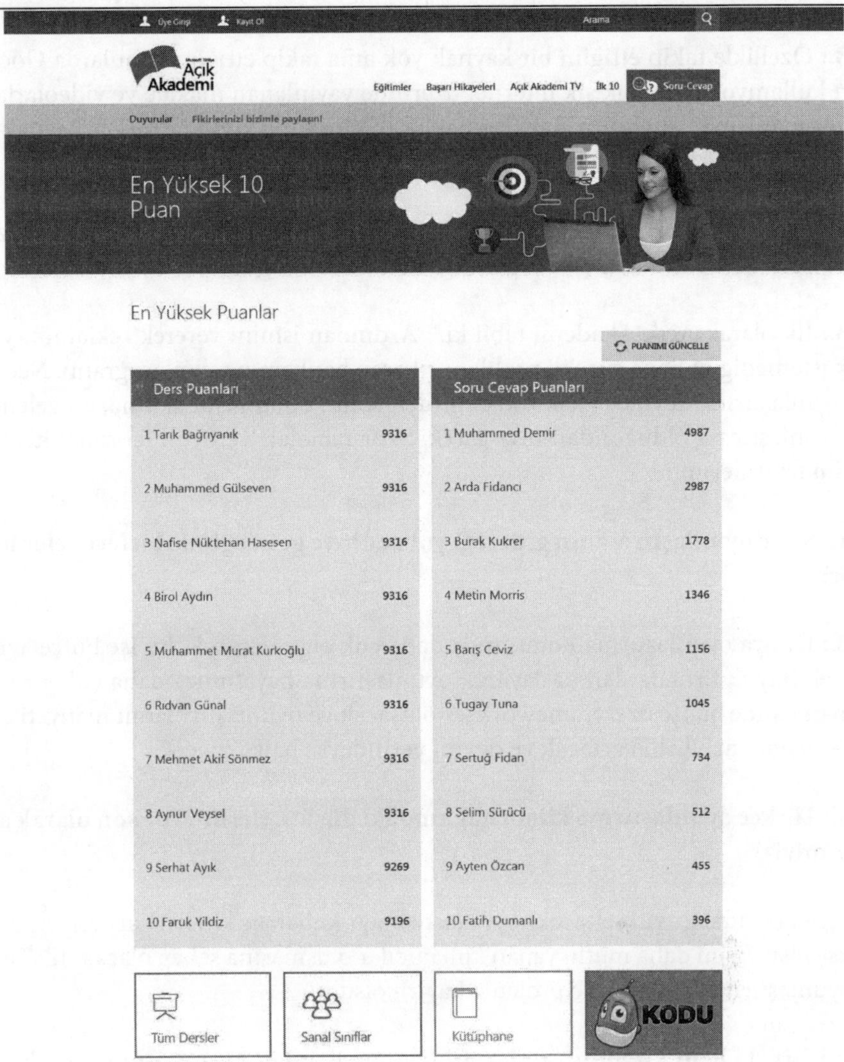

Hile, kuralın olduğu her yerde var ve hayatın bir parçası. Oyunlaştırma uygulamalarının da herkes için açık ve belli olan kuralları bulunmakta ve hile onun da bir parçası. Dolayısıyla hile, kendine oyunlaştırmada da yer buluyor. İnsanın hile yapma isteğinin altında birçok neden olabiliyor, başarı hissi, canının sıkılması, daha çok eğlenceli bulması gibi... Bu duyguların detaylı psikolojik analizini yapmak ve ona göre aksiyonları belirlemek gerekir.

A. Y.: Oyunlaştırma ile ilgili takip ettiğiniz ve beğendiğiniz uygulama ve kaynakları paylaşabilir misiniz?

E. B.: Özellikle takip ettiğim bir kaynak yok ama takip ettiğim konularda Google alert kullanıyorum ve sık sık internet üzerinde yayınlanan makale ve videolarla ilgili otomatik mail alıyorum. Tabi kaynaklar İngilizce, bu konuda Türkçe kaynak ihtiyacı çok büyük ve bu kitap umuyorum ki önemli bir ihtiyacı giderecek.

A. Y.: Ercan Bozkurt günlük hayatında bir oyunlaştırılmış uygulama ya da web sitesi kullanıyor mu? En çok beğendiği mekanik hangisidir?

E. B.: İlk olarak Açık Akademi tabii ki... Ardından ismini vererek reklamını yapmak istemediğim bana sürekli problem çıkaran bankamın puan programı. Nedense, oyunlaştırma deyince Açık Akademi'den sonra onlar geldi aklıma, en geleneksel oyunlaştırma olduğundan olsa gerek. Skor tabloları ve oyun içi sanal item'lar benim favorilerim.

A. Y.: Sizce oyunlaştırmanın gideceği yol nedir ve geleceğinde bizleri neler bekliyor?

E. B.: Dünya oyunlaştırma konusunda daha çok olgunlaşacak. Bu işe bütçe ayırabilecek büyük firmalardan başlayarak oyunlaştırma hayatımıza daha çok girecek. Zaman içinde bu işe özel framework'ler oluşacak ve oyunlaştırmanın maliyeti azalacak, uygulanabilirliği artacak ve deyim yerindeyse halka inecek.

A. Y.: Türkçe oyunlaştırma kitabı hakkındaki düşüncelerinizi de son olarak alabilir miyiz?

E. B.: Farkındalığı yükseltecek, oyunlaştırmayı kullanan kitleleri artıracak; ne iş olursa olsun işini daha mutlu yapan kullanıcılar oluşmasına sebep olacak. İlk Türkçe oyunlaştırma kitabınız ve projeniz hayırlı olsun.

A. Y.: Biz de hem kitabımıza olan fikir aşamasından basım aşamasına kadar olan desteğin ve bu Türkiye'deki oyun ve oyunlaştırma değişkenlerini tüm açıklığıyla paylaştığın için çok teşekkür ederiz hocam. İyi ki varsın!

Ercan Bozkurt
https://twitter.com/Ercan_C64
https://www.linkedin.com/profile/view?id=62159637

RÖPORTAJ

Kullanıcı Deneyimi ve Oyunlaştırma Uzmanı Akar Şümşet ile Söyleşi:

ALTUĞ YILMAZ: Öncelikle söyleşiyle ve diğer tüm konularda her zaman kitabımıza katkı verdiniz kendim ve tüm bu kitaptan faydalanacak okurlarımız adına sana teşekkür etmek istiyorum. Akar Şümşet kimdir kısaca kendinizi tanıtır mısınız?

AKAR ŞÜMŞET: Temelde, işi gücü "Neden? Neden? Neden?" diye sormak olan biriyim. Çocukluk dönemlerimden beri pek değişmedi. Hatta artarak devam ediyor. Öğrendikçe merakımız arttığından olsa gerek...

Beni en çok eğlendiren iki şey "Bir iş en iyi ve verimli şekilde nasıl yapılır?" ve "İnsanlar neden şöyle değil de böyle davranırlar?" sorularına cevap bulmak diyebilirim. İlk soru benim bir matematik mühendisi olmama, ikincisi ise ikna stratejileri yüksek lisansı yapmama araç oldu. Sorulara birlikte baktığımda "insan odaklı problemler kurmak ve çözmek" üzerine yoğunlaştım ve sonunda kullanıcı deneyimi tasarımı, oyunlaştırma tasarımı, süreç tasarımı, girişim mentorluğu... şeklinde uzayan ama temelde birbirinden pek de farklı olmayan birçok şey üzerine çalışırken buldum kendimi.

Şu sıralar, emlakjet.com'da UX Manager olarak çalışıyorum. Buna paralel birçok marka ve girişim ile oyunlaştırma üzerine işler yapıyorum. Zaman zaman Webrazzi'de oyunlaştırma, UX ve girişimler üzerine de yazıyorum.

A. Y.: Oyunlaştırma ile ilk ilgilenmeniz nasıl başladı? Neden oyunlaştırma?

A. Ş.: Çocukluğumdan beri değişmeyen üç şey varsa; ilki yukarıda bahsettiğim sorgulayıcılığım, ikincisi gülüşüm, üçüncüsü ise oyunlara karşı tutkumdur. Okulunu asıp oyun oynayan biri olmasam da okula ayırdığımdan çok daha fazla vakti oyunlara ayırırdım. Atariler, kâğıt oyunları, masa oyunları, akıl oyunları... aklınıza ne gelirse hepsini bol bol oynamışımdır. İngilizcemi PES oynayarak geliştirdiğimi itiraf edebilirim.

Matematik mühendisliğini tamamladıktan sonra hayatımın en önemli (ve şanslı) kararlarından birini verip o zamanların Tart New Media'sı, şimdinin Startup

Kitchen'ının yaz kampına katıldım. Kamp, yazılım geliştirici yetiştirme amaçlıydı. Mülakatta birçok şey konuştuk. Bunların içinde en net hatırladığım kısım "kod yazmayı öğrenmek istiyorum çünkü günün birinde **oyun** yazan bir ekipte olmak isterim" diyerek hiçbir yazılım geçmişim olmamasına rağmen neden kampa gelmek istediğimi açıklamamdı. Tart ile bu şekilde, belki yine oyunların katkısı ile başlayan maceram bir **dijital oyun** satış web sitesi olan "Playstore"un proje yöneticisi olmam ile devam etti. Tart, Startup Kitchen'a dönüşürken ben yine oyundan kopmadım ve bu kez Türkiye'nin ilk oyunlaştırma platformu İşte Oyun ekibine ürün yöneticisi olarak geçiş yaptım. Kişisel olarak 2011 itibariyle üzerine çalışmaya başladığım oyunlaştırma İşte Oyun ile birlikte artık işim olmuştu. Burada, oyunlaştırma tasarımı yapmanın yanı sıra "mekanikleri işletecek platformu tasarlamaktan" tutun da "müşterileri oyunlaştırma konusunda eğitme"ye kadar varan bir yelpazede çalışma ve oyunlaştırmayı uçtan uca uygulama fırsatı buldum. Bu dönemde, şu anda da çok sevdiğim bir dostum olan, Niels van der Linden ile yan yana çalışma şansı elde ettim. Niels'ın inovasyon, tasarım ve tabii ki oyunlaştırma konusundaki uzmanlığı ve mentorluğu benim için çok değerlidir.

Neden oyunlaştırma sorusunun cevabı benim için çok açık. İnsanların nasıl motive oldukları, deneyim tasarımı, oyunlar ve problem çözme benim tutkularım. Bunların hepsini hem de eğlenerek yapmamı mümkün kılıyor oyunlaştırma. Kavramı ülkemizde tanıtan İşte Oyun ekibinin bir parçası olarak başladığım bu yolculuğa, kullanıcı deneyimi tasarımı ile iç içe geçmiş bir yaklaşımla devam etme amacındayım.

A. Y.: Oyun ve Oyunlaştırma kavram olarak çok karışan terimler, siz nasıl ayırıyorsunuz?

A. Ş.: Klasik tanımlardan da bahsedebiliriz ama ben işe biraz daha "kullanıcı deneyimi tasarımı" perspektifinden yaklaşmayı deneyeceğim. Kullanıcı deneyimi tasarımı, bir tanıma göre, sistemdeki her bir adımın bilinçli bir şekilde tasarlanıp, çıktılarının hem kullanıcı hem de hizmet sağlayıcı için işe yarar olmasına çalışmaktır. Oyunlardan tanışık olduğumuz sistemleri ve kimi zaman bizzat oyunların kendisini kullanıcı deneyimi çerçevesinde kullanıyorsak, buna oyunlaştırma diyebilirim. Oyunları ve onların öğretilerini maksatlı bir şekilde kullanmıyorsak, biraz hasbelkader bir iş yapmış oluruz.

Peki, oyun nedir diyecek olursak, buna bir tanımla cevap vermenin, ünlü Avusturya'lı filozof Ludwig Wittgenstein'ın da dediği gibi pek mümkün olduğunu düşünmüyorum. Öyle veya böyle keyif aldığımız ve herhangi ekstra motivasyona ihtiyaç duymaksızın vaktimizi ayırdığımız, az çok kurallı herhangi bir kurgu oyun olarak tanımlanabilir. Gelgelelim birileri kolaylıkla bu çerçeveye sığmayan bir örnek verebilir. O kadar evrensel, doğal ve zaman bağımsız bir kavram ki... Matematikteki aksiyomlara (ispatsız kabul edilen savlar) benzetiyorum biraz. Oradalar, apaçık varlar ama ne olduklarını ispatlayamıyoruz.

A. Y.: Webrazzi.com sitesinde oyunlaştırma ile ilgili çok faydalı yazılarınız var. Devamı gelecek mi, hikâyesi nedir?

A. Ş.: Webrazzi bildiğiniz gibi ülkemizin en önemli teknoloji bloğu. Hatta artık bir blog olmanın da ötesinde bir teknoloji ve girişim platformu. Böyle bir platformda, hem de oyunlaştırma üzerine yazıyor olmayı çok önemsiyorum ve Arda Kutsal, Ali Altuğ Koca, Noyan Ayan ve beni Webrazzi ailesi ile tanıştıran arkadaşım Erman Taylan'a teşekkür etmek istiyorum.

Eskiden beri yazmaktan keyif alırım. Bu yönümü bilen Erman (Webrazzi'de ürün yöneticisi) beni Webrazzi ile tanıştırdı. Sağ olsunlar, çok sıcak baktılar benim yazmama ve biraz da Webrazzi'nin genel çizgisinin dışına çıkmama izin verdiler. Şimdiye dek oyunlaştırmanın temelleri ve tekniği üzerine olan yazılarımı gelecek dönemlerde kullanıcı deneyimi ile kesiştirerek ve genel çerçevede tasarım ile ilişkilendirerek devam ettireceğim. Webrazzi'deki oyunlaştırma makalelerime http://webrazzi.com/etiket/oyunlastirma/ adresinden ulaşabilirsiniz.

A. Y.: Oyunlaştırma konusunda hangi projelerde yer aldınız, tecrübelerinizi aktarır mısınız?

A. Ş.: İşte Oyun'da çalıştığım dönemlerde, tuttur.com, mackolik.com, Turkcell, Giysicini, Tavsiye Melekleri ve bunun gibi birkaç projede yer aldım. Ardından bireysel olarak çalıştığım, Fitwell, Gezi.com, Stackify.io, Socialeyes, Ülker Çikolata (Onasilbiri.com), Coca Cola ve Vodafone için insan kaynakları ve içerik üretimi üzerine projelerim oldu. İşte Oyun ile yaptığımız projelerde şirketin pozisyonlanması gereği işin kullanıcı deneyimi tasarımı tarafına çok dokunamasam da bireysel projelerimde oyunlaştırmayı bu çerçevede bir araç olarak konumladım. Firmalarla yaptığımız tartışmalar çoğu zaman oyunlaştırma kurgusundan çıkıp, iş hedeflerini yakalayacak faaliyetler neler olmalı, bunlar nasıl uygulanmalı, hangi segmente hangi kanaldan ulaşılmalı gibi konulara varır. Bunları iyice anlayıp, aynı bakış açısını yakaladıktan sonra oyunlaştırma tasarımı da genel proje üretimi de sağlam temellere oturuyor.

Elbette her bir proje çok farklı şeyler öğretiyor insana. Bunlar içinden birini seçecek olursam Fitwell ile başlamak isterim. Çok zorlu bir piyasaya (sağlıklı beslenme, egzersiz) çok güçlü bir şekilde girmek üzere plan yapan ve yerel olmakla kalmayıp kısa sürede global bir oyuncu olmayı hedefleyen bir üründü Fitwell. Ki bugünlerde global açılımını da yaptı. Böyle bir proje için hem yerel hem de global ölçekte işleyecek bir kurgu üzerine çalıştık. Dolayısıyla işin temelleri son derece soyut kalmalı ve somutlaştırılacak katmanları için de bir yöntem belirlemeliydik. Bu doğrultuda çok kapsamlı bir dokümantasyon süreci geçirdik. En mikro döngülerden (notification al, uygulamayı aç, geri bildirim al) en makro döngülere (ürünü keşfetmek ile başlayıp ustalık döneminde topluluğa katkı vermeyi sağlayacak mekaniklere dek) her bir dönemde ne elde etmek istediğimizi, bunu sağlayacak mekaniklerin hangileri olduğunu, bunların hangilerinin hangi tür kullanıcılar için kullanılması gerektiğini... netleştirdik. Böylelikle oyunlaştırma tasarımının en önemli sorunlarından biri olan tasarımın güncel ve reaktif kılınması sorununu alt etmeye yönelik büyük bir adım attık.

Bir proje özelinde kalmayacak olursak, vurgulamak istediğim en önemli nokta "kaynakların" farkında olarak kurgu yapmak olacaktır. Kaynaklardan kastım; bütçe, teknoloji, vakit, ekip, tasarım sürecindeki destek... Oyunlaştırma yapacağınız projeyi her yönüyle çok iyi anlayıp, daha iyi uygulanabilir, yatırımın karşılığını almayı mümkün kılacak bir şekilde planlama yapmanız gerekir. Aksi halde kaynaklardan herhangi birinin kısıtlı olması, kurgunuzun bütünlüğünü tehdit eder hale gelebilir. Özellikle yalın geliştirme tekniklerini benimsemek ve kontrollü deneme yanılma ve hızlı iterasyonlar ile minimum kabul edilebilir kurguyu aramak hem tasarımcı hem de firmalar için en büyük fayda sağlıyor.

A. Y.: Günlük hayatında Akar oyunlaştırılmış bir uygulama kullanıyor mu, en çok ne oyuna katıyor sizi?

A. Ş.: Ben işim gereği telefonumda yüzlerce (en son 216 idi) uygulama tutan, bunların 50-60 tanesini sürekli değiştiren biriyim. Elbette bunun bir kısmı da oyunlaştırılmış uygulamalar ve oyunlar. Örneğin bu sıralar en favori oyunlaştırılmış uygulamam Quest isimli bir "yapılacaklar" uygulaması. Güzel bir hikâye (bir şövalye karakteri ile canavar "yapılacakların" savaşı) ile her bir tamamlanan görev ile karakteri geliştirmek üzerine kurulmuş, son derece sade ve sevimli bir kurgusu var. Her iyi oyunlaştırma uygulamasında olduğu gibi asla uygulamanın asıl amacı önüne geçmiyor fakat o tecrübenin içinde eğlenceli bir katman olarak yer alıyor. Örneğin benim listemdekilerden biri de bu röportajdı. Artık bunu da yapıldı olarak işaretleyip, bir canavarı daha alt edebilirim ☺ Bununla birlikte yeni nesil "uygulama içi satın alma" mantığındaki oyunları da sık sık denerim. Bu tür oyunlar, "oyun nasıl kurulmalı ki doğru yerde iş hedefleri tetiklensin?" sorusuna oyunlaştırılmış uygulamalardan daha iyi örnek teşkil ediyorlar artık. Bu oyun dünyası için üzücü (parayı veren yeteneği ne olursa olsun akranlarından sıyrılıyor, daha da kötüsü para vermeksizin oynamak neredeyse anlamsız) fakat oyunlaştırma tasarımcıları için de belli çerçevede yol gösterici.

Beni oyuna en çok katan şey rekabet. Özellikle problem çözme temelli oyunlar, konular, uygulamalarda oldukça çok motive oluyorum. Ne şanslıyım ki iş hayatım boyunca "gereksiz" bir rekabet içinde yer almadım fakat böyle olunca da içten gelen rekabet etme dürtüsünü memnun edecek pek mecra kalmıyor. (Evet, maalesef çok çalışıyorum) Hal böyle olunca rekabet vaat eden bir oyuna hayır demem zor oluyor.

A. Y.: Oyunlaştırma ile ilgili, uzun vadeli bir çözüm olmadığı konusunda bazı düşünceler var. Oyunlaştırmanın en önemli uygulamalarından biri olan Foursquare'in Swarm hamlesine tanık olduk. Klout sitesindeki birçok mekaniğin kaldırıldığı, birçok eğitim platformunda da kullanılan mekaniklerin uzun vadede kullanımının düştüğü görülüyor. Katılıyor musunuz, çözümü için ne gerekli? Oyunlaştırmada da bir oyun derinliğini yakalamak nasıl mümkün olur?

A. Ş.: Ben oyunlaştırmanın uzun vadeli olmayacağı konusuna katılmıyorum. Bana göre bu temelde oyunlaştırmanın ne olduğunu kavrayamamakla ilgili bir önyargı. Özellikle Foursquare'in başarısındaki payı ile oyunlaştırmadan beklentiler gerçekçi olmayan seviyelere çıktı. Bu oyunlaştırmanın tanınmasında faydalı oldu fakat tasarımcıların da başına bela oldu diyebilirim. Peki, nedir bu önyargı ve nasıl aşılır? Öncelikle şunu hatırlamakta fayda var: Oyunlaştırma sunduğunuz hizmet üzerinde, genellikle motivasyonel tetikleyici olan, "eğlenceli" bir katmandır. Bir katman... Bundan ibaret. Dolayısıyla bu katmanın altı boş ise sizi kurtaracak hiçbir oyunlaştırma kurgusu yoktur. Dolayısıyla bu işe yine bir "kullanıcı deneyimi tasarımı" perspektifinden bakılarak başlanmalı. Kullanıcının istekleri ile iş hedefleri uygun bir şekilde kesişiyor, kabul edilebilir bir içerik ve fonksiyonalite sunuluyorsa ancak ardından oyunlaştırma işin belirli noktalarında daha yoğun olmak üzere devreye girer ve o ekstra motivasyonu sağlamak üzere çalışır. Dolayısıyla, bir oyun derinliği yakalamak istiyorsanız önce o derinliği kaldıracak bir ürününüz olmalı. Bu koşulla, ardından onu güzel bir katman ile sarmalayıp uzun ömürlü kılmanız mümkün olabilir.

A. Y.: Sizce oyunlaştırmanın gideceği yol ve geleceğinde bizleri neler bekliyor?

A. Ş.: Oyunlaştırmanın gideceği yol, kullanıcı deneyimi tasarımının geçtiği yola benzer olacak başlangıçta. Kısaca tarif edecek olursak; git gide daha sık duyulan ama ne olduğu hep havada kalan, ardından gerçekten sıkça denenen ama beklenenden az projede hedefine ulaşan (büyük çoğunlukla kullanıcı deneyiminin tüm parçalarını hesap etmemekten kaynaklı tasarım hatalarından) bir araç olacak. Ardından, bunun aslında deneyim tasarımının olmazsa olmaz bir parçası olduğu fark edilecek ve motivasyon ağırlıklı çözümlere verilen genel bir ad olacak. Belki de artık oyunlaştırma kelimesi bile kullanılmayacak da motivasyon tasarımı denecek. Bakalım, bunlar benim öngörülerim. Nasıl şekilleneceğini birlikte göreceğiz. Ben, özellikle yeni nesil kullanıcı davranışlarına baktığımda, artık herhangi bir ürünün sadece iyi bir ürün olarak istediği yere gelmesinin zor olduğunu ve bu tahammülsüz kullanıcı kitlesini ikna etmek için ürünün motivasyonunu da içinde getirmesi gerektiğini düşünüyorum. Bu açıdan da deneyim tasarımının ayrılmaz bir parçası olarak konumlanacağına inanıyorum. Uygulamalardaki "onboarding" kavramını düşünün. Bir standart oldu değil mi? İşte böyle parça parça deneyimin içine harmanlanacaktır gelecekte.

A. Y.: Oyunlaştırma kitabı hakkındaki düşüncelerinizi de son olarak alabilir miyiz?

A. Ş.: Bu gerçekten takdire şayan bir iş. Hem gerektirdiği çaba hem de yarattığı etki açısından. Bundan yaklaşık 1,5 yıl evvel Webrazzi'de oyunlaştırma yazmaya başladığımda, bu kadar kısa süre içerisinde bu noktaya geleceğimizi tahmin etmezdim ama ne mutlu ki şu an bu şaşkınlığın içerisindeyim. Türkçe kaynağın önemi çok fazla çünkü oyunlaştırma gerçekten anlaşılması zor bir kavram ve bunu bilmediğimiz bir dilde yapmak daha da zorlayıcı. Nihayetinde ülkemiz halen bu konuda sıkça eğitilmeye ihtiyaç duyan bir noktada ve böyle bir zamanda bu çaba çok çok değerli. Kitabın içeriği ve kurgusu da ayrıca takdiri hak ediyor bence. Umarım devamını getirmek de mümkün olur.

Akar Şümşet
Kullanıcı Deneyimi ve Oyunlaştırma Uzmanı
akarsumset@gmail.com
https://www.linkedin.com/profile/view?id=158418448

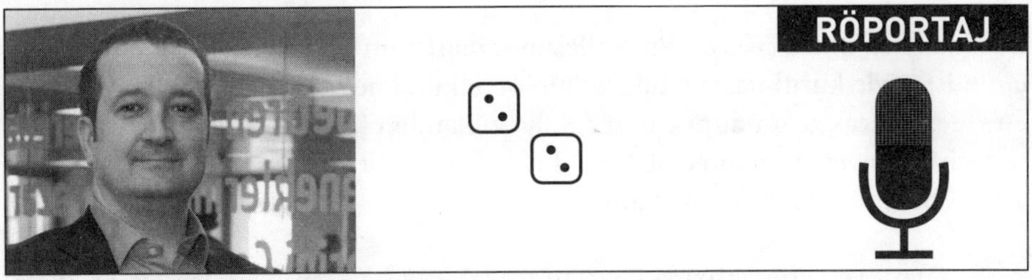

Sertan Eratay, Turkcell Dijital Kanallar Direktörü ile yaptığımız söyleşi:

Altuğ Yılmaz: Öncelikle Sertan Eratay kimdir? Kısaca kendinizi tanıtır mısınız?

Sertan Eratay: Bilkent Üniversitesi Endüstri Mühendisliği bölümünden mezundur. Boğaziçi Üniversitesi'nden Executive MBA derecesi almıştır. 15 yıldır bankacılık ve telekom sektörlerinde müşteri teknolojileri geliştirilmesi, ürün geliştirme/pazarlama, dijital pazarlama, e-ticaret, mobil uygulama geliştirme, kullanıcı deneyimi ve dijital tasarım alanlarında çalışma deneyimi bulunmaktadır. Meslek hayatına Garanti Bankası'nda başlayan ve Garanti Bankası Şubesiz Bankacılık Bölümünde yöneticilik yapan Eratay, 2005 yılında Turkcell'e katılmıştır. Turkcell'de 3G Program Yöneticisi, 3G ve Mobil İnternet Yöneticisi olarak çalıştığı dönemde, Turkcell'in 3G lansmanında görev yapmıştır. Yeditepe Üniversitesi'nde MBA öğrencilerine yönelik Sosyal Medya Pazarlaması ve Yeni Ekonomi Pazarlaması derslerinde yarı zamanlı öğretim görevlisi olarak dersler vermiştir. Sertan Eratay, 2012'den beri Turkcell Dijital Kanallar Direktörü olarak görev yapmaktadır. Bu görevinde Turkcell'in dijital kanallarının transformasyonu, teknolojik altyapıların kurulması ve e-ticaret faaliyetlerinden sorumlu olarak çalışmaktadır.

A. Y.: Oyunlaştırma kavramını ilk ne zaman duydunuz? Sizce neden oyunlaştırma son dönemde bu kadar popülerleşti?

S. E.: Oyunlaştırma konusunu uzun zamandır takip ediyorum ama sanırım bu alanla ilgili kafamda şimşeklerin çaktığı an, 2014 yılında SXSW Austin Convention Center'da kalabalık bir salonda Yu-Kai Chou'nun (http://www.yukaichou.com/) sunumunu izlediğim andır. Temelde oyun dinamiklerinin, oyun dışı dünyaya nasıl entegre olabileceğinden bahsederken ben de eski bir oyuncu olarak bunun ne kadar iyi bir fikir olduğunu ve ne kadar çok alanda kullanılabileceğini düşünüyordum. Son dönemde popüler olmasının nedenini, artık klasik pazarlama devrinin kapanması olarak görüyorum. Gittikçe artan şekilde dijitalleşen günümüz dünyasında ve yeni ekonomide, tüketicilere salt 30 saniyelik TV reklamları veya klasik medya mecraları ile ulaşmanız ve ikna etmeniz mümkün değil. Tüketicilerle markalar arasında organik bağların ve etkileşimlerin yaratılması, yeni pazarlama trendi olarak karşımıza çıkıyor. Bu etkileşimin markanın zorlamasıyla değil de tüketicinin isteğiyle kurulması ve tüketicinin bu etkileşimden keyif alarak bunu devam ettirmesi, ancak oyun dünyasının çok iyi kullandığı içsel motivasyonların harekete geçirilmesiyle mümkün olabiliyor. Bu da oyunlaştırmanın son dönemde giderek artan önemini ortaya koymaktadır.

A. Y.: Oyun ve oyunlaştırma kavram olarak çok karışan terimler, siz nasıl ayırırsınız?

S. E.: Bir baba olarak şunu söyleyebilirim: Oyun, aslında insanın bebekliğinden beri içinde olduğu bir kavram. Bugün 3 yaşındaki bir çocuğun en kolay ve etkili öğrenme şekli oyun ve oyundan aldığı hazdır. 3 yaşındaki bir çocuğu karşınıza alarak ders anlatır gibi konuları anlatamazsınız. Eğer böyle anlatırsanız 30. saniyede çocuk konsantrasyonunu kaybeder ve sizin sıkıcı konuşmanızdan hiçbir şeyi anlamaz ve hatırlamaz. Öte yandan, konuyu bir oyun halinde tasarlayarak bir oyunun içinde anlatırsanız, çocuk ilgiyle oyuna katılır, bir parçası olur ve hızla öğrenir. Dolayısıyla sürpriz, kazanma, kaybetme, merak gibi içsel motivasyonlarını harekete geçirerek öğretmenin yerini başka hiçbir şey tutamaz. Klasik pazarlama ile modern pazarlama yaklaşımı arasındaki fark da aynen buna benzer. Müşterilere sıkıcı öğütler vererek ya da yapay senaryolarla mesajınızı ulaştırmanız artık çok zor. Onları oyun dinamikleri ile akıllı şekilde tasarlanmış oyunsal kurgulara dahil etmeniz gerekir. Oyun kavramı hep var ama oyunlaştırma oyun oynamak değil, oyun dinamikleriyle pazarlama tasarımları kurgulamaktır.

Bir başka deyişle aslında terminoloji açısından benzer olsa da birbirinden farklı kavramlardan bahsediyoruz. Oyunlaştırma, dijital verimlilik amacıyla oyun mekanizması ve davranışlarının oyunla ilgili olmayan yapılara entegre edildiği bir kavram olarak hayatımıza girdi.

Oyunlaştırma, oyun mekanizması aracılığıyla yapıyı tanıtıp, müşteri sadakati oluştururken, oyunun odağında oyunun kendisi ve içeriği yer alır. Daha iyi anlatabilmek adına, oyunun da oyunlaştırılabilir olduğunu eklemek gerekir.

Örneğin, Sudoku dünya çapında oynanan bir oyun ve oyunlaştırılmıştır. Oyuncular her hareketlerini takip edebildikleri, seviyelerini seçip, yarışabildikleri için motivasyonları ile birlikte sadakatleri de artmıştır. Böylece dünya üzerinde oyuncu sayısı ve oynanma sayısı da artmıştır. Bu da oyunlaştırmanın bir konsept olarak her platforma uyarlanabildiğini göstermektedir.

A. Y.: Turkcell Türkiye'nin öncü teknoloji şirketlerinden biri olarak birçok farklı alanda oyun ve oyunlaştırmayı kullanıyor. Biz de kitabımızda mümkün olduğunda bunları incelemeye çalıştık. Bunlar arasında en öne çıkanı da, Turkcell'in genç segmenti olan gnctrkcll için hazırlanan "gnctrkcll mobile app" isimli mobil uygulama. Buradaki oyunlaştırma süreçlerinden ve çıktılarından bahseder misiniz?

S. E.: Projenin asıl amacı gnctrkcll'lilerin uygulama üzerinden birlikte hareket ederek ve eğlenerek, markanın onlara sağladığı tüm faydaların keyfini çıkarmaları ve gnçtrkcll markasıyla olan etkileşimlerini (engagement) digital dünyada arttırmalarıydı. Bunun için de uygulama içindeki tüm aksiyonlarını oyunlaştırmaya entegre ettik.

Bununla uygulama içinde müşterilerimizin tüm online aksiyonlarını oyunlaştırma mekanizması içinde rozetlendirerek, online/offline hediyeler ve statü kazanmalarını sağladık. Böylece hem onların gnctrkcll uygulamasına gelmeleri için motivasyon yarattık hem de müşterilerimizi tanıyarak kişisel faydaları onlara sunduk. Uygulamadaki oyunlaştırma kurgularını ve rakamlarını aktardığımız Use Case videomuzu seyredebilirsiniz. https://www.youtube.com/watch?v=EBGWl_rs8YU

Uygulama ile geride bıraktığımız 1 yılın ardından, müşterilerimizi daha yakından tanıyarak beklentilerini daha doğru tanımlayabiliyor ve onların markaya olan bağlılığının arttığını görebiliyoruz. Bu da bizi oyunlaştırma tanımı içerisinde daha ileri bir noktaya geçmek için cesaretlendiriyor.

A. Y.: Turkcell ayrıca müşteri deneyimine çok önem veren bir şirket. Dijital Kanallardan da müşterilerinin taleplerini, yorumlarını aldığı bir forum kanalı var. Burada da kullanıcıların katılımı ve bilgi seviyesine göre bir oyunlaştırmaya gidilmiş. Buradaki oyunlaştırmadan da biraz bahseder misiniz?

S. E.: Turkcell Forum ile müşterilerimizin çağrı merkezine gitmeden kendi aralarında Turkcell ürün ve servisleri ile ilgili aradıkları yanıtları bulabilmelerini amaçlıyoruz. Müşterilerimizin etkileşimini artırmak ve bu etkileşimi daha keyifli hâlâ getirmek için Turkcell Forum'da (https://forum.turkcell.com.tr) oyunlaştırma unsurlarını kullanıyoruz.

Oyunlaştırma ile kullanıcıları aktif kullanıcı haline getirmek ve aktif kullanıcıları daha fazla katılıma teşvik etmek için rozetler veriyoruz. 5 seviye rozetimiz var; en alttan başlayarak en üste doğru Teknoloji Asistanı, Teknoloji Doktoru, Teknoloji Doçenti, Teknoloji Profesörü ve VIP rozetleri veriyoruz. Şu anda üyelerimizin büyük kısmı Teknoloji Asistanı. Yıl içinde en aktif katılım sağlayan kullanıcılarımızı VIP olarak sınıflandırıyor ve rozetlerini veriyoruz. Kullanıcılarımıza daha üst rozetleri kazandırmak, VIP üyelerimizin sayısını artırmak için kampanya kurguları yapıyoruz, sanal ve yüz yüze etkinlikler planlıyoruz. Farklı kategorilerde lider olan kullanıcılarımızı Forum'da ön plana çıkarıyoruz. VIP kullanıcılarımız ile çeşitli etkinlikler düzenleyerek buluşmayı ve bu kullanıcılarımızı Turkcell'in Marka elçileri haline dönüştürmeyi amaçlıyoruz.

A. Y.: Sertan Eratay günlük hayatında bir oyunlaştırılmış uygulama ya da web sitesi kullanıyor mu? En çok beğendiği mekanik hangisidir?

S. E.: Bugünlerde oyunlaştırmayı en fazla 3 yaşındaki oğlum Bora'yla vakit geçirirken kullanıyorum sanırım☺ Onun dışında kullanıcı olarak Swarm ve Instagram'daki kurguları beğeniyorum.

Bunun yanında, İstanbul'da düzenlenen DDD15 Konferansı sırasında, San Fransisco'dan gelerek konuşma yapan ünlü veri bilimci Dr. Michael Wu ile sohbet etme fırsatı buldum. Kendisiyle oyunlaştırma konusunda en iyi örnekleri tartıştık. En ilginç örneklerden birisinin İngiltere'de "sizin yönettiğiniz operatör" mottosuyla çıkan GiffGaff olduğu konusunda hemfikir olduk. GiffGaff, İngiltere'de mağazası ya da çağrı merkezi olmadan abone alan, servis veren, hizmetlerini sunan ve bu konuda çok başarılı olan bir mobil operatör. Çağrı merkezi olmadığı için, müşteri problemlerini dijital platform üzerinde kurdukları, oyunlaştırma elementleri içeren forumları sayesinde çözüyorlar. Haftada 50 bin problemi bu şekilde forum üyeleri cevaplıyor. Soruların ortalama cevaplanma süresi 90 saniye. Bu müthiş verimli, keyifli ve etkili bir çözüm. Oyunlaştırma olmadan bu şekilde bir başarıya ulaşmaları oldukça zor.

A. Y.: Sizce oyunlaştırmanın gideceği yol ve geleceğinde bizleri neler bekliyor?

S. E.: Emerging Technologies perspektifinden baktığımızda 2011 yılından itibaren oyunlaştırma hızla artan bir trend içerisinde devam ediyor. Global şirketler oyunlaştırmanın faydasını kısa sürede görüp, dönüşünü almaya başladılar ve bu trend önümüzdeki yıllarda da hızla devam edecek gibi görünüyor.

2014 yılında global firmaların %70'inden fazlası en az 1 tane oyunlaşmış uygulamaya sahipti. 2015 içinse bu alana yapılacak yatırımın dünya üzerinde "2,8 milyar $"a erişeceği öngörülüyor. Tüm bunları göz önüne aldığımızda, bugünün ve yakın geleceğin dijital alandaki parlayan yıldızlarından biri olarak oyunlaştırmayı görmek yerinde bir tahmin olacaktır.

A. Y.: Kitabımız hakkındaki düşüncelerinizi de son olarak alabilir miyiz?

S. E.: Oyunlaştırma oldukça yeni bir kavram. Bu kavramın geniş kitlelere yaygınlaştırılması için Türkçe bir yayının hazırlanması gerçekten çok değerli. Umarım bu kitap işletme okullarında tavsiye edilen kitap listelerine girer ve geleceğin pazarlamacılarına önemli bir ışık tutar.

Sertan Eratay
Turkcell Dijital Kanallar Direktörü
https://www.linkedin.com/profile/view?id=3832130

RÖPORTAJ

Oyunlaştırma Uzmanı Yu-kai Chou ile Söyleşi:

ALTUĞ YILMAZ: Her şeyden önce röportaj teklifimizi kabul ettiğiniz için çok teşekkür ederiz. Öncelikle tanımayanlar için Yu-kai Chou kimdir? Eğitiminizden ve kişisel hobilerinizden bahsedebilir misiniz?

YU-KAI CHOU: Rica ederim, benim için de büyük bir mutluluk. Taiwan'da doğdum. Ailem diplomattı ve çoğu zamanım Taiwan dışında geçti. Güney Afrika ve Amerika'da yaşadık. UCLA'de Uluslararası Ekonomi okudum. Okuldaki eğitim genel olarak bana sıkıcı geliyordu ve daha ilk yılımda ilk girişimimi yaptım. 2003 yılından bu yana oyunlaştırma ile ilgileniyorum. O dönemde dikkatimi çeken herkesin puan, rozet, liderlik tablosu gibi basit mekaniklerle oyunlaştırma yapmaya çalıştığıydı ve bunu çok sıkıcı buluyordum. Çok güzel grafik arayüzlerle yapılmış birçok başarısız uygulama varken, gerçekten kötü tasarımlara sahip ancak katılımcılarının bir şekilde deli gibi beğendikleri, parçası oldukları içselleştirdikleri başarılı uygulamalar görünce bunun sadece puan, rozet ya da güzel tasarım olmadığını anladım. Bunun arkasında motivasyon, psikoloji ve deneyim gibi birçok neden yatmaktaydı ve bu heyecanla oyunlaştırmaya odaklandım. Birçok şirkette danışmanlık verdim, şirket kurdum ve şu anda kendi şirketimde danışmanlık yapmaya ve eğitimler, seminerler ve yazar olarak deneyimlerimi paylaşmaya devam ediyorum. TEDex toplantıları, SXSW konferansı, Stanford Üniversitesi, Gamification Konferansı gibi konferans ve toplantılarda konuşmacı olarak yer aldım ve oyunlaştırma anlattım. Oyunlaştırma anlattığım "Actionable Gamification - Beyond Points, Badges, and Leaderboards" adlı bir de kitabım yayınlandı. 2014 yılında da Gamification konferansında "Yılın Gamification Gurusu" olarak seçildim.

Hobilerim olarak satranç oyununu gösterebilirim. Önceden satranç koçluğu yapmıştım. Çok uzun süreler boyunca oyunlar oynadım, şu anda da işim için oynamaya devam ediyorum.

A. Y.: İlk oyunlaştırmayı ne zaman ve nasıl duydunuz? İlginiz nasıl oluştu? Oyunlaştırma son yıllarda nasıl bu kadar popüler hale geldi?

Y. C.: 2003 yılından bu yana, henüz oyunlaştırma denilmediği zamanlardan beri ilgileniyorum. İnsan davranışlarındaki değişimlerin, motivasyonla desteklenerek ve doğru oyun mekanikleri ile sağlanabileceğine inanıyorum. 2006 yılında FT Carrier adlı bir projede "gamify your life" adlı bir isimlendirme ile projeyi oyunlaştırmıştık, o zaman işte bu düşünce demiştim. 2010 yılında ise oyunlaştırma olarak yaygınlaştı. Oyun uzun zamandır hayatımızda ve oyun endüstrisi çok gelişmiş düzeylerde. Herkes bir şekilde bilgisayarda ya da sokakta oyun oynayarak büyüyor. Sonra Foursquare adlı firma birkaç basit oyun mekanikleri ile "gittiğimiz yerleri oyunlaştırma" mantığıyla bu işi başlattı. Belki de günümüzde en çok yaygın olan ve yanlış olan puan, rozet ve liderlik tablosu oyunlaştırmadır düşüncesi bu yüzden çıktı. Sonraları Gabe Zichermann ve Bunchball adlı firma "gamification" kelimesini pazarlamada kullanmaya başladı. Devamında gamification.co adlı web sitesi sayesinde ve düzenlediği konferanslarla bu isim yaygınlaştı.

A. Y.: Oyun ve oyunlaştırma çok karıştırılan iki kavram. Siz bu tanımlamaları ve ayrımı nasıl yapıyorsunuz?

Y. C.: Aslında görünürlük olarak çok yakın ama temelde çok ayrı terimler. Kısaca ben oyunları eğlence amaçlı ortamlar olarak görüyorum. Oyunlardaki mekanikleri oyun ortamları yerine ürünlere, platformlara entegre ederseniz oyunlaştırma olmuş oluyor diyorum.

A. Y.: Yu-kai Chou oyunlaştırılmış ve oyunlaştırma ile ilgili çok kapsamlı ve derin içerik barındıran bir web sitesine sahip. Videolarınızda çok enteresan ve ilgi çeken bir tarz kullanıyorsunuz. Bu web sitesi ve videoların arkasındaki hikâyeyi bizimle paylaşır mısınız?

Y. C.: 3 yıl önce "Reward me" isimli offline oyunlaştırma kurguları yapan startup firmasında kurucu CEO olarak çalışıyordum. Blog'umda "Octalysis" adlı oyunlaştırma framework'ünü yayınlamıştım. Devamında oyunlaştırma konusuna odaklanmak ve buradaki etkileşime cevap vermek için, şirketi çalışanlara bırakarak ayrıldım. Blog'umda yer alan oyunlaştırmayı anlattığım videoları insanların sonuna kadar izlemesini istiyordum. Başlarda hobi olarak çekmiştim. Çoğu kimse sonuna kadar izlemiyordu. Nasıl izletebilirim diye düşündüm ve her cümlemi farklı bir lokasyonda çekmeye karar verdim. Bir cümlemde Miami'de sahildeyken bir cümlemde plazada masamda, başka bir cümlemde evimde oluyordum. Oyunlaştırma ile ilgili konuşmacı olarak çağrıldığım ülkelerin ünlü yerlerinde de çekimler yaparak ekleme yapıyorum. Böylece izleyenler sonra neresi çıkacak diye meraklanarak sonuna kadar izliyorlar. Birçok müşterim de aslına bakarsanız videolarımı izledikten sonra bana geliyor. "Videolarını izledik, oradaki mantığı, eğlenceli halini seviyoruz, bize birikimini aktarır mısın" diyerek bana geliyorlar. Demek ki işe yaramış diyorum; ne mutlu bana.

A. Y.: Yu-kai Chou, oyunlaştırma için sektörde bilinen en meşhur ve derin framework'e yani çatıya sahip: Octalysis. Bu oyunlaştırma çatısının hikâyesini, çalışma mantığını ve son durumunu anlatabilir misiniz?

Y. C.: Octalysis Framework çok derin bir analiz ve deneyimle geliyor. Biliyorsunuz uzun yıllardır birçok farklı projede çalıştım ve buradaki deneyimlerimle ortaya çıktı. Oyunlaştırmadaki sorun herkesin puan, rozet gibi basit mekanikleri denemesidir. Pazardaki neredeyse her oyun puan, rozet ve liderlik tablosuna sahip ancak bazı oyunlar bu mekaniklere sahipken bile sıkıcı olabiliyor. Bu sıkıcı oyundaki mekanikleri ürünümüzün kullanımını ya da satışını artırmak için kullanırsak ne yazık ki işe yaramıyor.

Bir oyun çok başarılı olurken bazıları değerlendirilmeye bile alınmıyor, bunun nedenini düşündüm. Çok iyi grafikleri olan oyunlar bile bazen tüm oyuncularda başarısız olabiliyordu. Burada benim "Octalysis" adını verdiğim gamification framework'ümü yani oyunlaştırma çatımı oluşturan 8 Temel Unsur'la motivasyonun sağlandığını gördüm. Başarılı oyun ve oyunlaştırmalara baktığımda; meaning (mana), accopmlishment (görev tamamlama), empowerment (yetkilendirme), ownership (sahiplik), scarcity (sınırlılık), avoidance (kaçınma), unpredictability (öngörülemezlik), social influence (sosyal statü) olarak adlandırdığım başlıklardan mutlaka birinin olduğu, kendini tekrar eden bir gerçek. Oyuncular var, birbirlerini görebiliyorlar ancak gerçek bir sosyal statü ile yarış hissine kapılamıyorlar gibi. Bunu birçokgene koydum ve büyük resimde de örnek olabilecek mekaniklerle destekledim.

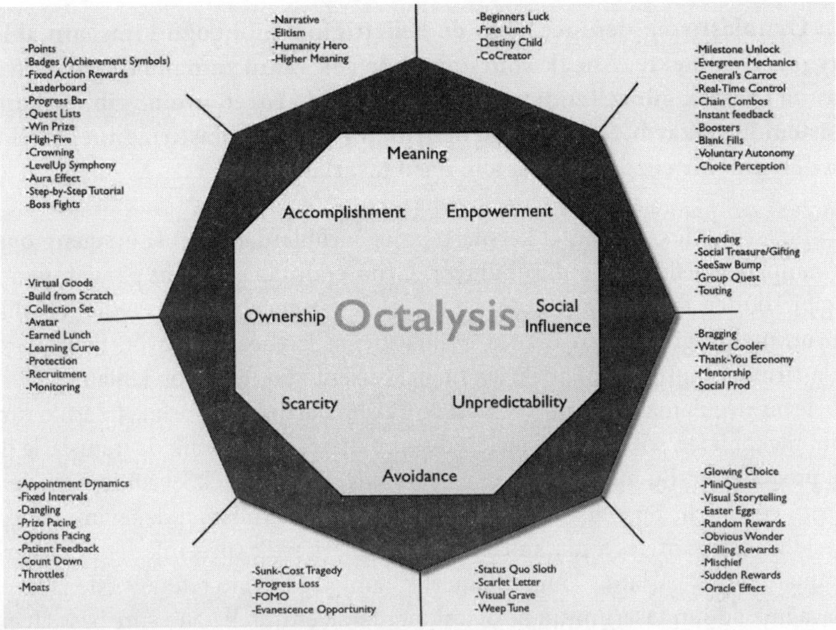

Octalysis hakkında detay için: * http://www.yukaichou.com

Octalysis diyagramının üst tarafında "White Hat Core Drives – Beyaz Şapkalı Nedenler" olarak adlandırdığımız ve pozitif motivasyon ile çalışan üç neden yer alıyor. Bunlar "Accomplishment – Gelişim", "Empowerment – Güçlenme" ve "Meaning – Anlamlandırma" nedenlerinden oluşuyor. Bu pozitif motivasyon içeren nedenler, insanların güçlü ve iyi hissetmelerini, kontrolün onlarda olduğunu düşünmelerini ve kendilerini baskı altında hissetmeden rahatça ilerlemelerini sağlar. Diagramın altında kalan 5 neden ise "Black Hat Core Drives – Siyah Şapkalı Nedenler" olarak gruplandırılıyor ve negatif motivasyon ile çalışıyorlar. Bu nedenler ise "Ownership – Sahip Olma", "Scarcity – Kıtlık/Yokluk", "Unpredictability – Beklenmezlik", "Avoidance – Sakınma" ve "Social Influence – Sosyal Etki" olarak sıralanıyor. Negatif motivasyona örnek olarak, sınırlı sürelerde bir görevi tamamlama, kötü bir durumdan kurtulma, acele etmelerine yol açma ve hatta bağımlılık yaratacak şekilde tekrar tekrar yapmalarını sağlayacak unsurlar sayılabilir. Tüm bunların altında yatan dokuzuncu gizli bir neden olan "Sensation – Duygu/Heyecan"a rağmen, ben oyunlaştırmada gerçekleştirilen her şeyin temel olarak yukarıda bahsettiğimiz sekiz ana nedene dayandığını söyleyebilirim. Bunların hepsini genel bir bakışla anlatmaya çalıştığımız yapıdır Octalysis.*

* http://www.yukaichou.com/gamification-examples/octalysis-complete-gamification-framework

A. Y.: Oyunlaştırma denince sizin de belirttiğiniz gibi çoğu kimsenin aklına Foursquare gelmekte. Ancak Foursquare de çok yakın zamanda Swarm uygulamasına geçerek güncellendi ve birçok mayorluk, rozet, avatar gibi mekanikleri sistemden çıkardı. Sizce bunun nedeni neydi ve oyunlaştırmanın gerçekten uzun dönemli bir çözüm olması için nasıl tasarlanmalı?

Y. C.: Bu, sektördeki en temel karşılaştığımız sorunlardan biri. Foursquare oyunlaştırmanın kendisidir diye düşünülüyor. Grup etkinlikleri, sanal paralar, geri sayım gibi 100'den fazla oyun tekniği ve derinliği var ancak o pencereden bakılınca 2-3 oyun mekaniği başarısız olunca 'oyunlaştırma' kaybetmiş oluyor. Fousquare'in oyunlaştırmayı yaptığı zamandaki avantajı, kimsenin bu denli çok kullanıcı üzerinde böyle bir uygulama yapmamış olması ve ilk olmalarıydı. Mayorluk, liderlik, rozetler gibi mekanikler, sol beyinle yapılan dışsal motivasyonla, anlık davranışlarla ilerlenen proseslerdir. Bu mekanikleri uzun süreli devam ettirmek, evrimleşmesi ve gelişmesini gerektirir. Bu gelişmenin en önemli kısmı da kullanıcı deneyimi ile içselleşmesidir. İçsel motivasyonla kullanıcılar kendileri artık süreci ilerletmek isterler. Foursquare de ilk başlarda "öngörülemezlik" gibi sağ beyine referans eden, rozetin ne olacağını, adının tasarımının ne olacağını merak ettirerek uzun süre başarılı gitti. Ancak rozetler sabitlenince ve sayısı da çoğalınca insanlar rozet için değil mayorluk için check-in yapmaya başladılar ve bu sol beyinin yönettiği bir şekle dönüştü. Yani eğlence, merak, mutluluk ortadan kalktı. Check-in'ler ödül ve görev tamamlama için yapılmaya başlanınca sorun da başladı ve bu sorun aşılamayınca da Swarm'a geçildi.

A. Y.: Kitabımızda da bahsettiğimiz üzere Classdojo sınıf içi eğitimi oyunlaştırmak için hazırlanmış mükemmel bir uygulama. Ancak çocuklarda dönem başında olan yüksek motivasyon ve heyecan yıl sonuna doğru düşmekte ve uzun dönemde bu sistem de anlamını yitirmekte. Siz eğitimcilere bunu aşmaları için ne önerirsiniz?

Y. C.: Aslında Foursquare ile Classdojo'nun yaşadığı sorun yaklaşık aynı sorundur. Sektörde bunu çok sık görmeye başladık, uzun süre önce başlayan oyunlaştırmalar şimdi bu evrelerdeler ve bu sorunu yaşıyorlar. Foursquare-Swarm geçişinde de olduğu gibi sol beyinle ilerletilebilecek öngörülebilir puan kazanımları, aynı tarz rozetler ve kendini tekrarlayan oyun mekanikleri bir süre sonra dikkat dağıtıcı olabiliyor ve bunu sağ beyinle motivasyonla, şevkle, istekle, heyecanla yapmak yerine bir görev gibi yapmaya başlıyorsunuz. Burada sürpriz yumurtalar, kullanıcıya bırakılmış seçimler, diğer oyuncularla etkileşimli sosyal bir görev, kazanılan ender bulunan bir statü gibi iç motivasyona yönelik sağ beyinin hoşuna gidecek mekanikler eklenmeli. Bu şekilde uzun vadeli ve kullanıcıların sıkılmayacağı oyunlaştırma kurgularını ancak iyi oyun tasarımcıları ve oyunlaştırma uzmanları yapabilir.

A. Y.: Günlük hayatınızda kullandığınız oyunlaştırılmış bir uygulama var mı? Varsa en çok hangi oyun kurgusu ne sizi motive ediyor?

Y. C.: Kendi verimliliğimi artırmak için istediğim tarzda bir uygulama bulmaya çalıştım ancak istediğim şekilde olmayınca bir zar aldım. Çok teknolojik değil ama kendim için kullandığım bir yöntem oldu. Yapmak istediklerim, yapacağım harcamalar, kendimi ödüllendirme gibi konularda bu zarı kullanıyorum ve etrafımdakilerle de paylaşarak motivasyonumu çoğaltıyorum. 6 gelirse mesela 1 kere daha atma ve karar verme ya da kazanma şansım oluyor gibi. Web sitemde "Captain Up" isimli hazır oyunlaştırma çözümünü kullanıyorum ve bence oyunlaştırma ile tanışmak isteyenler için güzel bir çözüm. Birçok oyun oynuyorum, aslında oyunları işim için araştırma amaçlı ve beğendiğim mekanikleri business süreçlerine nasıl eklenir diye düşünmek için oynuyorum. Şimdilik kişisel verimliliği takip ederek arttıran çok iyi bir uygulama göremedim. "Zombie run" kullanıyorum; gerçekten koşu ve spor için iyi bir uygulama. Ayrıca "dragonbox" uygulamasını ufak çocukların matematik eğitiminde kullandım ve beğendim ama tam istediğim tarzda bir uygulama bulamadım. Herkes "Duolingo"dan bahsediyor ancak o sitede de temel eğitim metotlarının (dersler, sınavlar, ödevler...) üzerine bir seviye ölçümleme ve puanlama eklenmiş. Hâlâ bir oyun hissi vermiyor, ben gerçekten oyun oynar gibi dil öğreten çözümlerden hoşlanıyorum. İlk boş zamanımda böyle bir uygulamayı yapmayı düşünüyorum.

A. Y.: Sizce oyunlaştırmanın geleceğinde bizi neler bekliyor? Hangi sektörler oyunlaştırmayı keşfedecek ve popülerleşecek?

Y. C.: Sosyal medyada yaşananlar gibi olacak. Birçok sosyal medya uzmanı ortaya çıktı ve sadece sosyal medyayı kullandılar. Ancak zamanla sosyal medyadan beklentiler de olgunlaştı ve uzmanlar da doğru çözümler üretmeye başladı. Kendi değerini kendi oluşturdu. Bugün, sosyal medyayı kullanmayan oyun dışı kalacağını bilmekte. Aynı şekilde oyunlaştırmayı da şu an herkes kullanıyor ve herkes oyunlaştırmayı bildiğini düşünüyor. Zamanla yapısal derinliğin ve motivasyonel arka planın görülecek ve doğru çözümler oluşmaya başlayacak. Gamification - Oyunlaştırma – kelimesi de güncellenebilir. Gamefull design gibi çağa daha uygun isimlerle yeniden markalaştırılmaya ihtiyacı olabilir. Bir süre önce web sitelerine girildiğinde birçok kimse "oooo bakın Web 2.0 web sitesi yapmışlar" derdi. Oysa sonraları olayın sadece Ajax, CSS gibi yenilikçi web teknolojilerinin kullanımından ve birkaç tasarım disiplininden ibaret olduğu görüldü. İşin özünde tüm bu web sitelerinin sadece kişiselleştirilmiş interaktif siteler olduğu anlaşıldı. Bu konudaki tek gerçek oyunlaştırmanın işinize ve web sitenize değer kattığı. Oyunlaştırmanın doğru şekilde kurgulandığında başarılı olduğunu birçok kez gördük. Eğitim, spor ve vergi ödemek gibi insanların keyifle yapmadığı ya da yapmakta zorlandığı sektörlerde, bu zorlukları aşmak için oyunlaştırma çözümleri daha da fazla gelişecektir.

A. Y.: Oyunlaştırma ve kullanıcı deneyimi tasarımı arasındaki ilişkiyi nasıl görüyorsunuz?

Y. C.: Oyunlaştırma aslında birçok şeyin bir araya gelmesiyle ortaya çıkar. Oyunlaştırmada motivasyonel psikoloji, davranış ekonomisi, nöropiskoloji, UX-UI yani kullanıcı arayüz tasarımı ve deneyimi, business hedefleri ve ROI (Yatırımın karşılığının dönmesi) gibi parametrelerin belli bir amaçla birleşerek kullanılması gerekir. Oyun tasarımcıları bu listenin çoğuna hâkimdir ancak business ROI yani işe yapılan yatırımın geri dönüşümü ile ilgili fikirleri olmaz ve önemsemezler. Onlar sadece eğlenceyi önemserler, biz se oyunlaştırmanın ürünümüze, işimize, gelirlerimize etkisini düşünürüz. Bu yüzden UX-UI yani kullanıcı arayüz tasarımı ve deneyimi, bu çeşitlenmenin içinde oyunda da olduğu gibi önemli bir tamamlayıcı kısmı tutmakta.

A. Y.: Oyunlaştırma kitabı projemiz hakkında neler düşünüyorsunuz? Bir yazar ve uzman olarak bizlere önerileriniz neler olur?

Y. C.: Daha önce pek kaynağı olmayan bir konuda bir şeyleri ilk yazmak çok önemli bir sorumluluk. Doğru bilgileri paylaşmanız ve doğru kaynakları ülkeye göstermeniz çok önemli. Devamında olacak her türlü oyunlaştırma yazısında, konferansında, eğitiminde hep bu kitap referans gösterilecek, eleştirilecek ya da faydalanılacak. Bak ne güzel puanlar koymuşlar, rozetler dağıtıyorlar yerine oyunlaştırmada var olması gereken ciddi arka plandan bahsetmenizi ve okuyuculara başarıyı nerelerde aramaları gerektiğini göstermenizi isterim. Oyunlaştırmanın başarısı puan, rozet ve avatar'lardan değil anlamlı seçimlerden, sürpriz yumurtalardan, sosyal statüler ve paylaşımlardan gelmekte.

Herkes bir yerden duyarak ya da görerek oyunlaştırmayı kullanmak, bu sayede satışı ve kârlılığı, verimliliği nasıl artıracağını öğrenmek istiyor. Amerika oyunlaştırmayı yeni yeni çözmeye başladı. Türkiye'den de geçtiğimiz günlerde bir banka bana ulaştı ve nasıl kurgular kullanabiliriz, nasıl teknik entegrasyonlar, geliştirmeler gerekebilir diye konuştuk. Eminim önümüzdeki dönemlerde Türkiye'deki firmalar, okullar ve insanlar oyunun içinde daha çok olacaklar ve bu kitaba başvuracaklar.*

* http://www.yukaichou.com/gamification-examples/octalysis-complete-gamification-framework

BiTaksi Stratejik Planlama Grup Müdürü Altan Açıkgöz ile Ümit Büyükyıldırım'ın Röportajı: (İzinli Alıntıdır)

Ümit Büyükyıldırım: BiTaksi'nin taksiciler tarafında oyunlaştırma uygulamalarını kullanmaya nasıl karar verdiniz? Global örneklere ait uygulamaları inceleyerek bunlardan faydalandınız mı?

Altan Açıkgöz: Sisteme dahil etmiş olduğumuz sürücülerin hem uygulamayı daha fazla kullanmalarını sağlamak hem de sürücü topluluğu içinde bir sinerji yaratarak onlara daha fazla dokunabilmek için oyunlaştırma senaryoları oluşturduk. Dünya üzerinde benzer uygulamalardaki örnekleri de inceledik ancak onlardan birebir aldığımız kurgular yok. Kurgularımız ve ödüllerimiz; bizim kültürümüz, sürücülerin yaşam ve çalışma biçimleri dikkate alınarak oluşturuldu.

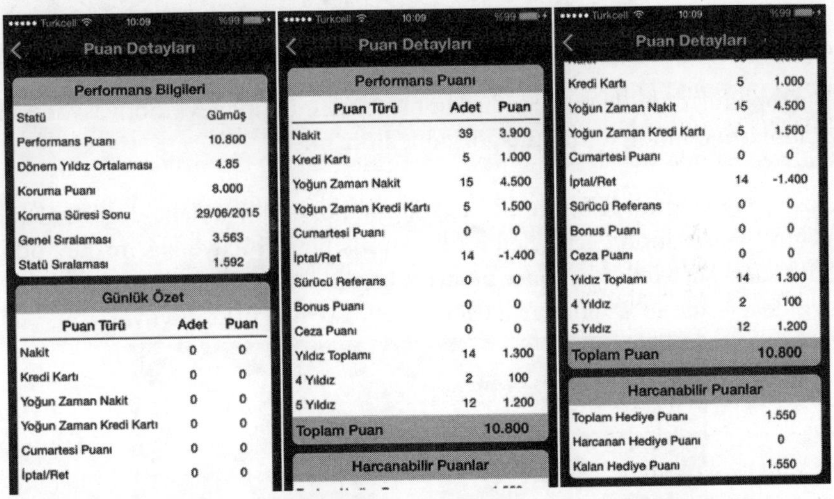

Ü. B.: Taksiciler için hangi oyunlaştırma uygulamaları kullanılıyor ve en çok hangisi ilgi görüyor?

A. A.: Taksiciler arasında dönemsel yarışmalar, referans kampanyaları yaptık ve en son olarak da sadakat programını başlattık. Ödülün yüksek olduğu ve nispeten daha kısa süreli yarışmalar çok ilgi gördü.

Ü. B.: Başarılı olan taksicilerin ödüllendirilmesi için toplantılar/törenler düzenliyor musunuz?

A. A.: Yarışmalar sonunda ve düzenli olarak toplantılar yapıyoruz. Yarışmada dereceye girenlere ve sürpriz kategorilerde başarıya ulaşanlara ödüller veriliyor, plaketler takdim ediliyor.

Ü. B.: Topluluk önünde onurlandırılan bir taksicinin, manevi motivasyonu maddi kazanımların önünde tuttuğunu gözlemlediniz mi?

A. A.: Topluluk önünde onore edilmek kazanılan ödülden daha değerli olabiliyor. Örneğin bir toplantıda cep telefonu kazanmış bir sürücüye Nazım Bey ödülünü takdim ederken, telefondan önce başarı belgesini istemişti. Çünkü o başarı belgesini evinde ailesine ve arkadaşlarına göstermek istiyor, gurur duyuyor.

Ü. B.: Bu uygulamaların kritik kitle (taksici sayısı – yolcu sayısı) dengesini sağlamanızda nasıl bir etkisi oldu?

A. A.: Yarışmalar vb. uygulamalar taksicilerin sistemi daha iyi ve verimli kullanmalarını ve daha sadık olmalarını sağladı. Sisteme kattığımız taksicilerin daha etkin olması müşteri tarafından memnuniyeti sağladı ve kaldıraç etkilerinden biri oldu.

Ü. B.: Yolcular açısından baktığımızda daha iyi puan alma çabasının daha kibar yaklaşım ve daha iyi hizmet olduğunu görüyoruz. BiTaksi'nin genel hizmet kalitesi için oyunlaştırmanın çok önemli bir yer tuttuğunu söyleyebilir miyiz bu anlamda?

A. A.: Daha iyi puan almak için daha iyi hizmet vermek gerekiyor. Puanın iyi olması da sürücünün oyunlaştırma kurgusunda üst sıralara geçmesi için gerekli bir unsur. Dolayısıyla hizmet kalitesi yükseliyor.

Ü. B.: Bu uygulamaların zaman zaman taksiciler tarafından suistimal edilmeye çalışıldığını duyuyoruz. Ne gibi örnekler yaşandı ve bunu düzeltmek için hangi önlemleri aldınız?

A. A.: Kurgular tasarlanırken suistimal ihtimalleri de hesaba katılıyor ve sistem tarafında bunlarla ilgili kontroller konuluyor. Ayrıca bu tür kötüye kullanımların cezalandırılacağı yarışma, kampanya koşullarında açıkça belirtiliyor. Herhangi bir taksici kontrole yakalanması durumunda gerekli aksiyon alınıyor. Örnek vermek gerekirse aynı müşteri ile birçok yolculuk yapıp fazla puan toplamaya çalışmak kolayca tespit edilebilen bi durum.

Ü. B.: Taksiciler için planladığınız yeni oyunlaştırma uygulamaları var mı şu an?

A. A.: 2015 yılı başından itibaren yeni bir sadakat programımız başladı. Buna göre sürücüler Elit, Altın, Gümüş ve Klasik olarak dört gruba ayrıldı. Kazandıkları puanlara göre gruplar arasında geçişler oluyor. Planlarımız arasında grup içi yarışmalar, referans kampanyaları ve sürpriz yeni kurgularımız olacak.

Ü. B.: Yolcular için taksiciler tarafından verilen puanlama ne için kullanılıyor, bir çeşit "güvenilir yolcu" bilgisi mi veriyor?

A. A.: BiTaksi, taksicilerin kaliteli hizmet vermesini sağlamaya çalıştığı gibi yolcuların da taksicilere karşı olan davranışlarını dikkate alıyor. Yolcuların puanlanması bu çerçevede çok değerli bir veri. Çok düşük puanlı bir yolcunun sistemin bütün kalitesini düşürdüğünü düşünüyoruz.

Ü. B.: Yolcular için sağlanan indirimler oldukça ilgi görüyor ancak oyunlaştırma tarafında bildiğim kadarıyla herhangi bir uygulama yok. Yolcular için düşündüğünüz oyunlaştırma uygulamaları var mı?

A. A.: Yolcular tarafında sadakat programı ve oyunlaştırma kurgularını düşünüyoruz. Yakın bir zamanda devreye almak için üzerinde çalışıyoruz.

Ümit Büyükyıldırım'a röportajı ve kitabımızda yayınlanma onayı için teşekkür ederiz. Röportajın tamamı için blog adresini ziyaret edebilirsiniz:

*http://www.umityildirim.com/bitaksi-ve-oyunlastirma-uygulamalari/

RÖPORTAJ

Andrzej Marczewski ile Söyleşi:

Altuğ Yılmaz: Her şeyden önce röportaj teklifimizi kabul ettiğiniz ve zaman ayırdığınız için teşekkürler. Öncelikle Andrzej Marczewski'yi daha yakından tanıyabilir miyiz?

Andrzej Marczewski: Oyun oynama konusunda uzmanlaşmış 2 kız babasıyım her şeyden önce. Yıllar içinde başardığım bazı diğer şeyler de oldu. 30 yıldan önce babam bana ilk bilgisayarımı gerçekten ben çok gençken almıştı. Böylelikle ben sadece bilgisayarda oyun oynamaya değil her şeydeki gibi onları sonuna kadar kurcalamayı ve programlamayı da öğrendim. İlginç bir şekilde Biyomedikal alanda eğitim aldıktan sonra o alanda pek kendimi geliştirmek istemedim ve bir anda o dönem çok popülerleşen web yazılımı dünyasına kendimi attım. Ancak yine oyunun peşini bırakmadım. Kodladığım ilk web sitesinde oyun incelemeleri olan bir bölüm ekledim ki, daha çok oyun oynayarak aslında işimi motivasyonel anlamda oyunlaştırmıştım. 2007 yıllarında da oyun programlama ve incelemelerim devam ederken buradaki tecrübelerim bazı fırsatlarla e-learning-online eğitim içerikleri üretirken de kullanmamı sağladı. Bu süreçte hem oyun tabanlı eğitim hem de oyunlaştırmanın gücünü keşfetmeye başladığım dönem olmuştu. Ve bugünlere kadar devam eden bir oyunlaştırma macerasının içerisindeyim.

Bunların yanında gitar çalmayı seviyorum, çok kısa bilim kurgu hikâyeleri yazıyorum ve başında da yazdığım gibi 2 oyunbaz çocuğum ve ailemle zaman geçirmeyi çok seviyorum.

A. Y.: Oyunlaştırma kelimesini ilk ne zaman duydunuz? Ve sizce neden son yıllarda oyunlaştırma bu kadar popülerleşti ve yaygınlaştı?

A. M.: Oyunlaştırma ile yolumuz aslında 2012 yılında kesişti. Ben oyunlar ve sosyal medya ile ilgili blog yazıları yazarken birinin bu kelimeyi kullandığını gördüm, inceledim ve yapılan şeyin benim daha önceleri yaptığım ve yapmayı düşündüğüm işlere çok benzediğini gördüm. Bence son dönemde popülerleşmesindeki neden, insanların rutin bazı işleri aynı şekilde yapmaktan sıkılmış olması. Gelişen teknolojiyle yapılacabilecek şeylerin çeşitliliği ve sürekliliği o kadar arttı ki. Özellikle masa başı işlerde çalışanları motive ve verimli tutabilmek çok zorlaştı. İyi ve doğru tasarlandığında oyunlaştırma bunu mükemmel bir şekilde başarabiliyor.

A. Y.: Oyun ve oyunlaştırma kelimesi Türkçede de çokça karıştırılan kelimeler. Sizce nasıl en temelde ayrılmalı?

A. M.: Çok basit yaklaşırsak oyunda oynama deneyimi var ve bu oyunlaştırmadan farklılaştığı noktadır. Oyunlaştırma oyunun ruhu olmayan hali diyebiliriz ancak bu kötü anlamda değil, oyun tasarımlarını daha iyi ve etkileşimli bir dünya için kullanılmasını ile ilgilenir.

A. Y.: Andrzej Marczewski, müthiş bir blog adresine sahipsiniz. Gamified UK Blog. Bu blogla ilgili biraz detay verebilir misiniz?

A. M.: Aslında aklıma gelen şeylerle ilgili blog yazıyorum. Çoğu yazdıklarım yarım saatten fazla zamanımı almıyor. Düşüncelerimi paylaşmayı seviyorum ve sonra da bu düşüncelerle ilgili yorumlar almayı ve ileride de hatırlamayı seviyorum. Sıkı araştırmalar yapmak benim üniversiteden kalma bir alışkanlığım. Ve bu da daha belirgin düşüncelere sahip olmamı sağlıyor. Bunları hemen yazıyorum, ziyaretçilerimle bu konuyu tartışıyorum ve çok çok daha iyi fikirler böyle gelişiyor.

A. Y.: Bu kitabımızda sizin blogunuza birçok referanslar verdik. Özellikle hatırladığım, oyuncu tipleriydi. Sizin hazırladığınız ve geliştirdiğiniz bir oyuncu tipleri modeli var, bunu açıklar mısınız? Bartle oyuncu tiplerinden farkları nelerdir?

A. M.: Kurumsal bir projede Bartle Oyuncu tiplerini kullanmaya ve oradaki profili yedirmeye çalıştığımda yaşadığım zorluklarla oluşmaya başladı diyebiliriz. Örnek olarak Killers-Katiller çok uyuşmuyor ancak sistemdeki en önemli profili de karşılayamıyorduk. Bu oyuncu tipleri aslında çoklu online oynanabilen oyunlar için geliştirilmişti. Oyun olmayan gerçek hayata uygulanmasında teorik olarak başlangıçta uygunken pratikte sıkıntılar olabiliyordu. Tekrardan Killers-Katiller ile ilgili bir oyuncunun diğer bir müdürü yenip bir de müdürün oyunu oynamasıyla dalga geçmesini düşünebiliyormusunuz? Bu Katillerin ruhunda vardır ancak gerçek hayatta ve özellikle kurumsal hayatta farklılaşmaya gitmeliydi.

Bazı motivasyonel teoriler araştırırken Deci ve Ryan'ın Self-Determination Teorilerinin basitliği ve anlaşılırlığı çok hoşuma gitti. Dan Pink'in Drive adlı motivasyon kitabını da okuyordum. Bu yaklaşımlar ortasında basit bir konsept geliştirdim: RAMP: Relatedness (Ait Olma), Autonomy (Özgür İrade), Mastery (Uzmanlık) ve Purpose (Bir Ulvi Amaç). Bu temel iç motivasyonun içeriğini oluşturdu. Ödülle motive olan

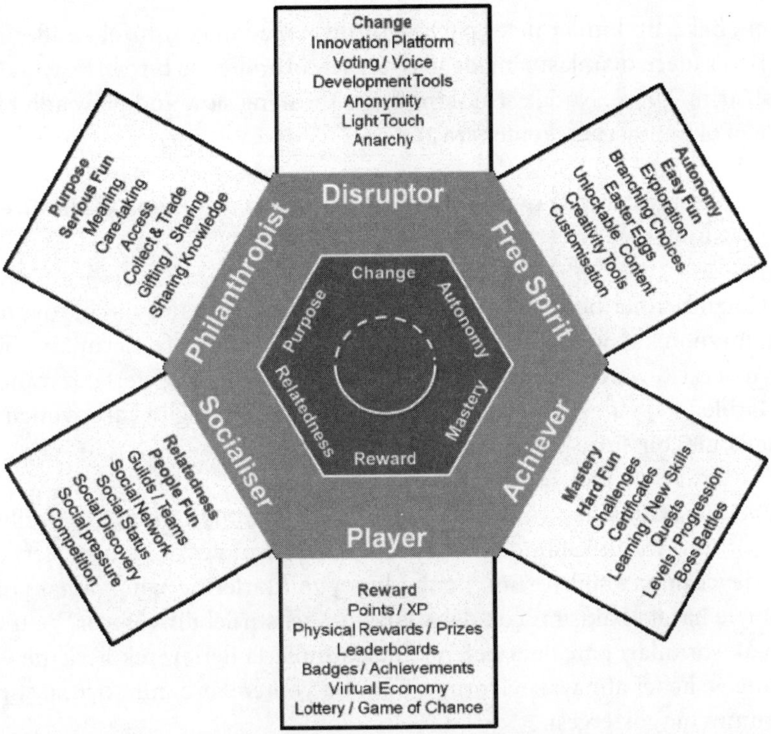

oyuncu tiplerinden bu yapıya ekledim. Devamında en son Dipruptor-Dağıtıcı ekledim ki bu oyunlaştırma tasarımlarda gördüğüm ve edindiğim tecrübelerle oluştu. Bu zaman içinde daha da genişledi ve Richard Bartle bana yardımcı oldu elimizdeki 6'lı Hexad dediğimiz yapısına kavuştu. Şu anda bu oyuncu yapısının gerçek hayattaki oyunlaştırma tasarımları için daha uygun olduğunu düşünüyorum ve görüyorum.

A. Y.: Oyunlaştırma hakkında blog, online eğitim ve kitap olarak ne gibi kaynaklar tavsiye edebilirsiniz?

A. M.: Coursera'daki Kevin Werbach'ın kursu çıkar çıkmaz aynı gün tamamlamıştım, müthişti. Ayrıca "For The Win" kitabı da çok başarılı bir başlangıç kaynağıdır. Blog ve işlerini takip ettiğim kişiler arasında Roman Rackwitz, Mario Ruftopolous, Yu-Kai Chou, Monica Cornetti, Mario Herger ve Victor Manrique sayabilirim. Herkes bu kişilerin yaptığı işleri takip etmeli. Ben ayrıca oyun tasarımı konusunda da birçok kaynak okuyorum. Jesse Schell'in The Art of Game Design kitabı da bu konuda başlangıç için çok çok iyi bir kaynaktır. Benim favori kitabım ise Raph Koster'in "A Theory of Fun for Game Design" adlı kitabı. Çok kolay okunabiliyor ve kesinlikle çok aydınlatıcı. Richard Bartle'dan konuşmayı severim, benim düşüncelerimi hep dengelemiş ve geliştirmiştir. Rise Gamification Guru's Liderlik tablosuna düzenli bakarım kimler neler paylaşıyor diye, oradan çok güzel keşiflerim olabiliyor. Ben sadece oyunlaştırma değil oyun sektöründen de birçok kişiyi takip etmeye çalışırım. Drive, Nudge, Thinking Fast, Thinking slow and Flow adlı kitaplar da mutlaka okunması gerekenler arasında.

A. Y.: Günlük hayatınızda oyunlaştırılmış bir mobil uygulama ya da süreç kullanıyor musunuz?

A. M.: Çocuklarımla bol bol oyunlaştırma yapıyoruz. Benim birçok oyunlaştırma kurgumunun kaynakları ve evet bir anlamda laboratuvar farelerim diyebilirim. Ödül şemaları (Reward Charts), Davranışmetre (Behaviour Meters), Kavanozdaki Bilye (Marble Jars) video oyunlar üzerinden eğitimler, Uno gibi kart oyunlarından öğrenmeler gibi bir sürüsünü onlarla deneyimledim.

Aslında benim günlük hayatım oldukça oyunlaştırılmamış, bunun için özellikle de uğraşmıyorum. Ancak kafamda hep bir oyun kurgusu oluyor ve birşeyleri oyuna çevirme heyecanına kapılıyorum. Benim bu oyun fikirlerine sahip olmam düşünce yapımı ve hayata bakışımı çok daha farklı ve geliştirilebilir yapıyor. Ve tüm zor olan büyük sorunları parçalara bölerek ufak adımlarla ilerleyerek ilerleme yüzdesini görme ve hedef almayı seviyorum. Tüm bu yöntemler benim oyunlaştırmaya yaklaşımımın bir göstergesi.

A. Y.: Oyunlaştırmanın geleceği ile ilgili ne düşünüyorsun?

A. M.: Oyunlaştıma iyi bir kullanıcı deneyiminin bir parçası olacak. Daha çok hayatımıza sadece bir oyun kısmını ya da bir oyun elementini kullanmak yerine komple bir oyunu entegre ettikçe daha iyi uygulamalar ve sonuçlar elde edeceğiz. Bundan bir kaçış yok. Bence puan ölçme üzerine kurulu basit oyunlaştırma altyapıları şu anda çok yaygınlar ancak insanlar bunlardan sıkılmaya başladı. Gerçekten ilgi çekici, iyi düşünülmüş ve diğerlerinden farklı oyun tasarımlarının çok öne çıkacağını ve bu oyunlaştırmanın hedeflerine ulaşmakta çok başarılı olacağını düşünüyorum.

A. Y.: Birçok kitabın yazarı olarak Türkiye'deki en kapsamlı oyunlaştırma kitabının yazarlarına tavsiyeleriniz ne olacaktır?

A. M.: Bence piyasaya çıkmış her oyunlaştırmayı açıklayan kitap müthiş bir şeydir. Benim tavsiyem kalbinizi dinlemeniz olur. Tavsiyeler alın ancak sadece sizin orjinal yazdıklarınızı değiştirmeden geliştirecek katkıları hayata geçirin. Ve evet oyunlaştırmayı bilen iyi bir editörle çalışın, çünkü sizi vezir de edebiliyorlar rezil de.

RÖPORTAJ

Başak Güvenç -Pixofun Kurucusu- ile Söyleşi:

Altuğ Yılmaz: Öncelikle kitabımız için röportaj teklifimizi kabul ettiğiniz için teşekkürler. Başak Güvenç kimdir kısaca kendinizi tanıtır mısınız? Pixofun firmasını da tanıtabilir misiniz?

Başak Güvenç: Hacettepe Üniversitesi Elektronik Müh. Bölümü'nde Lisans ve Yüksek Lisans eğitimimi tamamladıktan sonra, yazılım mühendisi olarak çalışmaya başladım. İlk oyunumu 2002 yılında yazdım. 64K hafızası olan Nokia telefonlar için geliştirilmiş bir mobil oyundu. 2005 yılında eşimle sadece oyun yapabilmek için Pixofun'ı kurduk. O günden bu güne 20'den fazla oyun tasarlayıp geliştirdik. Metal Fırtına, Kötü Kedi Şerafettin, Footbocity, Mucitköy en ses getiren oyunlarımızdan. 2010 yılından beri bir yandan da Pixofun olarak kurumlar için oyun tabanlı eğitim ve oyunlaştırma projeleri tasarlayıp geliştirmeye devam ediyoruz.

Bu bağlamda, Turkcell, Coca Cola, Yapı Kredi Bankası, İş Bankası, Migros gibi çok büyük firmalarla oyun tabanlı eğitim projeleri gerçekleştirme imkânı bulduk.

A. Y.: Oyunlaştırmayı ilk ne zaman duydunuz ve sizce neden oyunlaştırma son dönemde bu kadar popülerleşti?

B. G.: Bundan 5-6 yıl önce bu kavramı duymaya başladık. Aslında hayatımızda hep yeri vardı ama yakın zamanda kavramlaştırılıp üzerine çalışmalar yapılmaya başlandı. Kullanmayı sevdiğim bir örnek var: Annelerimiz, "O tabaktaki yemeği kim önce bitirecek" diyerek içsel olarak geliştirdikleri oyunlaştırma sürecini işletirlerdi bizim üzerimizde.

Oyunlar son dönemde neden bu kadar popülerleşti sorusuna gelirsek; teknolojinin bu kadar gelişmesi ile, kişinin dikkatini uzun süre bir konuda tutması gittikçe zorlaştı, dikkat çok önemli bir kaynak haline geldi. Dikkat Ekonomisi (https://en.wikipedia.org/wiki/Attention_economy) dediğimiz bir kavram çıktı ortaya. Oyunlar dikkati üzerine çeken ve uzun süre orada tutmayı sağlayan en önemli araçlardandır. Çünkü pasif değil, aktiftir. Başarı duygusunun verdiği dopamin ile tekrarlama isteği yaratır. Bu da sürece angajmanı beraberinde getirir.

Oyunlaştırma gündemimizde niye bu kadar var sorusunun bir başka cevabı da, raporlar. Gartner raporuna göre global 2000 organizasyonlarının %70'i en az bir kere oyunlaştırma kullanacak, global 1000 organizasyonlarının %40'ı da oyunlaştırmayı birincil mekanizma olarak kullanacak.

Ayrıca Gartner der ki; oyunlaştırma 2013'te beklentilerle birlikte bir hype yapmıştır. Başarılar, başarısızlıklar, neyin iyi neyin kötü olduğu az buçuk anlaşılmaya başlanmış 2014 sonunda da stable üretken platoya ulaşmıştır.

A. Y.: Oyun ve Oyunlaştırma kavram olarak çok karışan terimler, siz nasıl ayırırsınız?

B. G.: Son birkaç yıldır düzenlenen seminerler, eğitimler, webinarlar ve sizin ki gibi kaynaklar sayesinde, artık karıştırıldığını düşünmüyorum. En azından bunu merak eden ve bir şekilde içinde olmak isteyen insanlar tarafından.

Standart tanımlar zaten her yerde var, kendimce değişik bir benzetme yapmak istiyorum, oyun/oyunlaştırma arasındaki fark, VR (Virtual Reality) /AR (Augmented Reality) arasındaki farka benziyor gibi bir miktar. Virtual Reality tamamıyla sanal bir dünyadır, Augmented Reality ise sanal nesneler ile zenginleştirilmiştir.

A. Y.: Pixofun olarak birçok oyun tabanlı eğitim (serios games) ve oyunlaştırma (gamification) projeleri yaptınız. Nasıl bir müşteri ihtiyaç analizi yaparak ürünlerinizi ve çözümlerinizi öneriyorsunuz?

B. G.: Öncelikle dinliyoruz... Dinlemek çok önemli. Sonrasında detaylı ihtiyaç analiz için bir soru seti paylaşıyoruz. Özellikle KPI soruyoruz; ne olursa bu oyun başarıya ulaşır onlara göre bunun peşine düşüyoruz, Aslında burada müşterinin ne yapmak istediği üzerine bir miktar daha düşünmesini tetikliyoruz. Sonrasında hem müşteri hem de bizim için oyun hâlâ uygun bir çözüm olabiliyor ise, ya özel bir tasarım ya da elimizdeki benzer ürünlerden öneriyoruz

A. Y.: Pixofun olarak hem oyun hem de eğitsel oyun diyebileceğimiz serious games formatında çok başarılı ve ödüllü örnekleriniz var. Bazılarındaki tarzlar, arka plan müzikleri gerçekten çok etkileyici. Biraz üretim aşamalarından ve sonrasındaki müşteri deneyimlerinizden bahseder misiniz?

B. G.: Biliyorsunuz biz bir oyun firmasıyız. Kurumsal oyun tabanlı eğitim projelerinden önce de 10 yıldan uzun bir süredir oyun tasarlayıp geliştiriyoruz. Fikirden ürüne kadar ki tüm süreci kendi ekibimizle yürütüyoruz. Yaratıcı olmak en büyük mottomuz, yaptığımız her bir oyuna yaratıcı öğeler katmaya çalışırız. Her oyunun kendine has hikâyesi, karakteri ve ortamı vardır mesela bizde. Öyle kütüphane karakterlerimiz yoktur. Her birini tek tek tasarlar, çizer, boyar ve ete kemiğe büründürürüz. Senede 2-3 adet büyük oyun tabanlı eğitim projesi yaparız ve her projemizi çok severiz. Tasarladığımız oyunları kendimiz de severek oynayana kadar yayınlamayız. Uzun zamandır beraber çalıştığımız, artık bir bakışta birbirimizi anladığımız çekirdek bir ekibimiz var.

Müşterimiz kullansın, oynasın, bize geri bildirimler versin isteriz. İşin peşine düşeriz. Oyun oynanır biter, yorum alırız, neyi sevdiler, neyi sevmediler gider dinleriz.

A. Y.: Pixofun'ın Quizgame adlı ürünü soru bazlı ölçümleme olması yanı sıra çok güçlü oyun mekanikleriyle güzel bir oyunlaştırma örneği. Bu ürünü detaylandırarak yarattığı deneyim ve raporlama farklarını paylaşabilir misiniz?

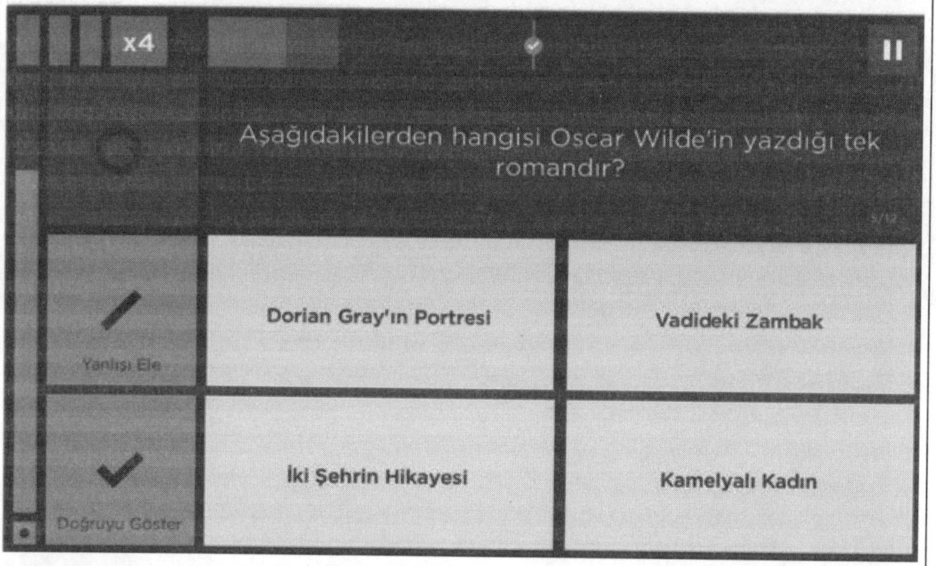

B. G.: Quizgame, kurumların Y jenerasyon çalışanları için tasarladığımız, eğitimlerin pekiştirilmesi amacıyla temel soru çözme eylemini oyun mekanikleri ile zenginleştirildiği oyunlaştırılmış bir hatırlatma aracıdır. Hem cep telefonu ve tabletlerden hem de PC'den erişilebilir. Soru içerikleri ve kullanıcılar yönetici arayüzünden tanımlanıp, birkaç dakika içerisinde aktif hale getirilebilir. Spaced Repetition algoritmaları ile kullanıcının çözemediği sorular oyun süresince daha sık karşısına çıkarılıyor. QuizGame'de kullanıcı istatistikleri 50 ayrı metrik üzerinden hesaplanıyor. Raporlama arayüzünden hangi sorular en iyi biliniyor, hangileri cevaplanamıyor, kişi bazlı analiz edebiliyorsunuz. Biliyorsunuz, kurumsal eğitimler bir yanda da pahalı eğitimler, ekibi bir araya toplamak, eğitim organize etmek ve bunu sürdürülebilir kılmak hem zaman istiyor hem de maliyetli. QuizGame ile bunu hem ucuz, hem sürdürülebilir/yönetilebilir hem de eğlenceli bir hale getirmeyi hedefledik.

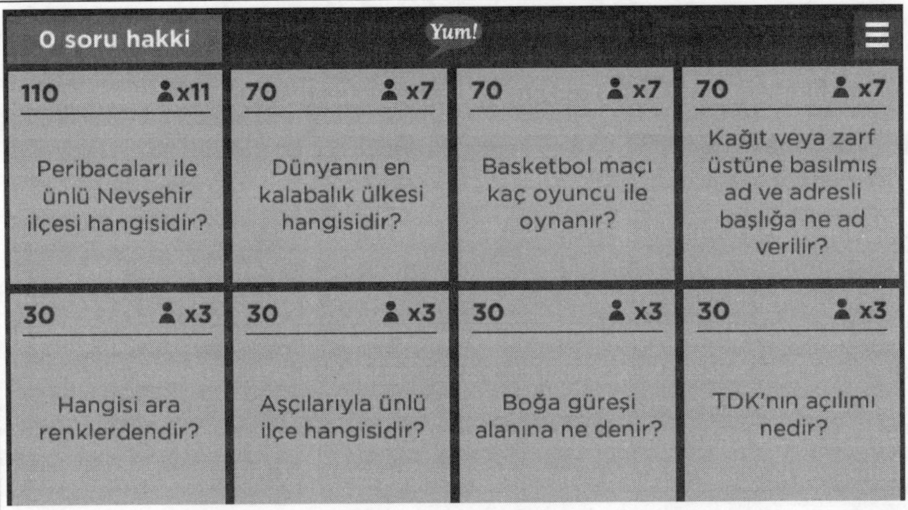

QuizGame'i tasarlarken BLAP Gamification denilen Badge-LeaderBoard-Achievement-Point bileşenlerinin eklemlendirildiği bir uygulama yerine, kullanıcının otonomisini destekleyen 20'den fazla farklı challenge tasarladık ve bunların her birini soru çözme mekaniğiyle bağladık. QuizGame'de liderler tahtası, düello gibi özellikler de var. Karantina özelliğinde de sorular bilinemedikçe puanları artıyor, borsa gibi. Sorunun puanı zirvedeyken yakalayıp çözmek istiyorsunuz. Yaratıcı, farklı ve eğlenceli bir mekanik oldu. Karantina ve oyun boyunca kullanıcının karşısına çıkan farklı challenge'lar çok sevildi. Kullanıcılardan çok güzel geri dönüşler aldık. Kimisi müdürü ile kapıştı, kimisi tuvalette bile oynadığını söyledi.

A. Y.: Oyunlaştırma ile ilgili takip ettiğiniz ve beğendiğiniz uygulama ve kaynakları paylaşabilir misiniz?

B. G.: Özellikle takip ettiğim bir uygulama yok. Bu tarz uygulamalar hem smart, hem çoğunlukla eğlence yönleri çok kuvvetli olduğu için WOM etkileri de oldukça yüksek. Hemen sosyal medyada, arkadaş arasında vs. paylaşıma giriyor.

Kaynak derseniz, bizim dünyamız oyun tasarımı üzerine kurulu olduğundan, sadece bu konu üzerine yüzlerce kitap takip ediyoruz. An itibariyle Amazon kütüphanemizde genelde tasarım ve özelde oyun tasarımı üzerine 300'den fazla kitap var. Ayrıca inceleyip analizini yaptığımız yüzlerce oyun bulunuyor. İyi bir oyunlaştırma, oyun stratejileri ve mekanikleri üzerine derin bir bilgi birikimi gerektiriyor. Bu yüzden oyun kaynaklarımızı oyunlaştırma için de kullanıyoruz.

A. Y.: Başak Güvenç günlük hayatında bir oyunlaştırılmış uygulama ya da web sitesi kullanıyor mu? En çok beğendiği mekanik hangisidir?

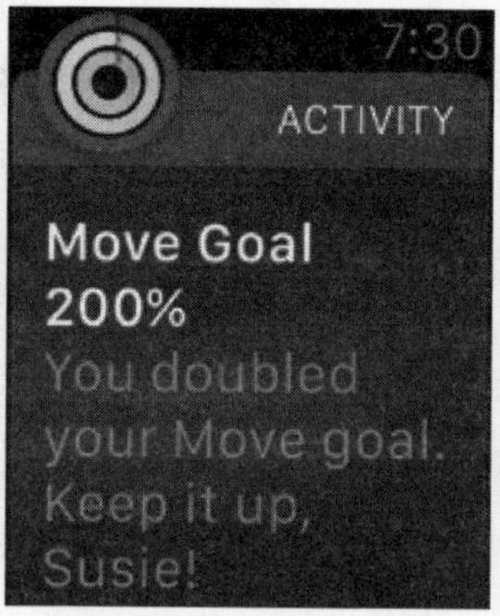

B. G.: Kullanıyorum tabii. İçerisinde halkalar şeklinde hareket-ayağa kalkma-egzersiz hedefleri veren ve her gün o iç içe geçmiş halkaları tamamlamak için beni korkunç motive eden Apple-Watch Aktivity uygulamasına bayılıyorum mesela. İnsan doğası gereği, açık kalmış döngüler bizi rahatsız ediyor. Onları kapatma, tamamlama ihtiyacı duyuyoruz. Applewatch'da çok başarılı bir şekilde uygulanmış bu mekanik ile, her gün her gün tekrar tekrar bıkmadan o halkaları kapatmaya uğraşıyorum valla, kolumdan şarj için bile çıkarmak istemiyorum adım kaçıracağım diye. Çok eğlenceli...

A. Y.: Sizce oyunlaştırmanın gideceği yolda ve geleceğinde bizleri neler bekliyor?

B. G.: Önümüzdeki dönemde de iyi düşünülmüş oyunlaştırma uygulamaları olacaktır. Oyunlaştırma uygulamalarının başarılı olma şansının innovatif ve smart olmalarıyla doğru orantılı olduğunu düşünüyorum. Bu yüzden maliyetlendirilmesi konusunda sıkıntılar yaşanıyor. Çünkü burada adam/saatlerde ölçebileceğiniz bir maliyetlendirme yok. Ölçeklendirmeye gidilen noktada ise sıradanlık başlıyor. Bundan dolayı belki biraz karanlık bir tablo olacak ama, bu konu üzerine çalışan çokca şirket çıkmasını beklemiyorum gelecekte de.

A. Y.: İlk Türkçe oyunlaştırma kitabı hakkındaki düşüncelerinizi de son olarak alabilir miyiz?

B. G.: Elinize sağlık, incelemelerle, sektörden söyleşilerle güzel toparlanmış bir kaynak bence. Oyun ve oyunlaştırma ile kavram kargaşasından bir miktar kurtulsak da, oyun deyince çoğu kişinin aklına ilk ekrandan bir avatar seçmek, mutlaka içinde karakterlerin olması, oyunlaştırma deyince de rozet, puan, liderler tahtası geliyor. Bu kalıplar çok tehlikeli, yenilikçi işler yapabilmek için önümüzde birer engel. Biz QuizGame'de sıkıcı olan soru çözme eylemini oyunlaştırdık, 10'dan fazla oyun mekaniği kullandık; günün sonunda, bu bir oyuna benzemiyor ki, karakter yok gibi yorumlar ile de geri dönüşler aldığımız oldu maalesef. Tanımları artık şıp diye yapabilsek de, oyun nedir, oyuncak nedir, oyuncul tasarım nedir, bunların farklı alternatifler ile iyi anlatılması gerektiğine inanıyorum.

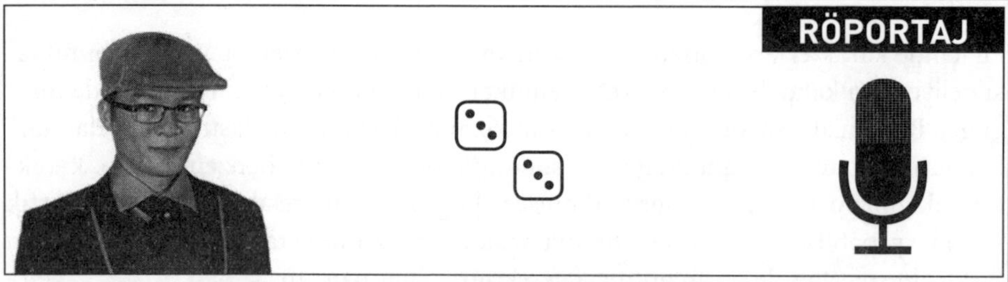

Michael Wu – Lithuim Technologies - Data Scientist ile Söyleşi

A. Y.: Öncelikle röportaj teklifimizi kabul ettiğiniz ve kitaba yaptığınız katkınız için teşekkürler. Michael Wu tanıyarak başlayabilir miyiz?

MİCHAEL WU: Lithium Technologies firmasında Chief Scientist olarak çalışıyorum. Şirket içindeki bilginin nasıl analiz edileceği ve kullanılacağı konusunda çalışıyorum. Bazıları bana "Data Scientist, Bilgi Bilimcisi" diyor ama bence her bilim uzmanı data üzerine uzmanlaşmıştır. Daha çok application data yani uygulama datalarına odaklandım. Buradaki çıktılarla da insan davranışlarını yönlendirme konusunda çalışıyorum, bu da beni gamification yani oyunlaştırma konusu içine katıyor. Lithuim Technologies'te birçok yenilikçi ürünümüz mevcut. Bu ürünler, firmaların çalışanlarının birbiriyle etkileşime geçebileceği, motive olarak engage olacakları forum tarzı platformlar olabiliyor. Şirketin ürünleriyle ilgili satış ve pazarlama konularında da müşteri odaklanması ve davranışlarını analiz ederek davranış değişikliklerini planlama konularında çalışıyoruz. Eğitimimse, Berkeley Üniversitesi Fizik bölümünde yükseköğrenim gördüm. Hobi olarak da fotoğrafçılığa merak sardım diyebilirim. Bu aralar konferanslar nedeniyle eşimle birlikte tüm dünyayı dolaşıyoruz ve güzel fotoğraflar çekmeye çalışıyorum.

A. Y.: İlk oyunlaştırma kelimesini ne zaman duydunuz? Sizce son dönemde neden bu kadar popüler hale geldi?

M. W.: Aslında ben oyunlaştırma kısmına biraz geç girdim. Lithuim firması ben geldiğimde çoktan birçok oyun tasarımcısını işe almış ve oyunlaştırma kurgusu üzerine çalışmalar yapıyordu. İlk olarak Gabe Zichermann'ın 2011 yılında organize ettiği Gamification Konfederasyonu Zirvesi'nde duydum. Gartner, raporlarında gamification adını trendlerinde göstermeye başladığında, biz zaten 7-8 senedir bu tarz oyun mekaniklerini süreçlerimize katan uygulamalar yapıyorduk ancak adlandırılması ve yaygınlaşması biraz geç oldu.

A. Y.: Oyun ve Oyunlaştırma kavram olarak çok karışan terimler, siz nasıl ayırıyorsunuz?

M. W.: Temel olarak oyunu açıklamak çok zor. Oyun teoremi ve matematiksel olarak altyapıları olan disiplinler. Oyun teoremini bulan John Nash aslında bir ekonomist ve bunu ekonomik pazarlara uyarlamış. Aslında oyunun kuralları, görevleri ve oyuncuları da aynı mantıktadır. Oyun teoremindeki gibi hedeflere farklı stratejilerle odaklanan oyuncular, ortam dinamikleriyle entegre olarak oyunu oynar. Oyunlaştırma ise oyun davranışlarını yani oyun tasarımını, oyun dinamiklerini oyun dışı bir içerikte motivasyonu artırmak için kullanmaktır. Ne zaman oyun oynarsınız çok karakteristik davranışlar sergilersiniz. Farklı oyuncularla birlikte gelişimler başlar. Oyun içinde de oyunlaştırmayı ayrı bir layer-katman olarak eklemek mümkündür. İşte burada biraz kafalar karışabiliyor. Zynga benzeri birçok oyun firması oyunlarının içinde ya da dışında bir "Game Center" merkezinde oyunlaştırmayı kullanabiliyorlar. Ancak oyunlaştırmanın oyun için değil, belli bir iş odaklı tasarlandığını belirtebiliriz ayırmak için. Sonuç olarak kısaca oyunlar genelde eğlence amaçlı kurgulanır. Ayrıca bir de "ciddi oyunlar" dediğimiz uygulamalar var, bunlar da eğlence dışı belli bir öğrenme sağlama amacında olan oyunlardır. Oyunlaştırma ise davranışları yönetmek ve geliştirmek üzerine kurgulanır.

A. Y.: Çalışıyor olduğunuz Lithium ve Klout firmaları çok başarılı oyunlaştırma örneklerini içinde barındırıyor. Türkiye'de de Turkcell, Denizbank, Vodafone gibi önemli firmalarla çalışıyor ve bu firmaların müşteri yönetimi dijital kanallarının altyapısını sağlıyorsunuz. Burada oyunlaştırma da önemli bir tamamlayıcı unsur olarak göze çarpıyor, biraz detaylandırabilir misiniz?

M. W.: Lithuim şirketi 3 farklı SAAS platformla hizmet vermektedir. Bunlardan biri topluluk platformudur. Foruma çok benzer ancak forumda sadece tartışma öne çıkarken bizim platformlarımız oyunlaştırma dahil birçok yenilikçi teknolojiyle desteklenmiştir. Hem şirket içinde hem şirket dışındaki müşterilerle ürün satışı, satış sonrası destek gibi konular için uyarlanabilir. Tüm ekiplerinizi ilgili görevlere entegre edebilirsiniz. Toplulukları, ortak ilgisi ve çıkarı olan kitleler olarak adlandırırız; bu ilgiyi ve çıkarı artıracak tüm aksiyonları bu platforma almaya çalışırız.

A. Y.: Ayrıca Klout web sitesi çok güçlü oyunlaştırılmış unsurlara sahip bir sosyal medya portali. Bazı özellikleri zamanla değişti ve farklı bir hale geldi, bu site ile ilgili oyunlaştırma deneyimlerinden bahsedebilirmisiniz?

M. W.: Klout, kullanıcıların sosyal medya hesaplarını bağlayarak onlarla ilgili daha detaylı bilgiye sahip olmamızı sağlayan bir platformdur. Bu bilgilerle birlikte çok daha iyi müşteri profillemesi ve önerileri yapılabilmektedir. Kullanıcıların bu bilgileri verebilmesi için de Klout puanı üzerinden arkadaşlarıyla yarıştıkları bir puan sistemi kullanıldı. Linkedin'den çok önce K vermek ile "endorsement yani kefil olma" oyun mekaniğini kullanmıştır. Oyunlaştırmayı odakta değil ancak destekleyici ve tamamlayıcı bir unsur olarak kullanmaya devam edecektir.

A. Y.: Oyunlaştırma ile ilgili uzun vadeli bir çözüm olmadığı konusunda bazı düşünceler var. Oyunlaştırmanın en önemli uygulamalarından biri olan Foursquare-Swarm değişiminin yanında Klout sitesindeki birçok mekaniğin kaldırıldığı ve birçok eğitim platformunda da kullanılan mekaniklerin uzun vadede kullanımının düştüğü görülüyor. Katılıyor musunuz, çözümü için ne gerekli? Oyunlaştırmada da bir oyun derinliği yakalamak nasıl mümkün olur?

M. W.: Foursquare – Swarm oyunlaştırma konusunda rozetler ve mayorluk konusunda çok iyi bir iş çıkardılar. Ancak yeterince uzun kurgulanamadı, zamanı iyi kullanamadılar. İnsanlar 500 tane rozet ve binlerce aynı tip arkadaşı olunca 2 tane daha fazlası ya da azı için motive olamaz oldular. Bu oyun bileşenlerini kazanmayı zamana ya da farklı kurgulara yayabilirlerdi, daha kısa ve hızlı olanı tercih ettiler.

Foursquare bence başarılı bir örnekti, birçok kişi oyunlaştırmayı onunla duydu. Şu dönem kullanıcı sayısı gitgide azalsa da, bence kötü değil iyi bir örnek olarak adlandırılmalı. Son yapılan Swarm değişikliğini de bu de-motive olan kullanıcıları tekrar sisteme kazandırmak için alınmış bir aksiyon olarak görmeli.

Oyunlaştırmayı tek başına düşünmemeli, insanların katılmak ve parçası olmak isteyeceği doğal bir süreç olarak anlamalıyız. Uzun süre oynanabilen oyun kurguları, gerçekten çok zor ve pahalı olabiliyor. Oyunlaştırmanın kurgusu çok derin olabilir ama uzun bir süreden eğer 10 yıllardan bahsediyorsak oyunlaştırma bu kadar uzun süreli kurgulanamaz. Oyunlaştırma sürecinize değer kattığı müddetçe çalışır ve önemlidir. En güzel çalışan örneği spordan verebilirim: Spor yapmak istiyorum ama zamanım yok diyenler Fitbit tarzı bir bileklik kullanarak arkadaşlarıyla yarışma olanağını buluyorlar. Bu şekilde süreçten daha çok keyif alıyorlar ve bu motivasyonla vakit ayırma konusunda daha kararlı oluyorlar. Özünde spor yapmak var ve katılımcılar da spor yapmayı istiyor ancak arkadaşlarıyla yarışma gibi bir motivasyon kaynağı olmadan birtakım düşünsel engelleri aşamıyorlar.

A. Y.: Ayrıca kitabımızda sınıf içi ve online eğitimlerde de oyunlaştırmadan bahsediyoruz. Classdojo, sınıf içine yönelik olarak verdiğimiz örneklerden. Ancak Classdojo kullanan eğitmenler çocukların müthiş bir motivasyonla bu deneyime başladıklarını, avatar'ını güncellemenin, puan toplayarak arkadaşlarını geçmenin neredeyse eğitimden bile önemli hale geldiğini söylüyorlar. Buna karşın dönem sonuna doğru bu motivasyonun da düştüğünü paylaşıyorlar. Sizce uzun vadeli sonuçlar ve katkı için nasıl yöntemler uygulanmalı?

M. W.: İyi bir oyunlaştırma uzun dönemli davranış değişikliğini sağlar; bunu eğitimle, eğlenceyle, duygularla yapar. Puan, rozet, avatar gibi standartlaşmış kurgular bazen motivasyonu dağıtabilir. Önce motivasyondan bahsetmek istiyorum. Motivasyon bir şeyi yapmak için var olan duygudur. Ödül ise o aksiyonu yaptıktan sonra alınan kazanımdır. içsel motivasyon, sizin kendi kendinize bir tetikleyici olmadan yaptığınız bir şeydir. Mesela kitap okumayı seversiniz, şarkı söylemeyi seversiniz, boyama yapmayı seversiniz. Bunlar kalıtsaldır ve içsel motivasyonla olur. Dışsal motivasyonda ise tetikleyici unsur vardır. Herhangi bir nedenle yapmadığınız bir davranışı, dışsal bir motivasyonla yapabilirsiniz. Ders çalışmayı sevmezsiniz ancak yüksek notlar aldığınızda ailenizden ve arkadaşlarınızdan gelecek tebrikler motive edici olabilir ve düzenli çalışmanızı sağlayabilir. Ödül ise sınavı geçince aldığınız bir hediye, mesela spor bir araba olabilir. Ödüller davranışı pekiştirmek için konur. Ancak ödül ortadan kalktığında davranış hâlâ devam ediyorsa, örnekteki gibi arkadaşlarınızın takdiri, aldığınız notlar için içsel ödül olarak kalır. Ancak ödül olarak hediyeyi yani son model arabayı kaldırınca çalışma duruyorsa bu dışsal bir ödüldür ve süreç ödül var oldukça çalışır. Verdiğiniz oyun mekanikleri anlamlarını koruyor mu? Oyuncular rozetlerine anlam yüklüyor mu, kazandığı puanların, harcadıkları emeğin ve davranış değişikliklerinin farkında mı? Tüm bunlar içsel motivasyon ve içsel ödülle olur. Kazanmak için kazanılan rozetler, puanlar, liderlikler, ödül ortadan kalkınca kendini tekrarlamaz. Bu yüzden katılımcıların tüm süreci ve bileşenlerini içselleştirecekleri bir uygulama planlamalısınız.

A. Y.: Günlük hayatınızda oyunlaştırılmış bir uygulama kullanıyor musunuz, sizi oyuna katan nedir?

M. W.: Fitbit kullanmıştım, şu anda çok yolculuk yaptığım için kullanamıyorum, çünkü hedefleri tutturamıyorum ancak eşim kullanıyor. Bazı firmalar birçok cihazını test amaçlı bana gönderiyor, hepsini kısa süreli deniyorum. Sabit kullandığım bir uygulama ya da giyilebilir cihaz yok şu anda.

A. Y.: Sizce oyunlaştırmanın gideceği yol ve geleceğinde bizleri neler bekliyor?

M. W.: Oyunlaştırmanın geleceği yine bence insanların şu an yaptıklarından yola çıkacaktır. Çünkü oyunlaştırmanın odağında insan ve davranışları var. Burada bir direnç olacak diye düşünüyorum, iyi oyunlaştırmalar ve davranış değişikliğini amaçlayan uygulamaları zor süreçler bekliyor. Önce yapacakları davranışa değer vermeliler. Mesela spor yapıyorsa, bunu rozet için değil, spor yapmanın gerçekten iyi olduğunu bildiği ve sağlığına katkısının bilincinde olduğu için yapmak istemesi gerekir. Bence farkında olmasak da birçok yerde oyunlaştırma olacak ve anlık gözüküp kaybolacak. Gerçek bir oyunlaştırmada, davranış değişikliği tasarımı için psikolojik anlamda 3 unsurun mutlaka olması gerekir. Önce motivasyon (motivation), sonra yapabilecek yetenek (ability) ve davranışı tetikleyecek pekiştireç (trigger) gelir. Kullanıcı deneyimi ve tasarımı da önemli bir unsur. Bu anlamda kolay, eğlenceli ve yetenekli olmalıdır.

A. Y.: Türkçe oyunlaştırma kitabı hakkındaki düşüncelerinizi de son olarak alabilir miyiz?

M. W.: Bana bu kitaba katkıda bulunma şansı verdiğiniz için sizlere teşekkür ederim. Gerçekten büyük ve zor bir iş yapıyorsunuz. Türkiye görebildiğim kadarıyla oyunlaştırma açısından çok büyük bir avantaja sahip. Az sayıda ancak başarılı örnekler mevcut. Bence iyi ve başarılı örneklerden yeteri kadar bahsedildi. Başarısız örnekleri de gösterip nedenlerini açıklarsanız hata yapılmasını engelleyebilir ve doğru oyunlaştırma kurguları için iyi bir rehber oluşturabilirsiniz.

A. Y.: Kitabımıza katkınızdan ve değerli zamanınızı bize ayırdığınız için tüm okuyucular ve kendim adına teşekkür ederim.

Michael Wu
Lithuim Technologies
michael.wu@lithium.com

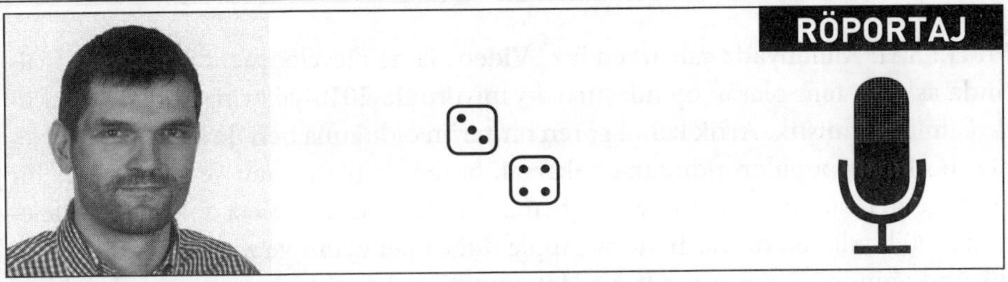

Oyunlaştırma Uzmanı Mario Herger ile Söyleşi:

ALTUĞ YILMAZ: Öncelikle söyleşi teklifimizi kabul ettiğiniz için çok teşekkür ederiz. Mario Herger'i kısaca tanıyarak başlayabilir miyiz? Aldığınız eğitim, çalıştığınız firma ve projeler, hobileriniz...

MARIO HERGER: Viyana Avusturya'da doğdum. Kimya Mühendisliği mezunuyum ve Uluslararası İlişkiler Yönetimi üzerine yüksek lisans yaptım. Okurken enerji sektöründe olan bir şirkette çalıştım ve bir projede yer aldım. Projede çalıştığımız firmanın çalışanları motivasyon kayıpları yaşıyordu. Oyunlaştırmanın bir çözüm olabileceğini düşündük, o dönemde tabi kimse oyunlaştırma demiyordu. Orada ufak ödüller vererek verimliliği artırdığımızı keşfettik. Ödüller, öğlen arasında pizza, evden çalışma gibi işle ilgiliydi ve gerçekten işe yaramıştı.

SAP Almanya'da çalışmaya başladım ve burada da şirket içinde aynı oyunlaştırma kurgularını kullandık. Birçok kitabımda ve verdiğim seminerlerde de bahsettiğim SAP Oyunlaştırma Projesi'ni yönettim. Daha sonra Amerika'da kendi şirketimi kurarak Silikon Vadisinde oyunlaştırma üzerine çalışmaya başladım.

Benim oyun geçmişimde de sağlam bir Amiga, Commodore yatar. Kodlama altyapıma da Amiga üzerinde başladım. 2000 oyundan fazla olduğunu tahmin ettiğim bir oyun koleksiyonum var. Hepsi benim için ayrı bir hikâyeye sahiptir. 1980'lerde neredeyse tüm hayatımı, paramı ve zamanımı oyunlara, dergilere ve onunla ilgili etkinliklere ayırırdım. Her zaman yazılım tarafında olmaya çalıştım ve sevdim.

2011 yılında Gamification Konferansı'nda oyunlaştırma konusunda seminer vermemle birlikte inanılmaz bir rüzgâr aldım ve oyunlaştırmanın kara tarafına katıldım. Star Wars savaşçıları gibi artık bende darkside'tayım.

A. Y.: Oyunlaştırma kelimesini ilk ne zaman duydunuz? Ne zamandan beri oyunlaştırma ile ilgileniyorsunuz? Son dönemlerde sizce neden bu kadar popüler oldu?

M. H.: SAP Almanya'da çalışırken biz "Video Game Development on SAP" adı altında aslında tam olarak oyunlaştırma yapıyorduk. 2010 yıllarına kadar bu şekilde isimlendirmiştik. Artık kabul gören bir terim olduğuna ben de hemfikirim. Neden bu kadar popüler olduğuna bakarsak bazen doğru zaman ve doğru işler bir araya gelir, bence bu durum oyunlaştırma için de geçerli. Mesela dokunmatik telefonlar 90'lı yıllarda da vardı ancak Apple doğru deneyimi ve zamanı yakaladığını düşündüğünde iPhone'u tanıttı ve 'dokunmatik telefon' kavramının içini doldurdu. Oyunlaştırma için de öyle bir uygulamanın doğru deneyimi ve zamanı bekleniyor gibi geliyor bana.

Şu ana kadar insanlar iki şeyi anladılar: Oyunlaştırma oyun gibi yapmaktır, puan ve rozetler almaktır. Aslında bunlar doğru ama yeterli değil. Çalışmayan bazı uygulamalardan yola çıkılarak oyunlaştırmanın başarılı olması için daha derin psikolojik ve davranışçıl alt yapılar düşünülmeye başlandı. Çünkü oyunlarda detaylı olarak araştırılan, düşünülen ve dikkate alınan bu alt yapılar oyunlaştırma projeleri için de tasarlanmalıydı. Artık birçok güzel ve başarılı uygulama çıkıyor hatta hazır bazı çözümler de mevcut. Buralardan yola çıkarak oyunlaştırmayı baştan sona en iyi açıklayacak örnekler de yakın zamanda gelecektir.

A. Y.: Oyun ve oyunlaştırma çok karıştırılan kavramlar. En basit ve temel anlamda siz nasıl ayrıştırıyorsunuz?

M. H.: Önce temel tanımlarla başlamak isterim. Play ve Game... Play (Oyun): Oyunlarda kural yoktur, öylesine zaman geçsin diye amaçsızca oynanan ve hatta nereye gideceğini bilmeden oynanan serbest oyunlardır. Game (Oyun): Kuralları hedefleri olan, oyuncuları belli, eğlence amaçlı oynanan, kazanma ve kaybetme gibi çıktıları olan oyunlardır. Bir de Serious Games (ciddi oyunlar) var, oyunlara birebir benzemekle birlikte asıl amacı eğitimdir ve eğlence için değil daha çok öğrenme amaçlı kurgulanır. Daha az eğlenceli ama öğrenme doludur. Bir de simülasyonlar var. Oyun gibi gözüken, kurgu barındırmadan gerçek yaşamın dinamikleri ve gerçekleriyle birlikte tasarlanan sanal ortamlardır. Simule edilen gerçeklerle çok daha kolay hata yaptırılması planlanır. Uçak simülasyonları buna güzel örnektir.

Ve bir de oyunlaştırma var. Yine ilk bakışta dışarıdan oyuna benzeyen ancak oyun nesneleriyle iş süreçlerine entegre edilmiş olan parçacıklar halindeki oyun mekanikleridir. Yapısal olarak daha çok etkileşim üzerine odaklanır. Süre sınırı yoktur ve sistemlerle entegre çalışır tek başına bir şey ifade etmez. Kurumsal oyunlaştırmalarda genelde, katılımcıların bir sorunu bu oyun tarzı tasarımlarla aşmalarını sağlamaya çalışırız. Vikipedi açıklamasında da oyun tasarımlarının oyun olmayan süreçlere eklenmesi denmektedir.

Monopoly, futbol gibi oyunların sonu vardır, hedef ve görevleri tamamlayanlar süre ya da belli kurallarla oyunu bitirirler. Oyunlaştırmada ise entegre olduğu sistem ya da süreç var oldukça oyunlaştırma devam etmelidir. Oyunlarda belli limitler vardır, oyunlaştırmada ise serbestlik esastır.

A. Y.: Oyunlaştırma konusunda dünyadaki en önemli ve bilinen uzmanlarındansınız. Blog ve kitaplarınız gerçekten çok önemli referanslar. Blog'unuz ve kitaplarınızın hikâyesinden ve diğer faydalı bulduğunuz kaynaklardan biraz bahseder misiniz?

M. H.: Oyunlaştırma ile ilgili 7 kitabım var. En büyüğünü oyunlaştırmanın temellerini anlattığım kitabı yarım yılı aşkın sürede bitirebildim. Çoğu kitapta oyun ve oyunlaştırmanın psikolojik temellerini de araştırmaya çalışıyorum. Finans, insan kaynakları, satış ve pazarlama gibi alanlarda firmalara konuşmacı ve danışman olarak hizmet veriyorum. 100'den fazla makalemin olduğu bir blog adresim var. Enteprise Gamification Wiki olarak adlandırdığım, katılımcıların da içerik ve örnekler ekleyebildiği bir vikim var. 1000'e yakın içerik, 400-500 örnek ve 10'dan fazla kategorimiz bulunuyor.

Özellikle oyunlaştırmanın enterprise yani kurumsal olarak konumlandırılması gerektiğini düşünüyorum. Pazarlama gibi alanlarda, loyalty yani müşteri bağlılığı kapsamında oyunlaştırma çıktılarını ölçümlemeden, temel seviyede eklenerek yapılması fikirlerine ve projelerine girmiyorum ve inanmıyorum. Bu yaklaşımla takip ettiğim kaynaklara bakarsak G-Summit videolarını izlemeye çalışıyorum FORA TV'den. Yukai-Chou'nun video ve makalelerini okuyorum. Gabe Zichermann'ın gamification.co sitesini takip ediyorum. Aslında iyi referans içerikleri çıkıyor. Badgeville ve Bunchball'un çok güzel dokümanları oluyor ancak arkası gelmiyor, 1-2 güzel içerik sonrası kayboluyor. http://enterprise-gamification.com/'da benim toparladığım aylık bir bülten var, onu tavsiye edebilirim. Kitap olarak da Jane McGonigal'ın "Reality is Broken" kitabı oyunların nasıl faydalı kullanabileceğini çok güzel anlatıyor başlangıç için. Coursera'daki Kevin Werbach eğitimi ve kitabı "For the Win" özellikle akademik içeriklerden hoşlananlar için güzel olabilir. Kazanmak ve kaybetmek üzerine yazılmış "Top Dog: The Science of Winning and Losing" kitabını da çok beğenirim.

A. Y.: Günlük hayatınızda hangi oyunlaştırılmış uygulamaları kullanıyorsunuz?

M. H.: Nike Plus bileklik kullanıyordum ancak bozulduğu için bıraktım yoksa kullanmaya devam edebilirdim. Quara gibi bazı oyunlaştırılmış sitelere üyeyim ve orada iyi skorlar elde etmeye çalışıyorum. Foursquare çok yoğun kullanıyordum ancak Swarm geçişi sonrası artık favori kafemde mayor olmaya uğraşmıyorum.

A. Y.: Oyunlaştırmanın geleceğinde neler öngörüyorsunuz? Sizce ne gibi deneyimler bizi bekliyor ve özellikle hangi sektöre odaklanılacak?

M. H.: Adobe, Yahoo, Microsoft gibi firmaların gerçekten denenmiş ve çalışmamış oyunlaştırma projeleri var. Sitemizde http://enterprise-gamification.com/'da bunların neden çalışmadığını ekiple birlikte incelediğimiz bölümlerimiz var. Bazı incelemeler firmalarda da proje olarak açılıyor ve benden de destek istiyorlar. Bazıları çok basitçe oyunlaştırmadan beklenen hedefleri bile koymamış oluyor. Sadece puan, rozet ya da avatar gibi mekanikleri nasıl entegre ederiz üzerine düşünmüşler; neden ve niye olayını düşünmemişler. Gelecek kısmına bakarsak birçok çalışan her geçen gün büyük bir data oluşturuyor. Çalışma saatleri, yedikleri yemek, girdikleri siteler, maaşları, terfileri, projeleri... Big Data bu şekilde oluşmakta. Bence oyun oynarken de birçok data oluşmasına neden oluyor aynı şekilde çalışırken de oyunlaştırmayı kullanarak çalışanlarımızın performansını, hatta Junior, Senior, Expert gibi çalışan bantlarını belirleyebilir, geçişleri oyunlaştırabilirsiniz yeter ki sağlam ve doğru mekanikleri kurgulayalım.

1920'lerden bu yana davranış psikolojisi konuşulmakta, mesela gömleğinizin düğmelerini üstten mi alttan mı iliklemeye başladığınız aslında çok şey ifade edebilirken, şu anki iş hayatında ve dünyamızda sonuçta en hızlı nasıl yapabiliyorsunuz o şekilde olsun denilir ve daha ötesinde bir şeyi etkilemez. Ancak bu tercih psikolojik olarak birçok done verir ve oyunlaştırmalar bunu kullanmaya odaklanabilir. Şu anda firmalar çalışanlarının davranış bilimleri hakkında hiçbir şey bilmiyorlar. Mesela randevu ve tanışma uygulamalarından bir örnek vereyim. Newyork'ta online bir randevu sitesinde koçluk yapan bir arkadaşım anlatmıştı. Bir bayan müşteri 3. ve 4. görüşmelerden sonra cevap alamamasından şikâyet etmiş. Koçluk yapan arkadaşım da bunun üzerine bayan müşterinin neden aranmadığını araştırmış. Sayılan nedenlerin yüzde 80'inin akla gelebileceklerden çok farklı olduğu ortaya çıkmış.

Diğer adaylar durumdan mutsuzluk duyan bayanı beğenmediklerinden değil, başka adaylar bulduğundan, zaman ayıramadığından ve hatta internetinde sorun olduğundan dönemediklerini söylemişler. Oysaki bayan müşteri beğenilmediğini düşünüyor ve bir sonraki görüşme için motivasyonu kalmamış. Bu da sürecin çalışmadığını gösteriyor. Bu oyunlaştırma uygulamasına görüşmelere devam edilmesi için bir neden eklenseydi bu sorun ortadan kalkardı.

A. Y.: Bir oyunlaştırma kurgusu yaparken, en başından her şeyi sıfırdan tasarlamakla, var olan hazır bir çözümü kullanmak arasında ne gibi farklar vardır? Sizin öneriniz ne olur?

M. H.: Sıfırdan oyunlaştırma planlamak her zaman zordur. Oyunlaştırma sektöründe çoğu kişi oyun sektöründen gelmektedir ve bu büyük bir avantajdır. Bu kişiler, oyun sektörünün yıllar içinde kazandırdığı tecrübe ve ilerlemeyle direkt olarak çözüme ve kurguya yönelik düşünebiliyorlar. "Out of the box" tarafında yani hazır çözümlerde doğru ve gerekli özelleştirmeleri (customization) yapabildiğiniz oranda başarılı olabiliyorsunuz. Entegrasyonu kolay oluyor, sonuçları daha garantili ancak uzun vadeli çalışmalarında sorun olabiliyor. Oyunlaştırmayı sadece teknoloji olarak düşünemeyiz, teknoloji bir tamamlayıcı olmalı. Yapmak istediklerimizi gerçekleştirmemizi sağlamalı. Sağlayamadığı yerde de kâğıtla, kalemle, zarlarla ve hatta insanlarla üretilmiş teknolojik olmayan klasik alternatif çözümler üretmeliyiz.

Hazır çözümler uygularken kullandığınız mekaniğin arka planda nereye dokunduğunu bilemiyorsunuz ve doğal olarak da ona göre aksiyon alamıyorsunuz. Mesela ehliyet aldığımızda kimse bize küçük bir Polo mu yoksa bir Ferrari mi kullanacağımızı sormaz. Biz ihtiyaçlarımız, bütçemiz ve yeteneklerimize göre bu tercihi yaparız.

A. Y.: Kullanıcı deneyimi ile oyunlaştırmanın ilişkisini nasıl değerlendirirsiniz?

M. H.: Kullanıcı deneyimi insanların teknolojiyle alışık olmamasından ortaya çıktı. Mesela bankalardaki bilet alma makineleri aslında sıra oluşmaması için yapıldı ancak biraz karmaşıklaşınca bu sefer o bilet makinelerinin nasıl kullanılacağı konusunda sıralar oluşmaya başladı. İşte tam burada kullanıcı deneyimi basit olsa, insanlar kendileri öğrenerek bilet makinesini çözer ve kullanır. Oyunlaştırma da tam olarak buna ihtiyaç duyar. Kurgulamaya çalıştığınız mekanikleri anlatmak zorunda kalıyorsanız oyuncunun motivasyonunu, enerjisini ve zamanını bu anlatımlar sırasında kaybedebilirsiniz.

Motivasyon her zaman odakta tutulması gereken bir unsurdur. Motivasyon ve kullanıcı deneyimi iç içedir, iyi bir kullanıcı deneyimi motivasyonu artırır.

A. Y.: Oyunlaştırma denilince ilk akla gelen Foursquare. Ancak Foursquare de Swarm geçişiyle bazı oyun mekaniklerini güncelledi. Uzun dönemli oyunlaştırmalarda bazen motivasyon düşüklüğü olabiliyor. Aynı şekilde Classdojo da öğrencilerde tüm yıl boyunca aynı heyecanı uyandıramıyor. Bunların sebebi nedir? Oyunlaştırmanın uzun vadede çalışabilmesi için ne yapılması gerekiyor?

M. H.: Tüm bunlar, dışsal motivasyon üzerine kurulu ödül mekaniğinin entegrasyonu nedeniyle olmaktadır. Kullanıcıların tek amacı, ne yaptıklarından bağımsız sadece butona basıp hedefe ulaşarak puan almak, rozet kazanmak oluyor. Böylece uzun dönemli oyunlaştırma motivasyonu olan ödül anlamını kısa sürede kaybedince işler çok zorlaşıyor. Eğitim tarafında da Classdojo puana fazla odaklanmış durumda. Çocuklar puan için bir şeyleri yapıyorlar ama sosyal tarafı yok. Ekip olarak bir şeyleri başarmak için birlikte çalışmıyorlar, rekabet ön planda. Aslında öğrenciler asıl amaçları olan derslerini öğrendikçe ve ödevlerini yaptıkça sistem çalışsa öğrenmeyi de içselleştirmiş olurlar ve liderlik tablosundaki birincilik de ödül ne olursa olsun kendiliğinden gelir.

Mobil uygulamalarda ve konsol oyunlarında size düzenli olarak güncellemeler gelir. Hatta bazı oyunlara haftalık güncellemelerle farklı mekanikler eklenir ki ilgiyi ve motivasyonu yukarıda tutabilsinler. Oyunlaştırmanın da buradan öğreneceği çok şey var. Her şeyi tek seferde vermek yerine plan ve strateji içinde vermek daha doğru bir yaklaşım olabilir.

AY: Son olarak kitabımız hakkında neler düşünüyorsunuz, önerileriniz neler?

M. H.: Kitleniz ve ülkeniz için çok değerli bir girişim. Kültürel ve yerel motivasyonlar da mutlaka kitabın içinde olmalı. Türkiye gibi Müslüman ülkelerde her gün 5 vakit namaz ibadeti yapılıyor, müthiş bir rutin. Hristiyanlar Pazar günü günün büyük çoğunluğunu kilisede geçirebiliyor. Yahudiler uzun süre oruç tutarken, Budistler de hiçbir insan görmeden tapınaklarda dinlerini yaşayabiliyorlar. Buradaki içsel motivasyon çok güçlüdür ve adı da inançtır. Bunlar gibi yöresel dinamiklerden ve rutinlerden referans alabilirsiniz.

Başarısız örnekleri göstermekten çekinmeyin, öğrenilecek çok şey var. Oyunlaştırmayı en temelden basit cümlelerle açıklayın ve sadece puan, rozet vermek olmadığını anlatın. Tam ters yönden bakarak en son karar verilmesi gerekenin oyun mekaniği olduğunu anlamalılar. Başlanması gereken yer, aşılması gereken sorunlar ve hangi psikolojik motivasyonla bunu sağlayabileceğimizdir. Oyun tasarımı bunun tamamlayıcısı olmalıdır. Son dönemlerde Türkiye'den hem bireysel hem kurumsal birçok e-posta alıyorum. Bu yıl sonunda da bir ziyarete geleceğim; eminim müthiş bir deneyim olacak. Sizlerle de görüşmek üzere herkese bol şans dilerim.

Mario Herger
http://www.marioherger.at/

RÖPORTAJ

Enocta CEO & TEGEP Yönetim Kurulu Başkanı Ahmet Hançer ile Söyleşi:

ALTUĞ YILMAZ: Öncelikle Ahmet Hançer kimdir kısaca kendinizi tanıtır mısınız?

AHMET HANÇER: Öncelikle sizi tebrik etmek istiyorum. Türkiye'de alanında ilk yayınlardan birini yapıyorsunuz. Üstelik eğitim ve gelişim için önemli fırsatlar barındıran bir konuyu daha da gün yüzüne çıkarıyor, dikkatleri bu konuya çekiyorsunuz. Sektörümüze sunduğunuz bu değerli katkı için de teşekkür ediyorum.

Elbette özel bir teşekkürü de şahsım ve Enocta adına sunmak istiyorum. Uzun süredir bu konunun sektörümüzde daha çok gündemde olması, çok eğitim ve gelişim uygulamalarının daha büyük bir parçası olması için çalışıyoruz. Bu çabamızın görünür olmasına katkı sunduğunuz için çok teşekkür ediyorum.

ODTÜ Endüstri Mühendisliği mezunuyum. Mezuniyet sonrası profesyonel hayatta çalışırken, insanların bilgiye ve öğrenmeye daha hızlı ve kolay erişebilmeleri, eğitim ve gelişim süreçlerinin kurumlarda daha verimli, öğrenmenin ise daha etkin kılınması için e-öğrenme alanına ilgi duymaya başladım. Çok geçmeden, kurumlara e-öğrenme alanında hizmet veren Türkiye'nin ilk şirketini ortağım Burak Yücelyiğit ile 1998 yılında kurduk. 2002 yılında ise bu ortaklığa Turgut Gürsoy ve 2013 yılında kaybettiğimiz rahmetli Cahit Topsever'in de katılımıyla bugünkü Enocta'yı oluşturduk. 2002 yılından bu yana Enocta olarak, öğrenmeyi herkes için erişilebilir ve kolay kılmaya, her yerden ve her zaman öğrenme hayalimizin peşinden koşmaya devam ediyoruz.

Eğitim ve gelişime gönül veren birisi olarak aynı zamanda TEGEP (Türkiye Eğitim ve Gelişim Platformu Derneği) kurucuları arasında yer alıyorum. Hâlâ aktif olarak dernekte görev almaktayım. Türkiye'de kurumlar, kısıtlı bütçelerine ve kaynaklarına rağmen yetişkin eğitimi ve gelişimi alanında, dünya çapında başarılı uygulamalar yapıyor. Eğitim ve gelişim profesyonelleri, kurumlarının iş sonuçlarına önemli katkılar sağlıyor. Her yıl onlarca kurumumuz uluslararası ödüller alıyor.

İşte tam bu noktada TEGEP, sektörümüzü bir araya getiren, araştırma ve yayınlarıyla, etkinlikleriyle alanımızdaki bilgiyi toplayan, üreten ve yayan bir kurum olarak önem kazanıyor. Çalışmalarınızın bu açıdan TEGEP için de çok değerli olduğunu belirtmeliyim.

A. Y.: Oyunlaştırmayı ilk ne zaman duydunuz ve ilgilenmeniz nasıl başladı? Sizce neden oyunlaştırma?

A. H.: Türkiye'nin önde gelen kurumlarıyla, oldukça başarılı eğitim ve gelişim profesyonelleriyle çalışıyoruz. Aynı zamanda Türkiye'de yetişkin öğrenmesinde ezberi bozmayı hedefleyen yaratıcı ve çalışkan bir ekip var Enocta'da. Durum böyle olunca çalıştığımız kurumlarla birlikte hep yeniliğin peşindeyiz. İlk olarak 2009 yılında oyunlaştırmanın, öğrenenlerin bağlılığını artırmada nasıl kullanılabileceğini tartışmaya başladığımızı hatırlıyorum. Oyunlaştırma yöntemiyle kullanımı artırabileceğimiz gibi, öğrenmeye keyif, rekabet ve tanınır olma imkânı da vereceğimizi gördük. Özellikle profesyonel oyuncu olan Enocta çalışanlarının ve benzer profesyonellikteki müşterilerimizin bu konuya kısa sürede eğilmemizde etkisi çoktur. Bir diğer etken de bir dijital vatandaş olarak, müşteri konumunda maruz kaldığım oyunlaştırma projelerinin üzerimde bıraktıkları etki. Örneğin bir yürüyüş takip uygulamasının oyunlaştırma özellikleri ile beni motive etmesi ve yürüyüşlere başlamamı ve sürdürmemi sağlaması.

Enocta bugün, beş yüze yakın kuruma ve iki milyon kullanıcıya hizmet veriyor. Müşterilerimizle yaptığımız değerlendirmeler ve ekip olarak yaptığımız araştırmalar neticesinde, eğitim yönetim sistemimizin oyunlaştırma modülünü 2011 yılında hayata geçirdik. O günden bu yana 30'un üzerinde kurumda uygulama şansı bulduk. Bu sayı tüm çalıştığımız kurumları düşündüğümüzde oldukça sınırlı. İşin çok başındayız anlayacağınız. Edindiğimiz deneyimlere göre ürünümüzü sürekli geliştirdiğimizi belirtmeliyim. Bir gün oyunlaştırma yapmayan kurum kalmayacak. Buna yürekten inanıyorum. Peki, neden oyunlaştırma?

Oyunlaştırmayı; insanların davranışlarını ve eğilimlerini değiştirmek, yönlendirmek için oyun mekanizmalarının, aslında oyun olmayan aktivitelere uygulanması olarak tanımlıyorum. Bu yöntemin en büyük amacı katılımı teşvik etmek ve motivasyonu yükseltmektir. Bir işin yapılmasını sağlamak veya bir web sitesinin ya da servisinin ziyaret ve kullanım sıklığını artırmak, kullanıcıları dâhil oldukları platformlarda daha fazla paylaşıma teşvik etmek veya etkin kullanıcıları tespit etmek için oyunlaştırma yöntemi kullanılabilir.

Bu noktada iki kavrama değinmek istiyorum. Oyun mekanikleri ve dinamikleri her ne kadar aynı terimler gibi algılansa da aslında birbirlerinden farklı iki kavramdırlar. Bir etkinliği oyun yapan aktivitelere, davranışlara ve kontrol mekanizmalarına oyun mekanikleri, bu mekaniklerin yarattığı motivasyon ve arzu duygularına da oyun dinamiği denir. Puan, seviye, sanal mal ya da alanlar ve skor tahtaları oyun mekaniklerine örnek olarak gösterilebilir. Oyun dinamiklerine verilebilecek örnekler ise ödül, statü, başarı, kendini ifade etme, rekabet ve fedakârlık olarak özetlenebilir. Oyunlaştırma, oyun dinamiklerinin öğrenmede katılımı sağlayıcı, motivasyonu yükseltici, rekabette öne çıkmayı destekleyici, başarma hissini teşvik edici, öğrenmede bir sonraki adımı gerçekleştirmeyi ve sürdürmeyi kolaylaştırıcı etkileri nedeniyle eğitim ve gelişimin önemli bir parçasıdır.

A. Y.: Oyun ve oyunlaştırma kavram olarak çok karışan terimler, Siz nasıl ayırıyorsunuz?

A. H.: Çok doğru bir noktaya değindiniz. Her iki kavramı çok sık kullanıyoruz ve sıklıkla karıştığını görüyoruz. Ben öğrenmede oyun kavramı geçtiğinde, oyun tabanlı eğitimi düşünüyorum kavram olarak. Ayrıca oyun tabanlı eğitim ve simülasyon kelimelerini de bir arada kullanmayı tercih ediyorum. Literatürdeki pek çok tanıma göre, her ikisini bir arada kullanmak doğru. Oyun tabanlı eğitim ve simülasyon, öğrenenlerin karar vermede aktif rol aldıkları ve bu kararlarının sonuçlarını deneyimledikleri bir öğrenme modelidir. Öğrenenlerin gerçek hayatta maruz kaldıkları durumu yansıtan, oldukça kompleks ve motive edici bir ortam sunulmaktadır. Öğrenenlerin bu ortamda karar vermeleri ve sonuçlarını deneyimlemeleri bilgi edinmelerini sağlarken, durumu analiz edebilme, kritik düşünme ve problem çözme becerilerini de geliştirmektedir. Unutulmamalıdır ki amaç oyun oynatmak değil, amaç öğrenmeye yardımcı olmaktır.

Oyun tabanlı eğitim ve simülasyonlar hazırlanırken, kritik beş başlığın atlanmaması gerekmektedir;

1. Öğrenen, karar verme ve sonuçlardan öğrenme sürecinde doğrudan yer alıyor mu?
2. Etkinlik insanların karşı karşıya olduğu gerçek dünyanın karmaşık yapısını anlamayı sağlıyor mu?
3. Oyun etkinliği bağlılık, karar verme ve bilgi edinme kavramlarına yeni bakış açıları getiren görevler içeriyor mu?
4. Simülasyon etkinliği, insanların rol üstlenmesini ve yeni bir durumu hayal etmesini gerekli kılıyor mu?
5. Oyun ve simülasyon, keşif için güvenli bir ortam sağlıyor mu?

Aslında bu çerçeveyle bir öğrenme modelini tanımlıyoruz. Bir sigorta firması için ürettiğimiz, KOBİ'lere yönelik ürün satışı amaçlı simülasyonu örnek verebilirim. Burada amaç insanların ürünü ve müşteriyi tanıyacağı, durumu deneyimleyeceği ve alacağı kararların etkisini göreceği bir öğrenme modeli yaratmak. Bir diğer örnek ise bir gıda perakende firması için yaptığımız oryantasyon oyunu. Burada da amaç insanların kurum kültürünü deneyimlemesi, kurum ile ilgili bilgileri öğrenmesi, kurumun ürünlerini, bir reçeteden destek alarak tabiri caizse çevrimiçi üretmesi.

Oyunlaştırmayı, öğrenme sürecinde insanlardan göstermelerini beklediğimiz davranışları ve yapmalarını beklediğimiz görevleri gerçekleştirmek için kullanıyoruz. Örnek vermek gerekirse, bir telekomünikasyon firmasında yaptığımız, insanların eğitimlerde daha çok süre geçirmesini ve daha da önemlisi deneyimlerini, öğrenmeye katkı sağlayacak bilgilerini ilgili çevrimiçi mesleki gruplarda paylaşmalarını hedefleyen proje tam olarak bir oyunlaştırma projesi. İstenilen bu davranışları gösteren ve görevleri yapanlar puan alıyor, rozet kazanıyor ve en iyiler listesinde ilk sıralara yerleşiyordu. Elbette bir dizi ödül de motivasyonu arttıran başka bir etmen olmuştu. Benzer bir diğer oyunlaştırma projesi de, bir perakende şirketinde satış ekiplerine yönelik projeydi. Burada istenilen davranış ve beklenen görevler eğitimlerde yeterli süreleri geçirmek, gizli müşteri ziyaretleriyle ölçülen hizmet seviyesini artırmak ve kurum içinde bilgi ve öneri paylaşımı yapmaktı. İstenilen sonuçlara oyunlaştırma projesi sayesinde hızla ulaşıldı. Başarılı olanlar rozet kazanmanın ve en iyiler listesinde yer almanın yanı sıra ödüller de kazandı.

Her iki projenin de ortak noktası, beklenen davranışlar ve görevlerin sağlanması için süreçlerin oyunlaştırılması olarak özetlenebilir. Ayrıca eğlence, hedef belirleme, uyulması gereken kurallar, rekabet ve yarışma diğer oyunlaştırma unsurları olarak sayılabilir.

A. Y.: Enocta Türkiye'nin öncü ve lider online eğitim kurumu. Oyunlaştırma ile ilgili web sitenizde birçok değerli makale yer almakta. Bu nedenle tebrik ederiz. Ayrıca Enocta olarak EEP (Enocta Eğitim Platformu) oyunlaştırma modülünüzün olduğunu ve isteyen müşterilerinize bu modülü açtığınızı biliyoruz. Biraz anlatabilir misiniz? Bunu deneyimleyen müşterilerinizden nasıl geri bildirimler alıyorsunuz ve sonuçları neler oluyor?

A. H.: Web sitemizi ve içeriklerini yakından takip ettiğiniz için asıl ben teşekkür ederim. Çok emek veriyoruz ekip olarak. Karşılığını bulmasına çok sevindim.

Enocta, sektöründe lider firmalarla yenilikçi öğrenme projeleri hayata geçirirken edindiği tecrübeleri sektörle, toplumla paylaşma sorumluluğunun farkında olan bir kurumdur. Nitekim projelerimizle, pek çok üniversitede araştırmalara destek veriyor, yüksek lisans ve doktora tezlerine içerik ve veri sağlıyoruz. Daha önce söylediğim gibi, üzerimizde yenilikçi ve etkin öğrenme modellerini sürekli araştırma, uygulama, ölçme ve geliştirme sorumluluğu da var. Bir de ekip olarak bu işi çok seviyoruz. Makale ve başarı hikâyeleri ile web sitemizi olabildiğince güncel tutmaya, bir başucu kaynağı yapmaya devam ediyoruz.

Enocta'nın oyun ve oyunlaştırma konusuna bakışını kısaca açıkladım. Bu bakış açısını elbette ekip olarak ürünlerimize de yansıtıyoruz.

Sektörümüzde doğru ihtiyaç için doğru şekilde tasarlanan oyun tabanlı eğitimlere ve simülasyonlara talep olduğunu, önümüzdeki dönemde de bu talebin artacağını düşünüyorum. Önemli olan ihtiyacı doğru analiz etmek ve o ihtiyaç için bu öğrenme modelinin doğru ve gerekli bir öğrenme modeli olup olmadığına karar vermek. Oyun tabanlı eğitim ve simülasyon olarak çok sayıda e-öğrenme içeriği ürettik ve üretmeye devam ediyoruz. Gerek katalog eğitimlerimiz arasında, gerekse kurumlara sunduğumuz özel içeriklerde çok sayıda iyi örneği kurumlarla buluşturduk. İş ortağımız, dünyanın önde gelen e-öğrenme firması Skillsoft'un çok sayıda simülasyon içeriğini Türkçe ve İngilizce olarak sunmaktayız. Aynı zamanda Türkiye'nin alanında en iyi oyun firmaları ile iş birliği yaparak hem katalogda hazır oyunlar sunmakta, hem de bu oyun şablonlarını kullanarak kurumların iş ve performans hedeflerine göre çok hızlı oyun tabanlı içerik üretmekteyiz. İş ortağımız HRİKa Çözümler® ile Türkiye'nin ilk bilgi güvenliği oyunu Ajan 4141'i sunduk. Yakında ODTÜ Teknokent'te komşumuz Pixofun ile ürettiğimiz oyun tabanlı çok iyi eğitimleri kurumlara sunacağımızın müjdesini de sizler aracılığıyla vermek istiyorum.

Oyunlaştırma ürünümüz ise, eğitim yönetim sistemi yazılımımız olan Enocta Eğitim Platformu'na (EEP) entegre sunduğumuz "oyunlaştırma modülü". Artık e-öğrenme denildiğinde aklımıza sadece animasyon tabanlı içerikler değil bunların yanında e-kitaplar, okuma materyalleri, videolu içerikler, podcast'ler gibi birçok multimedya aracının bir arada kullanıldığı tasarımlar geliyor. Kurumlar tüm bu içerik araçlarını eğitim yönetim sistemleri üzerinden çalışanlarına sağlayabiliyorlar.

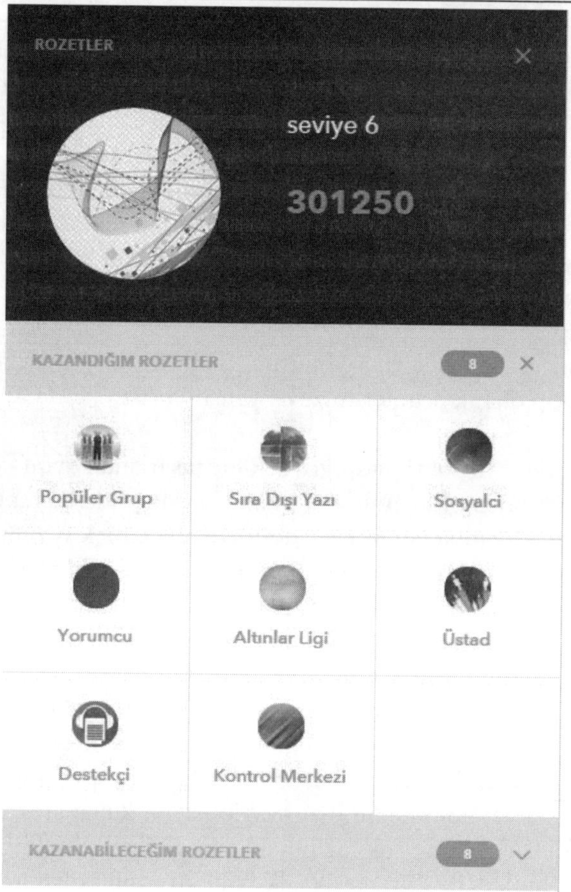

Ayrıca eğitim yönetim sistemleri içerisindeki forum, blog, soru-cevap ve yorum özellikleri sayesinde çalışanlar sosyal öğrenme ile yetkinliklerini geliştirebiliyor ya da yeni yetkinlikler kazanabiliyorlar. İşte, eğitim yönetim sistemlerindeki tüm bu içerik tipleri ve özellikler oyun mekaniğine oturtulabilir ve çalışanların bu sistemden daha verimli faydalanması sağlanabilir. Örneğin çalışanlar sistem üzerindeki aktiviteleri sayesinde farklı derecelerde puan kazanabilir, kazandıkları puanlar doğrultusunda statü elde edebilir ve statülerini kullanarak sistemde sahip oldukları erişim hakkını genişletebilirler. Bunun gibi her kurumun kendi hedeflerine uygun, çalışanlarını o hedeflere teşvik edecek oyun dinamikleri düşünülüp bu sistemler üzerine entegre edilebilir. Burada dikkat edilmesi gereken en önemli noktalardan biri de bu dinamiklerin canlı tutulabilir mekanikler ile desteklenmesidir.

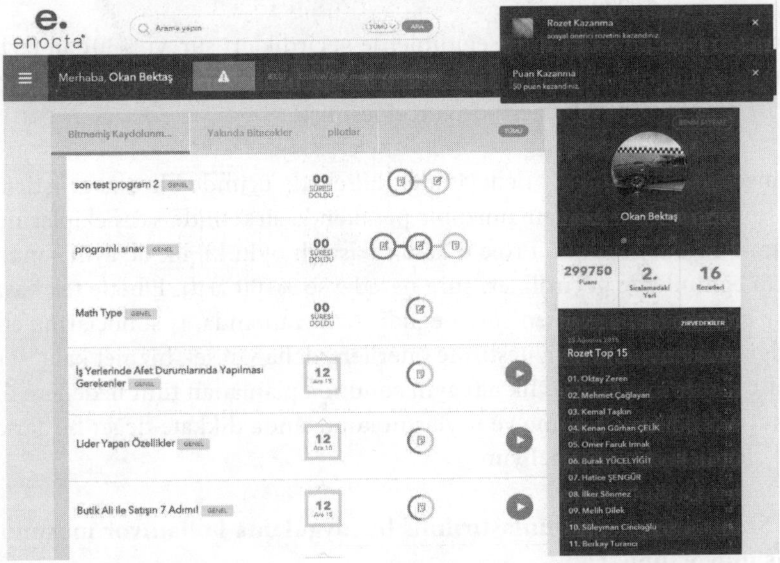

Kurumlar, eğitim ve performans hedefleri doğrultusunda gerçekleştirecekleri oyunlaştırma kurgularında devamlılığı sağlayacak ve tasarımlarını canlı tutacak araçlara ve içeriklere sahip olmalıdırlar. Enocta Eğitim Platformu (EEP), hem formal hem de informal öğrenmeyi destekleyen yapısı ile bu açıdan kullanışlı bir araç. Sahip olduğu özellikler sayesinde, oyunlaştırma kurgularına esneklik sağlayacak mekanikleri tasarlamak oldukça kolay. EEP oyunlaştırma modülü ile kurumlar;

- Belirledikleri öğrenme davranışlarını kurguya dâhil edebilir veya Enocta tarafından önerilen yirmi dokuz davranışı kullanabilir (eğitimde süre geçirme, gruplara içerik ekleme, sınavda başarılı olma vb.),
- Davranışlardan puan ve rozet kazanabilir, kurumlarına özel veya herhangi bir eğitim programına uygun puan ve rozet sistemi geliştirebilir, yeni rozetler ekleyebilir,
- Puan ve rozet araçları ile kullanıcılarının, sistemdeki içeriklerden nasıl ve ne kadar faydalandıklarını takip edebilir ve kullanıcılara belli statüler atayabilir,
- Seviyeler belirleyebilir ve
- İstenilen başarı listelerini oluşturabilir.

İki projemizle örnek vereyim. İlki bir telekomünikasyon firması. Türkiye'de, e-öğrenme alanındaki ilk oyunlaştırma projelerinden birisiyle hedefimiz, insanların eğitimlerde daha çok süre geçirmesi ve daha da önemlisi deneyimlerini, öğrenmeye katkı sağlayacak bilgilerini ilgili çevrimiçi mesleki gruplarda paylaşmaları idi. Oyunlaştırma uygulamasını bir gün önce, gece yarısı devreye almış ve ertesi sabah yapmayı planladığımız lansman duyurusunu henüz yapmamıştık. İlk gece yüzlerce kişinin aktif kullanımı doğru yolda olduğumuzu gösterdi. İlk üç ayın sonunda, şirketin yaklaşık %60'ı, eğitimlerde geçirdikleri süreyi %30'dan fazla artırmışlardı. Bu süre içerisinde gruplarda paylaşılan bilgi, sorulan soru, verilen cevap sayısı ise beklenenin çok üzerinde gerçekleşmişti.

İlk projeden elde ettiğimiz deneyimden hareketle üründe bir dizi geliştirme yaptıktan sonra, ikinci uygulamamızı bir perakende şirketinde satış ekiplerine yönelik olarak hayata geçirdik. Proje o kadar başarılı oldu ki, ilk üç ayın sonunda insanların eğitimlerde geçirdikleri süre neredeyse %100 arttı. Elbette tek başarı kriterimiz eğitimlerde geçirilen süre değildi. Aynı zamanda, iş sonuçlarına etki edecek bilgi paylaşımı, süreç iyileştirme önerileri, daha yüksek hizmet kalitesi gibi ölçülebilir hedefler de vardı. İlk altı ayın sonunda planlanan tüm hedeflere ulaşıldığını, kurum içinde öğrenme ve paylaşım konusunda dikkate değer bir farkındalığın da oluştuğunu belirtmeliyim.

A. Y.: Siz hayatınızda oyunlaştırılmış bir uygulama kullanıyor musunuz? Neler düşünüyorsunuz?

A. H.: 2011 yılında, hayatımda uzun süredir olmayan bir alışkanlığı edinmeyi hedefledim; yürümek. Aslında bu hedefin arkasında kilo verme hedefi vardı. İlk olarak Nike+ ile tanıştım. Yürüdüğümü görmek, hızımı ölçmek, bir hedefe ulaşmaya çalışmak beni motive etti. 2011 sonunda Run Keeper ve Endomondo ile tanıştım. Yürüyüşlerimi daha detaylı takip ediyor, kendime zorlu hedefler koyabiliyor, bu hedefe göre durumumu sürekli takip ediyordum. Performansımı ölçerken, arkadaşlarımla birlikte yürüyor ve hatta zaman zaman rekabete giriyordum. Yaklaşık dört yıl sonra takip ettiğim toplam yürüyüş adedim 550'yi aştı ve toplam yürüyüş uzunluğum da 3.500 km'ye yaklaştı. Oyunlaştırmanın davranış değişikliğine etkisi konusunda en iyi örneklerden birini kendimde gördüğümü söyleyebilirim. Oyunlaştırmanın, öğrenme dünyasında çok daha etkili olabileceğini düşünüyorum. Yeni dönemde ürünlerimizi de bu doğrultuda ve sürekli geliştirmekteyiz.

A. Y.: Sizce oyunlaştırmanın gideceği yol ve geleceğinde bizleri neler bekliyor?

A. H.: Sorunuzu oyun ve oyunlaştırmanın, eğitim ve gelişimin geleceği olduğunu söyleyerek yanıtlamak istiyorum. Yakın zamanda günlük hayatımızın bir parçası olacak arttırılmış ve sanal gerçeklik cihazlarıyla oyun tabanlı eğitimde ve simülasyonda bambaşka bir boyuta geçeceğiz. Pek çok şeyi deneyimleyerek, olayın içinde ve o anı yaşarcasına öğreneceğiz. Bunun öğrenmede birçok devrim yaratacağını düşünüyorum. Nitekim Enocta olarak bu alanda araştırma ve geliştirme çalışmalarına hız verdik. Konusunda uzman firmalarla işbirliği yaptık.

Oyunlaştırma bugün nasıl hayatımızın, günlük davranışlarımızın içindeyse, yakın gelecekte kişisel ve profesyonel gelişimimizde de o derece işin içinde olacak. Aldığımız eğitimler, katıldığımız sertifika programları, sınav notlarımız, iş ile ilgili portföyümüz, klout puanımız, kısacası bildiklerimiz, becerilerimiz, hobilerimiz ve profesyonel kariyerimiz bir oyunlaştırmanın parçası olacak. Bu nedenle, eğitim ve gelişim profesyonelleri olarak bugünden bu işe daha çok bulaşmalı, sunduğu fırsatları kullanmalıyız.

A. Y.: Türkçe ilk oyunlaştırma kitabı hakkındaki düşüncelerinizi de son olarak alabilir miyiz?

A. H.: Kitabın gerek planlama ve gerekse oluşturulma sürecinde ne kadar titiz, ne kadar hassas olduğunuzu bizzat yaşayarak gördüm. Konusunda uzman kişileri ve uygulayıcıları güzel bir kurgu etrafında bir araya getirdiğinizi düşünüyorum. Sizin öğrenme ve öğrenme teknolojileri birikiminiz, Niels'in oyunlaştırma birikimi ile birleştiğinde ortaya çok iyi bir sentez ve çok iyi bir başucu kitabı çıkacağına eminim. Eğitim ve gelişim sektörü için, e-öğrenme için çok önemli katkılar sağlayacak kitabınızın, Türkiye'de K12 alanında, akademik alanda ve kamu sektöründe de faydalı olacağına, bu alandaki uygulamalara beklenilen ivmeyi kazandıracağına eminim. Tekrar tebrik ediyorum ve kitabınızın zamanla sürekli gelişmesini diliyorum.

A. Y.: Söyleşi teklifimizi kabul ettiğiniz için çok teşekkür ederim.

ahmet.hancer@enocta.com
https://www.linkedin.com/profile/view?id=960206

RÖPORTAJ

Classdojo Türkiye Temsilci Lideri Dalida Ekbenli ile Röportaj:

A. Y.: Öncelikle kitabımız için röportaj teklifimizi kabul ettiğiniz için teşekkürler. Dalida Ekbenli kimdir, kısaca kendinizi tanıtır mısınız?

DALİDA EKBENLİ: Lisans eğitimimi ve beraberinde yan dal eğitimini 2010 yılında Marmara Üniversitesi Fen-Edebiyat Fakültesi Fizik ve Matematik Bölümlerinde tamamladım. 2011 yılında yine Marmara Üniversitesinden pedagojik formasyon sertifikasını aldım. Aynı yıl Özel Esayan Lisesi'nde matematik-fizik öğretmenliği görevine başladım. 2012 yılından beri eğitimde teknoloji entegrasyonu, bilgisayar ve tablet ile eğitim (iPad/Android), Moodle, Google Apps, Web 2.0 araçlarının kullanımı, dijital ders içeriği ve materyali geliştirme konularında uzmanlaştım ve eğitimler veriyorum. *Aslında hayatımı "küçük prens" felsefesiyle sürdürüyorum. Sevdiğim şeylere anlam katarak yeni anılar ve deneyimler yaratmayı böylece hatırlamak ve anımsamak arasındaki farkı yaşamayı.*

Bir matematik ve fizik öğretmeni olarak onlarca bilgiyi adeta bilgisayara yükler gibi öğrencilerime yüklemeyi ve gerektiğinde onların anımsamasını isterdim. Ancak bu bir hayal!

Bir bilgi eğer öğrencide bir yaşanmışlıkla mandallanmıyor veya bir anı oluşturmuyorsa katiyen hatırlanamaz.

A. Y.: Oyunlaştırma kavramını ilk ne zaman duydunuz ve sizce neden oyunlaştırma son dönemde bu kadar popülerleşti?

D. E.: Oyunlaştırma yöntemini 2013 yılında duydum ve psikoloji ile ilgili olması da, direk eğitime entegre edilebileceği ve öğrencilerimde ufak davranış değişiklikleri yaratabileceğim fikrini doğurdu. Daha sonra da Coursera'da bu konuyla ilgili Penn University'den Kevin Werbach'ın kursunu aldım.

Oyunlaştırmayı son yıllarda eğitimden öte birçok marka, ürün satışlarını artırması ve içgüdülerimizin eğlenme ve özgürce seçimler yapabilme tarafını tetiklemesinden yola çıkarak sıkça kullanmaya başladı. Eğitimde ise bence oyun tabanlı eğitim ve oyunlaştırma birbirine karıştırılıyor.

Son dönemde adını sıklıkla duyuyor olmamız, aslında 21 yy.'da beklenen birçok davranışın oyunlaştırma ile doğal sürece yedirilebiliyor olmasından diye düşünüyorum. Teknolojinin gelişimi ile eğitimde sınıf yönetimi, sosyal medyada paylaşım, internet üzerinden oynanan oyunlarda sosyalleşme, özgür seçimler ile oyunda kahraman olma isteği, markaların ürün satışlarını artırması, toplumsal sorunların (obezite, çevre kirliliği, vs.) giderilmesinde davranış değişikliği yaratmak... Bu yıl ben de 22 Mart'ta Eğitim Teknolojileri Platformu'nda oyunlaştırma ile ilgili bir sunum yaptım.

*Sunumu kitabın web sitesinde (**www.oyunlastirma.co**) bulabilirsiniz.*

A. Y.: Oyun ve oyunlaştırma kavram olarak çok karışan terimler, siz nasıl ayırırsınız?

D. E.: Oyun, sınırları belirlenmiş bir sistem olup özgür seçimler yapabilme ve gönüllülük esasına dayanarak kazanmak, kaybetmek ya da ustalaşma sonucuyla bitebilecek bir tasarımdır. Örnek olarak Sudoku, Minecraft verebiliriz. Oyunlaştırma ise oyunu kazanmak dışında bir amaç için (sorumluluk bilinci kazandırmak, hareket etmeyi teşvik etmek, trafik kurallarına uymak vb.) oyun öğelerini (puan liderlik tablosu ve rozetler vb.) kullanmak ve tasarlamaktır. Örnek olarak Classdojo, Nike +, Swarm verebilirim.

A. Y.: Dalida Ekbenli olarak Classdojo Türkiye temsilcisisiniz. Classdojo'yu biraz anlatır mısınız? Kaç okulda kullanılıyor, geri dönüşümleri nasıl, planda neler var?

D. E.: Classdojo, öğrencilerinize sanal bir sınıf oluşturarak, belirlediğiniz ve hedeflediğiniz davranışları kazandırmak amacı için, oyun öğelerinden puanları kullanan ve sınıf içi yönetim için de kullanışlı bir uygulamadır. Yoklama tutup, haftalık ve aylık raporlar alabileceğiniz, veli kodları ile velilerinizin de öğrencilerinizi takip etmesini sağlayabileceğiniz kullanışlı ve ücretsiz bir uygulamadır. Bu yıl geleneksel olarak Londra'da düzenlenen Bett 2015 Eğitim Teknolojileri Fuarında Classdojo temsilcilerinden Jenna Kleine ile tanıştık. Yaptığım öğretmen eğitimlerinde bile Classdojo'yu kullanan ben, yaşadığım tüm tecrübeleri Jenna ile paylaşınca çok mutlu oldu. Daha sonra bir Facebook grubu kurarak Türkiye'de birçok okula ve öğretmene ulaşma fırsatı bulduk. Hedefimiz daha çok öğretmene ve veliye ulaşmak. Twitter üzerinden haftada bir gün #DojoChatEU hashtag'i ile de konuşmalar yapılıyor ve Avrupa'daki öğretmenler fikir paylaşımında bulunabiliyor.

A. Y.: Classdojo dışında sınıf içi eğitimlerde oyun kullanımı ve oyunlaştırma ile ilgili düşünceleriniz ve varsa örnek uygulamaları anlatır mısınız?

D. E.: Bir lise öğretmeni olarak ilkokuldan bugüne değin matematik (dolaylı olarak fizik) dersine önyargı oluşturmuş öğrencilerle beraber ders yapmaktayım. 3 yıldır değişik yöntemler deniyor ve aslında biriken anılarla ön yargıya dönüşmüş matematik dersini ders olmaktan çıkartıp gerçek hayatla ilişkilendirmeye, böylece etrafımızdaki olayları açıklama yetisi olduğuna ikna etmeye çalışıyorum. Bununla ilgili henüz bebek diyebileceğim ve aslında Türkiye geneline yayılmasını umut ettiğim bir proje başlattım. "Herkesin bir hikâyesi var" projesi.

Bugüne kadar hep matematikteki "problemler" ünitesi adı duyulur duyulmaz,

- "hız problemi mi yine" !
- "OFF Yaş problemi başlıyor" !
- "Denklem kuramıyorum" !

gibi şikâyetleri beraberinde getirdi. Ancak bu yıl "Herkesin bir hikâyesi var!" projesi ile öğrencilerimden herhangi bir film sahnesinin üzerine bir problem kurmalarını, verileri bir kurguyla birbirine bağlamalarını istedim. Herkes en çok korkulan hız problemlerinin üzerine problem yazmıştı. İnanamayacaksınız ama hem eğlendik hem de ödev yapmayan öğrencim kalmadı. Önyargıları yıktık. "Aslında yapabiliyormuşum" fikrini ateşledim. "Küçük Prens" felsefesi demiştim. İşte bir hikâye, bir anı ve bilgiler bir yaşanmışlıkla öğrenmeye dönüştü. Onlar da problemleri "Evcilleştirdi".

Problemler artık PROBLEM mi?

Uygulama: https://www.youtube.com/watch?v=YyyxcEXetcY

A. Y.: Dalida Ekbenli günlük hayatında bir oyunlaştırılmış uygulama ya da web sitesi kullanıyor mu? En çok beğendiği mekanik hangisidir?

D. E.: Classdojo ve Google uygulamalarını sınıfımda oyunlaştırma araçları olarak kullanmaktayım.

A. Y.: Sizce oyunlaştırmanın gideceği yol ve geleceğinde bizleri neler bekliyor?

D. E.: Oyunlaştırmanın geleceği bana Sight adlı **https://vimeo.com/46304267** videoyu çağrıştırdı hemen. Daha gerçekçi olmak gerekirse özellikle teknolojinin de gelişmesi ve AR (Augmented Reality) fikrinin doğumuyla bizi heyecanlandıracak ve içsel motivasyonumuzu artırarak bir hedef uğruna çalıştıracak birçok proje yolda diye düşünüyorum. Aslında hayalim Jane Mcgonigal gibi oyunlaştırmayı farklı amaçlar için, mesela sosyal sorumluluk gibi alanlarda kullanmak. Ödül veya ceza gibi geri bildirimler yine bizlerin hayatını gerçekten olumlu yönde etkileyecek ve davranış değişiklikleri yaratacak türden olmalı.

A. Y.: Türkçe oyunlaştırma kitabı hakkındaki düşüncelerinizi de son olarak alabilir miyiz?

D. E.: İlk duyduğumdan beri beni çok heyecanlandıran bir proje. İlk hedef olarak oyun tabanlı eğitim ve oyunlaştırma arasındaki farkı da somut bir şekilde ortaya koyacak olması bakımından da oldukça değerli ve farkındalık yaratıcı buluyorum. Her fikir ufak bir kıvılcımla başlar. Bence bu kitap yeni projelerin ateşlemesini yapacak. Toplumsal sorunların giderilmesinde de kullanılmasını ümit ediyorum.

A. Y.: Biz de söyleşi teklifimizi kabul ederek çok değerli tecrübelerini aktardığın için teşekkür ederiz.

Dalida EKBENLİ
Authorized Google Education Trainer
dekbenli@gmail.com
https://twitter.com/DalidaEkbenli

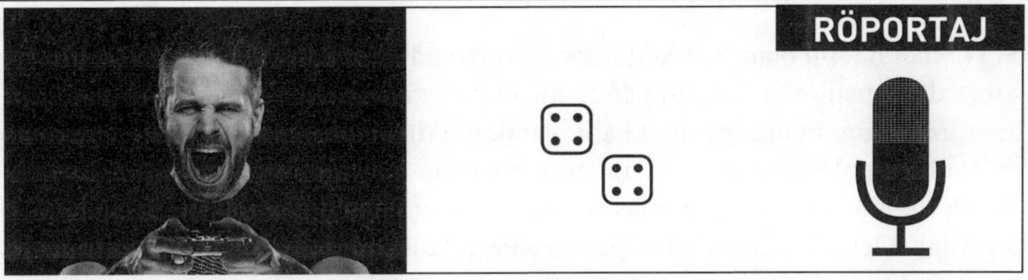

Brand New Game ve the Gamification Academy kurucusu Bart Hufen ile Söyleşi:

Altuğ Yılmaz: Öncelikle röportaj teklifimizi kabul ettiğiniz için teşekkürler. Bart Hufen kimdir kısaca tanıtabilir misiniz?

Bart Hufen: "Brand New Game ve the Gamification Academy"i kurdum. Ciddi amaçlar için oyun mekanizmasının nasıl kullanılacağı hakkında 3 adet kitap yazdım. A Brand New Playground kitabını web sitesinden indirebilirsiniz www.brandnewgame.com.

Dijital ile gerçek hayat ve oyun sistemini müşteriler için geliştiriyorum. Müşterilerimiz arasında ABN Amro Bank, Foot Locker Europe, NN Group and Vodafone. Game Loop-Oyun Döngüsü gibi bir 'Bart Loop' tasarladım. Aşağıdaki gibi Publications yani yayıncılık ile başlıyor:

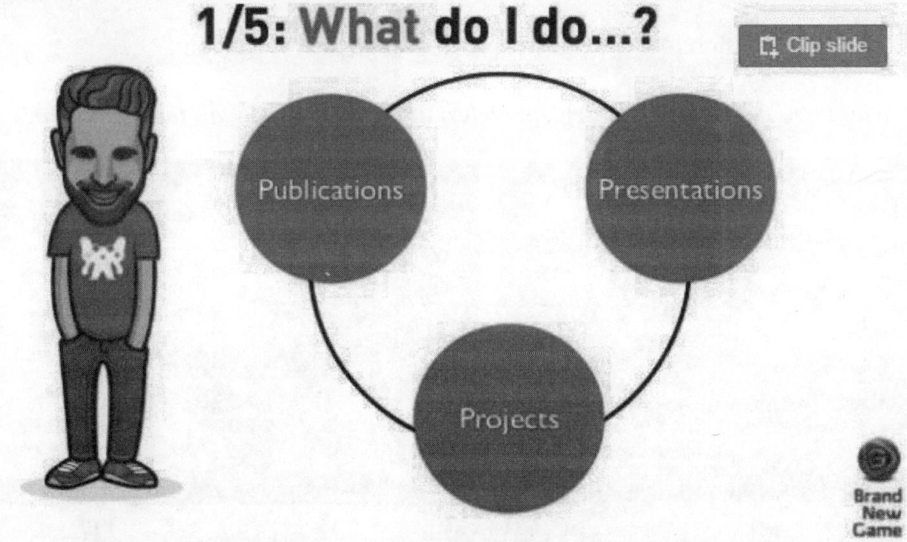

A. Y.: Oyun ve Oyunlaştırma ile ilgilenmeniz nasıl başladı? Sizce neden oyun ve oyunlaştırma?

B. H.: İlk kitabım olan 'A Brand New Playground'ı 2011 yılında bitirdikten hemen sonra duymuştum ve kitabın içinde hiç oyunlaştırma kelimesi geçmemesine rağmen uzun süre oyunlaştırma kitabı olarak anıldı. Dürüst olmak gerekirse gerçek anlamda oyunlaştırmayı deneyimlememiz uzun süre sonra oldu. O dönemlerde oyunların iş amaçlı kurgulanması ya da serious yani ciddi oyun türünden işler yapıyorduk. Gerçek oyunlar ama işlevsel amaçlı kullanılanlardan.

İlk işimiz Hollanda'daki öğretmenleri eğiten bir okul için olmuştu. Projenin adı 'Team Challange'. Yayınladık, test ettik, geri bildirim aldık. Çok ufak bütçeli bir iş olmuştu, eğitim odaklı olduğundan bir süre sonra gönüllü bir iş haline gelmişti. Şimdi Hollanda'da diğer öğrencilerin gittiği okullara da uyarlanmaya çalışılıyor.

A BRAND© NEW PLAYGROUND

A. Y.: Oyun ve Oyunlaştırma kavram olarak çok karışan terimler, siz nasıl ayırıyorsunuz?

B. H.: Evet çok duyduğum ve aslında çok ilgilenmediğim bir konu. Bence eğlence (fun) amaçlı olan oyunlar var, bir de functional yani işlevsel olan ciddi oyunlar var. Oyunlaştırma tanımım ise;

"Data driven design to challenge people to change their behaviour."

"İnsanların davranışlarını değiştirmeleri amaçlı bilgiye dayalı tasarımlardır."

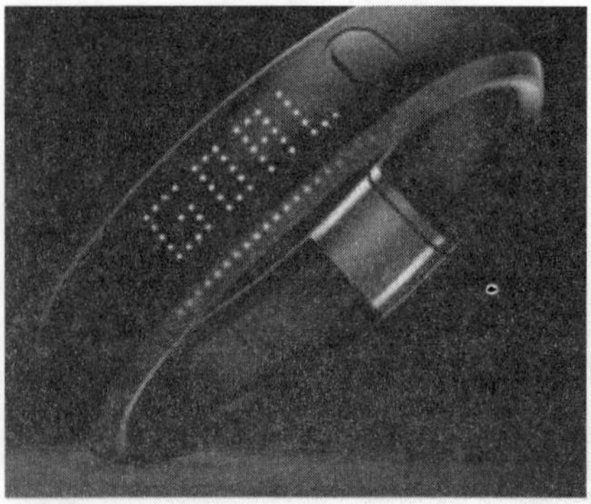

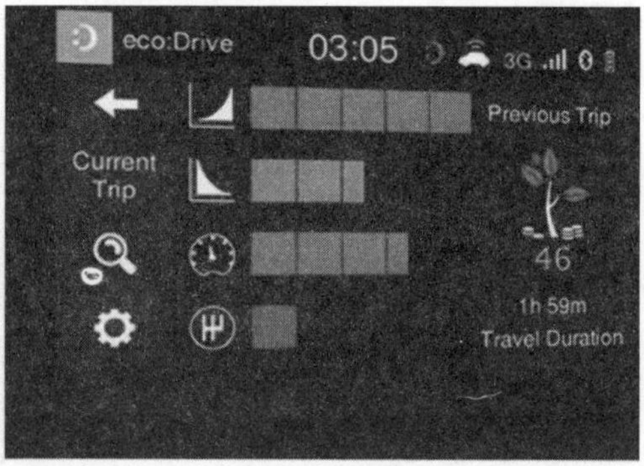

Data - Driven - Design to challenge people and change behavior

Challange yani meydan okunan kısmı motivasyon odaklı ve onların yapabileceği ve ilgili olduğu bir konu olmalıdır. Oyunlaştırma için ayakkabı alabilirim, ancak aldıktan sonra da öyle oyun mekaniği ve kurgu olmalı ki düzenli ve severek giymeliyim gibi. Ayakkabı alırken ki alınacak sigortayı da eklemek gibi kurgular.

A. Y.: Bart Hufen olarak 3 kitap yayınladınız oyunlaştırma ile ilgili. Birçok seminer ve workshop veriyorsunuz. Oyun tasarımı ve Oyunlaştırma üzerine de "Game Storming" isimli bir konseptiniz var. Biraz bahsedebilir misiniz?

B. H.: Aslında pazarlama kökenliyim, bu yüzden ilk kitap aslında pazarlama amaçlı oyun tasarlamak ve oyun kurgularını pazarlamada kullanmak üzerine bir kaynaktı. Şimdiye kadar 3 kitabım oldu ama yazar değilim. Asıl amacım bu kitap gibi yayınlarla seminerler verme, devamında projeler yapmak, asıl hoşuma giden şeyler.

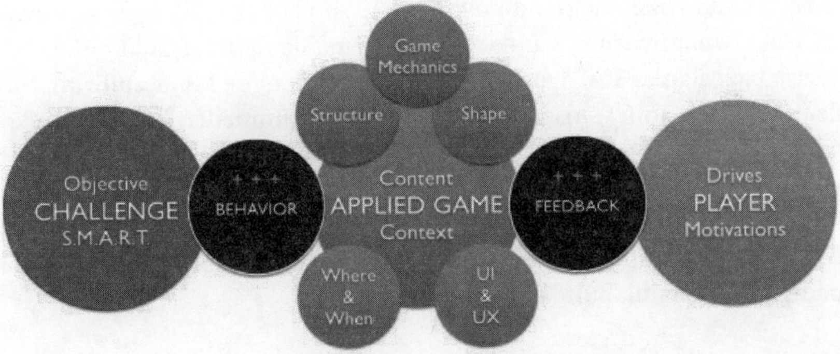

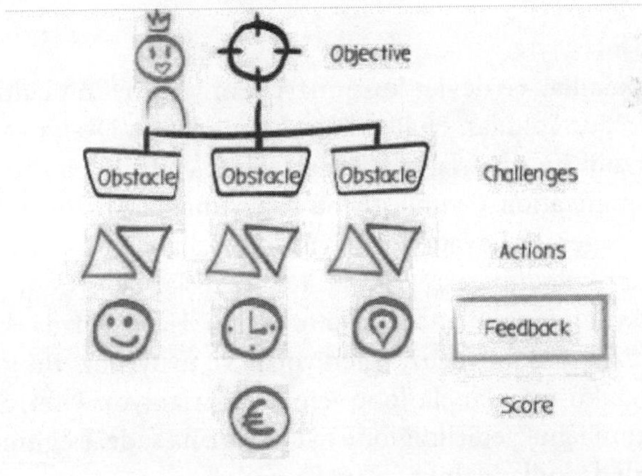

A. Y.: Hollanda'daki deneyimleriniz nasıl?

B. H.: Çoğu pazarlama ajansları çok yüksek sesle 'oyunlaştırma' yapıyoruz diye bağırmaya başladılar son zamanlarda. Ancak sizin de bildiğiniz gibi birkaç kursla tüm ekibin öğrenebileceği bir metodoloji değil oyunlaştırma. Ben bile 7 senedir aktif olarak oyun tasarlasam da hâlâ iyi bir oyunlaştırma tasarımcısıyım diyemiyorum. Gerçekten oyun tasarımı ve oyunlaştırma tasarımıyla gördüğüm tüm kurslara katılmak ve öğrenmek ve projelerde de kullanarak bu deneyimimi çoğaltmaya çalışıyorum. Buradaki deneyimlerimi de diğer kişilerle paylaşıyorum.

A. Y.: Günlük hayatınızda oyunlaştırılmış bir uygulama, cihaz ya da platform kullanıyor musunuz? En çok hangi özelliği, oyun mekaniği sizi oyuna katıyor?

B. H.: Duolingo Almanca olduğu için kullanıyorum ve beğeniyorum. Eskiden ben de bir dönem Nike FuelBand kullandım. Aslında daha çok oyun oynuyorum, oyunlaştırma oynamıyorum. Çünkü oyunlaştırma ile ilgili kuşkulu olduğum gerçek hayatta bazı alanlar var, aynı şekilde VR ve AR için de konuşabilirim. Bu teknolojiler geliştikten sonra, insandaki karşılığı ve düşünmeden kullandığında oluşan sonuçlar ortada. Google Glass'ın üretimini durdurdu, keza Playstation VR çıkarsa bile birçok deneyenler uzun süre kullanamıyor. Ben de gerçekten baş dönmesi yaptı. 3 boyutlu televizyonlar da biliyorsunuz beklediği karşılığı bulamadı, hatta bence 4K ve üzeri çözünürlük de gerçekçi değil daha dijitalimsi ve gerçekçi görüntü olmadığından karşılık bulması zaman alacak.

A. Y.: Sizce oyunlaştırmanın gideceği yolda ve geleceğinde bizleri neler bekliyor?

B H.: Firmalar, okullar ve devlet kurumları yeni yeni oyunu ciddiye almaya başladılar, belki mecbur kaldılar. Hollanda'da Gamification Designer ve Chief Gamification Officer gibi ünvanlarla çalışanlar var. KLM, Lego gibi firmaların onlarca çalışanı olan Gamification-Oyunlaştırma departmanları mevcut. Bu ekipler oyun da tasarlıyorlar ve gerçek hayata uygulayıp sonuç alabiliyorlar, oyunlaştırmada da oyun mekanikleri kullanıp gerçek hayatta davranışlar geliştirebiliyorlar. Bunların hepsi birer loop yani döngü içinde, hayatımız gibi. Hayatımızda da sabah kalkıyoruz, işe gidiyoruz, eve dönüyoruz, eğleniyoruz ve uyuyoruz. Bu loop içinde oyun da eklenebilir çünkü oyunlar da loop içinde tasarlanıyor. Üret, Sat, Geliştir gibi tüm ürün yönetimi içine yedirildiğinde oyunlaştırma sadece eğitim ve eğlence için değil ürün odaklı da kullanılabilir.

A. Y.: Kısa vadede başarılı bir oyunlaştırma uygulaması ne önerirsiniz?

B. H.: Her zaman geliştirin! Başka bir şeye gerek yok, herkesin tekil olarak erişmek isteyeceği şeyleri de ekleyin. Örnek vereyim. Basit bir restorana gitseniz ilk kez gittiğiniz için beklentiniz de olmayacağından beğenirsiniz, sonra daha kaliteli bir restorana gittiğinizde orayı da beğenince asla eski restorana dönmek istemezsiniz. İnsanoğlu asla geri dönmek istemez, gelişmek ve görmek ister.

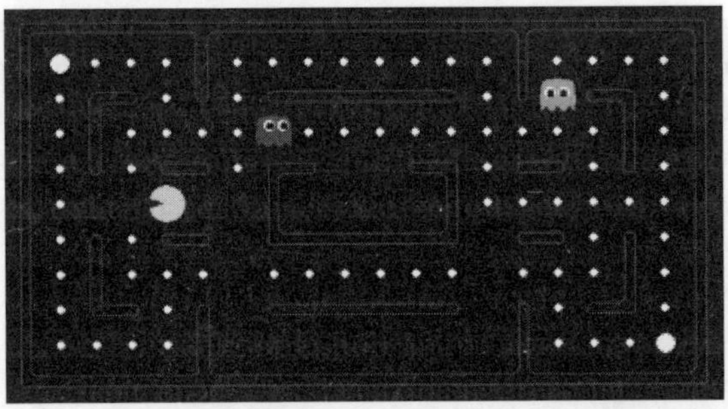

A. Y.: Oyunlaştırmanın geleceği hakkında neler öngörüyorsunuz?

B. H.: Mutlaka deneyimlemek isteyeceğiniz bir konu bulup oyunlaştırmayı uygulayın, görün, geliştirin ve yeniden uygulayın. Mesela kâğıt prototipleri yapan bir kitap bulamamıştım ama ben projelerimde yapıyorum ve herkesle paylaşıyorum. Projelerdeki olumsuz çıktıları ve yanlışları da ekleyin derim. Bunları da kitaba koyun, diğerleri de görsün ve onlar da deneyimlerini paylaşsın. Böylece bir bilgi birikimi oluşur. Kitap yazmak kendi başına zor bir konuyken bazıları neden bazı uygulamalar eklemedin diye soruyordu, ya da okumayı oyunlaştıracak kurgular neden yok diye. Mesela bu bölüm bitti, seviye atladın artık sayfaların rengi değişti ve daha zor konular gelecek, ya da altına bir ilerleme çubuğu gibi. Bunlar aslında kitap okumayı kolaylaştıran değil aksine odağı dağıtan yaklaşımlar. Kitabı okumayı kolaylaştıracak oyunlaştırmalar olmalı.

B. H.: Gamification Canvas:
İlk 2 yılımda iş yerleri için oyun üretirken bir yerde sıkışıp kalmıştık. Firmalar da sonradan kullanabilecekleri şablonlara ihtiyaç duyuyordu. Pratik olan ve deneyimlerime ait oyun tasarımını çok hızlı konsept şeklinde yapabildiğimiz bir framework haline getirdik: 'Game Storm'.

Öncelikle bir hedefiniz olmalı, motivasyon kaynaklarını bilmeli, hedef kitleyi tanımalı, beklediğiniz davranışları ölçümlemeli ve sistemin tasarımsal ne ihtiyacı varsa onları da oyun mekaniği gibi eklersiniz. Context çok önemli, kimse eşine saldırılmadıkça katil olmaz. Hikâyeleştirme bunu en iyi kullanan yaklaşımlardandır ve bir metodu vardır. Çevresel şartlar kişilerin davranışlarını etkiler. Örnek verecek olursak Hollandalı bir müze bir oyun firmasıyla oyun yapıp müzede eserlerin yanına koydu ancak insanlar tanımadıkları insanların önünde, güvenlik çemberinde hissetmediklerinden oyunu oynamadı. Bu yüzden özel oyun bölümü açıldı müzede. VR, sanal gerçekliğin de sorunu bu bence, şu anda böyle bir cihaz takıp etrafındaki insanlardan kopuyorsun, sonra bir bakıyorsun cüzdanın alınıvermiş. Microsoft dâhil birçok firmanın bu yeni teknolojilerde teknik odaklı geliştirmelerinden dolayı bu oluyor. Aslında insan ve psikoloji odaklı ihtiyaçlara teknolojik entegrasyon yapılsa çok daha iyi olurdu. Baklava yemeğe benzetebilirim; bir kere yemek üstüne güzel olabilir ama tüm gün sadece baklava yediğini düşünürsek ne kadar iyi olabilir? Sinemadaki 3 boyutlu gözlüklerin sadece o an takılması gibi eğitim, sağlık, ameliyat, turizm gibi amaca göre deneyim boyunca kullanılırsa daha mantıklı gibime geliyor.

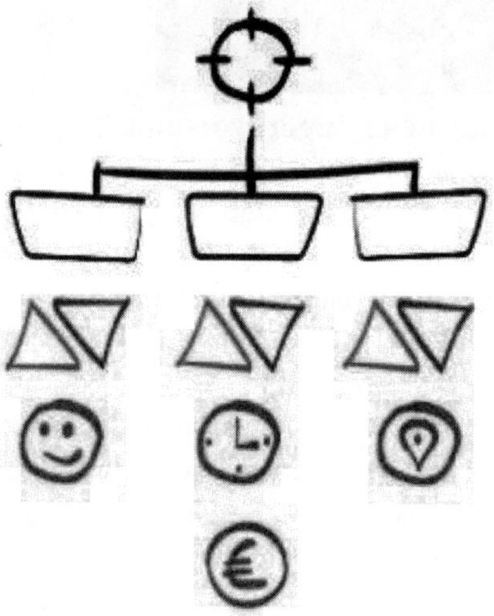

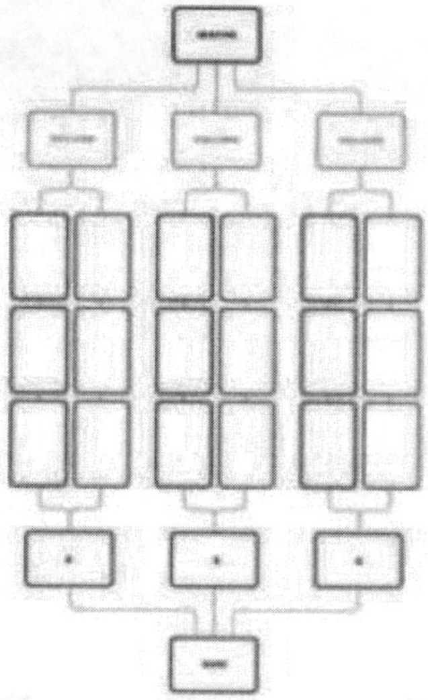

10 Adımda Gamification

Amaç Belirleme
Hedef Kitleyi Belirleme
Oyunun Amacını ve Dinamiklerini Belirleme
Puanlama Mekanizması oluşturma
Hedefe Ulaştıracak Davranışları Belirleme
Oyunun Kurallarını Belirleme
Zorlukları Tanımlama
Oyunu Görselleştirme
Oluştur/Yap/Dene
Tanıt/Oyna/Duyur

İletişim: barthufen@brandnewgame.nl
@BartHufen

Turkcell Akademi Eğitim Teknolojileri Müdürü Koray Tamerk ile Söyleşi:

ALTUĞ YILMAZ: Öncelikle Koray Tamerk kimdir, kısaca kendinizi tanıtır mısınız?

KORAY TAMERK: Viyana Teknik Üniversitesi 'Informatik' bölümünden BSc ve aynı üniversiteden Yazılım Mühendisliği ve Sibernetik alanlarında 'Karmaşıklık' konusunu inceleyerek yazdığım tezle 1988'de MSc derecesini aldım. Çalışma hayatına 1989'da Viyana'da Siemens AG.'de başladım. 2000 yılına kadar sabit, mobil ve akıllı şebekelerin altyapı projelerinde yazılım mühendisi, sistem/servis tasarımcısı ve proje yöneticisi olarak görevler aldım. Turkcell'e 2000 yılında katılıp sırasıyla Network Operasyonları, İnsan Kaynakları ve Servis & Ürün Geliştirme fonksiyonlarında yönetsel ve uzman pozisyonlarda çalıştım. 2007 yılında Turkcell'in Gebze'de kurulan AR-GE şirketi Turkcell Teknoloji Grup şirketinin kuruluşu sürecince yönetim ekibinde yer aldım. 2009 yılından beri Turkcell Akademi'de Eğitim Teknolojileri Yöneticisi olarak çalışmaktayım.

A. Y.: Oyun, oyunlaştırma ve oyun temelli eğitim, kavram olarak çok karışan terimler, siz nasıl ayırıyorsunuz?

K. T.: 'Ayırmıyorum.' veya 'Bu ayrımı çok önemsemiyorum.' veya 'Ayırmak için bir çaba göstermiyorum.' diyebilirim. Eminim; bu kavramlar bu kitapta hem teori olarak ve hem de birçok örnekle çok iyi anlatılacak.

Her yaşta her türlü oyunda bilgi ve deneyimlerimize dayalı oluşturduğumuz fiziksel, zihinsel, duygusal yetkinliklerimizi kullanarak bir hedefe doğru ilerlemeye 'başarılı' olmaya çalışıyoruz. Oyun insanın doğasında var olan bir şey; alışık ve çoğu kez istekli olduğumuz bir durum. Gelişen teknolojiler bu durumu farklı şekillendirmemizi, çoğaltmamızı, tekrarlamamızı ve renklendirmemizi sağlıyor.

Teknolojileri kullanarak zaman, mekân ve hatta bazı durumlarda kişi bağımsız (hatta insansız da diyebiliriz) neredeyse tüm oyunların temelinde olan 'etkileşim' ortamları yaratabiliyoruz. Teknolojiler eğitim yöntemlerimizi zenginleştiriyor, öğrenmeyi kolaylaştırıyor ve biz bu durumlara 'eğitimde oyunlaştırma' veya 'oyun tabanlı eğitimler' gibi başlıklar koyuyoruz.

İster sınıf içi yüz yüze ister uzaktan öğrenme yöntemleriyle düşündüğümüz bir eğitim planlanırken özellikle' kurumsal' diye adlandırdığımız yetişkinlere yönelik eğitim dünyasında 'Katılımcıları motive edelim, ödüllendirelim, yarıştıralım; biraz eğlenceli olsun, ...' diye konuşulduğunda çoğunlukla herkes pek bir seviniyor, heyecanlanıyor ama kafalar da bir o kadar karışıyor.

Ben işin ciddiyetindeyim. Oyun, oyunlaştırma, sosyalleşme, yarışma, ödül, ceza, avatar'lar, sanal ortamlar, puan, rozet; ne yaparsanız yapın ama asla planladığınız eğitimin amaçlarını unutmayın; öğrenme hedeflerinizden asla vazgeçmeyin.

Oyunlaştırma araçları sayesinde öğrenme hedeflerimize ulaşmak daha da kolaylaştı ama başarılı öğrenme ortamları çok kolay oluşmaz.

A. Y.: Turkcell Akademi dediğiniz gibi çok sayıda oyun tabanlı eğitim üreterek yurtdışından ASTD, Brandon Hall gibi birçok global saygın kuruluşundan ödüller aldı. Turkcell Akademi'nin oyun tabanlı eğitimlerinden biraz bahseder misiniz?

K. T.: Turkcell Akademi ilk uzaktan eğitimini 2000 yılında yapmış olsa da ilk oyun temelli diyebileceğimiz bir eğitimi 2010 yılında gerçekleştirdik. Yeni Teknolojilerin tanıtıldığı bu eğitimde tam bir oyun ortamı olmasa da katılımcının tanıdığı yaşam alanları yeni teknolojilerle donatılmış ve katılımcı bu alanlarda hareket ediyor, nesnelere tıklayarak seçimler yapıyor, sonuçları izliyor, keşfediyor, yeni bilgiler alarak ilerliyordu. Eğitimi tüm Turkcell çalışanları almış ve birçoğu 'yepyeni' bir uzaktan öğrenme deneyimi yaşamıştı.

Eğitimi almak için bu linke kullanabilirsiniz:
http://flash.turkcell.com.tr/yeni_teknolojiler/

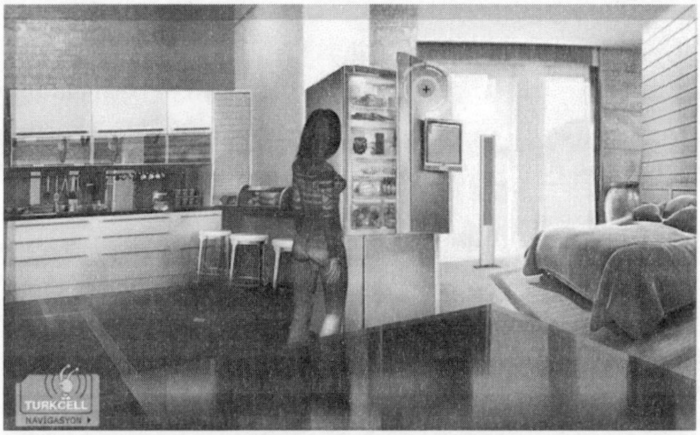

2012 yılında ise 'Hizmet ve Satış Eğitimleri' projesinde 'Hizmet ve Satış Simülasyon Eğitimi' adı altında bir dizi oyun tabanlı e-learning eğitimi hazırlamıştık. İlk önce Turkcell İletişim Merkezlerinde çalışan arkadaşlarımıza eğitimde 10 adet müşteri senaryosuyla soru-cevap kurgusunda ilerleyen bir oyun ortamı sunmuştuk. Oyun hissini destekleyecek oyun mekanikleri olarak doğru ve yanlış verdiği cevaplar üzerinden hesaplanan bir puanlama sistemi, kalan süre, müşteri tansiyonu ve kendi mağazası içinde liderlik tablosu kullanmıştık. 7000'den fazla kişinin oynadığı bu eğitimde çok yüksek tamamlama yüzdelerine ulaştık ve katılımcılardan aldığımız geri bildirimler de çok olumluydu.

Hizmet ve Satış Simülasyon Eğitimimizi aynı yıl içinde güncelleyerek tam 21 farklı senaryoyla Çağrı Merkezi hizmetlerimizi sunan firmamız Global Bilgi için uyarladık. Burada da oyun mekanikleri olarak konuşma çok daha ölçülebilir olduğundan görüşmede kullanılan dile göre "Gösterdiği Özen" ve Average Call Handling Time denilen ACHT ortalama bir çağrının sürmesi gereken süreyi de oyun mekaniği olarak ekledik. Puan ve Müşteri Tansiyonu gibi mekanikler aynen korundu. Müşteri Güveni diye bir barometre daha ekledik. Buradaki 21 uzun senaryo ile müşteriyi kızdırmamayı uzun süre başarıyorsanız "Güveni" de artırabiliyordunuz.

Bu eğitimde tüm Çağrı merkezi çalışanları ve çağrı merkezi ile ilişkili görev yapan Turkcell çalışanlarına verildi. 10.000 kişiye yakın kişi bu eğitimi aldı ve bu eğitimlerle birlikte asıl öne çıkan unsur geleneksel raporlama yöntemleriyle alabildiğimiz sadece puan, tamamlama ve başarı iken bu eğitimlerde ekip, bölge ve senaryo k bazlı raporlamalar yapabildik. Böylece eğitim ihtiyaç analizlerini de bu şekilde destekledik. Kısacası bu oyunsal eğitimler bize ölçme ve değerlendirme için yeni bir pencere açtı diyebiliriz.

Yaptığımız en önemli oyun tabanlı eğitim örneklerinden biri de 'Dreamcell'dir. İnsan kaynakları (İşe Alım ve Liderlik) kategorisinde değerlendirebileceğimiz bu eğitim için 'gerçekten bir oyun ortamındaydı' diyebiliriz. Tüm Katılımcılar (yaklaşık 800 yönetici) 2020 yılında Turkcell'in rüya okuma amaçlı hazırladığı hayali bir ürün olan 'Dreamcell'in yönetimini yapacak ekibi kurmakla ve yönetmekle sorumluydular. Katılımcılara 20 gün boyunca her gün ayrı ayrı yapmaları gereken 'task'lar verilmiş ve oyun gerçekleştirilen ve/veya gerçekleştirilemeyen task'ların yarattığı başarılı/başarısız durumlara göre farklı kurgularda ilerleyerek herkese farklı bir deneyim yaşatmıştı. Katılımcılar her gün verdikleri kararlara ve aldıkları aksiyonlara göre puanlar kazanarak ve/veya kaybederek birbirleriyle yarışıyorlar ve sonuçları izleyebiliyorlardı.

Eğitimin tanıtım videosu: https://www.youtube.com/watch?v=7c1HAZ4LFeU

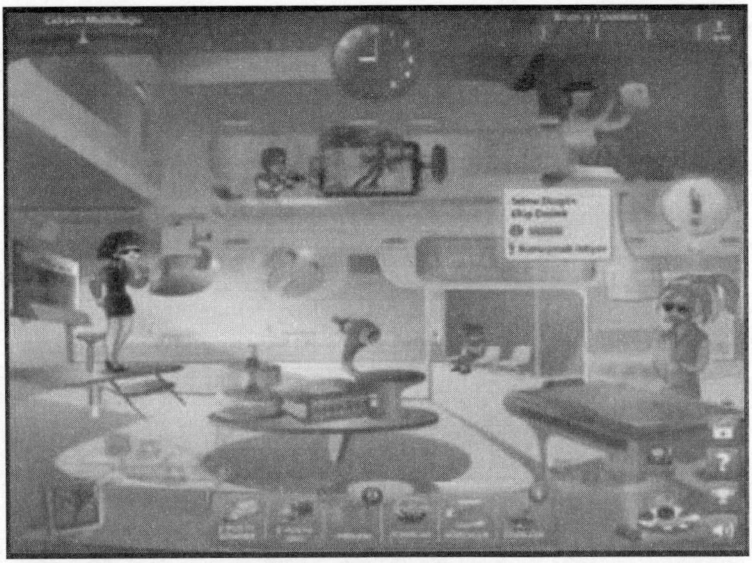

A. Y.: Turkcell Akademi çalışanlarının yanı sıra ayrıca 'Dijital Akademi' olarak adlandırılan bir eğitim portaliyle tüm Türkiye'ye online eğitim imkânı veriyor. Çoğu video tabanlı olan bu eğitim portalinde ne yazık ki şimdilik oyun tabanlı eğitimler yok. Siz de biraz bahseder misiniz?

K. T.: Öncelikle dünyadaki 'MOOC' trendinden bahsetmek gerekir. MOOC (Massive Open Online Courses) yani herkesin katılımına açık ücretsiz online eğitim portalleri dünyada çoğalıyor. Bu ortamlarda birçok akademik eğitimi online takip ederek, sınavlarını ve ödevlerini vererek sertifika sahibi olabiliyorsunuz.

Türkiye'de de bir MOOC platformu oluşturmak için Turkcell Akademi olarak geçtiğimiz yıllar kolları sıvadık. 2014 yılında açtığımız platformda video ve e-learning formatlarında eğitimler sunuyoruz. Hat ve operatör bağımsız tek bir SMS'le alınan şifreyle www.turkcell.com.tr/akademi adresinden üye girişi yapılıyor. Binlerce eğitime isteyen herkes bilgisayar ve mobil cihazlardan ücretsiz olarak ulaşabiliyor. Turkcell Akademi mobil uygulaması da şu ana kadar 480.000 cep telefonuna indirilmiş, kullanılıyor.

Turkcell Dijital Akademi sadece Turkcell'in platformu değil, "tüm Türkiye'nin platformu" olsun istiyoruz. Faydalı bilgiye sahip tüm kişi ve kurumların içinde yer alabileceği ve "bilgi"yi paylaştıkları, yayabildikleri bir dijital eğitim platformu olarak Türkiye'de bir ilk olma özelliği taşıyor.

Daha detaylı bilgi ve kullanıcı istatistikleri için Turkcell Medya sitemizi ziyaret edebilirsiniz.*

A. Y.: Sizce eğitimde oyun kullanımında, oyunlaştırmanın gideceği yol ve geleceğinde bizleri neler bekliyor?

K. T.: Oyun ve/veya oyunlaştırmanın tek başına gidebilecekleri bir yol yok aslında. Biz nereye gideceksek, ne hedefliyorsak onları da oraya götürebiliriz ve beklememeliyiz. Yazılı ve görsel medya, gazete, dergi ve kitaplar büyük oranda dijitalleşti; anlık erişilebilir oldu; eğitim dünyasında da bu yönde ilerleniyor; böyle olacak. Yapacak iş çok var. İçeriği anlamlandırmaya daha iyi tasarımlarla sunmaya, yaratıcılığı ve bilgiyi ise daha etkin sergilemeye ihtiyacımız var.

İşimiz öğrenme süreçlerini zenginleştirmek, kolaylaştırmak. Teknolojiden faydalanarak çok keyifli ve faydalı işler yapabiliriz. Biraz gayret gösteren herkes için birçok fırsat var. Ne yapıyorsak öğrenecekler için yapmalıyız. Yani eğitimin amacını ve öğrenme hedeflerini unutmadan son kullanıcıya odaklanıp oyunu ve oyunlaştırmayı destekleyen teknolojileri kullanarak yapacağımız işleri 2 başlık altında özetleyebiliriz.

1) 'Content + Context': Bilgiyi eğitimin amacına uygun olarak anlamlaştıran, öğrenmeyi kolaylaştıran bir tasarımla sunup öğrenenler tarafında faydaya dönüştürülmesini amaçlamalıyız.

2) 'Creation + Curation': Bilgiyi içeren doğru eserleri/kaynakları etkili bir öğrenme süreci ve deneyimi sağlayacak şekilde kurgulamalıyız.

Ayrıca 'Sosyal' Öğrenme başlığı altında da kendimize yeni yollar açabiliriz. Bireysel başarıları veya popülariteyi öne çıkaran bir sosyallik yerine ekip içi ve ekipler arası işbirliklerinin yarattığı faydanın/değerlerin ölçülmesi sağlayan ve 'tam zamanında'/ 'tam İhtiyaç anında' bilgi paylaşımını destekleyen sosyal öğrenme kurgularını da yaratmayı denemeliyiz.

Son olarak, eğitim süreçlerimizdeki ölçme ve değerlendirme aşamaların(d)a veri sağlamak amacıyla oyunsal ögelerden çok daha fazla faydalanmamız gerektiğini ve burada çok çeşitli ve keyifli fırsatların olduğunu düşünüyorum.

A. Y.: Birçok noktaya değindiniz. 'Curation' ile neyi kastediyorsunuz? 'Sosyal Öğrenmede yeni yollar açabiliriz' dediniz ve ekip olmaktan bahsettiniz; örnek verebilir misiniz?

* http://medya.turkcell.com.tr/

Kuratörlük bir yetkinlik, bir meslektir. Son yıllarda bu kelimeyi daha çok duyar olduk. Bir veya birçok sanatçının çeşitli eserlerinin birlikte gösterildiği bir sergi düşünün. 'Kuratör serginin düşünürü, planlayıcısı, tasarımcısıdır' diyebiliriz. Serginin temasına uygun sanatçıları ve eserleri seçer; sergilenecekleri mekânı düzenler, hangi eserin nerede hangi sırayla duracağına karar verir. Ziyaretçi profillerine göre düşünmek zorundadır; mekânda nasıl hareket edebileceklerini tahmin eder; duruma göre müzik ekler; ışığı karatır; amaca uygun ziyaretçiyle sanatçılar ve/veya eserler arasında bir etkileşim kurgular. Özetle ziyaretçilere etkili bir deneyim yaşatmak kuratörün işidir ve küratör serginin başarısından sorumludur. Bu anlattıklarım oyunlaştırma değil mi? Kuratörler birçok oyunlaştırma yönteminden yararlanırlar. Bu iş eğitmenliğe benzemiyor mu? Artık 'eğitmen'ler iyi birer kuratör olmak zorundalar; disiplinler arası hareket eden düşünürler, planlayıcılar ve düzenleyicilerdir.

Eğitimin oyunlaştırılması ve sosyal öğrenmenin beraber kullanılmasından söz ettim. İnsanların tam ihtiyaç anında birbirinden öğrenmesine kurumsal eğitim dünyasından bir örnek verirsem, bahsettiğim yeni yollardan en azından birinin ne olduğu daha kolay anlaşılabilir. Sektör ne olursa olsun müşteriniz varsa hizmet ediyor ve bilgi veriyorsunuzdur. 1 müşterinize tüm ekibinizle hizmet verebilirsiniz. Müşterinizin herhangi bir mağazanıza girdiğini ve 'zor' bir sorusunun olduğunu düşünün. O anda mağazadaki çalışan arkadaşınız sizin kayıtlarınızda tüm eğitimlerini tamamlamış olarak gözükse de o kadar tecrübeli/bilgili olmayabilir. Ama tam o anda orada olmayan onlarca belki yüzlerce diğer daha bilgili daha tecrübeli çalışanınızın oradaki arkadaşınıza destek olmasını sağlayabilmek artık (akıllı telefon, tablet, saat, gözlük, Internet, Skype, WhatsUP, ...) birçok çözümle mümkün. Bilgiye ihtiyacı olan bir çalışanla (veya bir müşteriyle demek belki daha doğru) diğer çalışanlar anında bilgi paylaşımında bulunuyor. Tamamlanmış eğitimler ve/veya unutulan bilgi yerine ihtiyaç anında yaratılan faydadan bahsediyorum.

Takıma en çok, en çabuk kimler katkıda bulunmuş? Hangi bölgede, hangi takımlar arası iletişim daha etkiliymiş? Ölçün! Kişileri, ekipleri yarıştırın, motive edin, puan, rozet toplasınlar, primler alsınlar, online tanınsınlar, alkışlansınlar.

A. Y.: Son olarak eklemek istedikleriniz?

K. T.: Var olan bilgi birikimimiz ve geçmiş deneyimlerimiz çok ilginç değil artık; Hiç sorulmuyor gibi. Öğreneceklerimiz, başarmak istediklerimiz merak ediliyor. Yani henüz almadığınız eğitimlerle, olmayan yetkinliklerimizle belki yapabileceğimiz ama hiç tanımadığımız ve denemediğiniz işlerin ne olabilecekleri ve nasıl yapabileceğimiz soruluyor; geçmiş deneyimlerimize dayanarak cevaplara da şüpheyle ve olumsuz bakabiliyoruz. Yani çelişki ve tutarsızlıklar içinde yeniliklere şans tanımayabiliyoruz. Peki, nasıl bir oyun bu?

Cevap veya Hikâye'nin ana fikri; Öğrenmeye devam. Dünyamızın tekrar ve biraz daha aydınlanmaya ve biraz daha akıllanmaya ihtiyacı var. Bu duruma 'Eğitim Oyunu' diyelim. Bu oyunda da pozitif bilimleri özümsemiş samimi, dürüst, öğrenmeye hevesli, yenilikçi, çalışkan, üreten, deneyen, paylaşan, uzlaşan çok sayıda katılımcıya ihtiyacımız var.

A. Y.: Türkçe oyunlaştırma kitabı hakkındaki düşüncelerinizi de olarak alabilir miyiz?

K. T.: Oyunlaştırma hakkındaki teorilerle birlikte gerçek örnekleri aktaran iyi derlenmiş belki de bu kadar geniş kapsamlı ilk Türkçe kaynak olacağı için çok önemli bir kitap. Eğitim dünyasında kafa yoran, iş yapan, yenilik arayan, ... herkes kitapta yeni ve faydalı bir şeyler bulacak ve galiba öncesiyle/sonrasıyla kitap sektördeki yeni/eski, genç/yaşlı birçok kişinin de birbirleriyle tanışmalarına fırsat sunacak. Sevgili Altuğ, seni tebrik ediyorum ve emek harcayan herkese çok teşekkürler.

https://www.linkedin.com/profile/view?id=AAkAABkNh_kBYmkAZSA3JV5nrnpYooqHF1KeAMA

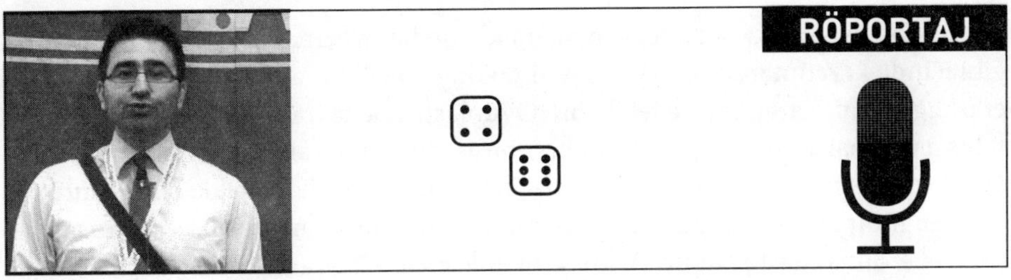

Bilfen Eğitim Teknolojileri Uzmanı Muttalip Tulgar ile Söyleşi

ALTUĞ YILMAZ: Öncelikle Muttalip Tulgar kimdir, kısaca kendinizi tanıtır mısınız?

MUTTALİP TULGAR: Hayatım ya öğrenen ya da öğreten olarak geçti. ODTÜ Bilgisayar ve Öğretim Teknolojileri bölümünden mezun olduktan sonra öğretmen olarak MEB'de 2 yıl kadar çalıştım. Devlet memurluğundan istifa ettikten sonra öğretim teknolojileri alanında çalışmak üzere özel sektörde iş hayatına atıldım. 10 yıldır Bilfen Eğitim Kurumları'nda Eğitim Teknolojileri Uzmanı olarak çalışmaktayım.

A. Y.: Oyunlaştırma kavramını ilk ne zaman duydunuz ve sizce neden oyunlaştırma son dönemde bu kadar popülerleşti?

M. T.: Aslında ilk olarak 2000'li yılların başlarında reklam sektöründe baş gösteren "Advergame" kavramı ile oyunlaştırma fikri bende yer etmeye başladı. Öncesinde ise üniversite yıllarında oyun temelli öğrenme kavramını tartışırken, oyunlaştırmanın eğitimdeki paradigmaları nasıl etkileyeceğini tahmin etmeye çalışıyorduk. Bilgisayar destekli eğitimin ülkemizde ilk adımlarının atıldığı bu zamanlarda, oyunlaştırma düşüncesi çok eğlenceli gelmişti. Düşünsenize hiç sıkılmadan oyunla bazı şeyleri öğrenebileceksiniz. Özellikle, şehir ve bölge planlaması yapılabilen eğitsel bir oyun olan SimCity en güçlü örneklerinden biri olmuştur benim için. Günümüzde mobil teknolojilerin gelişimiyle, dijital dünya bireyleri adeta sarmalamaya başladı. İşletmeciler, pazarlamacılar, reklamcılar, devletler kısaca insana her yerde ulaşmak isteyen kim varsa, bu sanal erişebilirlik fırsatını değerlendirmek için ellerinden geleni fazlasıyla yapıyor. Bence modern pazarlamanın en zekice yollarından biri olan oyunlaştırma da işte bu noktada önem kazanmaya başladı. İnsanlar, bireyselleşmenin tadını dijital teknolojilerle yaşamaya başladığında, özellikle firmalar bireylerin eğlenceli dünyalarında var olarak kendilerini göstermenin çabasına girdiler.

A. Y.: Oyun ve oyunlaştırma kavram olarak çok karışan terimler, siz nasıl ayırırsınız?

M. T.: Top oynamak, saklambaç oynamak, körebe oynamak, playstation oynamak gibi içinde kazanmanın ve kaybetmenin olduğu, belli bir amaca eğlenerek ulaşılan etkinliği oyun olarak tarif edebilirim. Oyunlaştırma kavramı ise içinde bence gizli bir emeli barındırıyor. Evet biraz sert bir ifade olabilir ama oyunlaştırma sözcüğündeki –laştırma eki, sözcüğün kökündeki anlamı farklı bir şekle büründürüyor. Herhangi bir şey size yaptırılırken, sanki oyun oynuyormuşçasına yapıyorsanız o şeyi, işte o oyunlaştırmadır. Aslında oyunlaştırma kavramı oyuna getirme deyimiyle bile özdeşleştirilebilir. Bir de bakmışsınız ki oyun oynarken farkına varmadan tarihi olayları öğrenmişsiniz.

A. Y.: Bilfen hem oyunlaştırmayı hem de oyunla eğitimi birçok farklı yerde uyguluyor. Bunları detaylandırabilir misiniz? Öğrenciler üzerindeki etkisi nasıl, çıktıları neler?

M. T.: Bilfen Eğitim Kurumları, ülkemizde eğitim teknolojileri çalışmalarının ilk başladığı okullardan biri olarak oyun tabanlı eğitime çok önem vermektedir. Çünkü şunu çok iyi biliyoruz ki; "Bir öğrenci eğlenerek öğrenirse, öğrenme onda kalıcı oluyor." Günümüz kuşağının en belirgin özelliği de çabuk sıkılan, sabretmeyen, ilgisi hemen dağılan bireyler olması, eğitim kurumlarının işini daha da zorlaştırıyor. Artık bir eğitim kurumu olarak öğretmeden öte öğrencilerin öğrenmesine odaklanmışsanız işte burada oyun tabanlı öğrenim çok etkili bir yöntem oluyor. Kurum olarak da oyunla öğrenmeyi de çok önemsiyor ve teknolojiyi de bu noktada kullanma ihtiyacı hissediyoruz. Okullarımızda uyguladığımız, öğrencilerimizin beğenerek kullandığı "Sanal Okul" ve "Dokunmatik Duvar" uygulamalarından bahsetmek istiyorum.

Sanal Okul, web teknolojilerini, oyun teknolojileri ile birleştiren, etkileşimin gerçek hayat fonksiyonlarına dayanarak şekillendirilebildiği, hayal gücü veya birebir modellemeye dayanarak oluşan sanal bir dünyadır. Sınıf içerikleri tıpkı bir sınıf ortamı gibi hazırlanmış olup, kullanıcının avatar'ını oturtup, interaktif ekran üzerinden ders anlatımlarını video şeklinde izleyebildiği bir ortam olarak hazırlanmıştır.

Sanal Okul ile öğrenciler, gerçek hayatla birebir uyumlu olarak geliştirilen Bilfen sanal dünyasında kendi şekillendirdikleri avatar'larıyla yer alıyor, ilgi çekici bir çalışma ortamında arkadaşları, öğretmenleri ve nesnelerle iletişim kurabiliyorlar. Sanal okulda asenkron eğitimin yanında senkron eğitim olanağı da sunuluyor. Öğretmenler de öğrenciler gibi sanal okulda avatar'larıyla yer alıyor ve senkron eğitim uygulamaları yapabiliyor.

Diğer uygulamamız ise dokunmatik duvarlar. Bu çalışmanın amacı okul koridorlarındaki duvarları öğrenme ortamının bir parçası olarak düşünüp, dokunmatik ekranlar kullanarak öğrencilerin öğrenmelerine katkıda bulunmaktır. Bu doğrultuda Bilfen Liseleri'nde bulunan koridorlarda Fizik, Tarih, Coğrafya, Biyoloji ve İngilizce dersleri ile ilgili etkileşimli uygulamalar, eğitici oyunlar, eğitici video ve fotoğraflardan oluşan elektronik içeriklere sahip dokunmatik panolar yapılmıştır. Dokunmatik panolar, derse ait içeriklerden oluşan görsel tasarımlarla foreks baskı yapılarak, koridordaki duvarlara yerleştirilmiştir.

Dokunmatik panolar iki adet 42 inç ve 2 adet 24 inç'lik ekranlar ile 4 adet bilgisayardan oluşmaktadır. Bu ekranlar duvara yerleştirirken lise öğrencisinin fiziki yapısına uygun olacak yükseklikte duvarlara monte edilmiştir. Özellikle 24 inç'lik dokunmatik ekranların, kullanım açısından 42 inç'lik ekranlara göre daha rahat olduğu görülmüştür.

Dokunmatik ekranlardaki bilgisayarlar ise kablosuz ağ ile sunucuya bağlanmakta ve tüm sistem buradan yönetilmektedir. Dokunmatik ekranlardaki içerik yönetim sistemi ve eğitim yazılımları tamamıyla dokunmatik cihazlara uygun yapılmıştır. Buton, fotoğraf ve metin büyüklükleri ekranların dokunmatik özellikleri ile sorunsuz çalışacak şekilde tasarlanmıştır.

Ayrıca dokunmatik ekrandaki yazılımlar tam ekran çalıştığı için öğrencilerin sistemden çıkma veya sisteme zarar verme gibi istenmeyen durumların oluşması da engellenmiştir.

Dokunmatik panolarda Flash ve PHP tabanlı içerik yönetim sistemi kullanılmıştır.

Uygulamalar "EĞLEN", "ÖĞREN" ve "İZLE" kategorileri oluşturularak hazırlanmıştır.

"EĞLEN" kategorisinde, oyun tabanlı uygulamalar geliştirilmiştir.

Eğitici oyunların skorları tutulurken, öğrenci motivasyonunu artırmak için dijital panoda oyunlaştırma mekaniklerinden liderlik tablosu gibi en yüksek üç skor sahibi öğrencinin ismi ve fotoğrafı gösterilmektedir. Böylece öğrenciler ekranda kendi isimlerini görebilmek için bir yarış içerisindedir.

"ÖĞREN" uygulamalarında ise, ders içerikleri ile ilgili sürükle bırak uygulamaları, tutorial, simülasyon gibi etkileşimli uygulamalar bulunmaktadır.

Bu uygulamalar skor tutmayıp öğrencinin öğrenmesini pekiştirmek üzere tasarlanmıştır. "İZLE" kategorisindeki uygulamalar ise, eğitici video, fotoğraf ve seslerden oluşmaktadır. Yazılım uzmanı, grafiker ve eğitim teknoloğundan oluşan eğitim teknolojileri bölümü tarafından hazırlanan 200 eğitici uygulama, öğretmenlerin içerik destekleriyle yaklaşık 3 ay içinde hazırlanmıştır.

Dokunmatik panolardaki uygulamaları öğretmen ve öğrenciler şifrelerini girerek kullanabilmektedir. Öğrenciler, içerik yönetim sistemiyle, uygulamaları favorilerine ekleyebilmekte, oyun tabanlı uygulamalardaki skorlarını ve ayrıca hangi uygulamaları çalıştırdığını görebilmektedir. Böylelikle hangi öğrencilerin hangi uygulamaları kaç kez kullandığı bilgileri de sistem tarafından takip edilebilmektedir.

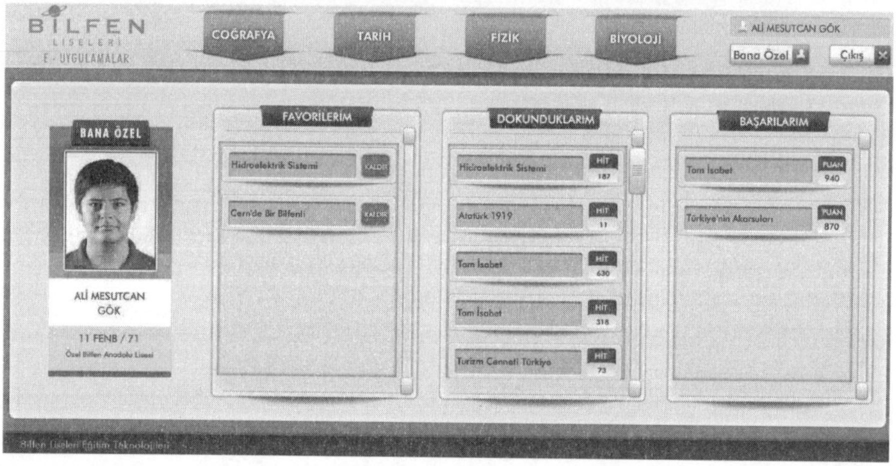

Dijital panoların içindeki eğitim yazılımları tamamlandıktan sonra, panonun bulunduğu duvar da dersle ilgili görsel materyallerle desteklenerek yeniden tasarlanmaktadır. Duvarlar için hazırlanan görsel tasarımlar, silindirik yüzeyler, ses ve ışıklandırma sistemleri ile daha çekici hale getirilmektedir.

Duvar yüzeyi ve dijital panolarla okul koridorları, tam bir öğrenme ortamı haline getirilerek öğrencilerin kullanımına sunulmuştur. Dijital duvarlarla öğrenciler, derste öğrendikleri konuları etkileşimli uygulamalarla daha iyi öğrenmektedirler.

Öğrenciler teneffüs aralarında dokunmatik duvarları kullanarak hem eğlenerek hem öğrenerek hem de izleyerek öğrenmelerini pekiştirmektedirler. İçerik yönetim sistemi ile uygulamaların öğrenciler tarafından oldukça yoğun olarak kullandığı görülmüş, bu doğrultuda uygulama sayısının artırılmasına karar verilmiştir. Özellikle öğrencilerin "EĞLEN" kategorisindeki eğitici oyunlara daha fazla ilgi gösterdiği görüldüğünden, oyun tasarımına öncelik verilmesinin dijital panolara olan ilgiyi artıracağı düşünülmüştür.

A. Y.: Muttalip Tulgar günlük hayatında bir oyunlaştırılmış uygulama ya da web sitesi kullanıyor mu? En çok beğendiği mekanik hangisidir?

M. T.: Eğitim sektöründe çalıştığımızdan oyunlaştırmayı da e-öğrenme için çok önemli buluyorum. Bu açıdan baktığımda kâr amacı gütmeyen eğitim odaklı bir kuruluş olan Khan Academy, eğitimde oyunlaştırmanın en iyi örneklerinden biri diye düşünüyorum. Khan Academy ile kullanıcılar, puanlama ve madalya kazanma oyunları sayesinde sıkılmadan ve eğlenerek öğrenmelerini sağlayabilmektedir. Özellikle madalya kazanma arzusu, dersleri takip ederken motivasyonu artıran güzel bir mekanik öğe olarak kullanılmış.

A. Y.: Sizce oyunlaştırmanın gideceği yol nasıl olacak ve geleceğinde bizleri neler bekliyor?

M. T.: Oyunlaştırma uygulamaları şu an için sayısal ve verimlilik olarak yeterli durumda değil. Oyunlaştırma, tasarım zorluğu ve uygulama maliyeti düşünüldüğünde firmalar için hak ettiği ilgiyi görmemiş gibi. Ancak oyunlaştırmanın hedef kitle üzerindeki etkisinin büyüklüğünü fark eden ve bu noktada para harcayan firmalar ise oyunlaştırma konusunda daha istekli. Fayda/maliyet analizi yapıldığında oyunlaştırmanın firmaların verimliliğine ve pazarlama stratejilerine ciddi anlamda katkı sağladığı görülmekte. Dijital eğilimler bu yönde gittiği sürece oyunlaştırma da birçok alanda kendini iyice gösterecektir.

A. Y.: Türkçe oyunlaştırma kitabı hakkındaki düşüncelerinizi de son olarak alabilir miyiz?

M. T.: Ortaya bir eser koymak her zaman zor ve ciddi emek isteyen bir iş olmuştur. Hele bu eserler yeni kavramlar ve eğilimler ile ilgili ise kimse cesaret edip kitap yazmak için kolları sıvamaz. Türkçe olarak hazırlamış olduğunuz "Oyunlaştırma" kitabını da konusunda detaylı bir ilk olması ve ülkemizdeki bu alandaki farklı tecrübeleri bir araya getirmesi açısından önemli buluyorum. Ayrıca bu kitapla, birçok sektörde oyunlaştırma konusunda farkındalık oluşturacağınızı da umuyorum.

Muttalip Tulgar
Eğitim Teknolojileri Uzmanı
muttalip.tulgar@gmail.com

Jasmin Karataş - Accenture Oyunlaştırma Uzmanı ile söyleşi

Altuğ Yılmaz: Öncelikle röportaj teklifimizi kabul ettiğiniz için çok teşekkürler. Gerçekten hem Türk kökenlerin hem de Almanya'daki deneyimleriniz Türkiye'deki oyunlaştırma ile ilgilenen birçok kişinin ilgisini çekecek. Sizi biraz daha tanıyabilir miyiz?

Jasmin Karataş: O zevk bana ait, düşüncelerimi açıklamak için verdiğiniz bu fırsat için ben teşekkür ederim. Bu soruya cevap verebilmek için zamanda yolculuğa çıkıp öğrencilik dönemlerime gitmek gerekiyor. HfG Schwäbisch Gmünd okulunda bir ders için Jane McGonigal "Reality is broken - Why Games Make Us Better and How They Can Change The World" kitabı elime geçti. Çok hızlı okudum ve arkası da geldi. Bitirme Tez konum artık belliydi: Oyunlaştırma.

Hikâyenin devamı için blog adresimi ziyaret edebilirsiniz:
http://www.jasmin-karatas.de/my-way-to-gamification-why-i-believe-in-it/

Bitirme Tezimi Elisa Eichner ile yaptım. Konularımız Tasarım Süreçlerine Fron End, Design Thinking (tasarım düşüncesi) ve oyunlaştırma gibi disiplinlerdi. Bu fikirleri kullanabileceğimiz bir 'kart oyunu' geliştirdik. Yıllar geçtikçe ve kullanıldıkça da kartlar genişledi ve en son geçen sene katılımcılara oyunlaştırma tasarımlarında yardımcı olabilmesi için oyun mekaniklerini de ekledim. Böylelikle insanlara, oyunlaştırmayı nasıl iş süreçlerine entegre edebileceklerine dair düşüncelerini daha da kolaylaştırdık.

A. Y.: Oyunlaştırma kelimesini ilk ne zaman duydunuz ve sizce neden son dönemlerde bu kadar popülerleşti?

J. K.: Gamification/Oyunlaştırma gerçekten çok sıcak bir kelime. İş dünyasında değişim vaadeden müthiş bir trend kelime. Çünkü oyunlar herkesin fiziksel ya da dijital olarak çocukluğunda büyük yer kaplar, hatta yetişkin olduklarında bile çeşitleri değişse de oyun oynamaya birçoğumuz devam ediyoruz ki bu motivasyon için çok büyük bir potansiyel içeriyor. Ben oyunlaştırmaya biraz daha farklı yaklaşıyorum. Bir kullanıcı deneyimi uzmanı ve stratejist olarak bütün bir iş sürecinin vazgeçilmez bir parçası olarak görüyorum.

A. Y.: Oyun ve oyunlaştırma çok yakın kelimeler ve çok karıştırılıyor. Siz nasıl ayırırsınız?

J. K.: Bence oyunların başka amacı var; eğlence gibi ve hatta tasarım tarafında eğlenceden daha çok para kazanmak gibi. Oyunlaştırma ise gerçek hayattaki problemleri oyun kurgusunda çözmeyi hedefliyor. Yani amaç ve çerceve; oyunla oyunlaştırmayı ayıran diyebiliriz.

A. Y.: Oyunlaştırma projelerinde karşılaştığınız en büyük problem genelde ne oluyor? Türk tasarımcılara bir tavsiyeniz olur mu?

J. K.: Tüm projelerdeki en büyük zorluk talep sahibi iş birimlerinin oyunlaştırmayı PBL yani Puan, Rozet ve Liderlik Tablosu ekleme olarak düşünmesi oluyor. Kendilerine dikkatlice iş süreçleri hedeflenerek, tasarlanması gereken ve süreklilik gerektiren bir tasarım metodolojisi olduğunu aktarıyoruz. Böylelikle 'değişim' isteyerek gelen markalar bu kadar efora, yatırıma ve devamındaki değişime hazır olmadıklarını görüyorlar.

Türk oyunlaştırmacılara tavsiyem insanlara inanmaları ve insanlar ile iş dünyasının değişebileceğine olan inançlarını korumalarıdır.

Oyunlaştırmayı insanlar olmadan yapamazsınız ve bunu iyi ya da kötü tasarlarken mutlaka kendinizin de insan olduğunuzu unutmadan tasarlamalı.

A. Y.: Oyunlaştırma hakkında kitap, blog ve online eğitim olarak hangi kaynakları takip edip, tavsiye ediyorsunuz?

J. K.: Çok kitap okuyorum, ilk önereceğim Jane McGonigal'ın kitapları olacak. O kitapta da referans verilen Flow, Rules of Play kitapları da çok önemlidir. Psikoloji ve Bilişsellik ile insan davranışlarını ve düşüncelerini anlamak amaçlı birçok kitap okudum. Ayrıca direkt oyunlaştırma odaklı olan "*Gamify*" Brian Burke, "*Actional Gamification*" Yu-Kai Chou, "*Homo Ludens*" Johan Huizinga, "*Game Frame*" Aaron Dignan tavsiye ederim. Oyunlaştırma sadece o konuda yazılı kitaplardan öğrenilmez bence. Ancak ve ancak düşünerek ve uygulayarak öğreniliyor. Fikirlerinizi oluşturun, kendi konunuzu seçin ve oyun başlasın!

A. Y.: Günlük hayatınızda oyunlaştırma için neler yapıyor ya da hangi uygulamaları kullanıyorsunuz?

J. K.: İşin eğlenceli kısmı pek yok. Tasarımcı olarak ben hep arka tarafını düşünüyorum ve işin büyüsü bozuluyor. Bir işi profesyonelce yaparsanız birçok spor dalı gibi düşünün, olaya biraz daha farklı bakıyorsunuz.

Ancak ben bazı insanlara benim davranışlarımla ilgili geri bildirimler vermesi için görevler veriyorum. Koçluk gibi ama biraz daha eğlenceli. Mesela eşyalar veriyorum görev tamamlanınca kazanıyorum gibi. Bende oyunlaştırma bu şekilde çalışıyor.

A. Y.: Oyunlaştırmanın geleceği hakkında neler öngörüyorsunuz?

J. K.: Bence trend olmaktan çok bir iş metodu olacak. Oyunlaştırma insanoğlu tarihi boyunca vardı. Çünkü bir servisin, ürünün ya da sürecin eğlenceli hale yani aslında benim deyimimle insani hale gelmesini sağlıyor. Tüm süreçler umarım bu seviyeye gelecektir.

A. Y.: Sizce oyunlaştırmanın gideceği yol ve geleceğinde bizleri neler bekliyor?

J. K.: Türk insanları çok duygusal ve sosyal ama aynı zamanda da başarı odaklı. Bu yüzden bu kurgularda bir amaç verebilirseniz ve inandırabilirseniz o hedefleri çok kolayca yakalayabilirsiniz. İçinizde gerçekten bu ruh var ve ben olsam büyük anlamı olan bir topluluğun bir parçası olarak değişim görevleri verirdim.

A. Y.: Son olarak ilk Türkçe oyunlaştırma kitabı hakkındaki düşüncelerinizi de alabilir miyiz?

J. K.: İlk olmak her zaman çok zorlayıcıdır ama yaptığın işe inancın ve kendine güvenin tam olursa çok değerli olur. Kendin için, senin gibi oyunlaştırmaya tutkulu olabilecek başkaları için yapmalısın ki düşünceler, fikirler ile birleşince çok daha bilgi birikimi oluşturacaktır. Kendi öğrendiklerinden dersler çıkar, karakterine kat ve yolunda devam et. Teoriler, deneyimler, araştırmalar ve iş hayatından örneklerden faydalan ve tabii ki eğlenceyi de unutma.

Sorular için çok teşekkür ediyorum ve bir sonraki kitabın için birçok açık göz diliyorum.

İletişim: hello@jasmin-karatas.de
@j_karatas
http://www.jasmin-karatas.de/

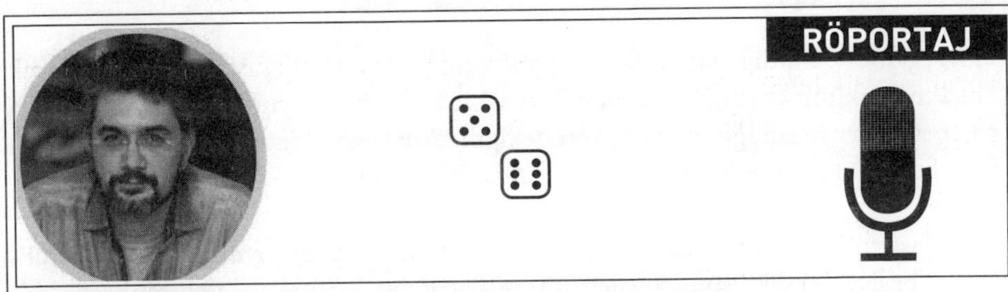

Olcayto Cengiz - Flying Spoon Kurucu Ortağı ile söyleşi

Altuğ Yılmaz: Öncelikle kitabımız için söyleşi teklifimizi kabul ettiğiniz için çok teşekkür ederiz. Olcayto Cengiz'i kısaca tanıyarak başlayabilir miyiz? Aldığınız eğitim, çalıştığınız firma ve projeler, hobileriniz...

Olcayto Cengiz: Nazik davetiniz için ben teşekkür ederim, bu kitabın bir parçasında yer almak asıl benim için bir gurur vesilesi olacak. Eğitim hayatım boyunca çalışkan bir tiptim diyebilirim. "İnek" değildim ama bir buzağı olduğum gerçekti. Eğitim hayatımla ilgili en gurur duyduğum konu ise Kabataş Erkek Lisesi mezunu olmamdır. Sonrasında üniversite biraz kararsızlıklarla dolu geçti, Biyoloji, Güzel Sanatlar, İktisat ve tekrar Biyoloji şeklinde hiç sınıfta kalmadan 10 yıl üniversite okumayı başardım. 1996 senesinde ise reklamcılığa başladım. İrili ufaklı pek çok reklam ajansından sonra 2014 yılında katıldığım, Türkiye'nin reklam okulu diyebileceğim ve en önemli kariyer gururlarımdan birisi olan Manajans/JWT bünyesinde 2 sene Yaratıcı Yönetmen olarak çalıştıktan sonra da 2016 itibariyle Berlin'e taşınarak son birkaç senedir özel ilgi alanıma giren "ürün geliştirme" ve "deneyimsel pazarlama" tarafına geçtim.

Çalışmaktan geri kalan zamanda hobilerim ile uğraşmayı seviyorum. Gitar çalmak, Medium'a yazılar yazmak, Lego yapmak gibi hobilerim var... demek isterdim. Aslında yalan değil ancak son 5 yılıma damgasını vuran bir tane hobim var ki adı da "Rüzgar". Boş zamanlarımın tamamını oğlum Rüzgar'la ortak hobiler yaratarak geçirmeye bayılıyorum. Şu aralar ortak hobimiz ise Almanca. Onu bile evde oyunlaştırma haline getirmeye çalışıyoruz.

A. Y.: Oyunlaştırma kelimesini ilk ne zaman duydunuz? Ne zamandan beri oyunlaştırma ile ilgileniyorsunuz? Son dönemlerde sizce neden bu kadar popüler oldu?

O. C.: Oooo, açıkçası zamanını söyleyemem ama çok oldu. Biz eskiden AD&D oynardık. Dungeons and Dragons. Böyle zar atmalı, karakter yaratmalı. Hatta daha sonra, uzun süre onun süper kahraman versiyonunu oynadık. Kafanın başka dünyaya gittiği, başka hikâyelerin senin hikâyen olduğu nefis anlar. İş olarak, açıkçası ben "gamification" yani oyunlaştırma kelimesinin popülerliğinin öncesinden;

"advergame" denildiği zamanlardan ilgiliyim konuya. Hatta kişisel olarak bakacak olursanız; aklımın erdiği ilk andan beri aslında ilgiliyim oyunlaştırmayla ve iddia ediyorum her insanoğlu da aynı şekilde ilgili. Size fazla iddialı geldiyse bu söylediğim, hemen 4 kelime ile ispatlayayım; "Aç ağzını uçak geliyor".

Oyunlaştırma insanın DNA'sında olan bir konu. Biz her şeyi oyunlaştırırız. Küçüklükten başlar. Yemek yeme, tuvalete gitme, ilaç içme. Ispanak yiyerek çelik gibi kollarımız olacağına inandık; Popeye yani Temel Reis aslında bir ıspanak markasının reklam karakteri iken... Düşünün ki insanın en baz ihtiyacı ve en ilgisini çeken konu cinselliktir ve yatakta "fantezi" dediğimiz şey de bir tür oyunlaştırma değil mi?

Popülerliğini de açıkçası biraz hayatın teknolojik anlamda tüketim oranlarını geçmesine bağlıyorum. Yani arz talep dengesi tamamen kaydı gitti, talepten çok bir arz var ve en önemlisi bu hızlı tüketim çağında artık tüketici üstünde etkileşim sağlamak, deveye hendek atlatmaktan daha zor bir hale geldi. Bu otonom tüketim ile çok kıymetli bir konu gümbürtüye gitmeye başladı: "Deneyim". Oyunlar ise doğasındaki meydan okuma dürtüsü sebebiyle hızlı etkileşim, yaşattığı duygu durum sebebiyle de deneyimi doğal olarak bünyesinde barındırıyor. Pazarlamacılar "Eee, sosyal medya da bitti" dediler ve bir anda yaştan ve gruplardan bağımsız herkesin buluştuğu oyunları fark etmiş oldular.

A. Y.: Oyun ve oyunlaştırma birbirine çok karıştırılan konsept ve terimler. Benzer birçok terim de aynı anlamda kullanılmakta. En basit ve temel anlamda siz nasıl ayrıştırıyorsunuz?

O. C.: Herkesin bir fikri olabilir bu konuda ama bence "oyun" aslında bir araç. Yani hikâyeye eşlik eden, hikâyenin en güzel biçimde anlatılmasını sağlayan bir "tool". Oyunlaştırma dediğimiz de bu aracı kullanarak yapılan iletişim/etkileşim. Örnek vermem gerekirse; biz aldığımız bir brief doğrultusunda markanın talebini marka stratejisi ve hedef kitlesi ile örtüşecek şekilde hikâyeleştirip, oyunlaştırarak bir kampanya ya da iletişim platformu haline getirebiliyoruz. Bakın, oyunlaştırma kelimesini cümle içinde kullandım, nasıl da bir anda hepimiz anladık değil mi?

A. Y.: Bir süre önce çalıştığınız şirket olan Gamewheel ile Almanya'da geniş kitlelere ulaşan ve çok yenilikçi, içinde de bol bol oyun düşüncesi olan iletişim kampanyaları hayata geçirdiniz. Bu süreçten, deneyimlerinizden biraz bahseder misiniz?

O. C.: Gamewheel ile birlikte 2016-2017 yılları içinde oluşturduğumuz örnek kampanyaların hepsi gamewheel.com adresinde görülebilir. Biraz bahsetmek gerekirse fark yaratan bir işimizden bahsetmek isterim. Burger King ile bir Halloween kampanyası yaptık. Tüm Almanya'da geçerli olan bir kampanya oldu. Burger King için özel 3 aşamalı bir oyun yaptık. Oyunu Burger King Almanya uygulamasının içine koyduk. Kullanıcılar uygulama içinden oyunun ilk seviyesini (yeşil) oynayabiliyor, en yüksek skoru yapabilmek adına oynamaları gereken kırmızı ve siyah seviyeler için Burger King'in Halloween'e özel çıkardığı kırmızı ve siyah Whopper®'ları almaları gerekiyordu. Pakette bulunan QR kodu oyun içinde okuttuklarında seviye otomatik olarak açılıyordu. Karışık gerçeklik (Mixed Reality) kampanyası olarak sosyal medya fenomenlerinden, mağaza içi etkileşimlere kadar çok bacaklı bir kampanya idi.

A. Y.: Gamewheel'deki tecrübelerinizle şimdi 'Content' ve 'Engagment' yani içerik ve etkileşim odaklı bir iletişim ajansı kurdunuz. Bu ajansın hikâyesi ve hedeflerinden de biraz bahseder misiniz?

O. C.: Gamewheel benim için çok önemli bir deneyimdi. "Gamification" kavramı ve nasıl lanse edilmesi gerektiğine dair, markaların asıl beklentilerine yönelik çok ciddi tecrübeler edindim. Fakat bir süre sonra işin içeriği konusunda bazı fikir ayrılıklarımız oldu ve bir anlamda Gamewheel'i yaratan ekiple beraber yolumuza kendi inandığımız şekilde devam etmeye karar verdik. Çünkü biz oyunlaştırmanın basit bir pazarlama enstrümanından daha fazlası olduğuna inanıyorduk. En başta size bir örnek vermiştim, "Aç ağzını uçak geliyor" diyerek bir kaşığın nasıl bir uçak olarak konumlandırılabileceğinden bahsettim. İşte biz bu güce inandık. Bu gücün sadece pazarlama ya da satış alanında değil, satış elemanlarını eğitimi, iç iletişimdeki eksikliklerin tamamlanabilmesi gibi pek çok konuyu değiştirebileceğine kısacası o kaşığın uçacağına bütün kalbimizle inandık. O kadar inandık ki, Gamewheel'de CPO olarak kurucu ortaklardan birisi olan Christian Bittler ile birlikte adımızla da bunu tescilledik ve 2017 yazında "Flying Spoon"u kurduk.

Flying Spoon; Gamewheel bünyesinde yaptığımız ve yapamadığımız her şeyi barındıran bir yapı. Şu anda üstünde çalıştığımız birkaç işten bahsederek aslında özetleyebilirim sanırım. Büyük bir süpermarket zincirinin loyalty card'ı için bir oyunlaştırma kampanyası hayata geçiriyoruz ve 6 hafta sürecek. Diğer taraftan çok büyük bir bankanın sigorta ürünü için tüm Almanya genelinde kullanacağı ve hem müşterilerini hem de satış elemanlarını eğiteceği ve bilgi sahibi olacağı bir oyunlaştırılmış platform aynı anda yazılıyor. İsviçre'de bulunan çok büyük bir data merkezi için bilinirliği artırmak üzere direct mailing ve sosyal medya üzerinden ilerleyen ve sonrasında fiziki olarak, gerçek dünyada hayata geçecek bir oyunlaştırılmış kampanya da üretim hattına girmiş durumda. Anlayacağınız biz diyoruz ki, "Bize ihtiyacınızı söyleyin, biz size hikâyenizi verelim."

Hedeflerimiz var tabii ki ama burada onları tek tek yazmak şu an için anlamsız. Fakat benim reklamcı köklerim ve Christian'ın oyun tasarımcısı köklerinin birleşimi sonucunda çok nadir bulunan bir şey yakaladığımıza inancımız tam. Bu yüzden koyacağımız hedeflerin de gerçekleşecek olanlardan daha kısa kalma ihtimali yüksek.

A. Y.: Günlük hayatınızda hangi oyunlaştırılmış uygulamaları kullanıyorsunuz?

O. C.: Oğlumu kullanıyorum! Şaka bir yana, son dönemde Google'ın Local Guides programına dâhil oldum, onu severek kullanıyorum. Bunun dışında hayatımda öylesine baskın ki oyunlaştırma, artı bir uygulamaya gitmiyorum. Ancak hayatın kendini oyunlaştırmak gibi bir derdim var anladığınız üzere. Evde Almanca öğrenmek için kelimeleri post-it'lere yazıp ilgili eşyaların üstüne yapıştırıyorduk. Sonra bunlara renk kodu verdik. Sonra bunları karıştırmaya başladık, doğrusunu bulup doğru yere götüren 1 puan alıyor. Böyle yazınca biraz kafadan çatlak gibi görünüyorum; evet ben de farkettim:)

A. Y.: Oyunlaştırmanın geleceğinde neler öngörüyorsunuz? Sizce ne gibi deneyimler bizi bekliyor? Ve özellikle hangi sektöre odaklanılacak?

O. C.: Sanal gerçeklik (VR), artırılmış gerçeklik (AR) ve karışık gerçeklik (MR) alanları belirleyici olacak bu çok net. Gerek oyunlar, gerek oyunlaştırma bu alana kayacak. Biz işin hikâye anlatıcılığı kısmına çok önem veriyoruz. Dolayısıyla da belirli bir hikâyesi olan her marka sektör bağımsız bu trende yerini alabilecek. Bir de bizim çok inandığımız başka bir nokta, "Connected World". Ve özellikle "Connected cars". Internet artık sadece cebimizde ya da bilgisayarımızda olmaktan çıkıyor ve bu da bize inanılmaz fırsatlar sunuyor. Flying Spoon'da sadece bu konulara hazır olmak adına çalışan bir ekibimiz bile bulunuyor. Çünkü benim çok inandığım bir laf vardır, "Şans, hazır olanın yanındadır".

A. Y.: Stanford Uni.'den BJ Fogg'a sorduğum bir soru vardı. İnsan davranışlarını en hızlı değiştirecek telefondan sonraki cihazın çok büyük ihtimalle Akıllı Ev sistemleri - Amazon Echo - gibi olacağını söyledi. Oyunlaştırmanın da burada verilen geri bildirimleri takip etmek için motivasyonda kullanılabileceğini söylemişti, çünkü AI sistemi de sadece bilgi üzerine kurulu insan motivasyonu değil. Oyunlaştırmanın geleceğinde AI için entegrasyonu hakkında ne düşünüyorsunuz?

O. C.: Teknolojik olarak önümüzde tek engel dokunmak, yani bilgi için fiziki olarak "dürtme" kaldı gibi gözüküyor. Sesle kumanda yıllarca teknolojinin son noktası olarak beynimize kodlanmış durumda. HAL'de psikopat bir bilgisayar, KITT'de ukala bir otomobil, JARVIS'de ise gerçek anlamda bir yardımcı olarak karşımıza çıktı. Mark Zuckerberg'in de bu konuda yaptığı çalışmalar ve evinde kullandığı kendi Jasrvis'ine dair bilgiler geçtiğimiz aylarda açığa çıktı. Bu sesle ya da hareketle kumanda edebilme özgürlüğü yukarıda bahsettiğim "connected" dünya ile birleştiğinde işin renginin çok değişeceği aşikâr.

Şu anda Siri, Echo, Cortana ya da Jarvis gibi sistemleri yani AI'yı oyunlaştırmak bizim iş listemizde bulunuyor. Yalnız bu konuya dikkatli eğilmek gerektiğine inanıyorum zira tüm bu sistemler şu anda tek bir şeye odaklı: Bilgiye en hızlı şekilde ulaşmak. Örneğin ben evimde uzun zamandır "Ok, Google" hizmetini kullanıyorum. İş öyle bir hal aldı ki 2 gün önce oğlum gelip bana bir şarkı mırıldandı, "Baba bu hangi şarkı?" diye sordu. Bilmediğimi söyleyince de cevabı yapıştırdı "Ok Google'a sorsana?"

Bu yüzden şu anda bilgiye ulaşma yolculuğunda süreci gamify edip araya katmanlar eklemek mantıklı olmaz. Elbette kullanıma bağlı bir oyunlaştırma süreci yazılabilir, örneğin günde bu kadar kullandı, şu zaman aralığında kullanıldı; o zaman "Earlybird" badge'i verelim, o kategoride skor toplasın vb. gibi çözümler sunulabilir. Ama bence bu doğru yol olmayacaktır.

Biz Flying Spoon'da işi tamamen çocuklara ve sürecin "learnification" kısmına odaklanmayı planlıyoruz. Sürekli söylediğim gibi "Bir süreç varsa, orada oyunlaştırmadan söz edebiliriz". Öğrenmek de süreçlerin en güzeli, en süreni. Başlangıçta çocuklara bir şeyleri öğretmek adına, sonrasında ise yaş grubunu daha yukarı çekip yine eğitim anlamında birtakım projelerimiz var üstünde çalıştığımız. Daha fazla konuşturmayın beni yoksa fatura kesmem gerekir:)

A. Y.: Son olarak ilk Türkçe Oyunlaştırma kaynağımız olan blogumuz ve kitabımız hakkında neler düşünüyorsunuz, bize önerileriniz ne olur?

O. C.: Ercan Altuğ Yılmaz'ın bu konudaki birikimi ve tecrübesi ortada. Odaya girdiğinde ayağa kalkar ceketimi iliklerim. Bu yüzden bilgilerini bizlerle paylaşması çok ama çok kıymetlidir. Kitabın içeriği günümüz şartlarında çıktığı anda geçmişte kalmaya mâhkum bir konu gibi dursa da; anlatılanların özünü anladığınızda ne kadar zamandan bağımsız bir kitap olduğu ortaya çıkıyor.

Tek bir önerim var, "Daha çok yaz, daha çok anlat Altuğ!"

İletişim : Olcayto@flyingspoon.de
Olcayto@gmail.com
Twitter.com/@OlcaytoCengiz

RÖPORTAJ

Tuğba Çanşalı – Eğitmen & Danışman ile Söyleşi:

Altuğ Yılmaz: Öncelikle röportaj teklifimizi kabul ettiğiniz için teşekkürler. Tuğba Çanşalı kimdir? Kısaca tanıtabilir misiniz?

Tuğba Çanşalı: Öncelikle ben, böyle değerli bir kaynakta bize yer verdiğiniz için teşekkür ederim. Tuğba Çanşalı, Kaymakam olma hayaliyle Kamu Yönetimi okurken, Gençlik Meclisi ve Sivil toplum kuruluşlarıyla tanışmış, sonrasında tesadüfen karşısına çıkan Avrupa Komisyonu'nun Mısır'daki bir liderlik eğitiminde deneyimsel öğrenme yöntemleriyle karşılaşan ve hayatının rotasını deneyimsel öğrenme ekseninde şekillendiren bir kişi.

Açıkçası o eğitimden sonra hayatımda öğrenmenin ne kadar önemli olduğunun farkına vardım, ben seyahati, insanlarla iletişimi, bir şeyler keşfetmeyi, oyunları, bulmaca çözmeyi ve yeni bir icat çıkarmayı sevenlerdenim. Öğrenme stilim de hep kendi deneyimlerimle, zorlanıp keşfetmekle oldu.

Sonra bu öğrenme sürecini sorgularken, kendimi deneyimsel öğrenme (ki kendisi David Kolb tarafından geliştirilmiş bir teoridir) metotları geliştirerek uyguladığım eğitimlerde buldum.

2003'den bu yana, önce Devlet Planlama Teşkilatına sonra Avrupa Birliği Bakanlığı'na bağlı Avrupa Birliği Eğitim ve Gençlik Programları Merkezi Ulusal Ajansı'nın eğitmeniyim. Aynı zamanda Avrupa Komisyonun SALTO Euromed ve Dahil Etme (Support Advanced Learning and Training Oppurtunities) birimleriyle de uluslararası eğitimler yapıyorum. Kamu, özel ve sivil sektörlere yönelik, deneyimsel öğrenme tabanında eğitimler vermekteyim. Geçtiğimiz yıllarda, Avrupa Konseyinin Avrupa Akdeniz Gençlik Merkezi'nin eğitim danışmanlığını yaptım. Birçok ilde farklı konularda sosyal projeler yürüttüm. Ama sanırım tüm bu yaptığım işlerin ortaya çıkmasının ana nedeni, içimdeki yeni ve faydalı bir şeyler üretme isteği.

A. Y.: Oyun ve Oyunlaştırma ile ilgilenmeniz nasıl başladı? Sizce neden oyun ve oyunlaştırma?

T. Ç.: 2002'den bu yana yaptığım eğitimlerde klasik sunum teknikleri ve monolog bilgilendirmeler yerine, drama metotlarının, grup çalışmalarının, vaka incelemelerinin ve birçok etkileşimli metodun olduğu yöntemler kullanıyorum. Sonrasında bu süreçte eğitim yaptığım gruplara ve eğitime özel yeni metotlar geliştirmeye başladım. Her seferinde aldığım olumlu öğrenme tepkileri, beni bu alana daha çok yönlendirdi ve sonrasında eğitim konularını kart oyunlarına, masa oyunlarına, büyük yer oyunlarına ve yenilikçi uygulamalara dönüştürmek eğlenceli bir oyun haline geldi.

"Neden oyun ve oyunlaştırma" sorusuna gelince; sosyal etkileşimin yoğun olduğu, insanların hata yapmaktan ya da yanlış bir şey söylemekten korkmadığı, en önemlisi de eğlenebildiği ortamlarda öğrenmenin hangi yaş olursa olsun kaçınılmaz olduğunu düşünenlerdenim. Oyunsa her yaştan kişinin kendini akışa kaptırabileceği, korkmadan dahil olabileceği, kazanmak kaybetmek önemli olmadan, rahatça hata yapabileceği ve en önemlisi kişinin kendi iç güdülenmesiyle-motivasyonuyla oluşan çok eğlenceli bir süreç. Herkes her zaman oyun oynar. Futbol, basketbol, bilgisayar oyunları, evcilik, lego, kaldırımda çizgilere basmadan yürümek... yani günlük hayatımızın neredeyse üçte biri oyun oynamakla geçer. Hollandalı tarihçi Johan Huizingaya göre insan bir Homo Ludens'tir yani OYNAYAN. İnsanlar tüm temel kültürel ritüelleri, yaşam becerilerini oyunlarla öğrenirken, neden tarihi, coğrafyayı, bilimi ve başka birçok konuyu farklı şekillerde öğrenelim ki? Oyun kurgusu ve dinamiği her konuya uygulanabilir, hızlı ve derinlikli öğrenme sağlar, ayrıca birçok bilginin davranışa ve beceriye dönüşmesini sağlar. Yani konular sadece bilgi aşamasında kalmaz daha derinleşir ve kişinin yaşam deneyimiyle sentezlenir.

A. Y.: Oyun ve oyunlaştırma kavram olarak çok karışan terimler, siz nasıl ayırıyorsunuz?

T. Ç.: Oyun, herkesin gerçek yaşantısından daha çok benimsediği, daha çok içinde yaşadığı ve mutlu olduğu bir dünyadır. Oyunun çok kesin ve belirli bir tanımı yoktur, ancak birçok kuramcı ve araştırmacı, oyunu kişinin (özellikle çocuğun) yaşamının doğal bir parçası olarak düşünmüş ve oyunu farklı şekillerde tanımlamıştır.

Piaget; oyun, dış dünyadan alınan uyaranları özümleme ve uyum sistemine yerleştirme yoludur. Çocuğun zihinsel gelişimini destekler ve insan davranışlarında daima vardır.

Johan Huizinga; oyunu, kültürün temeli olarak ele almış, politik güç, savaş, ticaret, sanat ve eğitim gibi sosyal birimlerin temelinde oyunun varlığını kabul etmiştir.

Caillois; Huizinga'nın oyunla ilgili görüşlerinden etkilenerek oyunu şu şekilde tanımlamıştır: "Oyun, serbestçe kabul edilmiş fakat bağlayıcı olan kurallara göre belli bir alan ve zaman süreci içeren, gerçek hayattan farklı olduğu bilinci ile yapılan gönüllü bir hareket ya da faaliyettir."

Gross'a göre; oyun bir pratiktir. Yetişkinler ileride karşılaşacağı durumlarda kullanacağı davranış biçimlerini oyunla elde ederler.

Tüm bu oyun tanımları dışında bence oyun, kişinin kurgusal bir gerçeklikte, sezgileri ve bilinciyle yaşadığı güçlü bir deneyimdir. Güçlüdür çünkü kişi hem düşünür, hem hisseder hem de hızlı kararlar alıp, tepkiler verir. Oyun tabanlı öğrenme bu nedenle eğitimin olmazsa olmazı olmalıdır.

Oyun tabanlı öğrenme ve oyunlaştırma bence şu noktalarda ayrılar: Oyunlaştırma, oyun kurgusuna dair elementleri oyun dışında bir yapıda kullanmaktır. Yani oyun tabanlı öğrenme için eğitimde oyunları kullanırsınız, ama oyunlaştırmada günlük süreçleri, faaliyetleri oyunsu bir kurguyla keyifli hale getirirsiniz.

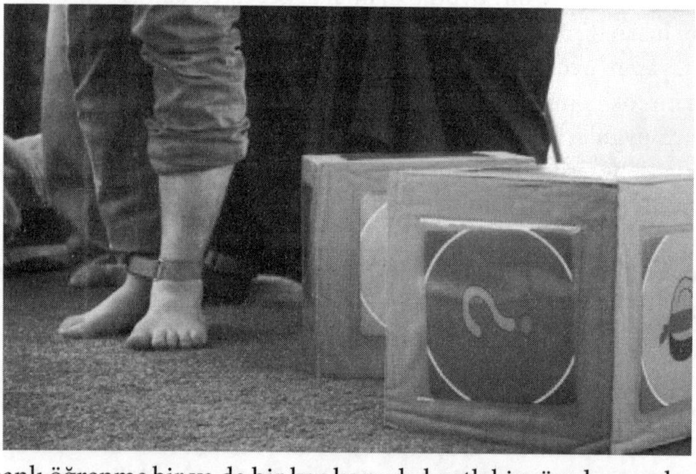

Oyun tabanlı öğrenme bir ya da bir kaç konuda kısıtlı bir sürede uygulanan ve sonrasında sonuçların, gözlemlerin değerlendirilerek öğrenmenin sağlandığı bir süreçtir. Oyunlaştırma ise sürecin belli etaplar ve motive edici unsurlarla kurgulanmasıdır, istenildiği kadar devam edebilir.

Oyun tabanlı öğrenmede kişileri motive eden oyunun kendisidir yani oyun hedeflerine ulaşmak, başarmak en büyük motivasyondur. Oyunlaştırmada ise yapmak istediğiniz işe, eyleme size motive eden bir unsurdur. Her ne kadar oyunlaştırma sosyal medya ve şirketler için daha yaygın olsa da eğitimde öğrenmenin ve faydalı davranışların kazandırılması için çok etkili bir şekilde kullanılabilir.

Mesela bazı öğretmenlerin ödevini yapan öğrencilere gülen yüz etiketi vermesi belli bir sayıya ulaşan öğrencinin hediye alması gibi basit uygulamalar oyunlaştırmanın eğitim ortamlarına girişinin başlangıcı olabilir.

A. Y.: Tugba Çanşalı, kendi adınızla markalaşmış bir şirketiniz var. Hem okullara, hem şirketlere ve STK'lara oyun kurgularıyla eğitimler düzenliyorsunuz. Kurguladığınız oyunlarda nelere dikkat ediyorsunuz?

T. Ç.: Öncelikle oyunbaz bir ekibiz biz. Sanırım en önemli özelliğimiz bu. Ekipte ben ve Miraç Akçay adında bir pedagog arkadaşım var; biz işin oyun kurgusundayız sonra tasarımcımız devreye giriyor. Oturup birlikte tasarımı yapıyoruz; renkler, materyal her şeyin bir önemi var bizim için. Oyun farklı bir uzmanlık gerektiriyorsa, sağlık, mühendislik, tarih vs. gibi, bir de içerik için danışmanlık aldığımız uzmanlar oluyor.

Biz Tuğba Çanşalı Öğrenme Tasarıları olarak, aslında terzi gibi çalışıyoruz, tıpkı bedenlerimiz gibi, öğrenme stillerimizde farklı ve ölçüleri alınarak, istekler, hedefler belirlenerek incelikle tasarlanmalı öğrenme süreci. Bu nedenle isteğe bağlı oyunlar tasarlıyoruz. Yani bize bir kişi gelip, tarih dersini, çocuk haklarını ya da kurumsal iletişimi bizim için oyun yapın diyebiliyor. Bu noktada ihtiyacımız olanlar bazı temel bilgiler:

- Öğrenme hedefleri ne? Yani oyunu oynayanlar hangi konularda yetkinlik geliştirsin?
- Kaç kişi oyunu oynayacak?
- Oyun nerede oynanacak?
- Oyunu oynayacak hedef kitlenin özellikleri ne?

Bu temel sorular ışığında oyun içeriğini ve kurgusunu belirliyoruz en uygun materyali seçiyoruz ve sonuç taşınabilir, eğlenceli ve öğretici bir materyal olarak çıkıyor. Tabii süreçte demo uygulamalar yapılıyor, oyunu uygulayacak ekiple toplantılar oluyor ve en son süreçte oyunun nasıl uygulatılacağına dair eğitmenlere özel bir "oyun kurucu" eğitimi veriliyor.

Tabii tüm oyunlarımızda olmazsa olmaz bazı ilkelerimiz var;

İlke 1: Bütün oyunlarımız en az 4 kişiyle oynanabiliyor. Bunu özellikle böyle planlıyoruz, çünkü sosyal iletişim ve ortak aklın kullanılması, günümüz bireylerinin en çok ihtiyaç duyduğu beceriler. Ayrıca öğrenme iletişimin olduğu ortamlarda çok daha hızlı gerçekleşiyor. Bu nedenle, bizim oyunlarımızı tek başınıza oturup oynayamazsınız.

İlke 2: Oyunlara dokunabiliyorsunuz. Yani dijital çağın getirisi olan online oyunlar değil, offline dokun- düşün - hisset oyunları yapıyoruz. Böylece büyük rengarenk bir oyun açıldığında gözlerdeki parıltıyı ve dokunma isteğini görüyorsunuz. Özellikle çocuklarda dokunarak, hissederek öğrenmek çok önemli. Tasarımlar oynama ve öğrenme motivasyonunu da olumlu yönde etkiliyor.

İlke 3: Oyunlarda eğitim verilmesi istenen bilginin dışında muhakkak soft skill gelişimi temelinde - sosyal zekânın kullanılacağı ve güçlü farkındalıkların olacağı unsurlar oluyor. Yani oyunların hepsinde dayanışma, iş birliği, strateji geliştirme, iletişim gibi beceriler bulunuyor.

İlke 4: Kolay taşınabilen, her yere götürülebilecek ve iç-dış birçok mekânda kolaylıkla uygulanabilecek pratik oyunlar tasarlamaya çalışıyoruz.

İlke 5: Eğlence ve hareket olmazsa olmazımız. Kaç yaş grubu oynarsa oynasın aynı şekilde eğlenebilmeli.

A. Y.: Oyun kurguladığınız eğitimlerin, geleneksel trainer-led denilen eğitmen odaklı asenkron eğitimlere göre öğrenme tarafında ne gibi avantajları oluyor?

T. Ç.: Stanford Üniversitesi'nin yaptığı bir araştırmaya göre, insanlar en fazla 10 dakika bir sunuma odaklanabiliyorlarmış. Teknolojinin hızlanması ve akıllı telefonlar çağıyla artık tüm bilgiler parmak uçlarımızda. İstediğimiz tüm bilgiye bir tıkla ulaşabiliyorsak neden bir kişinin telefonumuzda olan bir bilgiyi bize sunmasını isteyelim ki?!

Yani artık eğitim devrimi yapmanın zamanı geldi, mevcut hizmetler ve teknolojiler bize bunu sunuyor. Oyun tabanlı öğrenme, öğrenenlere otorite olmadan, rahat, eğlenceli bir atmosferde sorgulamayı, çözüm üretmeyi ve bilgi edinmeyi sağlıyor.

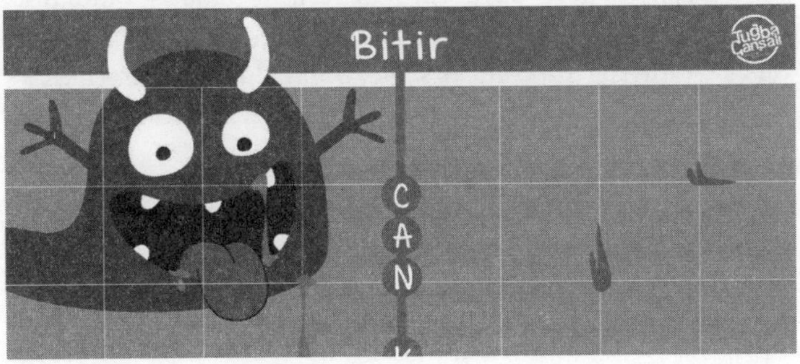

Birçok eğitmen oyunların sadece çocuklarda faydalı olacağını düşünüyor ama yetişkinler için geliştirdiğimiz oyunlarda öğrenmenin ne kadar verimli olduğunu, başta çekingen olsalar da sonrasında herkesin oyuna dahil olduğunu gördük. Mesela kanser ve cinsel yolla bulaşan hastalıklarla ilgili bir eğitimde birçok kişi uzun süre odaklanamayabilir, kaygılanabilir veya eğitim çok teknik gelebilir. Biz bununla ilgili bir oyun yaptık ve birçok genç ve yetişkinle de oyunu oynadık. Oyun sonrasında yaptığımız değerlendirmeler, oyunun hem farkındalık hem de bilgi kazandırdığı yönündeydi. 3 saat süren oyun oturumundan kimse kopmadı ve herkes oyun sürecine aktif olarak katıldı.

Bence bir eğitmenin kendini en kötü hissettiği an, kimsenin anlatılan konu hakkında konuşmak istemediği ve öğrenenlerin çok pasif kaldığı andır. İşte tam da bu noktada oyunları kullanmak size eğitmenin pasifleşip katılımcının aktif olacağı bir öğrenme ortamı sağlar. Sinerji ve eğlence de cabası.

A. Y.: Günlük hayatınızda oyunlaştırılmış bir uygulama, cihaz ya da platform kullanıyor musunuz? En çok hangi özelliği, hangi oyun mekaniği sizi oyuna katıyor?

T. Ç.: Günlük adımlarımı saymak ve 10.000 adım atabilmek için bir uygulama kullandım. Yine sosyal medyada da kullandığım bazı uygulamalar var. Sticker'lar, alkışlar, puan beni motive ediyor. Ama açıkça söylemem gerekiyor ki bu uygulamaları uzun süre kullanamıyorum. Ama öyle görünüyor ki günlük hayatı planlayacağımız daha birçok oyunlaştırma modeli hayatımıza koşar adım girecek.

A. Y.: Sizce oyunlaştırmanın gideceği yol ve geleceğinde bizleri neler bekliyor?

T. Ç.: Ben bu soruyu oyun ve oyunlaştırma nereye gidecek olarak değiştirmek istiyorum. Son 5 yıldır K-12 de denilen eğitim sürecindeki çocuklar ve gençler çok iyi test çözer hale geldiler. Birçok eğitim uzmanı çocukların ve gençlerin daha az yaratıcı olduklarını ve hayal güçlerinin kısıtlı olduğunu savunuyor. Kyung Hee Kim adlı eğitim profesörü, 2011 yılında yaptığı Torrance Yaratıcı Düşünme Testi'nde, çocukların daha öncesine göre duygusal ifadelerinin daha az olduğunu, daha az enerjik olduklarını, daha az konuştuklarını, yaşam coşkularının daha az olduğunu, daha az tutkulu olduklarını, daha az sentez yapabildiklerini ve olayları farklı bir çerçeveden görmeyi daha kısıtlı başarabildiklerini gözlemlemiş.

Oyun tabanlı öğrenme, yaratıcılığı ve çözüm geliştirmeyi güçlendiren bir yöntemdir. Kişiler strateji geliştirirler, kritik düşünme becerisi edinirler ve olaya farklı açılardan bakabilirler. Çağın öğrenenlerinin, oyun tabanlı öğrenmeyle ve sosyal hayattaki davranışlarıyla birtakım değerleri kazanabilecekleri oyunlaştırma yöntemlerine gereksinimleri var. Oyunlaştırmanın eğitim hayatına doğru bir şekilde gelmesi ve öğrenenlerin öğrenmeye dair motivasyonlarının artırılması bu sayede kolaylaşabilir. Öğrenmek eğlencelidir neden okullar oyunsu bir kurguyla işlemesin ki? ☺

Günlük hayatımızdaki oyunlaştırmaya gelince sanırım bu iş kamu hizmetlerinden, iş yerlerine, yemek yediğimiz lokantalardan spor salonlarına kadar her yerde karşımıza eğlenceli etiketler, puanlar, etaplar olarak çıkacak. Bu noktada birçok kişi bu sistemde motive olurken, birçok kişi de sık sık kaybolacak. Ama inanıyorum ki insanoğlu bireysel kazanımlar yerine, toplumsal faydanın ve gelişimin oluşabileceği yeni oyunlaştırma programları da çıkaracak.

A. Y.: Son olarak Türkçe oyunlaştırma kitabı hakkındaki düşüncelerinizi de alabilir miyiz?

T. Ç.: Bu konu sadece Türkiye'de değil dünyada da yeni yeni teoriler haline gelen bir alan. Ama hızı her geçen gün daha da artıyor. Böyle bir kitabın oluşturulması, başarılı örneklerle somut bilgilerin ve alanın gerçekliğinin okuyucuya sunulması çok önemli. Böyle bir yayında konuk olarak yer almak büyük bir zevk. Eminim yıllarca okunacak, kaynak olarak kullanılacak ve farklı yayınların çıkmasına neden olacak bir temel yayın olacaktır.

A. Y.: Kitabımıza yaptığınız katkı ve bu güzel söyleşi için çok teşekkür ediyorum Tuğba Hanım. Sizlere de oyun dolu ve oyun tadında çok güzel bir hayat diliyorum.

Tuğba Çanşalı
http://www.tugbacansali.com/
tugba@tugbacansali.com

"87 yaşındayım ve hâlâ öğreniyorum."
Michelangelo

5

GAME OVER

Her güzel hikâyenin ve oyunun sonu olduğu gibi bu kitabımızın da bir sonu var. Ama oyuna devam etmek sizin elinizde. Sizin için güzel kaynakları derlemeye çalıştığımız ve oyunlaştırarak size ufak bir oyunlaştırma deneyimi yaşatmayı hedeflediğimiz web sitemiz "**www.oyunlastirma.co**" iyi bir devam etme adresi olabilir.

Devamında ben her zaman söylüyorum artık birçok kaynak, çok kaliteli bir şekilde internet üzerinde ve çoğu da ücretsiz şekilde erişilebilir durumda. İnternet uzun süredir var ancak özellikle son dönem olan eğitim sitelerinin artması ve MOOC trendiyle bu kaynaklar hiç olmadığı kadar ulaşılabilir. Kitap içinde de kullandığımız Coursera, TED Talks, Udemy, Iversity gibi sitelere girerek oradaki oyun ve oyunlaştırma ile ilgili daha uzun soluklu eğitimleri alabilirsiniz.

Eğer online yerine yüz yüze eğitimleri tercih ediyorsanız benim de parçası olduğum hâlihazırda Yıldız Teknik Üniversitesi Sürekli Eğitim Merkezi ve Bahçeşehir Üniversitesi Sürekli Eğitim Merkezi BAUSEM'deki Oyunlaştırma sertifika eğitimlerini önerebilirim. Eminim ki kısa vadede bu kitap ve yarattığı sinerjiyle bu gibi eğitimler çoğalacak, özellikle üniversitelerde seçmeli ders olarak ve dijital pazarlama sertifika programlarında da bir konu başlığı olarak oyunlaştırma yerini alacak. O zamana kadar sorunuz olursa lütfen bana ulaşmaktan çekinmeyin. Tekrardan oyunlaştırmaya olan ilginiz ve kitabımızı alarak bize verdiğiniz destek için çok teşekkür ediyorum.

Bu kitabın da bu "oyunlaştırma" oyununda bir rolü olması dileğiyle.

Ercan Altuğ YILMAZ
ercanaltug@gmail.com
ercanaltug@twitter.com

Kavramlar

A/B Testing: Bir web sitesi ya da mobil uygulamada bir ekranda bir kısım müşteriye farklı bir kısım müşteriye farklı versiyonlar gösterilerek ziyaretçideki yarattığı farkı ölçümlemeye yarayan testin adıdır. Örnek olarak buton rengini bir sarı bir yeşil koymak ya da metnini Şimdi Al ya da Taksitle Al gibi değiştirerek hangisine daha çok tıklanıyor ölçülebilir.

AARRR: Girişimcilikteki bir şirket analiz yaklaşımı. Acquisition (Kişileri cezbetmek), Activation (Kullanıcıya aktivasyon yaptırmak), Retention (Ziyaretçileri kullanıcılara çevirmek), referral (Kullanıcının diğer kullanıcılara önermesi) ve Revenue (Gelir) baş harflerinden oluşur.

Alanyazın: Literatür

Artırılmış Gerçeklik (augmented reality): Bir gözlük gibi yardımcı cihazla gerçek bir ortamda olmayan dijital tasarımların göründüğü ortamlardır.

Asenkron Eğitim: Katılımcının etkileşime geçemediği, soru soramadığı, gidişatı etkileyemediği tek yönlü eğitim.

Captcha: Form gibi bilgi girilen online belgelerde insan girdiğini robot bir sistemin otomatik girmediğini anlamaya yarayan harf okuyarak kutuya yazılmasından oluşan sistem.

Chocolate-covered broccoli: Brokoli gibi sağlıklı ama lezzetsiz yemekleri çikolata kaplayarak çocuklara yedirince çocuklardaki mutsuzluğu ifade eden deyim.

CMS: Content Management System. Bir web sitesinin içeriğinin bir arayüzle girilerek güncellenmesini sağlayan yazılıma verilen ad.

Context: Belli bir içeriğin sunulma formatı.

Creator: Üreten, yapan.

Curator: Var olan içerikleri belli bir formatta düzenleyerek sunan.

Customizable: İsteğe göre değiştirilerek güncellenebilir

David Kolb – Deneyimsel öğrenme metodu: Hata yapmaktan çekinmeden, hata yapma korkusu olmadan deneyimleyerek hatalarından öğrenme metodu.

EduGame: Eğitim amaçlı kurgulanan oyunlar.

E-Learning: elektronik ortamda alınan eğitimlere verilen genel al.

Emerging Technologies: Yeni (büyüyen/ ilerleyen) teknolojiler

Engagement: Etkileşim.

Enterprise: Girişim

Eye Trackking: Bilgisayar üzerinden bir web sitesinin hangi kısımlarında göz daha çok bakıyor ve nasıl bri davranış sergiliyor incelemek amaçlı insanın kafasına bir cihaz takarak yapılan kullanıcı deneyimi testidir.

Flat Tasarım: Pastel renkleri tonlarıyla sade kullanıma dayalı minimalist bir tasarım tarzı.

Flow Kanalı: Adım adım sürecin akacağı maddelerin gösterildiği tasarım.

Fordist: Ford kelimesinden gelir, hareketli bir tezgâh üzerinde akan ürünlere çalışanların işlem yapması mantığına sahip ilk seri üretimi yapan üretim modelidir.

Framework: Belli bazı bilgilerden oluşan bilgi topluluğu.

Game Based Learning: Oyun ortamını kullanarak yapılan eğitimler.

Game Design: Oyun tasarımı. Kuralları, oyuncuları, ortamları, mekanikleri ve tüm kurgusuyla bir oyunu tasarlama fikrine game design denir.

Game test: Bir oyunun komple üretilmeden önce 1-2 bölümlük kısmının tasarım giydirilmeden sadece oynanabilirliği ve proje sunumları ve kullanıcı testlerinde kullanılması için üretilen kısmı.

Game Thinking: Oyun düşüncesine sahip olma.

Geribildirim: Bir kişiye bir konuyla ilgili olumlu ya da olumsuz düşüncelerini aktarma.

Hashtag: Sosyal medyalarda belli bir kelimeyi konuşmalarda kullanarak ortak bir iletişim anahtar kelimesi oluşturmaya verilen genel ad.

IAAS: Infrastructure as a Service – Altyapı olarak servis – Uzaktaki bir sunucuya sizin adınıza bir sanal sistem oluşturarak, size bu sistem üzerinde istediğiniz değişikliği yapma olanağı tanıyan sistemdir.

In-app purchase: Uygulama içinden satış.

İterasyon: Matematiksel sıralama

LCMS: Learning Content Management System: LMS eğitim platformunun içerik üretilebilen, genel olarak bir office dokümanı ya da PDF eklenerek eğitim içeriği olarak tanımlanabildiği platformlara verilen ad.

LMS: Learning Management System, yani eğitimlerin tutulduğu, izlendiği ve raporlandığı platform.

Material Design: Google tarafından 2014 yılında geliştirilen bir tasarım dilidir. Materyal Tasarımında grid tabanlı düzenleri, duyarlı animasyonlar ve geçişler, dolgu ve aydınlatma ve gölgeler gibi derinlik etkileri daha liberal kullanır

Mockup wireframe: Bir web sitesi, mobil uygulama gibi dijital kanalın tasarımdan önce kâğıt kalemle çizilmiş gibi dijital ortamdaki taslak haline verilen ad.

Momentum: Hareketlenme.

MOOC: Massive Open Online Courses, yani internet üzerinden ücretsiz eğitim alarak sertifika, diploma almayı sağlayan çevirimiçi açık kurslar.

Onboarding: Oryantasyon

PAAS: Platform as a Service - Platform olarak servis – Bu yapı size bir servis havuzu sunmaktadır. Bu havuzdan ihtiyacınıza bağlı olarak, istediğiniz gibi ekleme çıkarma yapma hakkına ücretini ödeyerek planlayabildiğiniz servisin genel adıdır.

Paying Gamers: Oynadığı oyun için ödeme yapan oyuncular.

Pekiştireç: Ortama eklenip çıkarıldığı zaman bir davranışın yapılma sayısını ve sıklığını arttıran, azaltan uyarıcılara pekiştireç denir.

Playful Desing: Oyunsu tasarım.

Poppin: Web sitesinde belli bir kriterle o andaki ziyaretçiye özel, genellikle sağ tarafında çıkan sabit bir bölgeye denir.

Progress Bar: Uygulamalarda kaydedilen ilerlemeyi gösteren tasarım.

Responsive Design: Web, Tablet ve telefon tüm internete çıkan cihazların çözünürlüğünü algılayarak ona göre konumlanan bir yazılımsal tasarım tarzı.

SAAS: Software as a Service - Yazılım olarak servis - Bu yapıda, hiçbir işgücü ve bakım maliyeti harcamadan, son kullanıcılara sunulan yazılım altyapı servislerine verilen addır.

Scorm: Online eğitimlerin bir eğitim platformu LMS'te oynayabilmesi için gerekli standart.

Senkron Eğitim: Katılımcının soru sorabildiği, aktarım yaparak etkileşime geçebildiği eğitimler. Örnek olarak canlı sanal sınıfları verebiliriz.

SEO: Search Engine Optimization, Arama motorları için web sitenizi yukarılarda gösterecek aksiyonlara verilen genel ad.

Server-side: Web sitesinin arka tarafta bir veritabanıyla birlikte etkileşim içinde olmasını gösterir.

Streak: Üst üste hedefleri kaybetmeden tutturmaya verilen ad.

Tin Can: Online eğitimlerin daha yeni bir standartla LMS sistemlerinde oynayabilmesini sağlayan standart.

Trainer-led Training: Eğitmenin kontrolunde belli bir içeriği takip ederek yapılan eğitim türü.

Kaynaklar

1. Bölüm

Akkoyunlu, B. (1998). Bilgisayarların müfredat programlarındaki yeri ve öğretmenin rolü. Ankara: Hacettepe Üniversitesi.

Baytak, A., & Land, S. M. (2010). A case study of educational game design by kids and for kids. Procedia - Social and Behavioral Sciences, 2(2), 5242-5246.

Bulut, D. (2015). Eğitsel oyun tasarlama sürecinin öğrencilerin yaratıcılıklarına etkisi, Yüksek Lisans Tezi, 2015. Bahçeşehir Üniversitesi, Eğitim Teknolojileri, Eğitim Bilimleri Enstitüsü, İstanbul, Türkiye.

Coursera Oyunlaştırma eğitimi: https://www.coursera.org/course/gamification

Coursera: Game Theory: https://www.coursera.org/course/gametheory

Doğusoy, B. ve İnal, Y. (2006). Çok Kullanıcılı Bilgisayar Oyunları ile Öğrenme. VII. Ulusal Fen Bilimleri ve Matematik Eğitimi Kongresi'nde Sunulan Bildiri, Gazi Eğitim Fakültesi, Ankara.

Dondlinger, M. J. (2007). Educational Video Game Design: A Review of the Literature. Journal of Applied Educational Technology, 4(1).

Games, I. A. (2009). 21st Century language and literacy in Gamestar Mechanic: Middle School Students' Appropriation through Play of the Discourse of Computer Game Designers. Dissertation Submitted to University of Wisconsin-Madison.

Gee, J. P. (2003). Opportunity to learn: A language based perspective on assessment. Assessment in Education, 10, 25-44.

İnal, Y., Çağıltay, K. ve Sancar, H. (2005). Elektronik oyunlardaki dönüşümlü oynama özelliğinin öğrenci motivasyonuna etkisi: The incredible machine örneği. TBD Bilişim Kurultayı, Kasım 9-11, Ankara.

Korkusuz, M. E. ve Karamete, A. (2013). Eğitsel oyun geliştirme modelleri. Necatibey Eğitim Fakültesi Elektronik Fen ve Matematik Eğitimi Dergisi, 7(2).

Kula, A. ve Erdem, M. (2005). Öğretimsel bilgisayar oyunlarının temel aritmetik işlem becerilerinin gelişmesine etkisi. Hacettepe Üniversitesi Eğitim Fakültesi Dergisi, 29(29).

Long Frankie, T. (2010). Develop problem solving skills in secondary mathematics classroom through digital game design. The University of Hong Kong.

MIT University, edX. Introduction to Game Design https://www.edx.org/course/introduction-game-design-mitx-11-126x

Papert, S. (1998). Does easy do it? Children Games and Learning. Game Developer,

Soapbox.

Partnership for 21st Century Skills. (2008). Framework for 21st Century Learning. Online Resource.

Pelletier, C. (2005). Studying games in school: a framework for media education. refereed paper published by the Digital Games Research Association, ulaşım: http:// www. gamesconference. org/digra2005/viewabstract. php.

Robertson, J. & Howells, C. (2008). Computer game design: Opportunities for successful learning. Computers & Education, 50(2).

Salen, K. & Zimmerman, E. (2003). Rules of Play: Game Design Fundamentals. Cambridge, MA: MIT Press.

Toffler, A. Üçüncü Dalga (The Third Wave) (1980) Bantam Books

Tuğtekin, U. ve Kaleci, D. (2011). Akademik Bilişim'11 - XIII. Akademik Bilişim Konferansı Bildirileri. 2-4 Şubat 2011 İnönü Üniversitesi, Malatya. Ulaşım:http:// ab.org.tr/ab11/kitap/_AB11.pdf

Van Eck, R. (2006). Digital game-based learning: It's not just the digital natives who are restless. Educause Review, 41(2), 16-30.

Whelan, D.L. (2005). Let the games begin. School Library Journal, 51(4), 40-43.

2. Bölüm

Adobe edex: https://edex.adobe.com/leaderboard/

Augmented Reality at the Natural History Museum, London: https://www.youtube.com/watch?v=KJEfkljZ0Tk

Badgeville: https://badgeville.com/

Chen, J. Design Flow in Games http://www.jenovachen.com/flowingames/designfig.htm

Dan Airely - Öngörülebilir davranışlar: https://www.ted.com/talks/dan_ariely_on_our_buggy_moral_code

Davranış pekiştireç ilkeleri: http://davraniscilikkurami.blogspot.com.tr

Flow The Secret to Happiness http://www.ted.com/talks/mihaly_csikszentmihalyi_on_flow

Gabe Zicherman: http://www.gamification.co/gabe-zichermann/

Grush Gaming Toothbrush: https://www.youtube.com/watch?v=eV_0pmG0zsk

Güvercin deneyi https://www.youtube.com/watch?v=gSCc-CUwZPY

Heijkens, M. Gamification in Arcitecture http://alexandria.tue.nl/extra2/afstversl/bwk/Heijkens_2014.pdf

Iversity Oyunlaştırma Eğitimi: https://iversity.org/en/courses/gamification-design-2015

London Monopoly Running Challange: http://www.runnersguidetolondon.co.uk/monopoly-challenge.html

Marczewski, A. 52 Gamification Mechanics and Elements http://www.gamified.uk/2015/02/04/47-gamification-elements-mechanics-and-ideas/

McGonigal, J. Reality is Broken (2001) Penguin Press

mHealth App Developer Economics (2014) The State of the Art of mHealth App Publishing http://research2guidance.com/r2g/mHealth-App-Developer-Economics-2014.pdf

Nike Fuel Band Missions: https://www.youtube.com/watch?v=I729ggAQ3nU

Pavlov deneyi: https://www.brainpop.com/games/pavlovsdog/

Pavlov karikatürü: http://cyrano.blog.lemonde.fr/files/pavlov.thumbnail.jpg

Product Marketing for Pirates: AARRR! (aka Startup Metrics for Internet Marketing & Product Management) http://500hats.typepad.com/500blogs/2007/06/internet-market.html

Proof: http://www.mindbloom.com/proof

Radoff, J. Game On: Energize Your Business with Social Media Games. 2011. Wiley

Rozet-etiket sanal çeviricisi: http://foursquareturkiye.com/2015/05/05/foursquare-deki-eski-rozetleriniz-artik-swarmda/

The 4 Keys to Fun: the game mechanics that drive play http://www.xeodesign.com/research/

The Elements of User Experience User-Centered Design for the Web http://www.jjg.net/elements/

The Fun Theory www.thefuntheory.com

Vampire hunters https://www.interaction-design.org/literature/book/gamification-at-work-designing-engaging-business-software/chapter-9-58-enterprise-gamification-examples

3. Bölüm

Aras Bozkurt, Oyunlaştırma, Oyun Felsefesi ve Eğitim: https://www.academia.edu/6169090/

Axonify Gamification and Your Enterprise Learning Strategy: http://know.axonify.com/l/34712/2014-11-28/26f191

Brain Pop https://www.brainpop.com/games/additionblocks/

Daniel, R. and Hagey, K. Turning a Page: Newsweek Ends Print Run. Wall Street Journal http://www.wsj.com/articles/SB10001424127887324660404578201432812202750

ElearningIndustry How Gamification ReShapes Learning: http://t.co/o80MEe3e9N

Forecast: Video Game Ecosystem, Worldwide, 4Q13." http://www.gartner.com/resId=2606315

Gabe Zichermann Udemy eğitimi-2: https://www.udemy.com/designing-gamification-level-1-certification

Gamification – First Things First https://elearningindustry.com/gamification-first-things-first

Gamification Book: http://www.gamificationbook.com/313

Gamification Series Part 9: XP & Grades by Attrition http://www.flipped-history.com/2014/05/gamification-series-part-9-xp-grades-by.html

Ian McCarthy - Understanding the Principles and Value of Gamification - https://www.youtube.com/watch?v=LGphSf_OyEM

Jane McGonigal TED Talks: http://www.ted.com/talks/jane_mcgonigal_gaming_can_make_a_better_world

Johan Huizinga - Homo Ludens – Oyunun toplumsal işlevi üzerine bir deneme http://elearninginfographics.com/top-gamification-stats-facts-2015-infographic/

Lynda Eğitimde Oyunlaştırma eğitimi: http://www.lynda.com/Education-Higher-Education-tutorials/Gamification-Learning/173211-2.html

Lynda Gamification Webinar: http://t.co/ONnE109bzI

Magarica-Onedio, 40 Oyunla 90'larda Çocuk Olmak http://onedio.com/haber/40-oyunla-90-larda-cocuk-olmak-513091

Marczewski, A. (2015). Game Thinking. Even Ninja Monkeys Like to Play: Gamification, Game Thinking and Motivational Design (1st ed., pp. 15). CreateSpace Independent Publishing Platform.

Marczewski, A. A Player Type Framework for Gamification Design: http://www.

gamified.uk/

McGonigal, J. The Adventure Begins: https://vimeo.com/37189494

Niels van der Linden/İşte Oyun Konferans Konuşması: https://www.youtube.com/watch?v=Dx8KD72Nwdk

Oyunder, Turkish gaming market infografik http://www.slideshare.net/OYUNDER/turkish-gaming-marketinfografikapril3pay?related=1

Reiners, T. Wood L. Gamification in Education and Business (2008) Springer.

SuperBetter: https://www.superbetter.com/

TechnologyAdvice: A Beginner Guide to Gamification http://technologyadvice.com/smart-advisor/downloads/technologyadvice_guide_to_gamification_284.pdf

TEGEP Bilgi Serisi No:1 > Eğitim Verimliliğini Ölçme Rehberi http://www.tegep.org/tegep/eep/kurumportal/Content/tegep-bilgi-serisi-no-1-gt-egitim-verimliligini/279

The 12 brain/mind learning principles were first published in Educational Leadership in 1990, and then expanded in depth in the Caines' best selling book, Making Connections: Teaching and the Human Brain (1991, 1994).

The Brain Rules, Illustrated http://www.brainrules.net/the-rules

Turkcell İleri Görüş http://turkcell.com.tr/ilerigorus

Welcome to the information age – 174 newspapers a day http://www.telegraph.co.uk/news/science/science-news/8316534/Welcome-to-the-information-age-174-newspapers-a-day.html

What Comes After Generation Z? Introducing Generation Alpha: http://mccrindle.com.au/the-mccrindle-blog/what-comes-after-generation-z-introducing-generation-alpha

X kuşağı nedir? http://www.uzmantv.com/x-kusagi-nedir

Yu-kai Chou kişisel blog'u: http://www.yukaichou.com

Oyuna devam etmek için sitemizi ziyaret edin:

www.oyunlastirma.co